# 大通年鉴

DATONG YEARBOOK

2023

大通回族土族自治县地方志编纂委员会 编

方志出版社
Publishing House of Local Records

图书在版编目（CIP）数据

大通年鉴．2023 / 大通回族土族自治县地方志编纂委员会编．—北京：方志出版社，2023.12
ISBN 978-7-5144-6060-5

Ⅰ．①大… Ⅱ．①大… Ⅲ．①大通回族土族自治县—2023—年鉴 Ⅳ．①Z524.44

中国国家版本馆 CIP 数据核字（2023）第 252166 号

责任编辑：李丝雨
责任校对：张玉霞
责任印制：梅中英
出 版 者：方志出版社
地　　址：北京市朝阳区潘家园东里 9 号（国家方志馆 4 层）
邮　　编：100021
网　　址：http://www.zgfzcb.cn
发　　行：方志出版社图书营销中心（010-67110500）
印　　刷：大通新兴印务有限公司
开　　本：889 毫米 ×1194 毫米　1/16
印　　张：24.5
字　　数：502 千字
版　　次：2023 年 12 月第 1 版
印　　次：2023 年 12 月第 1 次印刷
定　　价：268.00 元

# 大通回族土族自治县行政区划图

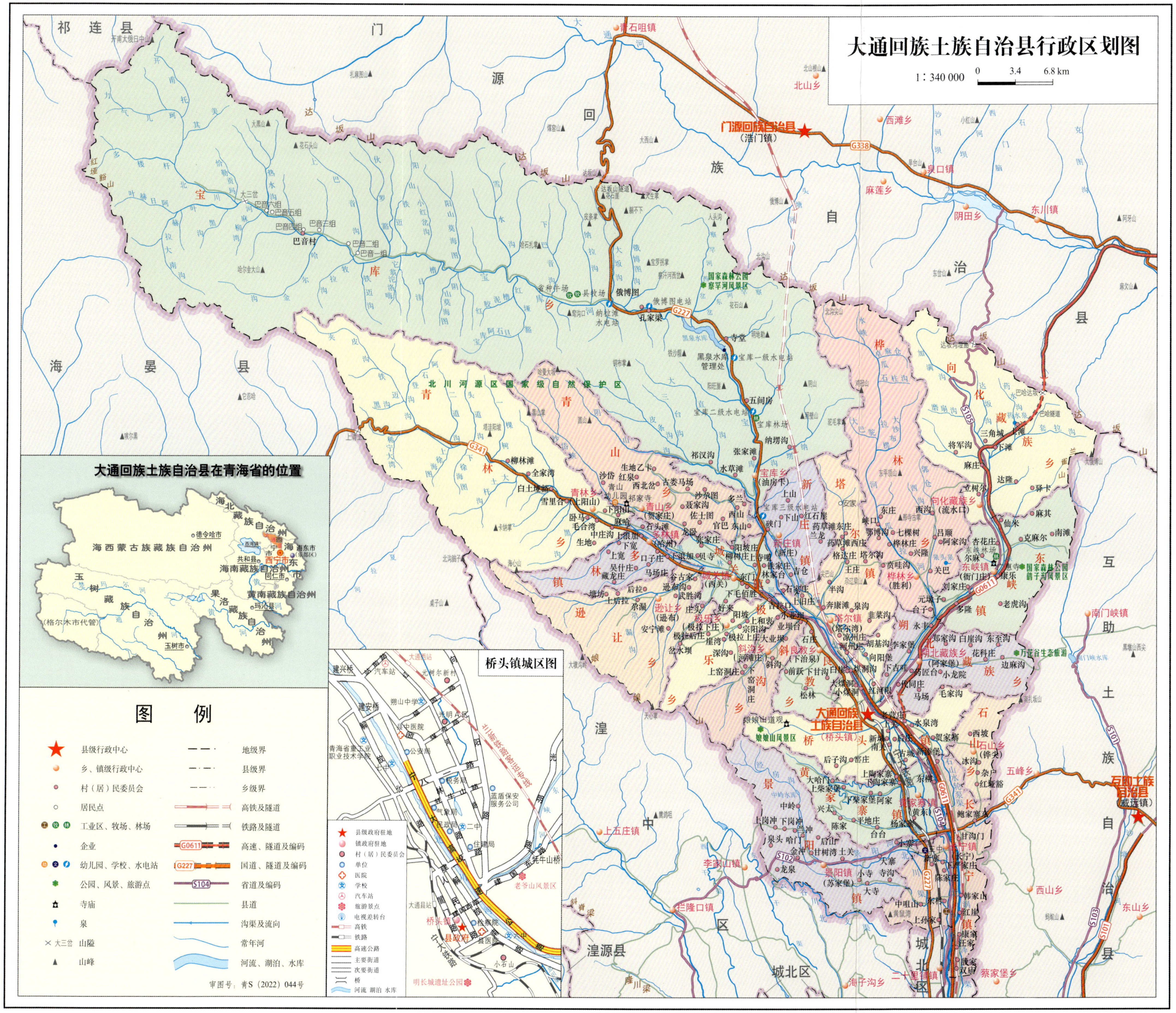

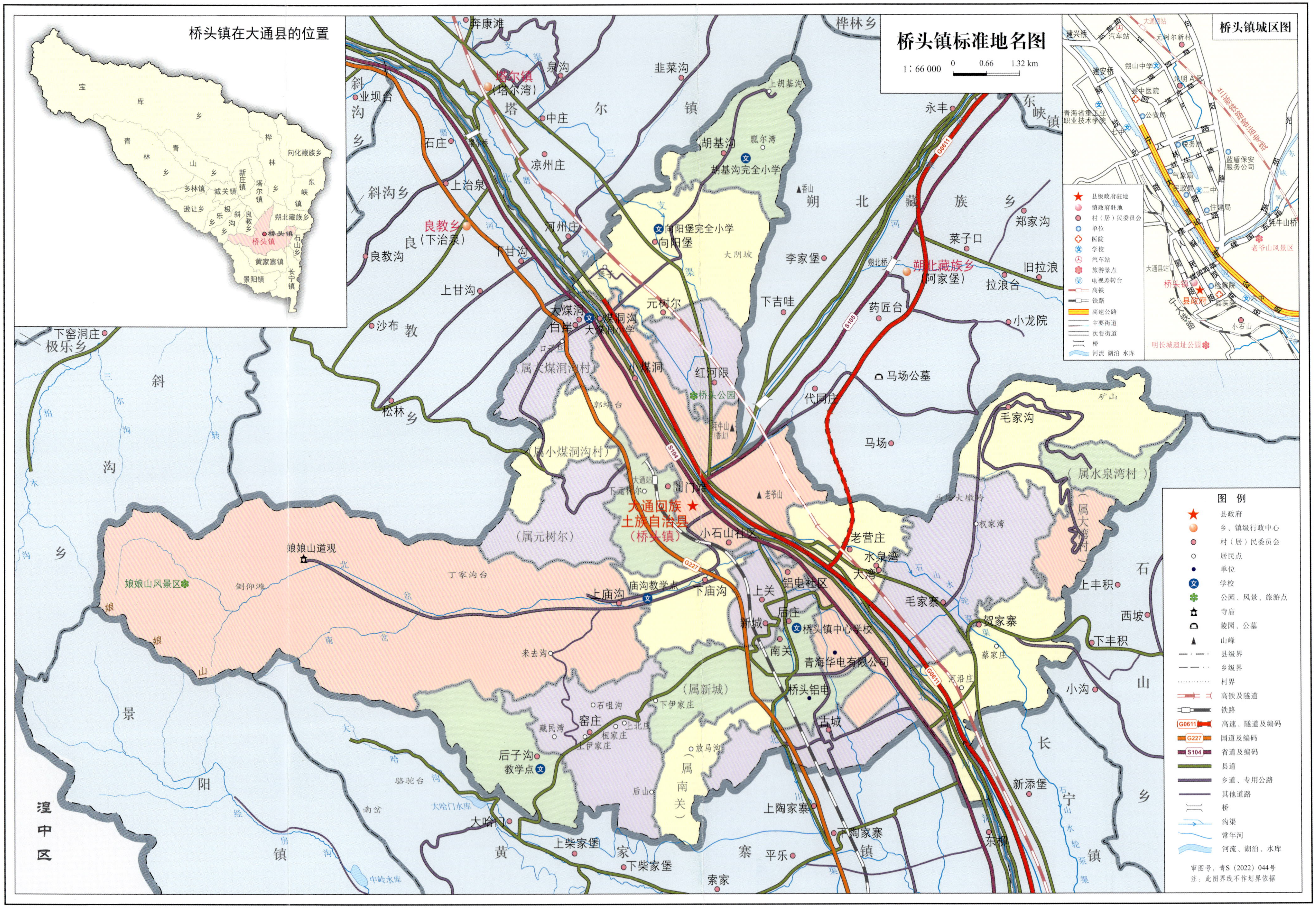
桥头镇标准地名图
1∶66 000
0 0.66 1.32 km
桥头镇在大通县的位置
宝 库 乡
青 林 乡
青 山 乡
桦 林 乡
向化藏族乡
多林镇
城关镇
新庄镇
塔尔镇
东峡镇
逊让乡
斜沟乡
良教乡
朔北藏族乡
桥头镇
石山乡
黄家寨镇
长宁镇
景阳镇
桥头镇城区图
塔尔镇
（塔尔湾）
良教乡
（下治泉）
朔北藏族乡
（阿家堡）
大通回族土族自治县
（桥头镇）
娘娘山道观
娘娘山风景区
桥头公园
老爷山
马场公墓
胡基沟完全小学
向阳堡完全小学
大煤洞小学
庙沟教学点
桥头镇中心学校
后子沟教学点
青海华电有限公司
桥头铝电
小石山社区
铝电社区
湟中区
极乐乡
斜沟乡
东峡镇
石山乡
长宁镇
黄家寨镇
桦林乡
图例
县政府
乡、镇级行政中心
村（居）民委员会
居民点
单位
学校
公园、风景、旅游点
寺庙
陵园、公墓
山峰
县级界
乡级界
村界
高铁及隧道
铁路
高速、隧道及编码
国道及编码
省道及编码
县道
乡道、专用公路
其他道路
桥
沟渠
常年河
河流、湖泊、水库
审图号：青S（2022）044号
注：此图界线不作划界依据

# 编辑说明

一、《大通年鉴》以马克思列宁主义、毛泽东思想、邓小平理论、“三个代表”重要思想、科学发展观、习近平新时代中国特色社会主义思想为指导，坚持辩证唯物主义和历史唯物主义的立场、观点和方法，把握地方工作主基调，遵循实事求是原则，如实记载大通回族土族自治县（以下简称“大通县”）在筑牢西宁北部生态屏障、建设全省经济强县、聚力绘就“一城山水、大境通达”美丽画卷的进程中取得的新进展、新成就及新经验，力求体现中国特色、时代特征、大通特点，科学反映客观情况。

二、《大通年鉴》是大通县人民政府主办、大通县地方志编纂委员会编纂的年度资料性文献，旨在客观、全面、准确地记载全县政治、经济、文化、社会等各方面的基本情况，为各级领导科学决策提供可资参考的依据，为各行各业提供有价值的资料，为各界人士了解研究大通县提供丰富可靠的信息，同时为续修地方志储备资料。

三、《大通年鉴》自2006年创办，从《大通年鉴（2016）》开始，实现一年一鉴，公开出版发行。

四、《大通年鉴（2023）》收录时限为2022年1月1日至12月31日，主要以地域范围为界，凡在大通境域之内的部门单位、各行各业，不论其性质、隶属关系和级别均在收录之列。以详记县属各系统、各单位情况为主，适当记述辖区内中央、省、市属单位情况，突出主题，概括全貌。个别数据因统计口径不同等原因不尽一致，使用时以统计部门数据为准。

五、《大通年鉴（2023）》采用分类编辑法，设类目、分目、条目三个层次，以条目为基本记述单元。类目、分目、条目用不同字体、字号区分。入编资料均经供稿单位领导审核。

六、《大通年鉴（2023）》行文中数字用法、标点符号用法分别采用国家标准《出版物上数字用法》（GB/T 15835—2011）、《标点符号用法》（GB/T 15834—2011），计量单位采用国家技术监督局1993年12月发布的《量和单位》系列国家标准。

七、为方便读者查阅年鉴资料，《大通年鉴（2023）》中设“索引”栏目。“索引”采用主题分析法编制，按标引词第一次出现的先后排列。“索引”名称后的阿拉伯数字表示内容所在页码，“索引”款目中的黑体字为类目，宋体字为分目和条目。

# 重要会议

2022 年 1 月 12 日，中国共产党大通回族土族自治县第十六届委员会第三次全体会议召开　蒋晗文　摄

2022 年 12 月 5 日，中国共产党大通回族土族自治县第十六届委员会第四次全体会议召开

县融媒体中心供图

2022年3月1日，大通回族土族自治县第十八届人民代表大会第二次会议召开

县融媒体中心供图

2022年2月28日，中国人民政治协商会议第十届大通回族土族自治县委员会第二次会议召开

县融媒体中心供图

2022年2月18日，中共大通回族土族自治县第十六届纪委第二次全体会议召开

县融媒体中心供图

## 发展足迹

2022 年 1 月 5 日，腾讯云与大通县人民政府签署战略合作协议，致力于打造高原“国家东西部协作乡村振兴产业创新基地”，从产业数字化、管理智能化等多个维度展开合作，加速实现乡村振兴　县融媒体中心供图

2022 年 1 月 20 日，大通县大河滩水库工程成功导流，标志着大通县大河滩水库工程进入大坝主体工程全面施工新阶段　县融媒体中心供图

2022 年 3 月 26 日，大通县同步举行一季度重点项目集中开工。一季度，大通县重点项目集中开工 139 项，完成固定资产投资 5.5 亿元，同比增长 11%

县融媒体中心供图

2022 年 4 月，大通县委、县政府主要领导专题调研祁连山南麓青海片区大通县生态环境综合整治工作

县融媒体中心供图

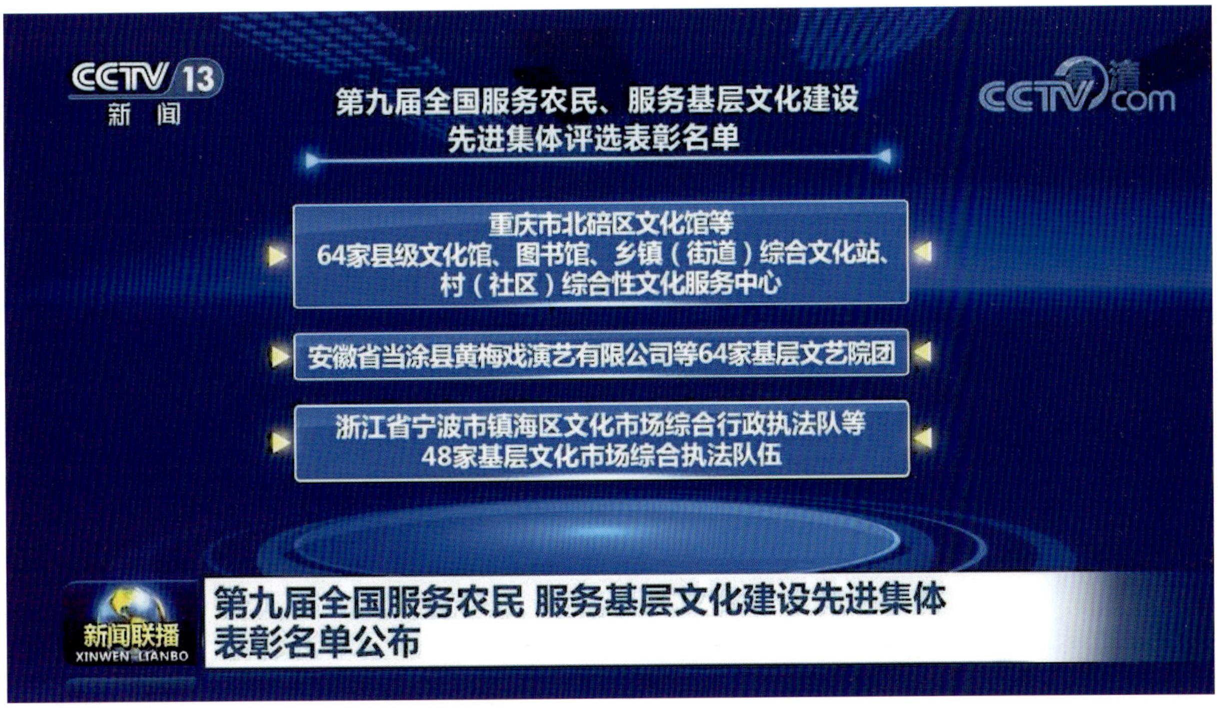


2022 年 4 月 7 日，大通县融媒体中心获第九届全国服务农民、服务基层文化建设先进集体。图为央视《新闻联播》报道截图

县融媒体中心供图

2022 年 6 月 14 日，西宁市第一张“奶牛健康证”在大通县发放

县融媒体中心供图

2022 年 6 月 16 日，全省首个病死畜禽无害化处理场建设项目落户大通　　县融媒体中心供图

2022 年 6 月 22 日，大通县举办 2022 年创业创新大赛暨第五届“中国创翼”创业创新大赛选拔赛决赛

县融媒体中心供图

2022 年 6 月 22—24 日，大通县四大班子党政代表团到江苏省南京市雨花台区开展东西部协作互访交流工作

县融媒体中心供图

2022 年 7 月 6 日，“西宁全视角　时代新梦想”省级媒体西宁行采访活动走进大通　　县融媒体中心供图

2022 年 8 月 2 日，在县文联开展“金婚老人过七夕　传承文明好家风”主题活动　　县融媒体中心供图

2022 年 8 月 7 日，大通县集爱老幸福食堂、幸福餐桌、送餐上门等助餐服务网络于一体的八一路中央厨房启动运行，让老年人就近享用可口的饭菜，实现居家老年人做饭不难、吃饭不愁　　县融媒体中心供图

2022 年 10 月 14 日，大通国家森林公园察汗河景区被中国野生植物保护协会批准设立为生态教育基地

县融媒体中心供图

2022 年 8 月，大通二中老旧小区改造完工

县住建局供图

2022 年，大通县农民居住条件改善工作有序推进

县住建局供图

2022 年 10 月 15 日，极乐乡老党员李国春（党龄 67 年）和村民们观看中共二十大开幕会　极乐乡供图

2022 年 11 月 2 日，县领导到城关镇柳树庄村大通县“8 · 18”山洪灾害灾后恢复重建集中搬迁安置项目现场宣讲中共二十大精神　县融媒体中心供图

## 农业发展

2022 年 4 月，大通县现代农业展示基地一角　　杨彩霞　摄

2022 年 4 月，农技专家在大通县现代农业展示基地进行技术指导　　杨彩霞　摄

2022 年，大通县全膜覆盖栽培技术推广（旱作农业）项目在大通县景阳镇实施 13000 亩马铃薯全膜覆盖栽培技术。图为马铃薯基地一隅
县融媒体中心供图

机械整地
县融媒体中心供图

2022 年 9 月，覆膜马铃薯丰收　　县融媒体中心供图

小麦待收　　县农业农村局供图

## 卫生创建

2022 年 3 月 30 日，“全民齐动员　干群齐上阵”——大通县开展环境卫生综合整治专项行动

县生态环境局供图

2022 年 3 月 31 日，大通县开展环境卫生综合整治专项行动。图为的哥、的姐清理河道　　县生态环境局供图

2022 年 6 月 13 日，县委主要领导调研创城“文明餐桌”　　县创城办供图

2022 年 7 月 13 日，大通县全国文明城市创建工作推进会召开　　县融媒体中心供图

## 抗洪抢险（县融媒体中心供图）

2022 年 8 月 18 日，省委书记、省抢险救援处置工作应急指挥部指挥长信长星（右三），省长、抢险救援处置工作应急指挥部指挥长吴晓军（左三）第一时间到受灾现场实地察看灾害情况，指挥抢险救援工作

2022 年 8 月 19 日，应急管理部党委书记、国务院安全生产委员会副主任王祥喜（中）率国家防总工作组到西宁指导抢险救援和应急处置工作

2022年8月18日，中国红十字救援队率先集结，奔赴灾区，参加抢险救灾工作

2022 年 8 月 19 日，消防救援队整队驰援灾区

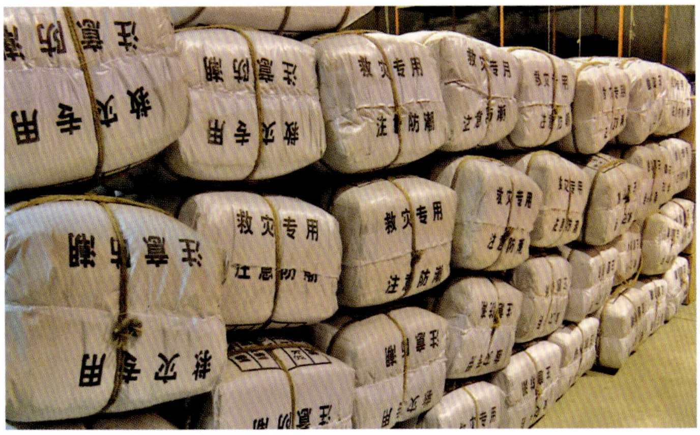


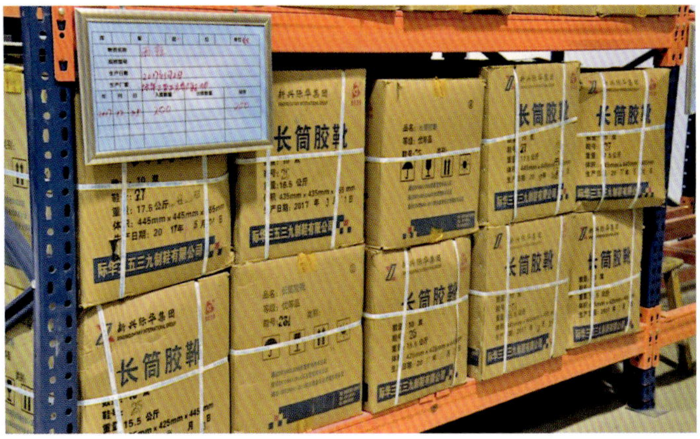


2022 年 8 月 19 日，大通县全力做好防汛应急物资储备工作

2022 年 8 月 19—20 日，各方救援力量众志成城抗洪救灾，齐心协力共渡难关

## 文旅大通

2022年1月28日，大通县文体旅游局在边麻沟景区，开展“我在大通迎冬奥——林海穿越徒步游”活动

县融媒体中心供图

2022 年 2 月 9 日，永丰秦剧团在朔北藏族乡花科庄村表演《换官》　　县融媒体中心供图

2022 年 2 月 9 日，朔北藏族乡马场村社火队在桦林乡台子村表演社火　　县融媒体中心供图

2022 年 7 月 2 日，大通县第十三届老爷山花儿会开幕　　杨彩霞　摄

2022 年 2 月，春节前夕，朔北藏族乡边麻沟花海梦幻灯光节开幕　　县融媒体中心供图

大通县城夜景　　张甜甜　摄

大通县城全貌

阿贵仁　摄

# 数字大通·2022

- 全县面积 3090 平方千米
- 农作物播种面积 4.63 万公顷
- 户籍人口 46.83 万人

  其中：少数民族 24.89 万人

  常住人口 40.53 万人

  其中：少数民族 20.18 万人
- 辖乡镇 20 个

  村民委员会 289 个

  社区居民委员会 22 个
- 地区生产总值 140.30 亿元

  地方一般公共预算收入 8.32 亿元

  地方一般公共预算支出 53.68 亿元
- 金融机构人民币各项存款余额 195.16 亿元
- 三次产业结构比 17.3 ：53.6 ：29.1
- 社会消费品零售总额 12.21 亿元
- 接待游客 213.98 万人次

  旅游收入 7.21 亿元
- 全体居民人均可支配收入 26379 元

  城镇居民人均可支配收入 37915 元

  农村居民人均可支配收入 15938 元
- 全体居民人均消费支出 13080 元
- 交通运输　货运总量 917.37 万吨

  客运量 21.11 万人次
- 城乡居民养老保险参保 25.46 万人

  基本医疗保险参保 41.96 万人
- 累计为 8719 户 14747 名城乡低保对象发放低保金等各项资金 10025.74 万元
- 现有幼儿园 124 所　小学 25 所　初级中学 2 所

  完全中学 2 所　高级中学 3 所　九年一贯制学校 25 所

  十二年一贯制学校 2 所　特殊教育学校 1 所

  在校（园）幼儿 11730 人　小学生 34826 人

  初中生 16417 人　高中生 10356 人

  职校生 4615 人　特校生 135 人
- 广播电视台 3 座　直放站 17 座

  广播人口综合覆盖率 99.49%

  电视人口综合覆盖率 99.68%
- 各类卫生计生机构 461 家

  县级医院 3 家　市级医院北川分院 1 家

  民营医院 8 家　乡镇卫生所 27 所　村卫生室 289 所

  卫生从业人员 3370 人

  每千人拥有卫生专业技术人员 6.93 人

  每千人拥有床位数 4.77 张

# 目　录

## 特　载



## 大事记



## 县情概览



## 中共大通县委员会

## 大通县人民代表大会

## 大通县人民政府



## 政协大通县委员会



## 中共大通县纪律检查委员会
## 大通县监察委员会

## 民主党派　工商联



## 群众团体

## 法　治



## 军　事

# 经济管理

## 农业　农村



## 工　业

## 商业贸易



## 金融业



## 城乡建设与管理



## 交通　通信

## 生态环境



## 教育　卫生健康



## 文化　体育　旅游

## 社会生活

## 乡 镇

## 附　录

DATONG

# 特载

YEARBOOK

# 县委全委会工作报告

## ——中共大通县委第十六届三次全体会议上（节选）

中共西宁市委常委、大通县委书记　刘　波

（2022 年 1 月 12 日）

2021 年，县委常委会以习近平新时代中国特色社会主义思想为指导，全面贯彻落实党的十九大和十九届历次全会精神，深入学习贯彻习近平总书记考察青海重要讲话精神，增强“四个意识”、坚定“四个自信”、做到“两个维护”，捍卫“两个确立”，坚持和加强党的全面领导，坚持稳中求进工作总基调，立足新发展阶段，完整准确全面贯彻新发展理念，主动融入和服务新发展格局，全面贯彻落实省委、市委工作部署，统筹推进“五位一体”总体布局和“四个全面”战略布局，统筹疫情防控和经济社会发展，统筹发展和安全，感恩奋进、拼搏赶超，筑牢西宁北部生态屏障、建设全省经济强县呈现良好发展态势。

**一年来，县委常委会在统筹推进各项工作的同时，突出抓好 6 件大事。**

**第一，高举思想旗帜，切实推动领袖思想落地生根。**我们坚持把习近平新时代中国特色社会主义思想作为武装头脑、指导实践、推动工作的强大思想武器，持续强化理论武装，抓好凝心铸魂工作。全面落实第一议题、理论学习中心组、“三会一课”学习等制度，举办读书班、研讨会，深入学习贯彻习近平总书记考察青海重要讲话精神，带动全县上下把习近平总书记重大要求内化于心、外化于行，真正把习近平总书记殷殷嘱托转化为造福大通人民的务实举措。全县各级党组织及时跟进学习、深入交流研讨、广泛宣传宣讲习近平总书记“七一”重要讲话、党的十九届六中全会精神，让党的创新理论“飞入寻常百姓家”。

**第二，精心组织实施，建党百年系列活动热烈隆重。**我们突出简约、庄重、大气、神圣，组织开展庆祝建党 100 周年系列活动，让颂党恩、爱领袖、跟党走成为全县各族人民共同心声。发放“党建大礼包”，颁发“光荣在党 50 年”纪念章，隆重表彰“两优一先”，多方面走访慰问党员，精心组织“永远跟党走”群众性主题宣传，推出了“唱歌给党听”七一大合唱、“百年党情暖民心”文艺演出等一批有深度、有分量、有声势的文艺会演，营造了全县各族儿女共庆党的百年华诞的浓厚氛围。

**第三，把握目标要求，推动党史学习教育走深走实。**我们认真落实“六个专题行动”，开展专题学习研讨，参观红色教育基地，创新打造了“七个一千”“123”“十百千”大通模式，做到了规定动作做到位、自选动作做出彩。把“我为群众办实事”实践活动贯穿党史学习教育始终，34 项重点民生实事项目投资完成率达 127%，累计为群众办实事 4660 余件，解决急难愁盼问题 6420 余件，人民群众的获得感成色更足，达到了党员干部受教育、人民群众得实惠、事业发展开新局的良好成效。

第四，规范程序步骤，县乡村三级换届圆满完成。我们突出政治标准，严格审核把关，严肃换届纪律，选优配强了各级领导班子，干部队伍年龄、学历、性别结构更加优化，担当作为的精气神明显提振，务实谋事干事氛围愈发浓厚。隆重召开县第十六次党代会，以落实习近平总书记重要讲话精神为主线，全面回顾过去五年工作，擘画未来五年奋进蓝图，开启了全县上下聚力筑牢西宁北部生态屏障、建设全省经济强县的新征程。

第五，加强作风建设，感恩奋进、拼搏赶超的气场愈发强大。我们坚持以作风建设开局起步，召开全县作风建设推进会、“感恩奋进、拼搏赶超”交流会等，以好的作风振奋精神、激发斗志、担当作为。全力配合全市作风巡查工作，开设《作风聚焦》专栏，及时处置相关信访事项，回应群众关切，真心实意为群众解难事、办好事。持续深化简政放权、放管结合、优化服务改革，深入落实产业链“链长制”、县级领导干部包保重点企业、包保重点项目等制度，营造良好的营商环境。

第六，坚持高位推进，城乡人居环境建设有力有效。我们制定《大通县城乡人居环境建设行动方案》，编制6个重要节点和园林路、解放路核心区等规划建设方案，沿街风貌提升、道路改造提升等城市八大工程稳步实施，村容村貌整治、示范引领创建等乡村六大工程扎实推进。同时，以“一轴十点九抓手”为重点，着力开展宁张公路沿线（大通段）违建拆除、林带巩固等重点行动，为开创“一城山水、大境通达”新局面营造了良好的发展环境。

一年来，县委常委会坚定发展信心，准确把握形势，坚持统筹兼顾、统揽全局，主要做了以下工作。

## 一、坚持新发展理念，高质量发展势头良好

常委会认为，走好走稳经济高质量发展之路，必须认真贯彻习近平新时代中国特色社会主义经济思想，完整准确全面贯彻新发展理念，主动融入和服务新发展格局，厚植经济高质量发展的基础。

我们加强党对经济工作的领导，编制实施“十四五”规划和2035年远景目标纲要，在服务和融入“四地”建设中精准发力，推动平衡性、协调性、包容性发展不断破题解题、见行见效。积极打造绿色有机农畜产品输出地，大力发展绿色有机种植和生态健康养殖业，打造地理认证标识，叫响大通农畜品牌，一批名优农畜产品走出大通、走向市场。成功创建国家级农产品质量安全县、全国休闲农业重点县，农业产业融合发展的基础越来越好。积极推进省级全域旅游示范区创建工作，多措并举推动老爷山、鹞子沟等景区发展，加快4条乡村旅游示范带提质升级和高原康养生态文旅城等项目建设，“金色家园”旅游平台开创全省智慧乡村旅游先河，东至沟村荣获“全国乡村旅游重点村”荣誉称号。

我们牢固树立“项目为王”理念，大张旗鼓狠抓招商引资，“青洽会”（中国青海结构调整暨投资贸易洽谈会）“城洽会”成功落户项目3个，完成招商引资到位资金12.5亿元。先后赴湖南长沙、湖北武汉等地考察洽谈项目，扎实开展“三百千万四率”行动，积极探索建设项目“拿地即开工”模式，青海省首个百万只铝合金车轮智能制造项目建成投产，成功签订大通—腾讯云战略合作协议。全力以赴推进项目建设，累计开复工项目202项，预计完成投资42.57亿元，投资贡献率位列全市第一。

我们坚持推动全面深化改革向广度和深度纵深挺进。大力推进高标准市场体系建设等经济领域改革，4家全民所有制企业改制工作全面完成，县属国有企业改革重组整合有序推进，总部科创基地建设步伐加

快，科技成果转移转化加速推进，5项工业领域科技项目首获立项，工业科技实现“零的突破”。深入推进小型水库管理体制改革、城乡管理综合行政执法改革等社会民生领域改革，成功创建全国深化小型水库管理体制改革样板县。积极对接融入全省全市对外开放大格局，着力扩大对外开放力度，全力构建“西宁综合保税区+北川园区”融合联动的对外加工贸易新高地，西宁综合保税区封关运营，全县改革开放创新取得新成效。

## 二、深入推进生态文明建设，西宁北部生态屏障持续筑牢

常委会认为，承担好维护生态安全重大政治责任，必须认真践行习近平生态文明思想，深刻领悟“国之大者”殷切嘱托，时刻牢记“三个最大”省情定位，准确把握“三个安全”重大要求，筑牢西宁北部生态屏障，让绿水青山成为大通最大财富、最大优势、最大品牌。

我们以强烈的使命担当落实省委打造生态文明高地、市委建设生态文明典范城市的部署要求，召开全县生态文明建设工作推进会，高标准加强生态环境保护。加快推进“十四五”生态环境保护规划编制工作，积极稳妥有序推进碳达峰、碳中和，探索行之有效“大通方案”。严格落实“三线一单”制度，实施县域内不同区域差别化、精细化分区管控，从源头把好建设项目环评审批关。认真抓好两轮中央生态环境保护督察、省级环保督察反馈问题整改，全面提升生态环境保护水平。在全省率先完成祁连山南麓青海片区大通县综合整治工作，并得到省市好评。

我们高质量建设高原“绿谷”城市，加强山水林田湖草沙系统整体保护，全面推行林（草）长制，完成国土绿化16.64万亩，实施封山育林、森林质量精准提升、三北防护林工程等项目16项，持续增加绿化总量，着力提升美化质量。严格落实河湖长制，协同推进水资源节约、水生态保护修复等工程，水生态环境持续改善。统筹实施生态建设工程，稳步推进采煤沉陷区综合治理、县城周边小流域综合治理、大河滩水库、景阳沟沟道治理等项目。

我们高层次打造高原“洁净”城市，保持力度、延伸深度、拓宽广度，深入打好污染防治攻坚战，让大通蓝天常在、碧水长流、青山永驻。编制北川工业园区循环化改造方案，加快推进循环化改造重点项目，园区污水处理厂建设接近尾声。全面落实排污许可制，严格控制污染物排放量。启动建设36座乡村垃圾中转站，全面开展户外广告专项整治，净化城镇立面空间，让城镇干干净净、清清爽爽。我县生态环境质量由“轻微变好”变为“一般变好”，获得财政部转移支付奖励。

## 三、强化衔接统筹，乡村振兴战略深入实施

常委会认为，全面推进乡村振兴，必须贯彻落实习近平总书记关于实施乡村振兴战略的重要论述，发挥乡村振兴示范村镇引领带动作用，努力探索具有大通特色的乡村振兴之路，促进农业高质高效、农村宜居宜业、农民富裕富足。

我们多次专题研究部署巩固拓展脱贫攻坚与乡村振兴有效衔接工作，打造“1+7+5+N”有效衔接工作体系，健全防止返贫动态监测和帮扶机制。统筹资金3.18亿元，实施农业生产发展、基础设施提升和补助类等项目73项，资金支出位居全省第一。持续加大东西部协作力度，落实协作帮扶资金4300万元，全力打造东峡镇田家沟乡村旅游示范点等3大类9个项目，着力让广大农民过上更加美好的生活。朔北藏族乡荣获“全国脱贫攻坚先进集体”荣誉称号。

我们聚力推进“三乡工程”赋能乡村振兴，定方案、强举措，强化政策支持，做实市民下乡、做优能人回乡、做特企业兴乡。与6家企业签订特色项目意向性协议资金达3.38亿元，各乡镇与辖区企业签订“三乡

工程”意向性协议20个项目，资金达2.1亿元。积极开展“农民丰收节”“百企兴百村”等系列活动，吸引1200余名人才和能人返乡创业，促进农村“活”起来，带动农民“富”起来，推动农业“强”起来。

我们大力实施乡村建设行动，把公共基础设施建设的重点放在农村，着力推进往村覆盖、往户延伸。稳步推进2个美丽城镇、34个高原美丽乡村、23个村级卫生室、4040座农村无害化厕所、7883户农户居住条件改善等项目，完成景阳镇土关村等3个传统村落保护工程，为农民群众打造更加舒适、更加宜居的环境。“四好农村路”建管护经验在全省推广。

## 四、推进民族团结进步，切实铸牢中华民族共同体意识

常委会认为，我县多民族多宗教多文化并存融合，必须深刻认识把握“在青海不谋民族工作不足以谋全局”的重大要求，以铸牢中华民族共同体意识为主线，持续巩固提升民族团结进步示范县创建成果。

我们认真学习贯彻中央和省市委民族工作会议精神，将铸牢中华民族共同体意识融入经济社会发展全过程，打造了一批特色亮点鲜明、工作成效显著、做法经验先进的创建品牌，荣获第八批“全国民族团结进步示范县”荣誉称号。持续深入推动民族团结进步创建“十进”和“民族团结进步+”融合发展，3个示范社区成为西宁市首批社区“石榴籽家园”，民族团结“进社区”创建工作有了新阵地、吹响了新号角。

我们始终坚持党的宗教工作基本方针，深入贯彻落实中央第七次西藏工作座谈会、全国宗教工作会议精神等，从全局高度谋划部署新形势下宗教工作。坚持宗教中国化方向，强化法治宣传教育，依法加强寺庙“教风年”建设和财税监管工作，深化宗教界人士队伍建设，积极引导宗教与社会主义社会相适应。依法加强宗教领域专项整治，全面完成阿式风格清真寺整改任务，坚决防范化解宗教领域风险隐患，持续维护宗教领域和谐稳定。

## 五、增强基层治理效能，平安大通形象持续彰显

常委会认为，提高基层治理效能，必须发展社会主义民主法治，加强改进社会治理，激发各界人士共建共治共享的积极性、主动性、创造性。

我们毫不动摇坚持党的领导、人民当家作主、依法治国有机统一，支持人大及其常委会依法行使职权，加强人大对“一府两院”的监督，加强和改进政协工作，提高建言资政和凝聚共识水平，发挥人民团体作用，巩固和发展最广泛的爱国统一战线，深化群团改革，为高质量发展汇聚智慧和力量。县妇联荣登“全国妇联宣传舆论阵地建设先进榜”。加强重点领域立法，颁布实施《大通回族土族自治县自治条例》《大通回族土族自治县义务教育条例》，提高依法行政水平。认真履行党管武装政治责任，全力做好拥军优抚工作，深入推动国防教育提质增效，实施县烈士陵园修缮工程，征兵工作连续五年全市第一。

我们深入推进市域社会治理现代化试点，念好“平安经”、走好“治理路”。深入落实全面依法治县各项任务，稳步推进“八五”普法工作，荣获“全省普法先进县”荣誉称号。常态化开展扫黑除恶，荣获“全省扫黑除恶专项斗争先进集体”荣誉称号。坚持和发展新时代“枫桥经验”，建立全省首家公证调解室，多元化调解为百姓解忧。县司法局荣获“全国组织宣传人民调解工作先进集体”荣誉称号。扎实开展政法队伍教育整顿，完善执法司法制约监督机制，推动各项工作向制度化、机制化转变。开展领导包案下访，信访积案得到有效化解。

我们坚持以总体国家安全观为统领，完善13个国家安全重点领域工作协调机制，筑牢安全稳定防线。加强应急管理体系和能力建设，扎实推进安全生产专项整治三年行动集中攻坚，开展安全生产主体责任

示范带动活动，牢牢守住安全生产底线。坚持对应急救援、防汛抢险、森林草原防灭火、地震应急响应等重点工作进行演练，提升自然灾害综合防范能力。特别是近期门源县发生6.9级地震后，第一时间进入应急状态，迅速召开工作安排会，认真做好灾害排查、保障服务、值班值守、物资储备等工作，全力维护人民群众生命财产安全。

### 六、注重宣传思想引领，文化建设成果丰硕

常委会认为，做好新形势下宣传思想文化工作，必须以领袖思想指引方向，培育践行社会主义核心价值观，认真履行举旗帜、聚民心、育新人、兴文化、展形象的使命任务，持续巩固团结奋进的共同思想基础。

我们加强新时代思想政治工作建设，坚持党管宣传、党管思想政治工作、党管媒体，牢牢把握网络主动权。带头深入学校开展思政课讲课活动，有力推动思政课建设。扎实创建全国文明城市，建立健全联点包片、联席会议、督查问责、群众监督员、创城心声驿站等工作机制，推动创建工作整体谋划、一体推进、分类实施，不断提升创建工作水平。

我们大力弘扬时代主旋律，深入拓展新时代文明实践中心（站、所）建设，扎实开展各类文明实践和志愿服务活动20余场次。积极开展第五届大通县道德模范评选推荐、创建文明单位（校园、村镇）活动，创评“五星级文明户”6000户，“五星级文明户”比例达到辖区家庭总数的46%。成立大通县文学艺术界联合会，发挥桥梁纽带作用，立足中心工作，运用文艺力量，讲好大通故事。

我们大力推动文化事业和文化产业繁荣发展，创新实施文化惠民工程，加强对河湟文化、民俗文化、长城文化的保护利用，着力打造“大通明长城国家文化公园”等本土文化品牌，陆续推出一批优秀文艺作品和优质文化产品。开展黄河流域非物质文化遗产保护行动，继续挖掘非物质文化遗产资源，成功申报市级非遗5项。在省市农牧民篮球赛、少数民族传统体育运动会等赛事中取得优异成绩，大通县群众体育指导服务中心荣获“全国群众体育先进单位”荣誉称号，开创了我县体育事业发展新局面。

### 七、着力改善民生福祉，社会事业稳步发展

常委会认为，坚持以人民为中心的发展思想，必须把人民对美好生活的向往作为奋斗目标，加强基础性、普惠性、兜底性民生建设，从最困难的群体入手、最突出的问题着眼、最具体的工作抓起，带领各族群众朝着逐步实现共同富裕的目标奋勇前进。

我们全面落实就业创业政策，抓好高校毕业生、农民工、城镇困难人员等重点群体就业，加大对农村富余劳动力的技能培训和转移就业，持续做大“朔山挖掘”“大通生态旅游”劳务品牌。举办“线上+线下”招聘会，开展复工复产“点对点”组织输送服务，做实东西部劳务协作，拓宽增收渠道，提升就业收入。开展根治欠薪专项行动，进一步保障了劳动者权益。

我们着力办好民生实事，85%以上财政支出用于保障和改善民生。桥头四小、八中建成投用，全面落实“双减”“五项管理”，教育教学质量再创新高，大通教育金字招牌叫得更响。提档升级“健康服务共同体”，荣获“全国健康促进县”荣誉称号。社会保障和养老服务体系建设不断加强，在全省率先试行婚姻登记“市内通办”，残疾人“两项补贴”实现“跨省通办”，“一站式”医保领跑全市。县老年养护院主体完工，困难群众基本生活救助工作得到省级部门好评，城镇居民受益的7个老旧小区改造配套设施建设工程得到住建部肯定。

### 八、坚持全面从严治党，党的建设不断加强

常委会认为，全面落实新时代党的建设总要求，必须不断夯实党的基层组织基础，深

入推进党风廉政建设和反腐败斗争，坚定不移推进全面从严治党，一以贯之把党建设得更加坚强有力。

我们全面贯彻新时代党的组织路线，树牢大抓基层的鲜明导向，深入推进“组织体系建设三年行动”，落实党委（党组）书记带头联系党支部工作机制，组织开展群团组织入企进社和“双找一建”活动，全面清理“空壳”“僵尸”企业党支部，促进各领域党建全面过硬。成立天麒·花儿步行街商圈党建联盟，创建一二三产业融合党建示范区、“红色领航·生态富民”党建示范带，创新打造“红色影音”党员教育基地，巩固拓展“两新”组织党建品牌效应，推动形成可持续发展的党建新格局。

我们坚持新时期好干部标准，大力发现培养选拔优秀年轻干部，认真落实落细激励干部担当作为的各项政策措施，晋升干部职级403名，选派干部335名参加各级各类教育培训，蓄积干部队伍“源头活水”。强化干部监督，建立重要岗位科级干部政治素质档案，推行县级干部个人事项即时报告制度，落实组织部门信访举报澄清保护工作暂行办法。深入贯彻中央和省委人才工作会议精神，做好特殊支持经费使用管理和人才工作绩效考评，深入推进东西部协作干部人才交流，着力激发人才干事活力。

我们持续深化“明责、履责、督责、问责”责任落实体系，突出“关键少数”监督，建立干部廉政档案和抄告机制，实现对“关键少数”精准画像。启动十六届县委巡察工作，创新制定巡察整改成效评估办法和公开制度，持之以恒落实中央八项规定及其实施细则精神和省市县贯彻措施，构建“四项监督”全覆盖网络，强化“室组地”联动，开展巩固拓展脱贫攻坚成果同乡村振兴有效衔接等专项监督。打造乡镇纪委工作的“大通模式”，承办全省乡镇纪检监察工作标准化规范化建设观摩会，“456+N”工作模式得到省市纪委监委高度肯定并推广。强化“一肩挑”后村级权力运行监督，创新开展村（社区）党支部书记述责述廉评议网络直播活动，一体推进“三不”，护航高质量发展。

一年来，县委常委会高度重视自身建设，坚持以习近平新时代中国特色社会主义思想为指导，增强“四个意识”、坚定“四个自信”、做到“两个维护”、捍卫“两个确立”，坚定自觉地在以习近平同志为核心的党中央集中统一领导下履行职责、做好工作，带头落实好党中央决策部署和省市委部署要求，带头坚持集体领导，带头廉洁自律，充分发挥了示范带动作用。

各位委员、同志们，以上成绩的取得，根本在于以习近平同志为核心的党中央坚强领导和习近平新时代中国特色社会主义思想科学指引，来自省市委正确领导，凝结着全县各族干部群众的团结奋斗。在此，我代表县委常委会，向在座同志并通过大家向全县各级党组织、广大党员干部表示衷心感谢！

# 县委全会讲话

## ——在中共大通县委第十六届五次全体会议上（节选）

中共西宁市委常委、大通县委书记　刘　波

（2023 年 1 月 30 日）

2022 年是党的二十大胜利召开之年，是党和国家历史上极为重要的一年，也是大通发展历程中极不平凡、极为不易的一年。面对复杂形势、严峻挑战和特殊困难，县委常委会坚持以习近平新时代中国特色社会主义思想为指导，全面贯彻党的十九大及十九届历次全会精神，深入学习宣传贯彻党的二十大精神，认真贯彻落实习近平总书记对青海工作的重大要求，深刻领悟“两个确立”的决定性意义，增强“四个意识”、坚定“四个自信”、做到“两个维护”，对标对表党中央决策部署和省市党代会及全会部署要求，坚持稳中求进工作总基调，完整、准确、全面贯彻新发展理念，主动融入和服务新发展格局，高效统筹疫情防控和经济社会发展，统筹发展和安全，妥善应对疫情、汛情和灾情，不畏艰难、砥砺前行，在筑牢西宁北部生态屏障、建设全省经济强县中取得了预期成绩，保持了经济社会大局稳定。

一年来，县委常委会突出抓了 4 件大事。

一是在迎接和学习宣传贯彻党的二十大中，信仰信念更加坚定。我们聚焦政治大年的特殊政治要求，把迎接和学习宣传贯彻党的二十大、省第十四次党代会作为主题主线，召开县委常委会会议 11 次，科学谋划举措，推动落实落细。聚焦迎接党的二十大召开，统筹理论舆论、网上网下、内宣外宣，着力营造平稳健康的经济环境、国泰民安的社会环境、风清气正的政治环境。组织全县广大党员干部收听收看大会盛况，县委及时传达学习，认真研究制定宣传、宣讲、培训工作方案，出台实施意见，推动全县各级党组织精心组织安排、迅速掀起热潮。积极构建“横向到边、纵向到底”的宣传宣讲格局，县级领导带头深入一线宣讲，“百姓话廊”等宣讲队伍下乡巡回宣讲，举办“老爷山下花儿开”党的二十大精神宣讲大赛等，对科级以上领导干部全覆盖培训，推动党的二十大精神在大通落地生根、开花结果。

二是在高效统筹疫情防控和经济社会发展中，发展态势更加稳健。我们全面落实“疫情要防住、经济要稳住、发展要安全”的重大要求，凝心聚力、务实攻坚，守住了不发生规模性疫情传播的底线。如今，街道上川流不息，工厂中热火朝天，餐馆夜市熙熙攘攘，这些熟悉的人间烟火，都成了大通“疫”去春来的生动注脚。岁月静好的背后，是全县广大党员干部、医务工作者、村（社区）工作者、公安干警、社会志愿者踊跃投身一线、昼夜奋战的成果，是创新建立疫情防控“五级包联”管理机制和“1+26+7+N”指挥体系的成果。

在用非凡的战绩书写大通抗疫篇章的同时，我们完整准确全面贯彻新发展理念，加密对经济运行的调度节奏，加大针对性政策供给力度，加快经济恢复步伐，发展质量稳步提升，科技创新成效明显、改革开放全面深化，就业物价基本平稳，粮食安全、能源安全和人民生活得到有效保障，保持了经济社会大局稳定，实现了“戴着口罩”跑出经济恢复的加速度。

三是在全力做好抢险救灾和灾后恢复重建中，为民初心更加笃定。我们始终坚持人民至上、生命至上，面对无情的山洪灾害，在以习近平同志为核心的党中央坚强领导、亲切关怀下，在应急、住建等中央部委倾情指导、倾力帮助下，在省市委的有力指挥、大力支持下，在社会各界的鼎力相助下，我们以最短的时间、最快的速度构筑起受灾群众的生命安全防线，取得抢险救灾初步胜利。自灾后恢复重建工作启动以来，省市委高度重视，对灾后恢复重建工作进行全面部署，县委成立灾后恢复重建指挥部，组织协调各级力量，科学谋划项目29项，集中安置房建设、安全饮水供水等一批民生工程全面启动，这些都凝结着无数不为人知的奉献、不计得失的坚守，新生之路并不漫长，重建美好家园将因我们的不懈奋战而触手可及。

四是在推进作风能力建设双提升中，干事氛围更加浓厚。我们深入贯彻落实省市作风建设、市委能力建设会议精神，坚持作风和能力建设“两手抓、两手硬”，扎扎实实推动干部作风大转变、能力大提升。在全市率先成立工作专班，建立健全台账，推行清单式销号制度，能力建设呈现出领导重视、组织严密、推进迅速、工作有效的良好局面。创新开展“换位体悟”活动，推动解决群众急难愁盼问题600余条，广大党员干部“五种”能力显著提升。全力配合全市作风建设巡查工作，以更大决心和力度改作风、提能力、优环境。制定营商环境提升行动重点任务负面清单和监督若干措施，开通监督“直通车”热线，高效处置“西宁评议”投诉转办件，全县干部作风持续向好，营商环境持续优化。

在抓好4件大事的同时，我们重点抓了以下工作：

## 一、坚定拥护“两个确立”、坚决做到“两个维护”，党的政治建设得到新加强

常委会认为，加强党的政治建设，必须把坚定拥护“两个确立”、坚决做到“两个维护”作为最高政治原则和根本政治责任，坚定不移在思想上政治上行动上同以习近平同志为核心的党中央保持高度一致。

我们坚持用习近平新时代中国特色社会主义思想凝心铸魂。坚决扛起政治责任，认真落实“第一议题”和理论学习中心组学习制度，及时跟进学习习近平总书记最新重要讲话、最新文章、最新指示、最新要求，深入开展《习近平谈治国理政》第四卷、《习近平生态文明思想学习纲要》等专题学习和研讨交流。今年以来，县委常委会会议传达学习议题136项，县委理论学习中心组学习36场次，示范带动全县上下形成浓厚学习氛围，不断提高运用领袖思想武装头脑、指导实践、推动工作的能力和水平。

我们始终坚定政治方向。县委带头把坚定拥护“两个确立”、坚决做到“两个维护”贯穿全县经济社会发展各领域、全过程，做到党中央提倡的坚决响应、党中央决定的坚决照办、党中央禁止的坚决不做。严格落实党委（党组）主体责任，切实提高各级党组织和党员干部政治判断力、政治领悟力、政治执行力。建立县委常委联系政治生态评价机制，精准推进政治生态评价，推动政治生态持续向好向善。

我们不折不扣落实政治要件。把贯彻落实习近平总书记重要讲话和重要指示批示精神作为首要政治任务，扣紧扣实任务链、责任链、工作链，灵活运用书面检查、随机抽查、

实地督查、联合督导等方式，不断提高督查时效，将政治要件闭环机制落到实处，确保习近平总书记重要讲话和重要指示批示精神在大通全面贯彻落实。紧紧围绕“国之大者”，推动政治监督具体化常态化。

## 二、着力推动高质量发展，经济质效实现新突破

常委会认为，走好走稳经济高质量发展之路，必须认真贯彻习近平新时代中国特色社会主义经济思想，完整、准确、全面贯彻新发展理念，主动融入和服务新发展格局，着力推动经济实现高质量发展。

我们坚持项目牵引稳投资。牢固树立“项目为王”理念，坚持“链长制”“包保制”双轮驱动，拿出“十年磨一剑”的定力，围绕延伸铝产业链上下游“大招商、招大商”，打造铝产业集群，深入开展“三百千万四率”项目生成行动，谋划和储备重点项目327项，总投资514.4亿元。以北川工业园区为主战场，优化工业运行要素配置，提升对企服务水平，大力稳定规模以上重点产业，加快培育工业经济增长新动力，工业经济呈现稳定增长态势。全县完成规模以上工业产值325亿元。落地实施西北绿色建材综合产业园、西北工贸城市综合体（二期）建设等省外招商引资项目9项，总投资49.4亿元，建设全省经济强县的步伐更加稳健。

我们深入实施“三乡工程”。全面落实支持“三乡工程”30条措施，着力打造“一乡一业”。举办2022年大通县创业创新大赛，培育市级农业产业园3家，市级龙头企业2家。开展高素质农民、星火培训等各类培训7600余人次。点对点专车输送务工人员返岗复工。纵深推进腾讯云战略合作项目，搭建农文旅融合数字化“大通号”平台，推广“人才进乡村、资金进乡村、先进技术进乡村，产品服务销出去”的“三进一出”模式。

我们坚持优化环境激活力。全力推进优化营商环境建设工作，全面开展“证照分离”改革，破解企业“准入不准营”难题，各类市场主体持续新增。深化“一件事”集成套餐服务改革，梳理编制“一件事一次办”事项清单。推动养老社保、税务、公司设立等22项重点领域改革高频热点事项“网上办”“就近办”，实现政务服务向乡镇、村（社区）延伸。

我们坚持改革创新增动能。深化医药卫生体制改革，推进紧密型健康服务共同体建设，积极构建六位一体健康服务体系。深化财政金融体制改革，不断规范和完善惠民惠农财政补贴资金“一卡通”发放与监管信息化管理系统。进一步落实“揭榜挂帅”“赛马”工作机制，申报4家企业的科创需求，大力提升科技型中小企业技术创新能力。

我们在服务和融入“四地”建设中精准发力。积极打造绿色有机农畜产品输出地，大力发展绿色有机种植和生态健康养殖业，创建全国绿色食品标准化原料生产基地6.8万亩。累计认证“绿色、有机、地标”农产品68个，授权使用“河湟田源”品牌企业11家，一批名优农畜产品不断走出大通、走向市场。成功认定全国休闲农业重点县、国家级农产品质量安全县。着力推进全域全季全时旅游，持续推进城关镇青甘大环线一站式旅游首发站、长城国家文化公园、“南麓里”等项目建设，为打造一批彰显大通特色、享誉周边省市乃至全国的文旅爆点注入了新活力、塑造了新优势。

## 三、坚持生态立县不动摇，绿色发展取得新进展

常委会认为，承担好维护好生态安全重大政治责任，必须认真践行习近平生态文明思想，深刻领悟“国之大者”殷切嘱托，时刻牢记“三个最大”省情定位，准确把握“三个安全”重大要求，持续筑牢西宁北部生态屏障。

我们全方位融入高原“绿谷”城市建设。严格落实河湖长制，协同推进水资源节约、水生态保护修复等工程，大通县北川渠灌区获得全国节水型

灌区称号。为西宁提供80%以上的饮用水，供水量逐年增加，水质稳定达标。深入实施国家公园示范省“三步走”战略，大通国家森林公园察汗河景区被中国野生植物保护协会批准设立为生物多样性生态教育基地。加强山水林田湖草沙冰系统整体保护，深入推行林（草）长制，通过实施祁连山生态保护和修复、森林质量精准提升等重点绿化工程，完成国土绿化17.9万亩，县域绿色发展成效显著。全县森林覆盖率达43.3%，稳居全省第一。

我们全过程参与高原“洁净”城市建设。持续开展城乡人居环境建设行动和农村人居环境清洁专项行动，全面提升城乡人居环境质量。实施宁张公路沿线环境综合整治提升项目，沿线环境显著改观。积极有序推进“多规合一”实用性村庄规划编制，紧抓“六大工程”和“三改一清”，不断提升村容村貌。全面实施能源、水资源消耗、建设用地总量和强度双控行动，大力建设生活垃圾、废弃物资源再循环利用等固废处理基础设施，“无废城市”建设稳步推进。大通县是全省唯一入选国家2023—2024年水系连通及水美乡村建设县名单的地区。

我们高标准推进污染防治。全面完成祁连山南麓青海片区大通县生态环境综合整治工作，13个问题图斑全部整改销号。完成生态治理修复面积1225亩，持续推进生态系统的良性循环。实施历史遗留废弃矿山生态修复治理项目，年内在册生产矿山中绿色矿山建成比例达100%。饮用水水源地水质达标率达到100%，润泽桥断面水质保持在Ⅲ类水质以上，环境空气优良率达93%。全面开展珍稀植物保护、生态抚育技术研究和宣教工作，群众生态保护意识逐步提高。北川河源区自然保护区被认定为青海国家公园示范省建设第一批自然教育基地。

## 四、全力增进民生福祉，人民生活品质得到新改善

常委会认为，必须牢固树立以人民为中心的发展思想，在发展中保障和改善民生，解决好人民群众最关心、最直接、最现实的利益问题，采取扎实有效的举措，带领各族群众朝着逐步实现共同富裕的目标奋勇前进。

我们持续巩固脱贫攻坚成果。严格落实“2411”防止返贫动态监测帮扶机制，在全省率先建立“防返贫监测工作流程图”、《防返贫监测帮扶操作指南》和政策明白卡，探索建立“1510”工作法，落实县级领导联系监测户+科级干部责任帮扶机制，持续强化帮扶底线。制定出台《大通县应对新冠疫情影响支持脱贫户（监测户）稳定增收十二条措施》《大通县“‘三乡工程’增活力 产业就业增收入”专项行动方案》，全面拓宽群众增收渠道，实现转移农村劳动力14.5万人次，劳动收入8.9亿元，脱贫群众人均纯收入较上年增长10.5%，高于全县农民人均可支配收入增长幅度。

我们千方百计稳就业。落实就业优先战略和积极就业政策，提升就业质量。加大援企稳岗力度，实施困难行业和中小微企业帮扶行动，支持灵活就业和新就业形态，提高就业吸纳力。不断完善重点群体就业支持体系，加大对高校毕业生、贫困劳动者、退役军人等群体就业帮扶力度，动员56家企业与282户脱贫户开展结对帮扶。积极构建企业和职业院校及培训机构的交流沟通平台，推动技能和创业培训，拓宽城乡居民就业渠道。持续深化根治欠薪工作，进一步保障劳动者权益，构建了和谐劳动关系。

我们全力办好民生实事。保持80%以上财政支出用于保障和改善民生，针对疫情对群众生活造成的影响，加强水、电、气、交通、通信等基本公共服务，全力保障食品药品及生活必需品市场供应，全力做好特殊时期困难人群的兜底保障工作，确保群众基本生活安定有序。实施中医药振兴发展工程，实现乡镇卫生院中医馆全覆盖。社会保障覆盖面持续

扩大，基本实现养老、医疗、工伤和生育保险应保尽保，城乡低保、特困供养、临时救助扩面提标，保障性住房建设稳步推进。落实“物质+服务”社会救助试点工作，社会救助工作获得全省绩效考评优秀九连冠。

我们接续打造教育金字招牌。始终把立德树人作为根本任务，积极落实“双减”政策，推进校外培训机构治理，规范校外培训办学行为。大力构建“五育”教育体系，促进学生全面发展。

创新推出“三环九步法”促进线上有效教学，在全市率先开展小学一年级探索性线上习惯养成教育，做到疫情防控和教育教学“两手抓、两不误、两促进”。

## 五、全面铸牢中华民族共同体意识，民族团结进步工作展现新风貌

常委会认为，我县多民族多宗教多文化并存融合，必须全面贯彻党的民族政策、新时代党的治藏方略、党的宗教工作基本方针，深刻认识把握“在青海不谋民族工作不足以谋全局”的重大要求，以铸牢中华民族共同体意识为主线，统筹谋划全县民族工作，推动民族团结进步事业持续发展。

我们推进融合发展，各民族交往交流交融更加生动有效。制定各民族间通婚的七项优待措施，宗教活动场所登记实现“三证合一”。大力实施“旅游促进各民族交往交流交融计划”，以老爷山花儿会系列活动为载体，传承和发展中华民族优秀传统文化，推动“铸牢中华民族共同体意识+文化旅游”融合发展，有力促进全县各民族广泛交往、全面交流、深度交融。

我们选树培育典型，示范引领带动作用更加明显。以创建“十进”活动为载体，大力选树培育典型，持续巩固提升基层典型示范引领带动作用。打造大通烈士陵园为全省民族团结进步教育示范基地，先后有12个集体和45名个人被表彰为市县级民族团结进步先进集体和先进个人，24户家庭被评选命名为“全县民族团结进步家庭”。县级社区“石榴籽家园”建设实现全覆盖，小石山等3个社区被命名为全市首批“社区石榴籽家园”。

我们依法加强宗教事务管理，宗教关系更加和顺。始终坚持党的宗教工作基本方针，深入贯彻落实中央第七次西藏工作座谈会、全国宗教工作会议精神。坚持宗教中国化方向，召开全县宗教工作会议，从全局高度谋划部署新形势下宗教工作。依法加强宗教领域专项整治，坚决防范化解宗教领域风险隐患，持续维护宗教领域和谐稳定。不断加强藏传佛教寺院督导检查，全力做好涉藏领域安全维稳各项工作。

## 六、发展社会主义民主政治，奋力推进全过程人民民主续写新篇章

常委会认为，发展社会主义民主政治，必须充分发挥党总揽全局、协调各方作用，健全民主制度，丰富民主形式，拓宽民主渠道，全力巩固和发展生动活泼、安定团结的政治局面。

我们深入推进民主法治建设。加强党对人大、政府、政协、法院、检察院工作的领导，支持各方依法依规开展工作，主动听取意见建议，巩固发展团结一致的政治局面。支持人大及其常委会做好立法、监督、重大事项决定和代表工作，有序推进自治条例修订工作，制定全国首部县级乡村产业振兴促进条例，为全面推进乡村振兴提供坚强法治保障。加强政协系统党的建设，扎实推进协商议政计划落实，认真开展各类调研视察活动，推动政协系统更好参政议政、开展民主监督，不断推动政协事业健康发展。推动“八五”普法不断深入，荣获“全省普法先进县”称号。

我们巩固发展统一战线工作。深入贯彻中央统战工作会议精神，加强党对统战工作的领导，定期召开统战工作会议和党外人士座谈会、通报会，充分听取吸收各民主党派、各团体和各界人士意见建议，全

面推进民主党派和党外代表人士队伍建设。健全使用“民主党派之家”，为各民主党派提供学习培训、参政议政的重要平台。全面加强对群团工作的领导和支持，努力把群团组织优势转化为发展优势，汇聚起全县经济社会发展的强大合力。

我们认真履行党管武装责任。召开县委议军会议，履行党管武装之责，共叙军地鱼水之情，共商融合发展之策。圆满完成基干民兵编组、普通民兵登记、新兵征集等工作。持续深化军地协作，扎实做好“双拥”工作，认真开展帮扶解困、权益保障等服务工作。广泛推进全民国防教育，持续营造拥军优属浓厚氛围，荣获“全国双拥模范县”五连冠、“全省双拥模范县”九连冠。

## 七、坚持守正创新，宣传思想文化工作呈现新气象

常委会认为，做好新形势下宣传思想文化工作，必须以领袖思想指引方向，培育践行社会主义核心价值观，牢记举旗帜、聚民心、育新人、兴文化、展形象的使命任务，坚持守正创新，主动担当作为，全县宣传思想文化工作呈现新气象。

我们严格落实意识形态工作责任制。制定印发县委意识形态工作责任清单，进一步完善意识形态工作考核评价体系，常态化开展监督检查，确保意识形态领域各项工作落到实处。出台大通县意识形态工作督查办法，不断提升意识形态工作水平。严格落实主管主办和属地管理原则，持续加强阵地管理，坚守意识形态领域主阵地。

我们不断巩固壮大主流思想舆论。大力弘扬社会主义核心价值观，开展五星级文明户、文明单位、文明村镇（社区）等创评活动和县级道德模范推荐工作。积极创建全国文明城市，圆满承办全省2022年度文明城市创建工作会议。聚焦迎接党的二十大召开，大通县作为全省唯一一家《走进县城看发展》采访地，在央视高频亮相。大通融媒成为全省唯一荣获第九届全国服务农民、服务基层文化建设先进集体的县级融媒体。

我们大力推动文化事业和文化产业繁荣发展。在全市率先成立文联组织，大力挖掘并宣传“火老虎”等传统民俗，创作皮影戏、贤孝等通俗易懂的民间曲艺宣讲作品。成功举办2022年大通县第十三届老爷山花儿会系列活动。国家AAAA级旅游景区老爷山面向全社会逐步免费开放。借力北京冬奥会，举办十一届大通冰雪欢乐季，为青海冬季旅游活动增光添彩。

## 八、维护国家安全和社会稳定，平安大通建设开拓新局面

常委会认为，建设更高水平的平安大通，必须坚持总体国家安全观，树牢底线思维、极限思维，把安全贯穿发展各领域和全过程，坚定不移确保政治安全、社会安定、人民安宁。

我们始终坚持把政治安全摆在首位。严格落实国家安全主体责任，不断完善国家安全重点领域工作协调及相关工作落实机制，充分发挥县委国家安全委员会作用，强化应对管控措施，构筑坚固国家安全防线。强化信息收集、风险研判，全力维护各类重要时间节点的社会稳定。强化全民国家安全教育，深入开展“两反四防”斗争，全力确保社会安全稳定。

我们全力保障城市安全运行。健全防灾减灾和突发事件应急体系，完善和落实安全生产责任制，加强和改进食药安全监管，全力保护人民群众生命财产安全。持续推进安全生产专项整治三年行动，全面开展燃气、自建房等领域的专项整治，依托“互联网+执法”系统开展安全生产行政执法工作，全年未发生重特大安全事故。

我们深入推进平安大通建设。完善重大决策社会风险评估机制，精准研判防范化解各领域风险，持续深化政治、自治、法治、德治、智治相融合的市域社会治理方式。不断丰富“枫桥经验”大通实践，建立“一站式”矛盾纠纷多元化

调解中心和全省首家公证调解室，努力将矛盾化解在基层。创新打造“数字乡村”工程，农村“雪亮工程”覆盖率达56%。持续巩固拓展政法队伍教育整顿成果。常态化开展扫黑除恶斗争，荣获“全省扫黑除恶专项斗争先进集体”荣誉称号。

### 九、牢记“两个永远在路上”，新时代党的建设迈上新台阶

常委会认为，全面从严治党不断向纵深推进，必须始终牢记“三个务必”“两个永远在路上”，把党的建设贯穿全县各项工作全过程、各方面，不断推进新时代党的建设新的伟大工程。

**我们不断加强基层党组织建设。**坚持大抓基层的鲜明导向，扎实推进“组织体系建设三年行动”，打造“老爷山下党旗红 一圈四带十先锋”党建品牌。扎实开展乡村换届“回头看”，深入推进村级活动场所“洗脸工程”，以“星级销号”方式推动软弱涣散村党组织整顿转化，村“两委”战斗堡垒作用不断加强。制定加强社区建设若干措施，推进社区党组织书记事业岗位管理工作。扎实开展“双进双联四服务”活动“菜单式”服务模式，社区服务群众功能持续加强。广大党员干部奋战在疫情防控和“8·18”抗洪救灾一线，以实际行动体现党员先锋模范作用。深入实施“党建引领基层治理三年行动”，探索建立“党建+1496”矛盾纠纷化解机制，调处率达99%。推进党建引领“快递进村”工作，实现快递进村全覆盖。

**我们加快建设高素质干部队伍。**常态化推进“敢担当、善作为”干部调研，加大优秀干部储备。深入疫情防控、抗洪防灾等一线工作提拔使用干部占提任总数的39.3%。高效推进干部“能上能下”，扎实开展“年轻干部墩苗工程”，建设高素质干部队伍。创新制定乡镇党委书面推荐干部制度，提拔使用乡镇干部占提任总数的44.6%。加大年轻干部培养选拔力度，进一步优化班子结构。严格执行“凡提四必”“三审二核二报”等制度，进一步压实监督工作职责。

**我们认真履行从严治党主体责任。**修订细化贯彻落实中央八项规定及其实施细则的若干措施，毫不松懈纠治“四风”，一体推进“三不腐”成效显著。县纪委监委荣获“全国纪检监察系统先进集体”荣誉称号。加强对“一把手”和领导班子落实全面从严治党主体责任、履职用权等情况的监督。创新开展“未巡先改”专项行动，完成十六届县委三轮常规巡察，巡察监督质效不断提升。及时跟进监督市委涉粮问题专项巡察反馈问题并全部完成整改。创新开展酒驾醉驾、基层减负观测、优化营商环境专项整治，党风政风持续向好。开展党内规范性文件清理工作，确保党内规范性文件合法合规合理。

同志们，一年来县委常委会高度重视自身建设，不断加强和改进常委会工作，根据市委工作安排，研究和修订了《县委常委会工作规则》《县委书记专题会议工作规则》，不断提高党内政治生活制度化水平。带头坚持集体领导、民主决策，严格执行“三重一大”决策制度和决策程序，带头执行党内法规制度，在推动决策落实、持续改善作风、带头廉洁自律等方面，充分发挥了示范带动作用。

以上工作的推进和成绩的取得，得益于以习近平同志为核心的党中央坚强领导，得益于习近平新时代中国特色社会主义思想的科学指引，也得益于省委、市委的正确领导，是全县广大党员干部群众在党旗下团结一心、奋力拼搏的结果。在此，我代表县委常委会向大家表示衷心感谢！

# 政府工作报告

## ——在大通回族土族自治县第十八届人民代表大会第三次会议上（节选）

大通县人民政府县长　马明旭

（2023 年 2 月 21 日）

### 一、2022 年干在实处，彰显千帆竞发的大通力量

过去的一年，是大通发展史上极不平凡、殊为不易的一年。面对疫情反复冲击、极端天气灾害和经济下行等复杂严峻形势，我们坚持以习近平新时代中国特色社会主义思想为指导，深入学习贯彻党的二十大精神，严格按照“疫情要防住、经济要稳住、发展要安全”的重大要求，在县委的坚强领导下，高效统筹疫情防控和经济社会发展，推动全县经济社会发展质量更高、生态更好、产业更优、民生更实，全县经济社会呈现良好发展态势。

重点做了以下七个方面工作。

（一）补链条、强动能，发展势头更加强劲。成功认定全省绿色有机农畜产品输出地辐射带动县，创建全国绿色食品标准化原料生产基地 6.8 万亩，改造设施温室 500 栋，建成良种繁育基地 1.5 万亩，认证绿色有机地理标志农产品 68 个。严格执行“链长+包保”责任制，成功培育青海莱润、中桩建材升规入库，引进落地南麓里和全省首个铝轮毂制造等延链补链强链项目，青海铝业、宜化化工等重点企业达产满销，完成工业产值 324.9 亿元。建立全国首家县域乡村振兴“数字”产业创新基地，以数字化转型赋能大通智能化提速。

（二）抗风险、提能力，发展保障更加坚实。扎实开展大通“8·18”山洪灾害抢险救援及恢复重建工作，谋划生成 30 项 8.5 亿元灾后重建项目，举一反三，围绕全县地质灾害隐患点周边群众生命财产安全，开展地质灾害搬迁避让排查、评估工作，坚决防止灾难再次发生，尽最大努力保障群众生命财产安全。

（三）抓生态、优环境，发展潜能更加充盈。深化林（草）长制，组织开展国土绿化春季大会战暨宁张公路林带巩固行动，完成国土绿化 17.9 万亩。扎实推进水环境综合治理、农村分散式污水处理等碧水工程，北川工业园区污水处理厂建成投用，润泽桥断面水质保持在Ⅲ类以上。持续开展工业企业污染源达标排放整治，环境空气质量优良率达 93%。土壤环境状况持续保持良好，生态已成为全县人民群众最普惠的民生福祉。

（四）强建管、稳提升，发展基础更加扎实。成功承办全省文明城市创建工作推进会，园林路、斜四号桥周边改造等项目稳步实施，城乡面貌、文明水平显著提升。宁张公路沿线环境综合整治全面完成，道路微循环、9 个重要节点巩固提升等 4 个项目全面开工建设，沿线风貌明显改善。完成 33 个高原美丽乡村、2400 户农牧民居住条件改善建设任务，解放北路排水防涝、10 个老旧小区基

础设施改造基本完成，基础设施日臻完善。

（五）促改革、增活力，发展环境更加优越。全面完成105项改革创新事项，建成县级农村电子商务公共服务中心，入驻孵化企业45家，实现网络零售额2170万元。深化“一件事一次办”改革，推行网上办、掌上办，申报资料、办事流程、审批时限分别压减40%、50%、30%。坚持“抓大不放小”，成功培育限额以上企业2家，培育申报科技型企业6家、研发中心4家、农业科技园区7家，核心竞争力持续增强。

（六）聚民意、惠民生，发展共识更加统一。制定施行全国首部县级乡村产业振兴促进条例，创新开展“双增”行动，实现转移农村劳动力14.5万人次，劳务收入8.9亿元。老年养护院、景阳中心学校综合楼、县二医院门诊医技楼等民生项目基本建成。居民消费价格指数（CPI）同比上涨2.3%，保持物价平稳运行。平安大通建设扎实推进，安全生产事故起数、死亡人数双下降，社会大局保持和谐稳定。

（七）建机制、重效能，发展底线更加牢固。修订完善《大通回族土族自治县人民政府工作规则》，创新制定《提高政治站位狠抓工作落实责任清单》，促进政府工作系统化、科学化、规范化。制定《大通回族土族自治县人民政府法律顾问会商议政工作规则》，有效发挥法律顾问会商议政和智囊参谋作用，促进政府依法、科学、民主决策。建立工作专报制度，及时向县委报告“三重一大”决定事项，每季度向人大、每半年向政协主动报告工作，构建职责明确、依法行政的政府治理体系。

各位代表！政府一年来始终坚持党的领导，衷心拥护“两个确立”，忠诚践行“两个维护”，把党委的重要指示批示作为“第一政治要件”，闭环管理、狠抓落实。持续加强政府自身建设，法治政府建设纵深推进，自觉接受县人大法律监督、工作监督，县政协民主监督和社会舆论监督，充分吸纳民意、汇聚民智，59件人大议案建议、63件政协提案全部办复。工会、共青团、妇女儿童、老龄、残疾人、慈善等事业取得新进步，审计监督、统计调查、档案、地方志、地震气象等工作迈出新步伐，民族团结、宗教和顺的良好局面不断巩固。

一年来，我们始终坚持，人民至上、生命至上。面对百年不遇的极端天气，落实叫醒叫应机制，紧急转移1万余户4.2万名群众，共同谱写了防汛抗灾的动人华章；绘就了团结才能胜利、奋斗才会成功的时代画卷。实践一再证明，办法总比困难多，越是艰难越向前，越是困难越坚韧。在最严峻、最复杂的多重考验中，大通40万儿女以众志成城、同舟共济的大无畏气魄，孕育出新时代大通精神！

一年来，我们始终坚持，稳字当头、实干为先。面对复杂严峻的发展环境和交织叠加的风险挑战，主动担当、攻坚克难，灾后恢复重建项目1个月内全面启动，4个“烂尾工程”“保交楼”项目重焕生机，宁张公路沿线6.5万平方米违章建筑全面拆除还绿于民，祁连山南麓大通生态环境综合整治13个问题图斑全面整改销号，攻克了一些长期想解决、事关长远的难题，办实了一批困扰群众、事关民生的难事，以民有所呼、政有所应的根本立场，诠释出新时代大通担当！

一年来，我们始终坚持，量力而行、尽力而为，调动一切积极因素，汇聚各方力量，付出了最大努力，取得了好于预期的成效。完成地区生产总值140.3亿元，同比增长1.5%；全体居民人均可支配收入26379元，同比增长5%；落实退减缓税10.5亿元。坚决稳住了经济大盘，保住了市场主体，兜住了民生底线，推动县域经济高质量发展取得新进步，切实以昂扬的斗志、奋进的姿态，缔造出新时代大通贡献！

各位代表！事非经过不知难，这一年我们经受了许多前所未有的考验，攻克了一个又一个难关，每个人都不容易。所有成绩的取得，凝聚着县委把握大势、坚强领导的发展擘画；凝聚着县人大、政协有效监督、倾情支持的发展共鸣；凝聚着社会各界热情帮助、积极参与的发展共识；凝聚着东西部协作、中央定点帮扶、驻县各单位大爱无疆、鼎力相助的发展合力；凝聚着全县干部群众无私奉献、苦干实干的发展力量。在此，我谨代表县人民政府向所有关心和支持大通事业发展的同志们、朋友们，表示崇高敬意和衷心感谢！

各位代表！行之愈笃，知之益明。一年的工作实践，深切体会到：任何时候都必须旗帜鲜明讲政治，围绕县委中心大局提高政治站位，善于从政治高度观察问题、分析问题、解决问题。任何时候都必须凝心聚力抓发展，坚持新发展理念，大力推进产业发展、城乡融合，推动县域经济社会高质量发展。任何时候都必须真抓实干强担当，一张蓝图干到底，一以贯之抓落实，推动各项工作走在前、作表率。任何时候都必须坚持以人民为中心的发展思想，把增进民生福祉、为人民服务作为一切工作的出发点和落脚点，不断实现人民对美好生活的向往。

各位代表！在肯定成绩的同时，我们也清醒地认识到，大通经济社会发展仍存在不少问题和差距：支撑县域经济高质量发展的基础还不牢固，制造业层次偏低，高原特色农业优势还未充分发挥，产业链供应链仍然存在堵点断点，冷凉蔬菜产业发展仍需提质扩量。市场主体偏少偏弱，营商环境仍需优化，投资平台带动力亟待加强。同时，政府自身建设还需强化，少数干部的理念方法、能力水平与推动中国式现代化建设还有差距等等。我们将直面问题、迎难而上、科学应对、努力解决。

## 二、2023 年走在前列，谱写高质量发展的崭新篇章

今年是全面贯彻落实党的二十大精神的开局之年，是实施“十四五”规划承上启下的关键一年。政府工作的总体要求是：坚持以习近平新时代中国特色社会主义思想为指导，全面贯彻落实党的二十大精神，深入贯彻落实习近平总书记对青海工作重大要求，认真贯彻落实中央经济工作会议和省委十四届三次全会、市委十五届六次全会精神，按照县第十六次党代会和县委十六届五次全会部署，坚持稳中求进工作总基调，完整、准确、全面贯彻新发展理念，加快融入新发展格局，着力推动高质量发展，更好统筹疫情防控和经济社会发展，更好统筹发展和安全，聚焦打造生态文明高地、建设产业“四地”，突出做好稳增长、稳就业、稳物价工作，推动经济实现整体好转、风险得到有效管控、社会大局保持稳定，以筑牢西宁北部生态屏障、建设全省经济强县的更大成绩，为聚力建设现代美丽幸福大西宁、奋力谱写全面建设社会主义现代化国家青海篇章作出大通贡献。

主要预期目标是：地区生产总值增长 6% 左右，地方一般公共预算收入增长 5.8% 以上，固定资产投资增长 50% 以上，全体居民人均可支配收入与经济增长保持基本同步，主要污染物排放、居民消费价格指数、空气质量优良率控制在省市下达指标以内。

上述主要预期目标，与“十四五”规划相衔接，与省市平均增速相匹配，与高质量发展要求相适应，与省市对大通的功能定位相吻合。实现上述目标，目光一定要长远。深刻认识到目标中蕴含的高质量发展思想、生态文明思想、以民为本思想，唯有放眼全局，才能走得更远。步伐一定要坚实。经济发展有规律在其中，宜快则快、宜进则进，必须尊重规律、稳中求进、久久为功。内涵一定要丰富。经济指标涉及政治、文化、社会、民生等方方面面，是随着发展而发展，随着变化而变化，唯一不变的是受益群体为广大群众。质量一定要稳固。经济指标必须要

实事求是，容不得掺假掺水，必须坚持高质量发展！

围绕上述目标和要求，重点抓好八个方面工作。

### （一）做大做强，以产业优结构，融入高质量发展新格局

打造特色农牧业。壮大农业特色主导产业，补链条、兴业态、树品牌，实施鲑鳟鱼种质资源场、雪域纯高端粉丝生产线等项目，打造农产品精深加工标杆品牌，建设省级蔬菜产业园。开工建设一、二、三产业融合示范园，提升改造500栋旧温室棚，改扩建规模养殖场5处，推动种植养殖特色产业优质发展，打造全省绿色有机农畜产品输出地。着力在“土特产”上做文章，开发乡土资源、突出地域特色、形成产业集群，扩大大通牦牛、冷凉蔬菜知名度，让广大农民从特色鲜明、业态多样的乡村产业中拓宽致富路。

提质先进制造业。坚持集群化发展、园区化承载、大项目带动，稳步推进600kA电解槽技术改造及产能置换、分布（集中）式光电站等项目，全力构建“绿电+合金新材料+保税加工制造”现代产业体系，打造全省铝镁合金产业高地。狠抓产业升级、强链补链，完善扶持政策，强化梯度培育，力争铝合金车轮、5万吨三氯氢硅等项目开工建设，推动铝镁合金产业链向下游精深加工有效延伸。深入推进北川工业园区国资改革，年内培育5家以上工业企业升规入库。

做优现代服务业。全面完成长城国家文化公园基础设施建设，开工建设科普教育馆展陈、长城文化特色小镇等项目，做优大通长城文化旅游新名片。高质量建设田家沟星空露营地、林下经济文旅项目，持续推动乡村生态旅游提档升级，丰富旅游业态、提升旅游品质。积极引进鸿瑞综合产业园项目，打造专业化、规模化汽车服务产业集群，填补汽车服务产业空白。以“数字+”“智能+”赋能产业发展，做大做强乡村振兴“数字”产业创新基地，更好满足人民群众多层次、多样化需求。

### （二）扩面提质，以投资带内需，挖掘高质量发展新潜力

扩大有效投资。坚持“项目为王”，持续深化“三百千万四率”行动，大抓项目、抓大项目，推动项目早开工、早建设、早见效。落实落细“项目三化清单”，高效推动大河滩水库、东部新城热源厂等项目建设，新建10亿元以上重点项目12个以上。落实落细抢抓机遇促发展活动，加大助企纾困政策实施力度，更好撬动社会资本投资，实现住房、农业、旅游等重点领域投资保持较快增长。

促进居民消费。增强消费能力，改善消费条件，创新消费场景，建成大通县农文旅融合街区项目，积极开展“夜购、夜享、夜游、夜赏”主题活动，推动服务业回暖复苏。加快桥头镇农副产品交易中心、城关镇特色农产品展销市场项目建设进度，完善县乡村电商体系、快递物流体系，充分释放农业农村消费潜力。集中推出农民丰收节、乡村美食节、冰雪竞技等系列节庆赛事活动，全面启动乡村旅游“后备箱工程”，拉动旅游消费市场。

助力市场复苏。深挖市场主体潜力，新培育限额以上市场主体20家以上。主动协调金融机构加大制造业、中小微企业，特别是民营企业支持力度，促进企业综合融资成本稳中有降。深入开展清理拖欠中小微企业账款专项行动，严控涉企收费，严禁强制摊派、罚款创收，切实保住市场主体。坚持政策靠前发力，加强重点行业、重点企业运行情况监测，强化区域间、上下游协调联动，及时解决用工、金融等需求，推动企业稳产达产。

### （三）真抓严管，以绿色塑底板，绘就高质量发展新画卷

深入推进环境污染防治。坚持精准治污、科学治污、依法治污，分类整治流域性、区域性、行业性污染。打赢蓝天保卫战，强化工业企业大气污染综合治理，推进城市扬尘污染管控，让蓝天白云常在。打

好碧水保卫战，持续推动水源地规范化建设，实施粪污资源化利用整县推进项目，让清水绿岸常在。打好净土保卫战，继续推进化肥农药减量增效，强化土壤污染风险管控和源头治理，让田园秀美常在。

统筹推进生态保护修复。按照林木“下山进城、进城入川”工作思路，加大县城园林绿化覆盖面，让群众推窗见绿、出门进园、行路享荫。践行“水美乡村、水润民生”理念，高标准实施水系连通及水美乡村建设工程，强化水土保持综合治理。持续深化林（草）长制、河（湖）长制，完成国土绿化建设11.1万亩，实施沙岱河河道灾损修复、防洪应急治理等工程，实现水有人治、林有人护。

加快推动绿色低碳转型。统筹能耗“双控”，有序推动铝业、建材、商砼等重点行业绿色低碳转型，发展绿色园区、绿色工厂、绿色供应链。全力推进3×66万千瓦火电机组项目和电力源网荷储一体化发展，持续提升可再生能源高效清洁利用水平。开展高端化、智能化、绿色化技改专项行动，实施熠辉热炉减量技改项目，推动资源循环利用。

各位代表，生态是资源和财富，是我们的宝藏。我们将始终坚持走生态优先、绿色发展之路，坚决摒弃以牺牲生态环境为代价换取经济发展的做法，以实际行动筑牢西宁北部生态屏障，让大通的天更蓝、山更绿、水更清。

（四）共建共享，以建管提品质，拓展高质量发展新空间

提升城市建管水平。扎实开展全国文明城市创建工作，全面落实“街长制”，提升城市管理水平。加强城市天际线、山脊线、水岸线规划控制，优化提升城市色彩、建筑形态、立面风貌，做好小尺度空间设计。加快南麓里项目进度，提升城市人文品质，让城市更具历史底蕴、独特风貌、烟火气息。全力推进地下管网、雨污分流等项目建设，改造老旧小区15个，全力建设海绵城市、韧性城市、靓丽城市。

补齐乡村设施短板。高质量建成新庄镇等2个美丽城镇、33个高原美丽乡村建设项目，实施38个村交通基础设施补短板及1468户农村危房改造项目，提高乡村基础设施完备度、公共服务便利度、人居环境舒适度。巩固宁张公路沿线环境综合整治提升成果，加快功能节点施工进度，结合农村人居环境清洁三年专项行动，建设美丽宜居和美乡村。

统筹城乡一体化发展。大力推进财政投入向城乡基础设施倾斜和延伸，利用3年时间，稳妥做好地质灾害搬迁避让安置及配套基础设施补短板项目。深化城乡人居环境建设，重点开展“双新”公路沿线环境综合整治提升工作，以路带产、以产兴业、业景融合，持续扩大城乡公共服务有效供给，构建城乡一体的基础设施和公共服务体系，努力实现区域平衡、城乡融合、特色鲜明、产业协同的发展目标。

（五）固强补弱，以增收为核心，打造高质量发展新引擎

全面夯实粮食安全根基。严格落实“田长制”，完成复耕复种5364亩撂荒地整治任务。布局建设大通号种业集群，建设“育繁推”一体化企业，推进育种产业化。打造优质粮食示范区，新建高标准农田1.1万亩，确保粮食总产8.4万吨以上。健全种粮农民收益保障机制，加大化肥、农药等农资稳价保供力度，让种粮不吃亏、能赚钱、有奔头。

巩固拓展脱贫攻坚成果。巩固提升“双增”行动扩面质效，在企业安置、项目吸纳、产业带动等方面精准发力，实现脱贫人口增收15%以上。加强东西部劳务协作，实现省外就业1600人次以上。培育壮大脱贫村“小精特新”式富民产业、特色产业，不断增强自我发展的造血能力。分类盘活、统筹整合闲置低效扶贫项目资产，充分发挥应有效益，促进脱贫群众稳定增收。

扎实推进乡村全面振兴。

实施城关农产品加工、青林乳饮品等项目，推动乡村振兴产业协同、集群发展。依托“三乡工程”网络服务平台，全力培育推荐2个“市民下乡”示范典型、3个“能人回乡”示范典型、2个“企业兴乡”示范典型，建立“三乡工程”发展基金，吸引更多社会资本、市场主体支农惠农。

（六）守正创新，以改革破坚冰，激活高质量发展新动能

在营商环境上有新提升。抓实优化营商环境“一把手工程”，全面实施行政许可事项清单管理，拓展“一网通办”“跨省通办”深度广度，让企业群众依规办事不求人、方便快捷少跑腿。优化提升“一键大通号”，探索建立北川工业园区企业服务平台，精简企业开办、工程建设项目审批等流程，无事不扰、有呼必应，让企业家在大通更有归属感、获得感、成就感。依法平等保护民营企业产权和企业家权益，积极构建亲清政商关系。

在改革攻坚上有新突破。深化国资国企改革，实施县属国有企业重组整合，减存量、提增量，确保国有资产保值增值。落实“增存挂钩”机制，实施城市有机更新、低效用地再开发，持续加快批而未供和闲置土地处置。探索推进“亩均产出比”综合改革，提升单位土地投资和产出强度，增强园区综合效益。探索建立“总部经济”基地建设，激活县域培植财源、涵养税源的内生动力。

在扩大开放上有新作为。大抓实抓招商引资“一号工程”，强化产业链招商、精准招商、以商招商，确保一年四季都有招商活动、每个领域都有引资成果，完成招商引资任务16亿元以上。聚焦铝镁合金和县域特色产业，加快引进铝镁合金高新材料、冷凉蔬菜精深加工等延补链产业，培育壮大县域经济高质量发展新动能。

（七）筑牢底线，以安全保发展，护航高质量发展新提升

维护社会和谐稳定。树牢底线思维、坚持系统观念、强化备份考虑，制定《大通县进一步建立健全极端天气叫醒叫应机制落实责任清单》，明确责任分工、细化工作措施，切实提升防灾避险和应急管理水平，有效保障人民群众生命财产安全。继续开展第三方机构风险隐患排查工作，持续巩固平安大通建设成果。扎实做好保交楼、保民生、保稳定工作，有效防范化解房企风险，确保房地产市场平稳健康发展。

防范化解重大风险。严厉打击各种渗透、破坏、颠覆、分裂活动，坚决维护政治安全、社会安定、人民安宁。制定《大通县政府投资项目全过程管理办法》，系统治理政府投资隐患风险，有效提高政府投资效益，规范政府投资行为。积极开展金融、房地产等重点领域风险隐患排查整治，坚决守住不发生系统性、区域性风险的底线。

提升社会治理效能。持续推进重心下移、力量下沉，划小做实基层治理单元，优化社区网格运行机制，加强基层治理队伍建设。畅通规范群众诉求表达、利益协调、权益保障渠道，有效化解信访积案。保障妇女儿童合法权益，促进残疾人事业全面发展，发挥好工会、共青团、妇联等群团组织作用，做好关心下一代、老体协等工作。

（八）用心用情，以实效显担当，回应高质量发展新期盼

让灾后重建更加优质高效。坚持政策围着群众定，服务跟着群众走，年内完成集中搬迁安置项目建设，实现供暖期前群众乔迁新居。全力推进沙岱河、棉格勒河治理进度，因地制宜建设青山乡、青林乡标准化养殖场项目，配套建设教育、医疗、交通等公共基础设施，跑出灾后重建“加速度”。

让健康服务更加公平可及。稳妥有序实施新冠病毒感染“乙类乙管”，加强医疗救治资源储备，完善分级诊疗方案，抓好重点人群和农村地区防控，着力保健康、防重症。开工建设康养中心，建成投用县二医

院医技楼，推动卫生健康事业高质量发展。

让教育发展更加优质均衡。全面启动教育教学质量提升六年行动计划，巩固提升辽宁北镇“异地办学”成果，实施好青山中心学校迁建、佰胜学校建设等项目，推进产教融合、科教融汇，促进教育教学普及普惠、安全优质，切实办好人民满意的教育，持续擦亮大通教育“金名片”。

让民生保障更加健全有力。制定《大通县民生实事认领督查机制》，对11大类30项民生项目全过程、全覆盖、不间断动态督查，切实以督查“小切口”撬动百姓“大幸福”。坚持80%以上财力用于民生，完成18个老年之家项目，探索建立托幼服务一体化新模式，切实提高养老育幼水平。持续做好援企稳岗扩就业，发展好青绣品牌，组建大通县餐饮协会，完善创业和灵活就业扶持体系，实现城镇新增就业3000人以上，农村劳动力转移就业14万人次以上。

各位代表，千头万绪的事，说到底是千家万户的事。我们将始终把群众安危冷暖放在心上，千方百计为群众排忧解难，用看得见、摸得着的实绩向群众交出一份温暖厚实的“民生答卷”。

### 三、加强政府自身建设，以新政风谋求新作为

各位代表！人民政府“人民”二字重于泰山，我们将站稳人民立场、把握人民愿望、尊重人民创造、集中人民智慧，加快建设为民政府、法治政府、效能政府、廉洁政府，以赶考的清醒当好“三个务必”的答卷人。

突出政治建设，让对党忠诚、遵规守纪挺在前列。始终牢记政府机关首先是政治机关，深刻把握“两个确立”的理论逻辑、历史逻辑、实践逻辑，进一步强化忠诚拥护“两个确立”、坚决做到“两个维护”的高度政治自觉、思想自觉、行动自觉。强化理论武装，深刻领会习近平新时代中国特色社会主义思想的世界观和方法论，自觉同党的理论方针政策对标对表，及时校准偏差。严守纪律规矩，严格请示报告制度，坚持民主集中制，严肃党内政治生活，持续巩固风清气正的政治生态。

坚持为民施政，让为民情怀、服务为民践行到底。始终牢记江山就是人民，人民就是江山，打江山、守江山，守的是人民的心。坚持走好群众路线，到群众中去，问政于民、问计于民、问需于民，时刻同人民站在一起、想在一起、干在一起。采取更多惠民生、暖民心举措，努力为全县人民添福造福。接受群众监督，用群众的眼光衡量工作业绩，用群众的批评修正工作方法，用群众的监督净化思想灵魂，把人民当家作主体现到政府工作各领域、各环节、全过程。

深化法治建设，让科学决策、依法行政贯穿始终。始终牢记法定职责必须为、法无授权不可为，全面落实《县政府党组提高政治站位狠抓工作落实责任清单》，严格执行政府工作规则、法律顾问会商议政机制，严守重大行政决策程序，切实提高重大行政决策质量和执行效率。深化全过程人民民主实践，加强政治协商，广泛听取民意，认真办理人大代表建议和政协提案，自觉接受人大监督、民主监督、监察监督、舆论监督，进一步加强审计、财政、统计监督，坚决防范和惩治统计造假、弄虚作假。

狠抓效能建设，让革新立新、担当实干蔚然成风。始终牢记空谈误国，实干兴邦，大力发扬斗争精神、专业精神、实干精神、团结精神，让干部敢为、地方敢闯、企业敢干、群众敢首创。坚持问题导向、清单管理，建立《县政府党组重点领域、重点工作、重点问题全周期闭环管理机制》，健全“谋划—决策—执行—反馈”的工作闭环。坚持一线工作法，放下身段、扑下身子、沉到一线，跟企业家交朋友，跟劳动者多谈心，点对点问需纾难解困，实打实推动高质量发展。

强化廉政建设，让清廉文化、新风正气持续充盈。始终

牢记全面从严治党永远在路上，永葆自我革命精神，筑牢落实中央八项规定精神堤坝。制定《县政府党组落实主体责任和“一岗双责”负面清单》，切实做到工作职责和掌握的权力管到哪，党风廉政建设的职责就延伸到哪。一体推进不敢腐、不能腐、不想腐，大力整治权力集中、资金密集、资源富集领域的腐败，坚决惩治群众身边的“蝇贪”，推动以自我革命引领社会革命的县域新实践。一以贯之发扬勤俭节约精神，坚决压减非刚性、非重点、非急需支出，把更多资源和财力用在推动发展、改善民生、基层“三保”上，真正用政府的“紧日子”换来老百姓的好日子。

各位代表！大道至简，实干为要。让我们更加紧密地团结在以习近平同志为核心的党中央周围，在省委、省政府、市委、市政府和县委的坚强领导下，感恩奋进、拼搏赶超，为筑牢西宁北部生态屏障、建设全省经济强县，聚力绘就“一城山水、大境通达”新画卷，助力西宁当好全省高质量发展排头兵中作出新的更大贡献。

DATONG

# 大事记

YEARBOOK

## 1月

**4日** 水利部办公厅副主任李晓琳一行到大通县现场查看“我为群众办实事”定向帮扶项目。

**同日** 宁张公路沿线（大通段）“环境整治拆违治乱”专项整治行动全面启动。

**同日** 县公安局成立涉军管理工作专班。

**5日** 县委副书记、县长马明旭带队到腾讯云计算（北京）有限责任公司洽谈合作，成功签订战略合作协议。

**同日** 大通县乡镇纪检监察干部业务能力提升培训班在县委党校开班，20个乡镇40余名干部参训。

**同日** 全国妇联和中国妇女发展基金会实施的大型公益项目“母亲健康快车”在县人民医院举行接车仪式，西宁市首辆“母亲健康快车”落户大通。

**7日** 中国人民银行大通县支行和大通农商银行联合举办首届“党建+最美文明信用户”评选活动，表彰桥头镇老营庄村的60名“文明信用户”。

**同日** 县公安局成立社会治安防控体系建设工作专班。

**8日** 海北州门源县发生6.9级地震，大通县距离震中96千米，有强烈震感。地震发生后，县政府立即召开“门源6.9级地震”工作安排会，做好应对准备工作。会后，全县出动震后风险隐患排查人员849人次，检查学校、各类工业企业、水库等重点场所423家次，排查房屋7726户，巡查公路1240千米，排查震后安全隐患6条。

**11日** 大通县人民政府行政复议办公室成立。

**12日** 县委常委会主持召开中共大通县委十六届三次全体会议，表决通过关于大通县推荐提名出席中共二十大代表候选人初步人选和省第十四次党代会代表人员。

**13日** 县总工会举行2022年“两节送温暖”启动仪式。活动中，县总工会为全县400名困难职工群众发放价值18.6万元的慰问品。

**14日** 县委召开大通县党史学习教育总结会议，深入学习贯彻习近平新时代中国特色社会主义思想和党的十九届六中全会精神，贯彻落实中央和全省全市党史学习教育总结会议精神，全面总结全县党史学习教育工作成效、经验做法，巩固拓展党史学习教育成果。

**同日** 由县新时代文明实践中心主办的2022年度文化科技卫生“三下乡”暨新时代文明实践“公益集市”一小时志愿服务系列活动在东峡镇田家沟村启动。

**17日** 县委副书记、县长马明旭主持召开大通县工业领域2022年高质量发展座谈会，市委常委、县委书记刘波出席会议并讲话。

**同日** 县文学艺术界联合会第一次代表大会在县会议中心召开，在第一届委员会第一次会议上，选举相金玉为主席。

**同日** 县公安局联合县城管、交通等部门举行“警城联勤”综合执法暨2022年春运工作启动仪式。

**同日** 大通县2021年天然林保护工程管理暨技术人员培训班在西宁开班。

**18日** 西宁市文学艺术界联合会、大通北川河源区国家级自然保护区管理局在西宁临宗书院举办“生态西宁·美丽北川”有奖征文大赛颁奖仪式暨西宁生态文学创作座谈会。

**20日** 大通县大河滩水库工程成功完成导流。该工程于2020年11月开工建设，计划2023年10月完工，总投资3.72亿元，是省、市、县重点工程，建成后可有效解决县城居民及周边群众近20万人的饮水问题。

**同日** 县人民检察院联合县公安局举行“侦查监督与协作配合办公室”揭牌仪式。

**21日** 大通县2021年度卫生创建工作顺利通过省级评估验收。

**23日** 由省人民政府办公厅主办的“听党话、感党恩、跟党走”文化惠民演出活动在大通县石山乡石板滩村举行，省政府副秘书长王志忠、省地方志编纂委员会办公室主任杨松义参加活动。

**同日** 县公安局成立法律顾问委员会。

**25日** 长宁镇、朔北藏族乡分别成立科学技术协会并召开第一次代表大会。

**26日** 县政府组织召开宁张公路沿线（大通段）“散乱污”企业治理工作推进会，会后排查“散乱污”企业136家，下发整改告知书136份，清理整治42家，办理拆迁入园手续56家。

**27日** 大通县2021年度信用体系建设暨“双基联动”总结表彰大会召开。

**29日** 副省长杨逢春一行到大通县检查冰雪活动场所安全工作。

**是月** 青海省农村信用体系建设领导小组办公室授予大通县“省级信用县”称号。

## 2月

**11日** 县委副书记、县长马明旭主持召开大通县能力建设推进会，传达学习《省委关于新时代新阶段进一步加强和改进作风建设的意见》以及全市能力建设推进会精神。市委常委、县委书记刘波出席会议并讲话。

**14日** 全县领导干部警示教育大会召开，要求领导干部做到“五个扪心自问”和“五个决不能”。

**同日** 在大通北川河源区国家级自然保护区拍摄到的白臀鹿登上央视综合频道《秘境之眼》节目。

**17日** 十六届县委第二轮巡察工作动员部署会召开。

**18日** 中共大通县委十六届纪委第二次全体会议召开。

**21日** 全县新冠疫苗接种工作推进会议召开。

**21—25日** 腾讯公司携手合作伙伴企业紫金山星瀚集团、南京微特喜信息科技公司等组成考察团，到大通县开展农业农村、文化旅游和信息化建设发展基础调查，为全域旅游、乡村振兴、文旅融合等提出建设性意见。

**22日** 朔北藏族乡召开推进“三乡工程”恳谈会暨招商引资项目推介会，西部矿业集团有限公司、青海海鼎工贸集团有限公司等13家企业受邀参会，7家企业与朔北藏族乡签订“三乡工程”框架协议，签约金额达3774.15万元。

**28日至3月2日** 中国人民政治协商会议第十届大通回族土族自治县委员会第二次会议在县会议中心召开。

**28日至3月3日** 大通县第十八届人民代表大会第二次会议在县会议中心开幕，审议通过《大通回族土族自治县乡村产业振兴促进条例草案》《大通回族土族自治县施行〈中华人民共和国民法典〉结婚年龄的变通规定草案》。

**是月** 中央农村工作领导小组办公室、农业农村部、中共中央宣传部、国家乡村振兴局公布“2021年第二批全国乡村治理示范村镇”名单，多林镇下浪加村榜上有名，成为长宁镇戴家庄村后的第二个“全国乡村治理示范村”。

## 3月

**3日** 县委常委、副县长肖克忠主持召开县政府全体会议，传达学习省、市、县两会精神。

**同日** 县人民政府印发《大通回族土族自治县人民政府法律顾问会商议政工作规则》，为县人民政府合法性审查工作提供有力支撑。

**4日** 市委常委、县委书记刘波调研春耕备播、乡村振兴项目工作并宣讲中央一号文件，县委副书记王卫平、副县长谢骥参加调研。

**同日** 省卫生健康委对县卫生健康局2021年基本公共卫生服务项目和基本药物制度补助项目进行绩效评价。

**同日** 县纪委监委举办乡镇纪委书记“捍卫‘两个确立’ 加强能力建设 做党的忠诚卫士”主题演讲比赛，全县100余名党员干部参赛。

**同日** 县劳动就业服务局举办“春风行动”暨东西部劳务协作专场招聘会，参加招聘的35

家企业为求职人员提供岗位784个，达成意向性就业148人次。

**8日** 省委组织部副部长、省委编办主任侯鹏宁到大通县调研综合行政执法工作。

**同日** 大通县成立4家科技特派员工作站，配备40名农业、畜牧业、林业领域专家全方位提供科技服务。

**9日** 由省林业和草原局组织的青海自然保护地自然教育专家委员会成立暨大通北川河源区国家级自然保护区自然教育启动大会在西宁召开。

**同日** 县林业和草原局邀请省林木种苗总站、市种苗站专家验收大通县2020年第二批中央林业改革发展资金林木良种育苗补助项目、2021年中央林业改革发展资金育苗补助项目，宝库林场等4个单位相关项目通过验收。

**11日** 大通县宣传思想战线、群团组织能力建设暨“全员大学习、业务大比拼、作风大转变、能力大提升”专项行动动员部署会召开。

**14日** 县委副书记、县长、县新冠疫情防控处置工作指挥部指挥长马明旭主持召开县新冠疫情防控处置工作指挥部第45次会议，市委常委、县委书记、县新冠疫情防控处置工作指挥部指挥长刘波安排部署当前一段时间疫情防控工作。

**15日** 市委常委、县委书记刘波，县委副书记、县长马明旭到长宁镇双庙村录明养殖场，景阳镇一、二、三产融合示范园，G227线项目现场开展大调研，了解民情、掌握实情。

**同日** 省农牧机械推广总站和县农机推广站在城关镇、斜沟乡开展“农机3·15”消费者权益日活动。

**18日** 省供销联社理事会主任朱小青一行到大通县良教种子储备库等地调研春耕备播工作。

**同日** 12时48分，朔北藏族乡下吉哇村原705家属院后山坡发生火情，县公安局、县应急管理局、县林业和草原局及所属乡镇600余人开展现场扑救，至15时明火基本扑灭，过火面积7公顷，此次火情未造成人员伤亡；13时，黄家寨镇许家寨村因村民私自焚烧秸秆引发火情，火情及时扑灭，荒草坡过火面积0.73公顷。

**20日** 在经历20多天无降水及多风天气后，县气象局在全县范围开展人工增雨作业，为后续春耕备播提供有利条件。

**21日** 全省校园疫情防控工作电视电话会议召开，大通县设立分会场。会议结束后，县委教育工作领导小组立即组织召开全县学校疫情防控工作安排部署会。

**22日** 在青海省第三生态环境保护专项督查组督察西宁市工作动员汇报会后，市委常委、县委书记刘波，县委副书记、县长马明旭开展现场调研问诊，研究解决措施，推动生态环境保护重点问题整改工作。

**同日** 省妇联授予新庄镇李家山村“城乡妇女岗位建功先进集体”称号。

**23日** 省委常委、市委书记陈瑞峰到大通县长宁镇、景阳镇宣讲中央一号文件精神，开展省第十四次党代会召开前重点课题调研，实地查看粮种储备、春耕备播情况。

**同日** 大通县科级领导干部学习贯彻党的十九届六中全会精神专题研讨班开班，市委常委、县委书记刘波作专题辅导讲课。

**24日** 县委常委、纪委书记、监委主任张红旗主持召开大通县“共话营商监督保障，共创良好营商氛围”征求意见座谈会。

**25日** 县委副书记、县长马明旭主持召开大通县环境卫生综合整治专项行动动员部署视频会议，市委常委、县委书记刘波出席会议并讲话。会议决定在全县范围内开展为期15天的环境卫生综合整治专项行动。

**同日** 青海省爱国卫生运动委员会授予石山乡和甘树湾等25个村“省级卫生县、乡镇、村”称号。

**26日** 在西宁市举行“感恩奋进、拼搏赶超”2022年一季度重点项目集中开工的同时，大通县同步举行2022年第一季度重点项目集中开工。

**27日** 县委副书记、县长马明旭一行到斜沟乡柏木沟景区、宝库乡察汗河景区调研东西部协作、林（草）长制、河道环境整治工作和高原生物多样性实践中心规划工作。

**29日** 省人民政府办公厅“证照分离”改革督导组到大通县市民中心、市场监管、交通等窗口督导“证照分离”改革工作。

**同日** 县委办公室、青林乡等121家单位被西宁市文明委评为2020—2021年度文明村镇（社区）、文明单位标兵、文明单位、文明校园、军（警）民共建先进单位。

**31日** 市委常委、组织部部长王润宇到北川工业园区调研企业生产发展、基层组织建设工作。

**是月** 全县医保从“码时代”跨入“脸时代”，医保电子凭证实现“一次展码、混合支付”的多元化医保结算方式。1—3月，全县累计安装智慧医保终端50余台，定点医药机构累计刷脸结算4万余人次。

**是月** 县人大常委会制定《关于组建人大代表专业小组工作方案》，设立财经、城建环保、法治、教育文化卫生、农业农村、民族宗教6个代表专业小组。这项工作是县人大常委会在新形势下加强和改进人大代表工作的一项创新举措，尚属首次。

**是月** 农业农村部授予大通县北川地区水利工程用水户管理协会“全国农民用水合作示范组织”称号。

**是月** 2021年度青海省平安建设群众安全感满意度调查报告公布，县司法局得95.78分，大通县执法司法工作满意度居全市首位。

## 4月

**1日** 共青团青海省委副书记蔺琳一行到大通县调研非公团组织建设、研支团支教工作情况。

**2日** 县人力资源和社会保障局联合西宁市国家级经济技术开发区、青海国家高新技术产业开发区在桥头镇、东峡镇开展2022年“巩固脱贫成效 助力乡村振兴”易地扶贫搬迁专场招聘活动。

**2—5日** 全县各族干部群众在城关烈士陵园开展清明节扫墓活动，通过敬献鲜花、集体默哀等各种形式祭奠缅怀革命先烈。同时，在广大干部职工群众中开展“网上祭英烈”活动，倡导网络祭奠、文明祭奠的绿色文明新理念。

**6日** 21时，在G227线61千米处发生碎石掉落阻塞交通险情。至7日7时40分，各单位60余人清理落石和砂土800余立方米，道路恢复双向通行。

**同日** 中共中央宣传部、文化和旅游部、国家广播电视总局授予县融媒体中心“第九届全国服务农民、服务基层文化建设先进集体”称号，是全省唯一获此殊荣的县级融媒体中心。

**7日** 县委、县政府主要领导专题调研祁连山南麓青海片区大通县生态环境综合整治工作。

**8日** 县人大常委会副主任兰存义带领执法调研组开展修改《大通回族土族自治县森林草原防火条例》立法专项调研，标志着县人大常委会2022年立法计划启动。

**同日** 大通县召开应急广播建设项目推进会，统筹利用现有广播电视资源，建立县、乡、村三级应急广播平台，加快实现全天候、全方位、全时段的预警信息发布和政策宣讲服务。

**同日** 西宁市妇联和县妇联在青山乡、桦林乡开展“转作风 深调研 察妇情 办实事”活动。

**11日** 共青团大通县第十八次代表大会召开，全县139名青年代表参加会议。

**同日** 大通县召开事业单位管理岗位职员等级晋升动员部署及政策解读培训会，标志着全县事业单位管理岗位职员等级晋升工作启动。列入实施范围的各类事业单位313个，设置管理岗位、核定职员等级624个。

**14日** 县新冠疫情防控处置工作指挥部召开第47次扩大(视频)会议，通报县委、县政府督导疫情防控工作情况，对更规范、更专业、更有针对性地抓好疫情防控工作进行再安排再部署。

**23日** 市、县妇联携手爱心女企业家到塔尔、桥头、景阳等乡镇慰问疫情防控一线工作人员。

**26日** 大通县开展基层干部能力建设“承诺5+1”活动，全县354名第一书记和驻村工作队员签订西宁市驻村工作队“五个承诺”事项表和大通县驻村干部疫情防控承诺书。

**27日** 大通县举行国土绿化春季大会战暨宁张公路林带巩固启动仪式，启动仪式当日栽植河北杨、国槐等苗木3万余株，绿化面积30公顷。大会战活动持续开展20天，全县迅速掀起齐动手、同行动、共参与的国土绿化春季会战热潮。

**30日** 大通县举办“喜迎二十大 奋进新征程”基层理论宣讲大赛。

**是月** 全县专门成立由20人组成的应急扑火队，组织开展常态化技能培训和实战演练，划定防火责任区，实行网格化管理，不断增强森林草原防火应急指挥调度和快速反应能力。全县清除林缘、林间空地等可燃物920.36公顷，在重点火险区、国有林区、风景区维修防火应急道路134.33千米，开设防火隔离带45.84千米。

## 5月

**6日** 省水利厅厅长张世丰、市水务局副局长张延虎一行到大通县黄家寨镇农村人饮、北川河堤防、大河滩水库施工现场等地检查指导水利行业安全生产工作。

**11日** 西宁市疫情防控报备系统在大通县启用。

**同日** 甘肃省兰州市和武威市支援大通县的移动方舱实验室部署完毕并投入使用。

**16日** 县工商联19家会员企业向县新冠疫情防控处置工作指挥部捐款54.47万元及价值近41.7万元的防疫物资。

**19日** 县疾病预防控制中心即日起开通24小时防控新冠疫情咨询热线。

**23日** 大通县各族干部群众收听收看省第十四次党代会开幕实况直播，发放《青海省第十四次党代会精神学习辅导口袋书》1万册。

**25日** 新华社新闻信息中心、新华社县级融媒体研究中心授予县融媒体中心“全国县级融媒体中心综合影响力优秀案例奖”。

**27日** 县委组织部、县委宣传部、县融媒体中心特邀省第十四次党代会代表甘文姣和部分党员干部走进演播室，和大家一起学报告、谈感受、畅未来。

**30日** 市委常委、县委书记刘波主持召开县委常委会(扩大)会议，传达学习中共青海省委第十四次代表大会、省委十四届一次全体会议精神，研究全县贯彻落实措施。

**31日** 大通县召开定点帮扶工作推进会。

**同日** 全县各乡镇消防安全委员会成立并实体化。

**是月** 青海省消防安全委员会授予桥头镇“青海省消防工作先进单位”称号。

## 6月

**2日** 县委副书记、县长马明旭主持召开大通县巩固拓展脱贫攻坚成果同乡村振兴有效衔接问题整改安排部署视频会议，市委常委、县委书记刘波出席会议并讲话。

**6日** 县纪委监委召开村级提级监督试点工作推进会，长宁、城关等4个乡镇的纪委书记就协作片区开展相关工作情况作交流发言。

**6—10日** 全国人大常委会法工委举办2022年地方立法培训班（视频直播形式），县人大常委会组织各专（工）委成员、各乡镇人大主席、立法工作人员30人参训。

**7—8日** 全县3674名考生参加高考。高考成绩公布后，全县高考上线率达100%，本科率73.8%。文理科进入全省前十名2人，达到清华、北大录取分数线10人，其中清华录取2人，北大录取3人。

**8日** 省委常委、市委书记陈瑞峰到大通县宣讲省第十四次党代会精神。

**9日** 县委副书记、县长马明旭主持召开大通县创建全国文明城市暨城乡人居环境建设工作推进（视频）会，通报全县乡村、城市人居环境建设工作及全国文明城市创建工作，并安排部署下一步重点工作。市委常委、县委书记刘波出席会议并讲话。

**同日** 县畜牧兽医站工作人员将西宁市第一张“奶牛健康证”发放到极乐乡深沟村村民马生华的手中，标志着全县奶牛养殖户和生鲜乳制品质量安全监管迈上新台阶。

**10日** 省乡村振兴局局长谢宝恩带队调研长宁镇乡村振兴产业发展项目，县领导马明旭、谢骥参加调研。

**同日** 全省首个病死畜禽无害化处理场建设项目——西宁市病死动物无害化集中处理场在大通县桥头镇后庄村落地实施。项目总投资约700万元，设计年处理病死畜禽2100吨。

**同日** 大通县举行动物防疫体系建设项目开工仪式，标志着全县动物防疫体系建设全面实施。

**13日** 大通北川河源区国家级自然保护区管理局、县公安局、县林业和草原局等部门在宝库乡开展打击采挖冬虫夏草等野生植物资源违法犯罪联合巡护执法工作。

**14日** 市委常委、县委书记刘波，县委副书记、县长马明旭到北川工业园区、景阳镇、逊让乡宣讲省第十四次党代会精神并调研稳住经济大盘工作。

**同日** 县第六派驻纪检监察组采取“四不两直”的方式，走访检查大通县山洪灾害预警系统运行及防汛抗旱物资储备情况。

**15日** 省政协副主席、省总工会主席马吉孝到大通县桦林乡鄂博沟村、峡口村、阿家沟村宣讲省第十四次党代会精神，并调研乡村振兴工作。

**同日** 省卫生健康委副主任李秀忠一行调研大通县综合医改工作。

**同日** 县公安局在桥头派出所园林北路社区、毛家寨派出所元朔社区，建立2个以社区民警姓名命名的警务室。

**同日** 2022年大通县创业创新大赛暨第五届“中国创翼”创业创新大赛西宁市大通县选拔赛决赛在大通县大学生创业孵化基地落下帷幕。

**同日** 大通县启动社会治安综合整治“夜巡行动”。

**同日** 全县学生结束“云端”学习之旅，恢复正常的校园生活。

**16日** 省农业农村厅调研组到大通县调研农牧业生产、美丽乡村建设及重大动物疫病防控、行业安全生产工作，副市长陈雪邦，县委副书记、县长马明旭参加调研。

**同日** 县委召开县委常委会会议，传达学习全省作风建设会议精神，锚定省第十四次党代会确定的“建设政治清明的现代化新青海”目标任务，安排部署全县贯彻落实举措。

**同日** 由县农业技术推广中心和青海大学农林科学院合作培育的春小麦新品种“青麦11号”通过青海省审定。

**20日** 市、县红十字会联合开展志愿捐献造血干细胞血样采集活动。

**21日** 在中央广播电视总台、国家林业和草原局、中国野生动物保护协会共同发起的《秘境之眼》“你记忆中的美丽影像”网络宣传点赞活动中，大通北川河源区国家级自然保护区管理局推送的珍贵“赤狐”影像获优秀奖。

**同日** 全县5400名学生参加2022年初中学业水平暨升学考试。

**22日** 大通县举行退役军人、其他优抚对象优待证发放仪式，现场为退役军人、其他优抚对象首发优待证，并通过上门送达等方式发放优待证。

**同日** 县人民法院在未成年刑事案件中发出首份家庭教育指导令，开启法庭教育新模式。

**同日** 大通县在大哈门水库开展2022年水库大坝安全管理应急抢险（桌面）演练。

**22—24日** 县委副书记、县长马明旭率党政代表团到江苏省南京市雨花台区开展东西部协作互访交流工作，就乡村振兴、文旅产业等工作到南京软件谷等地进行考察调研。其间，召开东西部协作工作交流座谈会，并签订两地战略合作协议。

**23日** 国家AAAA级旅游景区——老爷山逐步免费开园活动在老爷山脚举行。

**26日** 大通县开展以“健康人生，绿色无毒”为主题的平安大通建设暨“6·26”国际禁毒日宣传活动。

**27日** 省自然资源厅、市自然资源和规划局联合督导大通县打击整治养老诈骗专项行动工作，检查涉及全县养老项目3宗，总面积3.39公顷。

**同日** 农业农村部命名县农业综合执法大队为“第四批农业综合行政执法示范窗口单位”。

**29日** 县委组织部和县红十字会联合开展以“关爱困难党员　共建博爱夏都”为主题的党员慰问活动，为全县60名困难党员发放慰问救助金6万元，发放“家庭急救包”60个。

**30日** 住房和城乡建设部副部长张小宏一行到大通县专题调研乡村振兴和定点帮扶工作，并召开定点帮扶2022年度部县联席会议。

**同日** 县委副书记、县长马明旭主持召开青海长城（大通段）国家文化公园项目建设工作推进会，听取项目建设进展情况，安排部署下一阶段重点工作。

**是月** 青海省人民政府办公厅授予大通县“2021年落实有关重大政策措施成效明显地区”称号。

## 7月

**1日** 大通县组织开展2022年防汛应急抢险演练。

**同日** 县公安局治安大队挂牌成立县公安局警卫大队。

**2日** 大通县2022年第十三届老爷山花儿会开幕。

**4日** 国家林业和草原局林场协会会长姚昌恬一行到宝库林场开展调研工作。

**同日** 国家统计局大通调查队在长宁镇新添堡村召开2022年农作物对地抽样调查现场培训会。

**5日** 市委常委、县委书记刘波，县委副书记、县长马明旭一行到桥头镇、朔北藏族乡调研居高房地产、文体中心、老年养护院等重点项目进展情况。

**6日** 大通北川河源区国家级自然保护区管理局联合青海省环境教育协会在青林乡中心学校举行“自然教育示范活动暨自然教育实践基地”授牌仪式。

**同日** 以“花开大西北　喜迎二十大”为主题的第十九届西北五省（区）“花儿”演唱会大通分会场在朔北藏族乡边麻沟景区举行。

**7日** 省民宗委副主任哈斯巴图到大通县督查党的民族政策法律法规贯彻执行情况。

**同日** 由青海省新闻工作者协会、西宁市委宣传部、西宁市新闻工作者协会联合举办的“西宁全视角　时代新梦想”省级媒体西宁行采访活动走进大通县朔北藏族乡边麻沟村、青海省牦牛繁育推广服务中心开展集中采访。

**同日** 大通县在东峡镇举办2022年第四届美食评比大赛。

**同日** 大通农商银行惠农金融服务驿站（后子河西村）作为全县首个“政银合作·政务服务驿站”正式揭牌。

**8日** 市委常委、县委书记刘波主持召开县委理论学习中心组“七一”专题学习研讨会。

**同日** 江苏省南京市雨花台区委副书记、代区长李方毅率雨花台区党政代表团到大通县开展对口协作考察工作。代表团通过召开座谈会就对口协作工作进行深入交流，实地参观现代农业展示基地和朔北藏族乡边麻沟村，并为大通县捐赠200万元对口协作帮扶资金。

**同日** 中央广播电视总台新闻频道特别节目《走进县城看发展》走进大通县。

**同日** 大通县举办以“向基层学习、向群众拜师”为主题的年轻干部“墩苗”论坛，推动年轻干部培养锻炼工作落地落实。

**10日** 全县各乡镇运用自然资源部下发软件“国土调查云”App实地核查图斑地块，通过现场拍照举证填报，完成下发辖区内6246个图斑，20个乡镇289个村做到“一图斑一台账”，不漏“一村一地块”。

**12日** 针对11日全县多地出现短时强降雨，桥头镇等地不同程度受灾的情况，县委副书记、县长马明旭赶到一线查看受灾情况，督导防汛抢险救灾工作并主持召开全县防汛工作安排会。

**13日** 县委副书记、县长马明旭主持召开大通县党建引领基层治理三年行动动员会。

**同日** 县委副书记、县长马明旭主持召开大通县创建全国文明城市工作推进会，市委常委、县委书记刘波出席会议并讲话。

**同日** 大通北川河源区国家级自然保护区管理局牛场管护中心生态管护员在宝库乡巴彦村瓦石都地区巡护时，拍摄到2只国家一级保护动物黑颈鹤。

**14日** 市委宣讲团成员、市委党校高级讲师刘昆到大通县作省第十四次党代会精神专题辅导报告。

**同日** 县纪委监委组织全县35岁以下科级干部召开“永葆廉洁本色 争当青年先锋”年轻干部警示教育大会。

**15日** “南京百名专家百名博士百名企业家进西宁”工作组到大通县开展调研活动。

**16—17日** 全县范围内开展全国文明城市创建及环境卫生整治专项行动，集中整治环境卫生存在的“脏、乱、差”现象。

**17日** 全国农技推广中心命名县农机推广中心的逊让乡油菜绿色防控示范基地为“首批100个全国农作物病虫害绿色防控示范基地”。

**18日** 省委理论学习中心组召开学习会，在大通县设立分会场，深入学习贯彻习近平总书记关于巩固拓展脱贫攻坚成果同乡村振兴有效衔接工作的重要指示批示精神。

**19日** 由县妇联承办的为期10天的2022年东西部协作“宁姐·月嫂”家政技能培训班在县职业技术学校开班。

**20日** 住房和城乡建设部人事司二级巡视员路明、中国建设教育协会助理理事长胡晓光一行到大通县调研指导建设建筑工人培育基地工作。

**同日** 县委组织部举办“转作风 提能力 展形象 喜迎二十大”知识竞赛，有6支代表队参赛。

**20—21日** 受冷空气和副热带高压外围西南暖湿气流影响，全县普降中到大雨，局地出现暴雨天气过程，过程累计降水量在20—35毫米，部分乡镇达50毫米。

**21日** 县人民检察院召开首批听证员聘任仪式暨业务培训会，人大代表、政协委员、人民监督员等25人经相关程序选定，受邀为县人民检察院首届听证员库成员。

**22日** 青海省2022年文明城市创建工作推进会在大通县召开，并举办文明城市创建工作培训会。省委宣传部副部长、省文明办主任徐信阁出席会议并讲话。

**同日** 大通县参加第二十三届中国·青海绿色发展投资贸易洽谈会、第二届中国（青海）国际生态博览会西宁市签约仪式，与青海盈润投资有限公司成功签约，签约金额达7亿元。

**26日** 县群团组织联合举办“群团心向党 奋进新征程”主题活动。

**27日** 县委理论学习中心组召开学习（扩大）会议，邀请青海民族大学青海高质量发展研究院副院长陈昭彦作生态补偿机制专题辅导报告，各乡镇在分会场聆听报告。

**同日** 县人民法院与县工

商联“共建优化营商环境工作室”挂牌成立。

**同日** 实地开展大通县与城北区行政界线联检工作，对县界毗邻的12千米界线、埋设的3个界桩等地标、地图进行详细核对，未发生位移损毁现象。

**同日** 县融媒体中心举办“奋进新征程 建功新时代·非凡十年”大型融媒体新闻行动授旗仪式暨县融媒体中心成立三周年活动。

**28日** 县委副书记王卫平主持召开大通县巩固拓展脱贫攻坚成果同乡村振兴有效衔接问题整改推进会。

**29日** 在大通县2022年双拥工作表彰会议上，表彰15个“全县双拥先进集体”和15名“全县双拥先进个人”。

**是月** 全县20个乡镇成功创建“省级卫生乡镇”，创建率达100%，实现“省级卫生乡镇”创建全覆盖。同时，累计有132个村成功创建“省级卫生村”，25个机关单位成功创建“省级卫生单位”。

**是月** 县农业技术推广中心成功培育马铃薯“通薯1号”新品系，建立“通薯1号”良种生产基地13.33公顷。

## 8月

**3日** 青海长城（大通段）国家公园基础设施建设项目在桥头镇上庙村开工。

**4日** 中国红十字会课题调研组到大通县调研基层红十字组织体系建设。

**同日** 十六届县委第二轮巡察反馈工作全部完成。此轮巡察向塔尔镇、东峡镇、景阳镇、黄家寨镇、逊让乡、宝库乡、石山乡、青林乡8个接受常规巡察的乡镇进行全面反馈。

**同日** 2022年大通县各族青少年铸牢中华民族共同体意识夏令营研学活动开营。

**5日** 省司法厅副厅长潘志刚到塔尔片区乡镇综合行政执法中心开展乡镇执法改革调研。

**同日** 县委常委、组织部部长宋仁杰主持召开十六届县委第三轮巡察工作动员部署会议。

**同日** 由县委政法委主办的习近平法治思想宣讲暨2022年全县第一期“政法大讲堂”开课。

**6—15日** 在青海省第十八届运动会上，大通县体育代表团获金牌11枚、银牌15枚、铜牌30枚。

**8日** 省农业农村厅总畜牧师唐国盛一行到大通县专题调研设施农牧业发展工作。

**同日** 县委常委、副县长肖克忠主持召开大通县配合做好国务院第九次大督查工作安排部署会。

**同日** 中国人民解放军62201部队为向化藏族乡达隆村捐赠产业帮扶物资和党建书籍，为村民送医送药。2018年以来，部队累计为村上援建投入239.8万元。

**9日** 西宁市卫生健康委对大通县2022年上半年基本公共卫生服务和65岁及以上老年人健康体检等项目进行市级交叉复核评估工作。

**9—10日** 县公安局特警大队在全省公安机关警犬技术大比武中获远距离追踪科目第一名。

**10日** 大通县2022年就业促增收专项行动推进会召开，举行企业与乡镇帮联签约仪式。

**11日** 省政协副主席王振昌一行调研大通县绿色有机农产品生产基地建设。

**同日** 大通县金融纠纷调解中心揭牌，县人民法院与中国人民银行大通县支行签订大通县金融纠纷多元化化解机制建设合作备忘录，推进辖区金融纠纷化解多元化机制建设。

**12日** 省人大常委会法制委副主任委员袁玲带领省农业农村厅立法专题调研组到大通县开展《青海省农民专业化合作社条例（草案修改稿）》和地方立法相关工作的调研。

**13—14日** 县委副书记、县长马明旭到桥头镇、县应急管理局等地，调度应急值班，查看城市防涝，现场解决问题，督促做好防汛备汛工作。

**15日** 市委常委、县委书记刘波到塔尔镇同创现代设施农业基地开展信访包保事项下访工作，面对面听取农民工代表、企业代表诉求，详细了解信访事项办理和化解情况，进行政策解答。

同日　青海省首个生态清洁小流域建设试点项目全面完工。庙沟小流域位于大通县西南，流域总面积3262公顷。该项目于2021年6月30日开工建设，已完成封禁治理1382.58公顷、生态护岸1480米、生态拦沙坝4座、水源涵养林1.19公顷、坡面植物景观带14.99公顷、村庄美化3.9万平方米等。

16日　国家森林公园察汗河景区被中国野生植物保护协会批准设立为“生态教育基地”。

17日　国家林草规划产业院实地考评大通县2021年人工造林、森林质量精准提升、森林抚育等林草项目。

18日　青林乡、青山乡瞬间强降雨导致山洪灾害，造成2个乡6个村1517户6245人受灾，27人死亡、4人失联。山洪灾害发生后，县委、县政府第一时间启动Ⅳ级应急响应，至18日17时30分，各级力量投入4500余人参与救援，转移安置群众3104人。省委书记、抢险救援处置工作应急指挥部指挥长信长宁，省长、抢险救援处置工作应急指挥部指挥长吴晓军第一时间到受灾现场指挥抢险救援工作；国家防总副总指挥、应急管理部党委书记王祥喜率国家防总工作组到大通县指导“8·18”山洪灾害抢险救援和应急处置工作。

19日　大通县召开“8·18”山洪灾害新闻发布会。

25日　南京市文联党组书记、常务副主席任家龙一行到大通县调研工作。

8—12月　县委、县政府开展大通“8·18”山洪灾害抢险救援及恢复重建工作，谋划生成30项8.5亿元灾后重建项目。

## 9月

1日　新学期开学之际，受新冠疫情影响，全县中小学生实行线上报到，线上开课。

9日　大通县在文化广场举行山洪灾害遇难同胞悼念活动，县委副书记王卫平主持悼念活动。

11日　市委常委、县委书记刘波主持召开大通县“8·18”山洪灾害灾后恢复重建指挥部第一次会议。

12日　县委、县政府授予王李卫等4人“见义勇为先进个人”称号。

19—20日　县市场监督管理局以全县药械零售企业为重点进行2022年度药品抽检采样工作，出动监督人员16人次，完成药品监督抽查指标25批次。

20日　大通农文旅融合数字化平台正式上线。

21日　省委常委、市委书记陈瑞峰到大通县东峡镇、桦林乡调研乡村建设工作。

22日　在全国纪检监察系统表彰大会上，中央纪委、国家监察委员会授予县纪委监委“全国纪检监察系统先进集体”称号，这是全省唯一获此殊荣的县级纪检监察机关。

24日　市委常委、县委书记刘波主持召开县委理论学习中心组学习会暨《习近平谈治国理政》第四卷研讨会。

26日　市关工委主任、大通原县委书记、市人大常委会原主任包福元等229人捐款32.21万元，助力“8·18”山洪灾害灾后恢复重建工作。

27日　大通县“一站式”矛盾纠纷调解中心揭牌运行。

同日　在极乐乡、良教乡、长宁镇开展“庆丰收，感党恩，迎盛会，走访慰问劳动模范”活动。

同日　全县森林草原防灭火暨消防安全工作会议召开，县政府与县重点防火单位签订森林草原防灭火工作目标责任书。

29日　县人大常委会组织召开《大通回族土族自治县乡村产业振兴促进条例》公布施行大会，标志着条例立法工作完成。

同日　“西宁这十年”——县区专场新闻发布会召开，县委副书记、县长马明旭介绍，全县地区生产总值突破百亿元大关，2021年达132.5亿元，年均增长6.9%。人均生产总值快速增长，

2021年达3.28亿元，是2012年2.3倍，年均增长7.7%。

**30日** 在第9个烈士纪念日，大通县举行保善德烈士光荣证颁授仪式。

**是月** 全县集中开展“农村移风易俗主题宣传月”活动，全面贯彻落实农业农村部、中央组织部、中央宣传部等八部委《开展高价彩礼、大操大办等农村移风易俗重点领域突出问题专项治理工作方案》部署要求。

**是月** 县融媒体中心选送的非遗《火老虎》在省委宣传部、省广播电视局联合举办的“逐梦新征程，一起向未来”短视频大赛上获“优秀视频奖”。

**是月** 省妇联授予大通芋飞洋马铃薯种植专业合作社“巾帼现代农牧业示范基地”称号、大通县焦维月手工刺绣坊“妇女手工制品示范基地”称号。

## 10月

**1日** 《大通回族土族自治县乡村产业振兴促进条例》正式施行，这是青海省乡村振兴工作的一部创制性立法，也是全国首部县级乡村产业振兴促进方面的立法。

**2日** 国家民委、省民宗委为青山乡、青林乡“8·18”山洪灾害1314户受灾群众发放价值40万元煤炭，确保温暖过冬。

**3—7日** 大通县首期“庆丰收 赏秋景 喜迎二十大 ‘云游’大通”盛大起航，展示全县农文旅发展成果，寻找大通最美秋景，烘托农民丰收节的节日氛围。

**10日** 全县20个乡镇残联换届工作结束。通过无记名投票，等额选举产生新一届乡镇残联主席、理事长44人，差额选举产生出席县残联第七次代表大会代表82人。

**同日** 县林业和草原局会同县市场监督管理局等部门开展联合行动，检查抽查县城部分超市、餐饮店、邮政快递点、药店、特产专卖店等重点行业的野生动植物及其制品违法销售行为。

**同日** 大通县第二届职工职业技能大赛开幕，大赛设振兴乡村厨艺技能、养老护理等5个专项赛，近200名选手参赛。

**同日** 大通县举行“畜牧大干一百天，决战攻坚季”牛羊出栏屠宰启动仪式，抢抓牛羊出栏黄金期。

**11日** 大通县第一次反洗钱工作联席会议暨打击治理洗钱犯罪三年行动工作推进会在中国人民银行大通县支行召开。会上，成立大通县打击治理反洗钱违法犯罪领导小组，签订《大通县反洗钱工作联席会议制度和县反洗钱工作打防合作机制》，并就全县打击治理洗钱犯罪三年行动工作进行安排部署。

**14日** 省水利厅党组书记、副厅长石建平一行到大通县督导检查“8·18”灾后重建工作。

**同日** 大通县铸牢中华民族共同体意识暨民族团结进步事业工作推进会召开，市委常委、县委书记刘波出席会议并讲话。

**17日** 市委常委、县委书记刘波主持召开大通县全面推行河长制湖长制工作领导小组会议暨河长制湖长制县级联席会议，县委副书记、县长马明旭安排部署全县河湖长制及河湖保护重点工作。

**18日** 青海省安委会第三综合督查组对大通县宝库林场森林草原防灭火及安全生产工作进行督导检查。

**20日** 《大通检察》创编。

**26日** 市委常委、县委书记刘波主持召开县委常委会（扩大）会议，传达学习中共二十大报告、十九届中央纪委工作报告、党章修正案，传达学习习近平总书记在参加广西代表团讨论时的重要讲话和党的二十届一中全会、十九届七中全会精神等。

**31日** 市委常委、县委书记刘波到朔北藏族乡东至沟村、桥头镇铝电社区宣讲中共二十大精神。

**是月** 西宁市委组织部依托“信仰的力量”手机App，为全县党员发放“二维码电子党员证”，开启党员服务管理“云时代”。

**是月** 青海省精神文明建

设指导委员会办公室授予县人民检察院、桥头第一小学等单位“省级文明单位标兵”“省级文明校园”称号。

## 11月

**1日** 县委常委、副县长李云与青海数字乡村建设（集团）有限公司负责人调研县供销联社工作。

**1—5日** 大通县开展2022年全国人口情况抽样调查工作。

**7日** 水利部、财政部公布2023—2024年水系连通及水美乡村建设县名单，大通县成功入选，为全省唯一上榜地区。

**8日** 最高人民法院发布第四批新时代人民法庭建设案例，县人民法院塔尔湾人民法庭成功入选。

**11日** 市委常委、县委书记刘波，县委副书记、县长马明旭，县委副书记王卫平一行到桥头镇、城关镇调研全县蔬菜保供工作并慰问困难群众，实地查看“菜篮子”“米袋子”生产保供情况。

**15日** 县委常委、副县长李云到数字乡村农文旅融合产业孵化园、“花儿之乡”柏木沟树蛙部落民宿和农文旅融合街区基础设施建设项目施工现场，调研指导东西部协作项目建设工作。

**同日** 文化和旅游部公布第四批全国乡村旅游重点村和第二批全国乡村旅游重点镇（乡）入选名单，朔北藏族乡获“全国乡村旅游重点村镇”称号。

**同日** 大通县警察协会成立。

**同日** 在第八届中国国际“互联网+”大学生创新创业大赛上，大通姑娘周桐的个人项目“指尖上的舞蹈——江源青绣助力乡村振兴计划”获银奖。

**16日** 县委常委、宣传部部长蔡秀珍为群团组织宣讲中共二十大精神。

**同日** 大通县农业执法案卷被评为2022年全省优秀案卷和典型案例。该案为全省首例农村宅基地行政处罚且被行政诉讼的案件，对今后农村宅基地违法违规案件的查处有引领和推动作用。

**20日** 青海省国家公园体系建设领导小组办公室认定大通北川河源区国家级自然保护区为“第一批自然教育基地”。

**21—22日** 大通县26名市、县级领导分别到各乡镇牛羊肉铺、美发店、果蔬店等“五小行业”看望慰问困难经营户，详细了解经营户的营运情况及实际困难，宣传解读助企纾困支持市场主体发展等政策措施，累计发放慰问金20万元。

**22日** 县委常委、副县长侯广胜主持召开大通县疫情防控“街长制”工作专题会议，安排部署有序推进市场经营主体疫情防控工作。

**28日** 学习贯彻党的二十大精神省委宣讲团通过线上方式为大通县基层乡镇宣讲中共二十大精神。

**是月** 中央精神文明建设指导委员会授予桥头镇“全国文明村镇”称号。

**是月** 省科学技术厅授予县林业和草原局植物园“西宁城乡玫瑰引种栽培及无性繁育技术省级科技成果奖”。

## 12月

**1日** 在2022腾讯全球生态数字大会的农业专场上，青海数字乡村运营管理有限公司代表大通县与6家企业签署农牧产品“走进大湾区”协议，意向采购签约总金额达5亿元，实现大通农牧产品的产销对接。

**5日** 中国共产党大通县第十六届委员会第四次全体会议召开，审议通过《中共大通回族土族自治县委关于深入学习宣传贯彻中共二十大精神为聚力建设现代美丽幸福大西宁、奋力谱写全面建设社会主义现代化国家青海篇章作出大通贡献的实施意见》。

**7日** 省委宣讲团在西宁市作宣讲报告，大通县作为分会场以视频会议形式收听收看省委宣讲团成员——省委党校副校长李广斌教授作学习贯彻中共二十大精神的宣讲报告。

**同日** 大通县召开农村人居环境清洁行动工作会议，重点解读《大通县农村人居环境清洁专项行动方案》《大通县农村人居环境整治提升五年行动方案》，安排部署全县专项行动的工作任务和工作机制。

**9日** 大通县召开以“奋进二十大 逐梦新征程”为主题的2022年新录用公务员岗前教育培训会暨年轻干部交流座谈会，新录用公务员（选调生）76人参会。

**12日** 大通县召开重点民生实事项目进展暨人大代表建议政协委员提案办理情况专题会。

**14日** 西宁市领导干部学习贯彻中共二十大精神第一期培训班在市委党校开班，刘波、马明旭等市、县级领导视频参加开班式分课堂。

**15日** 经中国妇女报社全国妇联网络信息传播中心评定，县妇联入选“2022年度妇女宣传舆论阵地建设优秀榜”。

**16日** 县博物馆陈列布展工程开工。

**同日** 县安全生产委员会办公室、县应急管理局、县住房和城乡建设局、县公安局、县消防救援大队、县卫生健康局等多部门联合开展燃气突发事故应急演练活动。

**22日** 中国林场协会授予宝库林场“十佳林场”称号。

**24日** 大通县2022年第十二届“冰雪欢乐季”在康乐山庄滑雪场拉开帷幕。

**26日** 大通北川河源区国家级自然保护区管理局工作人员在红外相机影像资料中发现国家二级重点保护野生动物豹猫活动影像。豹猫在保护区发现尚属首次。

**27日** 大通县“三节”群众文化活动正式启动，“逐梦冰雪 魅力大通”冬游等13项群众文化活动陆续展开，活动将持续到2023年3月。

**同日** 县公安局交通管理大队车辆管理所被公安部评定为“2020—2021年度一等县级车管所”。

**28日** 西宁市委宣讲团到大通县桦林乡、城关镇开展中共二十大精神专题宣讲，110名乡镇党员干部职工聆听宣讲报告。

**29日** 大通县科级领导干部学习贯彻中共二十大精神培训班开班，市委常委、县委书记刘波作辅导讲话，县委副书记王卫平主持开班式。

**29—30日** 县残疾人联合会召开第七次代表大会。

**30日** 县农业技术推广中心自主培育的马铃薯抗晚疫病新品种“通薯1号”通过农业农村部审定。

**同日** 大通县首个民族特色非遗工坊举行揭牌仪式。该非遗工坊为南京市雨花台区协作项目，占地面积500平方米。

**是月** 省水利厅授予大通县北川渠灌区“省级标准化规范化管理灌区”称号。

DATONG

# 县情概览

YEARBOOK

## 自然环境

【地理位置】 大通县位于青海省东部，祁连山麓之南，湟水上游的北川河流域。位于北纬36°43′~37°23′、东经100°51′~101°56′，海拔2280~4622米，县境东西最长95千米，南北最长85千米，图形呈桑叶状，总面积3090平方千米。大通三面环山，东有兰雀山与互助土族自治县接壤，南与西宁市区相接，西逾娘娘山与湟中区、海晏县为界，北横达坂山与门源回族自治县相邻，中部为盆地，地形西北窄，东南宽，地势西北高，东南低。县城桥头镇，距省会西宁35千米，国道宁张公路、兰新高铁贯穿县境。

【地质】 大通县的地质构造，按形成的地质年代分为前震旦纪地层，主要分布在达坂山、兰雀山、娘娘山一带，岩层以沉积岩和火成岩遭受不同程度变质的岩系所组成；中震旦纪地层，主要分布在老爷山、牦牛山、小石山等一带，主要是由一些浅变质岩岩石变形的地质构造；晚古生代时期，大通地区处于隆起剥蚀阶段，普遍发生过微弱的褶皱运动，形成玄武岩，沉积的矿产有煤、铁、耐火黏土、石膏等；中生代时期，全境处于隆起剥蚀区；新生代时期，祁连山地整体抬升，使晚中生代沉降带不断扩大，大量接受了第三纪与第四纪沉积。

【气候】 大通县属大陆性高原气候，气温比较寒冷干燥，春季干旱，夏季凉爽，秋短冬长。主要自然灾害有霜冻、冰雹、春旱、秋涝、洪水等。2022年，平均气温5.2℃，与历年平均持平，最高气温为32.5℃，最低气温为-21.2℃，年总降水量为559.3毫米，与历年平均值相比偏多4%。

（撰稿人：张 旻）

## 自然资源

【水资源】 县域平均水资源总量为6.71亿立方米。其中，地表水资源量6.56亿立方米、地下水资源量为4.21亿立方米，地表水和地下水的重复量4.06亿立方米。县境内河流均属北川河水系，主要支流有16条，以流量划分，年最小流量0.5立方米每秒的河流有3条，0.1立方米每秒的有13条。主要河流为宝库河、黑林河、东峡河，宝库河全长106.7千米，流域面积1321平方千米，年平均流量11.54立方米每秒；黑林河全长57.5千米，流域面积673平方千米，年平均流量2.36立方米每秒；东峡河全长45千米，流域面积547平方千米，年平均流量3.96立方米每秒。三条河均汇入北川河，北川河流域面积3371平方千米，多年平均流量20立方米每秒，最大流量376立方米每秒，最小流量1.95立方米每秒，多年平均径流量6.86亿立方米。2021年总降水量为567.4毫米，与历年平均值相比偏多9%。

【土地资源】 大通土地资源丰富，类型较多，土壤类型有高山石质土、高山草甸土、山地棕褐土、黑钙土、栗钙土、潮沙土、垫淤土、沼泽土，多以黑钙土、栗钙土类为主，集中在川水、浅山和脑山地区，土壤物理性能较好，有利于农、林、牧业的发展。2022年，全县土地总面积3090平方千米，耕地面积4.57万公顷。

【林草资源】 大通拥有丰富的森林资源，是青海省林业工作重点县。乔灌木种类有青海云杉、青杨、白桦、小叶杨、沙棘、灰栒子、金露梅等120余种。2022年，森林覆盖面积43.3%，天然草地植被覆盖度59.65%。2022年，大通县森林生态效益补偿基金落实森林资源补偿面积72360公顷，护林人员621人；天然林管护面积96586.67

公顷，护林人员580人。

【野生动植物资源】　大通野生动物主要分布在达坂山、娘娘山地区，有马麝、雪豹、荒漠猫等国家一级保护动物7种，有马鹿、蓝马鸡等国家二级保护动物21种，有环颈雉、狼、狍子等省级保护动物26种，有高原山鹑、石鸡、旱獭等一般兽类鸟类36种；国家保护的有益或有重要经济、科学研究价值的野生动物有77种。县域内中药资源品种多、分布广，有国家一级重点野生保护植物角盘兰、珊瑚兰、对叶兰等；国家二级重点野生保护植物有桃儿七、唐古特莨菪等；药用植物有297种。其中，黄芪、赤芍、防风、大头羌活、车前子、秦艽、大黄、党参等中草药材广泛生长、蕴藏量可观。

【矿产资源】　大通县发现矿种较多，具有资源储量优势的主要是石英岩、石灰岩、煤以及地下水，建筑石料、建筑用砂、砖瓦黏土等矿种的矿点分布广泛。大通县境内共发现矿产种类30种，矿产地121处，做过普查及普查以上勘查工作的矿产地有31处，其中列入青海省矿产资源储量简表的有29处14个矿种。蕴藏量可观的矿产资源储藏有能源燃煤储藏2处，金属矿产储藏16处，非金属矿产有21种、储藏91处，地下水资源储藏8处。

（撰稿人：张　旻）

## 建置区划

【地名由来】　大通地名最早出现在北宋崇宁二年（1103），《宋会要辑稿》记载：崇宁二年六月，“收复湟州。以一公城为循化城，达南城为大通城”。当时北宋军队攻占达南城（今甘肃省永登县河桥镇）改名为大通城，意为宋朝新收复的河湟疆域政务大行通畅。后来流经大通城旁边的浩门河改名为大通河，顾炎武在《天下郡国利病书》中记载：“大通河起于宋筑大通城于河上。”清雍正二年（1724）十月，川陕总督年羹尧上奏朝廷：“西宁之北川，应设一卫为大通卫。”朝廷批准年羹尧的奏请，在大通河中上游设立卫，卫戍大通城在今门源县浩门镇，大通卫辖即今门源、祁连及大通三县的全域。乾隆九年（1744），大通卫戍迁移到白塔城（今大通县城关镇）。

【建置沿革】　大通县历史悠久，1973年长宁镇上孙家寨村出土的舞蹈纹饰彩盆等古文物证明，在距今四五千年前的新石器时期，古代先民就在北川大地上繁衍生息，并创造了灿烂的史前文化。秦汉以前，大通为西羌地。西汉时属金城郡临羌县。东汉改隶西平郡。三国时属曹魏西平郡西都县。西晋时属西平郡长宁县。南北朝时先后由前凉、后凉、北凉、西秦、南凉政权更迭统辖。隋、唐、五代，先后为吐谷浑、隋王朝、唐王朝、吐蕃迭据。北宋为唃厮啰青唐政权控制，后被宋、金、夏交替占据。元时由西宁州管辖。明代属西宁卫。清雍正三年（1725）设大通卫，卫治在大通城（今门源县城），乾隆九年（1744）大通卫治由大通城移至白塔城（今城关镇），乾隆二十六年（1761）改卫为县，始称大通县。民国时隶属甘肃省西宁道，民国18年（1929）1月1日青海建省，大通改属青海省。1949年9月10日大通解放，9月13日中共大通县委成立，9月15日大通县人民政府成立。1957年9月中共大通县委、县人民委员会机关和所属行政事业单位从历代县治所在地城关镇迁驻桥头镇。1960年划归西宁市管辖，1961年1月归省人民委员会直辖，1966年7月划为西宁市属县。1985年11月，经国务院批准，撤销大通县，设立大通回族土族自治县。

【行政区划】　大通建置以来，

辖地屡经变动。清乾隆二十六年（1761）设县时，将今桥头镇以南原属西宁县的10堡划归大通；民国18年（1929）青海建省时，将大通县的红山堡划归新设的门源县；1949年大通解放后，设东、西、南、北区，辖26个乡、1个镇。1952年全县共设8个区、2个镇、37个乡。1955年2月经青海省人民委员会批准，将互助县的长宁等6个乡与大通县的隆旺等3个乡互换。1956年撤区并乡，全县2个镇、20个乡。1963年5月西宁市的后子河、长宁、润泽3个公社划入大通。1984年农村体制改革后，全县有2个镇、26个乡，即桥头镇、城关镇，元朔、长宁、后子河、黄家寨、景阳、清平、新城、雪沟、东峡、青山、石山、岗冲、桦林、药草、新庄、塔尔、极乐、斜沟、良教、西山、青林、多林、逊让、朔北、向化、宝库乡，共辖291个行政村、1596个自然村、16个城镇居民委员会。2001年全县有6个镇、22个乡，2005年底全县有9个镇、13个乡。2006年7月雪沟乡并入朔北藏族乡，8月将西山乡并入青山乡，全县形成9个镇、11个乡的行政区划，至2021年行政区划没有变化，全县辖9个镇、11个乡，22个社区居民委员会，289个村民委员会，9个镇：桥头、城关、长宁、黄家寨、景阳、新庄、多林、东峡、塔尔；11个乡：青山、极乐、逊让、青林、石山、斜沟、良教、桦林、宝库、朔北、向化；22个社区居民委员会：人民路南、人民路北、解放路南、解放路北、园林路南、园林路北、八一、元朔、矿山、小石山、铝电、佰胜、长宁、黄东、青铝、景阳、新庄、哈州、衙门庄、塔尔、县东、牛场。

（撰稿人：张　旻）

## 人口与民族宗教

【人口】　2022年，全县辖9个镇、11个乡，22个社区居民委员会和289个村民委员会，户籍人口46.83万人。其中，城镇人口19.09万人，农村人口27.74万人，常住人口40.53万人。

【民族宗教】　2022年，全县有汉族、回族、土族、藏族、蒙古族等31个民族，少数民族户籍人口24.89万人，占总人口的53.15%。共办理民族成份变更42人。宗教有佛教、道教、伊斯兰教、天主教、基督教。有佛教协会、道教协会、伊斯兰教协会3个宗教团体。汉族、回族、土族、藏族、蒙古族为大通县世居民族，其他民族所占比例很小，是中华人民共和国成立后通过工作、经商等途径迁居大通县。回族主要分布在极乐、新庄、斜沟、良教、石山、塔尔、景阳、长宁、城关和桥头等乡镇，基本信奉伊斯兰教。土族主要分布在青山、青林、多林、逊让、宝库等乡镇，多信奉藏传佛教。藏族主要分布在朔北、向化、桦林、东峡等乡镇，基本信奉藏传佛教。蒙古族主要分布在黄家寨、宝库、朔北等乡镇，多信奉藏传佛教。

（撰稿人：张　旻）

## 经济社会发展

【概况】　2022年，大通县完成地区生产总值140.3亿元，同比增长1.5%。其中，完成第一产业增加值24.3亿元，同比增长4.7%；完成第二产业增加值75.2亿元，同比增长2.1%；完成第三产业增加值40.8亿元，同比下降1.6%。完成固定资产投资同比下降37.6%；完成地方一般公共预算收入8.32亿元，同比下降12.8%；完成社会消费品零售总额12.2亿元，同比下降14%；完成全体居民人均可支配收入26379元，同比增长5%，其中城镇居民人均可支配收入37915元，同比增长2.4%，农村居民人均可支配收入15938元，同比增长6%；居民消费价格指数为102.3。

【产业结构】 持续调优农牧产业结构，加快特色农牧产业发展，全县农作物播种总面积4.79万公顷，粮、油、菜总产量分别达8.8万吨、4万吨、23.9万吨；猪、牛、羊、禽存栏量分别达6.2万头、19.1万头、30.2万头和13.1万头（只、羽）。以北川工业园区为中心，优化工业运行要素配置，加快培育工业经济增长新动力，工业发展持续稳定，完成规模以上工业企业总产值324.6亿元。争取省、市各类专项资金3716.6万元，持续为企业注入活力，支持和帮助工业企业平稳健康发展。成功培育青海莱润环保科技有限公司、青海中桩建材科技有限公司2家新增规模以上企业。紧盯已签约招商引资项目，为县域经济发展注入新活力。完成省外到位资金145000万元。落实稳经济一揽子政策和接续措施，主动对接、靠前服务、精准施策，经济在攻坚克难中逐步恢复。

【环境保护】 全年全县环境空气质量优良率为93%，与上年同期相比上升2.4个百分点；北川河主要地表水监测断面和润泽桥出境断面水质均达到Ⅲ类及以上标准，水质状况良好；各饮用水水源地水质监测指标均满足或优于相关标准要求；土壤环境状况持续保持良好。落实河湖长制，每月开展北川河河道巡查；完成全县362个北川流域入河排污口溯源和监测，对符合条件的133个排口设置标识牌。累计完成“煤改气”锅炉改造703蒸吨，燃气锅炉低氮改造58蒸吨；完成3个企业工业炉窑治理。完成整改并销号全省危险废物核查涉及大通的5项问题。督促19家重点监管企业有序开展土壤隐患点整治。完成30家危险废物产生和经营单位规范化环境管理评估，企业达标率为100%，危险废物处置利用率达100%。累计开展现场监督检查2679人次，检查环保设施952台（套）。“双随机、一公开”抽查检查企业92家。立案处罚环境违法行为8起，受理群众来信来访案件47件，办结率100%。

【乡村振兴】 安排财政衔接补助资金3.1亿元，实施农业生产发展、基础设施提升和补助类项目73项，推进补齐农村产业发展和基础设施短板。落实支持“三乡工程”30条措施，培育21位能人回乡创业典型，7家企业下乡创业兴业，“三乡工程”签约资金5.4亿元。完成7883户农户居住条件改善工程，成功打造1个省级乡村振兴示范村和1个市级乡村振兴示范乡镇。

【城乡建设】 完成静宁广场、双拥园、四号桥出口西侧生态园提升改造、桥荫公路连接线建设、斜四号桥周边改造提升、向阳路道路交通组织优化建设项目和文化路、园林路道路优化组织及桥头公园提升改造及宁张公路沿线综合整治提升项目年度工作任务。安排400万元资金，带动逊让乡544名群众增收，开展公共就业服务活动25场次，促进11583名脱贫群众实现就业，劳务输出脱贫劳动力306人。“三乡工程”发展方面，制定《大通县“三乡工程”增活力产业就业增收入专项行动方案》，带动1584户4760名脱贫群众实现增收。认定消费帮扶产品名录企业14家，帮扶产品109种，销售额达25000万元。

【民生保障】 组织开展线上线下各类招聘活动25场次，提供就业岗位3076个，实现就业556人。全县机关事业单位、城镇企业职工、城乡居民、工伤、失业参保完成率均在100%以上，已发放各类保险待遇13.5亿元。落实社会救助工作。将符合条件的困难群众纳入低保救助范围，做到“应保尽保”。累计为8719户14747人城乡低保对象发放补助金10025.7万元，为1020户1087人特困供养对象发放补助金1766万元，为3408户13007人累计发放临时救助资金2308.7万元，实物救助68.5万元。精准实施各学段资助政策，开展控辍保学专项行动，确保义务教育阶段入学率达到100%。为4.9万名家庭经济困难学生发放教育资助金2811.8万元。有序推进全民参保计划，完成全参保、全覆盖任务，确保参保率巩固在95%以上。全县城乡居民住院5.7万人次，总费用47000万元，基本医保统筹支出2.4亿元。资助1.7万名困难群众参保资金300.7万元。居民消费价格指数为102.3。

（撰稿人：张　旻）

DATONG

# 中共大通县委员会

YEARBOOK

## 综　述

【概况】　2022年，中共大通县委按照党中央决策部署和省、市党代会及全会工作部署要求，迎接和学习宣传贯彻中共二十大精神，推进作风能力建设双提升，加强党的政治建设，统筹疫情防控和经济社会发展，统筹发展和安全，妥善应对疫情、汛情和灾情，保持经济社会大局稳定。

【贯彻中共二十大精神】　中共二十大召开前，大通县召开县委常委会会议11次，统筹理论舆论，加强内宣外宣，营造平稳健康的经济、社会、政治环境。中共二十大召开期间，组织全县党员干部收听收看大会盛况，县委及时传达学习，研究制定宣传、宣讲、培训工作方案，出台实施意见，推动全县各级党组织掀起宣传贯彻热潮。构建“横向到边、纵向到底”的宣传宣讲格局，县级领导带头到一线宣讲，“百姓话廊”等宣讲队伍下乡巡回宣讲，举办“老爷山下花儿开”中共二十大精神宣讲大赛等，实现科级以上领导干部全覆盖培训。

【党的建设】　落实“第一议题”和理论学习中心组学习制度，县委常委会会议传达学习议题136项，县委理论学习中心组学习36场次。落实党委（党组）主体责任，建立县委常委联系政治生态评价机制。推进“组织体系建设三年行动”，打造“老爷山下党旗红　一圈四带十先锋”党建品牌。开展乡村换届“回头看”，推进村级活动场所“洗脸工程”，以“星级销号”方式推动软弱涣散村党组织整顿转化。制定加强社区建设若干措施，推进社区党组织书记事业岗位管理工作。开展“双进双联四服务”活动“菜单式”服务模式，社区服务群众功能持续加强。深入实施“党建引领基层治理三年行动”，探索建立“党建+1496”矛盾纠纷化解机制，调处率达99%。推进党建引领“快递进村”工作，实现快递进村全覆盖。坚持党管干部原则，推进干部“能上能下”，开展“年轻干部墩苗工程”，建设高素质干部队伍。创新制定乡镇党委书面推荐干部制度，提拔任用乡镇干部占提任总数的44.6%。全年在疫情防控、抗洪防灾等一线工作提拔任用干部占提任总数的39.3%。修订细化贯彻落实中央八项规定及其实施细则的若干措施，推进“三不腐”（不敢腐、不能腐、不想腐）。加强对“一把手”和领导班子落实全面从严治党责任、履职用权等情况的监督。创新开展“未巡先改”专项行动，完成十六届县委三轮常规巡察。及时跟进监督市委涉粮问题专项巡察反馈问题并全部完成整改。创新开展酒驾醉驾、基层减负观测、优化营商环境专项整治。开展党内规范性文件清理工作，确保党内规范性文件合法合规合理。

【推动经济高质量发展】　发展绿色有机种植和生态健康养殖业，创建全国绿色食品标准化原料生产基地4533.33公顷。累计认证“绿色、有机、地标”农产品68个，授权使用“河湟田源”品牌企业11家。成功认定全国休闲农业重点县、国家级农产品质量安全县。推进全域全季全时旅游，持续推进城关镇青甘大环线一站式旅游首发站、长城国家文化公园、“南麓里”等项目建设。坚持“链长制”“包保制”双轮驱动，打造铝产业集群，谋划和储备重点项目327项，总投资514.4亿元。稳定规模以上重点产业，完成规模以上工业产值325亿元。落地实施西北绿色建材综合产业园、西北工贸城市综合体（二期）建设等省外招商引资项目9项，总投资49.4亿元。落实支持“三乡工程”30条措施，打造“一乡一业”。举办2022年大通县创业创新大赛，培育市级农业产业园3家、市级龙头企业2家。开展高素质农民、星火培训等各类培训7600余人次。点对点专车输送务工人员返岗复工。推进腾讯云战略合作项目，推广“人才进乡村、资金进乡村、先进技术进乡村，产品服务销出去”的“三进一出”模式。

【深化重点领域改革】 开展“证照分离”改革，破解企业“准入不准营”难题。深化“一件事”集成套餐服务改革，梳理编制“一件事一次办”事项清单。推动养老社保、税务、公司设立等22项重点领域改革高频热点事项“网上办”“就近办”，实现政务服务向乡镇、村（社区）延伸。深化医药卫生体制改革，推进紧密型健康服务共同体建设，构建“六位一体”健康服务体系。深化财政金融体制改革，规范和完善惠民惠农财政补贴资金“一卡通”发放与监管信息化管理系统。落实“揭榜挂帅”“赛马”工作机制，申报4家企业的科创需求，提升科技型中小企业技术创新能力。

【生态文明战略实施】 落实河湖长制，协同推进水资源节约、水生态保护修复等工程，大通县北川渠灌区获得全国节水型灌区称号。为西宁提供80%以上的饮用水，供水量逐年增加，水质稳定达标。实施国家公园示范省“三步走”战略，大通国家森林公园察汗河景区被中国野生植物保护协会批准设立为生物多样性生态教育基地。推行林（草）长制，通过实施祁连山生态保护和修复、森林质量精准提升等重点绿化工程，完成国土绿化11933.33公顷。全县森林覆盖率达43.3%，稳居全省第一。实施宁张公路沿线环境综合整治提升项目，沿线环境显著改观。推进“多规合一”实用性村庄规划编制，提升村容村貌。实施能源、水资源消耗、建设用地总量和强度双控行动，推进“无废城市”建设。大通县是全省唯一入选国家2023—2024年水系连通及水美乡村建设县名单的地区。北川河源区自然保护区被认定为青海国家公园示范省建设第一批自然教育基地。

【增进社会民生福祉】 落实“2411”防止返贫动态监测帮扶机制，在全省率先建立“防返贫监测工作流程图”、《防返贫监测帮扶操作指南》和政策明白卡，探索建立“1510”工作法，落实县级领导联系监测户+科级干部责任帮扶机制。制定出台《大通县应对新冠疫情影响支持脱贫户（监测户）稳定增收十二条措施》《大通县“‘三乡工程’增活力 产业就业增收入”专项行动方案》，实现转移农村劳动力14.5万人次，劳动收入8.9亿元，脱贫群众人均纯收入同比增长10.5%，高于全县农民人均可支配收入增长幅度。落实就业优先战略和积极就业政策，完善重点群体就业支持体系，动员56家企业与282户脱贫户开展结对帮扶。构建企业和职业院校及培训机构的交流沟通平台，推动技能和创业培训，拓宽城乡居民就业渠道。持续深化根治欠薪工作，保障劳动者权益，构建和谐劳动关系。保持80%以上财政支出用于保障和改善民生，针对疫情对群众生活造成的影响，加强水、电、气、交通、通信等基本公共服务，保障食品药品及

2022年7月5日，市委常委、县委书记刘波（前排右一），县委副书记、县长马明旭（前排右二）赴桥头镇、朔北藏族乡调研居高房地产、文体中心、老年养护院等重点项目进展情况（县融媒体中心供图）

生活必需品市场供应，做好特殊时期困难人群的兜底保障工作，确保群众基本生活安定有序。实施中医药振兴发展工程，实现乡镇卫生院中医馆全覆盖。社会保障覆盖面持续扩大，基本实现养老、医疗、工伤和生育保险应保尽保，城乡低保、特困供养、临时救助扩面提标，保障性住房建设稳步推进。落实“物质+服务”社会救助试点工作，社会救助工作获得全省绩效考评优秀九连冠。教育方面，落实“双减”政策，构建“五育”教育体系，促进学生全面发展。创新推出“三环九步法”促进线上有效教学，在全市率先开展小学一年级探索性线上习惯养成教育，做到疫情防控和教育教学“两手抓、两不误、两促进”。

【铸牢中华民族共同体意识】

制定各民族间通婚的七项优待措施，宗教活动场所登记实现“三证合一”。实施“旅游促进各民族交往交流交融计划”，以老爷山花儿会系列活动为载体，传承和发展中华优秀传统文化，推动“铸牢中华民族共同体意识+文化旅游”融合发展，促进全县各民族广泛交往、全面交流、深度交融。以创建“十进”活动为载体，选树培育典型，持续巩固提升基层典型示范引领带动作用。打造大通烈士陵园为全省民族团结进步教育示范基地，有12个集体和45名个人被表彰为市、县级民族团结进步先进集体和先进个人，24户家庭被评选命名为“全县民族团结进步家庭”。县级社区“石榴籽家园”建设实现全覆盖，小石山等3个社区被命名为全市首批“社区石榴籽家园”。

【推进社会治理】　支持人大及其常委会做好立法、监督、重大事项决定和代表工作，推进自治条例修订工作，制定全国首部县级乡村产业振兴促进条例。推进政协系统协商议政计划落实，开展各类调研视察活动，推动政协系统更好参政议政、开展民主监督，不断推动政协事业健康发展。定期召开统战工作会议和党外人士座谈会、通报会，听取吸收各民主党派、各团体和各界人士意见建议，推进民主党派和党外代表人士队伍建设。健全使用“民主党派之家”，为各民主党派提供学习培训、参政议政的重要平台。加强对群团工作的领导和支持。召开县委议军会议，履行党管武装之责，完成基干民兵编组、普通民兵登记、新兵征集等工作。推进全民国防教育，持续营造拥军优属浓厚氛围。

【县委全体会议】　1月12日，中共大通回族土族自治县委第十六届三次全体会议召开。会议由县委常委会主持。市委常委、县委书记刘波代表县委常委会报告2021年工作，部署2022年工作。县委副书记、县长马明旭代表县委常委会总结2021年经济社会工作，安排部署2022年全县经济社会发展工作。全会强调，要深刻理解把握省市委全会精神，增强发展的信心与决心，深刻理解把握市委对大通的工作要求，提升发展的底气与动力，深刻理解把握面临的发展机遇，激发发展的潜力与活力，贯彻落实省委、市委全会精神，强化责任担当。

12月5日，中共大通回族土族自治县委第十六届四次全体会议召开。全会由县委常委会主持，会议传达学习中共二十大精神和省委十四届二次全会、市委十五届五次全会精神，市委常委、县委书记刘波讲话。全会强调，要按照“疫情要防住、经济要稳住、发展要安全”的重大要求，坚定信心、鼓足干劲、再接再厉，稳住全县经济大盘，千方百计增加脱贫群众收入，想方设法推动项目落地见效，做好安全稳定各项工作，有力有序做好大通“8·18”山洪灾害灾后恢复重建项目各项前期准备工作，尽最大努力争取实现全年目标最好结果，为全面贯彻落实中共二十大精神夯实“稳”的基础，保持“进”的态势。要深入落实优化疫情防控二十条措施，科学精准、安全有序做好疫情防控各项工作，最大限度保护人民生命安全和身体健康，最大限度减少疫情对经济社会发展的影响。

（撰稿人：贯　浩）

## 县委办公室工作

【概况】 2022年，大通县委办公室围绕中心、服务大局，发挥参谋辅政、统筹协调、督查落实、服务保障职能，当好县委“坚强前哨”和“巩固后院”，保障县委工作高效运转。全年完成各类文稿120余篇，收文办理898件，开展活动接待50余次，开展专项督查20余次，上报下发信息640期。

【办文办会】 加强全县大局谋划推进工作，严把政治关、政策关、导向关、保密关，做好文稿起草、调查研究、信息报送等工作。围绕筑牢西宁北部生态屏障、建设全省经济强县主题，加强前瞻性思考和战略性谋划，以文辅政呈现成果多、精品多、进入决策多的特点，发挥参谋部和智囊团作用。全年完成县委十六届三次和四次全会、县委常委会等的各类文稿120余篇，收文办理898件，起草、修改和审核以县委及县委办公室名义下发的文件材料374件。82篇信息被省委办公厅、市委办公室刊登，被人民网、新华网媒体刊发。完成大通县能力建设推进会、大通县党史学习教育总结会等会议会务服务工作。完成涉及计划生育党内规范性文件专项清理工作。

【综合协调】 统筹组织协调、会务服务、公文处理工作，加强法规制度建设，打造系统完备、运行高效的运转中枢。牵头完成省、市领导对大通县的考察调研活动50余次，对接南京市雨花台区代表团考察大通县、腾讯云等企业考察调研大通县相关事宜。完成县委领导督导调研疫情防控、安全生产、生态环境综合整治等重点工作。

【督查工作】 制定《2022年党委督促检查工作要点》《大通县2022年督查检查考核年度计划》，围绕贯彻落实习近平总书记重要指示批示精神和省委、市委、县委部署要求，实地督查全县人居环境整治、疫情防控、涉粮领域问题整改、安全生产、汛期值班值守等工作，开展专项督查20余次，转办督办领导批示69件，批复回复办结率100%。向市委督查室上报督查专报70余期。采用“四不两直”（不发通知、不打招呼、不听汇报、不用陪同接待，直奔基层、直插现场）形式，紧盯各项工作措施落实情况，进行督导检查，及时向相关单位反馈存在的问题和督促落实，压实四方责任，巩固群防群治防线，获得县委主要领导肯定。

【信息工作】 发挥信息主渠道作用，加大报送采集力度，严把信息材料关，全面反映大通县特色做法、创新案例。实行全员办信息制度，办公室干部每周撰写一篇信息，提高干部以文辅政能力。上报《大通信息》580期，下发《大通工作动态》60期。44篇信息被省委办公厅、市委办公室采用，38篇信息被人民网、新华网等网络平台采用，信息工作领先五区一县，连续3年位列西宁市第一。

（撰稿人：贯　浩）

## 组织工作

【概况】 2022年，大通县通过完善执行有力的组织体系，加强基层组织建设。全县有党组织719个，其中党委35个、党总支26个、党支部658个，年内新发展党员479人，其中，农村党员306人、占比64%，35岁以下年轻农民党员198人、占比65%。截至年底，县委组织部下属县老干部服务中心、县党史研究室2个事业单位，内设办公室、组织室、干部室、人才办、考核办5个部门。核定编制17人，其中行政编制16人、工勤编制1人，实有行政人员9人、工勤1人。下属事业单位核定事业编制15人，实有事业人员13人。

【基层组织建设】 各机关党支部组织开展“转作风·提能力·展形象，喜迎二十大”知识竞赛活动和“喜迎二十大·翰墨书大通”书画比赛，营造机关干部“学中干”“干中学”的浓厚氛围。深化机关干部“双进双联四服务”“党员入格、一网兜底”机制，引导全县1.5万余名党员群众参与社区服务管理。探索成立29家“红色物业”“智慧小区”。推进“穿警服的社区副书记”机制，排查化解216件矛盾纠纷。在农村，开展“喜迎二十大·村支书展形象、夸家乡、促增收”能力大赛，打造“红桥·驿站”党群综合服务中心，实施村级活动场所“洗脸工程”，推进11个村级阵地“提档升级”工程，展现阵地新面貌、干部新作风。激活“老爷山党旗红”党建品牌的主轴功能，探索打造“五共联动”跨村联建新模式，以“星级销号”方式推动15个软弱涣散村党组织整顿转化，增强基层党组织政治功能和组织功能。动员781名党员落实“党员入格、一网兜底”机制，以“菜单式”服务模式，解决群众589件急难愁盼问题，“快递进村”实现100%覆盖，通过建立“县、乡（镇）、村、点”四级网络服务体系，设立314个代投点，为群众提供高效便捷的服务。深化“1456”村集体经济发展模式，指导实施21个村集体经济项目，创新构建“党建+1496”矛盾纠纷化解机制，调处率达99%。开展“堡垒指数”“先锋指数”考评，落实“三会一课”报备联审观察制、“115+N”主题党日、组织生活备案管理等制度，提高组织生活质量。推行发展党员“三联审三公示三票决”和预警机制，实施入党积极分子数量、质量“双提升”调控计划，探索党员分类管理实践路径。

【“两新”组织建设】 成立青海高原臻选农业科技开发有限公司党支部等“两新”党组织3个。完成青海天麒置业有限公司党支部、大通县五福居家养老服务中心党支部等6家五星级党组织复审检查工作。向快递、外卖和货运等新业态行业选好配强党建指导员9人，摸清新业态企业党建“家底”。全年发展党员31人，培养入党积极分子26人。在大通“8·18”抢险救灾中，组织各“两新”党组织捐款15.3万余元，捐赠物品折价13.9万余元。推行红色物业疫情防控“三三制”工作法，派出320余名“红色物业”党员职工投入疫情防控一线工作，捐赠防疫物资、生活物资等价值64万余元。组织4名“两新”党组织书记参加“全省‘两新’组织红色引领·助力乡村振兴海南行活动”，签约项目意向书5个。实施“快递进村”工程，在全县289个村建立“邮政+电商”快递进村服务（站）点，成立长宁镇殷家村农产品上行中心党支部，创建“党建+快递进村+农产品上行”的农村物流体系。开展大通晨晖物业有限公司、大通新宇物业管理有限公司星级“红色物业”示范点创建工作，确定2个“小个专”党建工作典型示范点，组织8家五星级党组织结对24家“两新”党组织，对党建工作和生产经营进行“双帮”。

【党员教育】 各级党组织利用城关烈士陵园、省市级“党支部组织生活共享阵地”等平台，跟进学习习近平总书记最新重要讲话和重要指示批示精神，做到学习跟进、认识跟进、行动跟进。全县开展90余期各类培训班、专题班，让党员干部学习先进理论。在“大通党建”微信公众号开创能力建设“大讲堂”“微课堂”，搭建“农户小党校”“社区七彩课堂”，组织全县7400余名农村社区党员干部加强党性教育。举办“老爷山下花儿开”乡镇组织委员宣讲中共二十大精神能力大赛20期、“见微知著”微党课4期，推动中共二十大精神在大通落地生根、开花结果。党员志愿者创作的“一图看懂一号文件”“贤孝讲政策”等创新做法被省级媒体宣传报道，“老爷山下花儿开”乡镇组织委员宣讲中共二十大精神能力大赛在青海党建、西宁党建平台得到采用推广。坚持“必修+选修”“线上+线下”培训模式，持续深化“专家扶贫行”“党课讲师团”“下基层送党课送服务”等活动，开展党员干部教育活动3000余次。创新打造农村党员“理论+实践+云端+志愿”冬训课堂，通过省委宣讲团进基层、百名支书微宣讲、第一书记上讲台、5G连线云课堂、红色服务进家门等方式开启2023年农村党员冬训。创新中共二十大宣传新模式，以“宣讲+文艺+新媒体”的方式打造“大通党建”线上教育主阵地，“线上”开办“宣讲微党课”“问答二十大”“主播学报告”等6个网络“小版块”，“线下”以皮影戏、花儿、贤孝、平弦等地方曲艺搭载新媒体平台传递党的声音，让宣讲既接“天线”又接“地气”。

【干部任用】　落实新时代好干部标准，聚焦“八项本领”（学习本领、政治领导本领、改革创新本领、科学发展本领、依法执政本领、群众工作本领、狠抓落实本领、驾驭风险本领）、“七种能力”（政治能力、调查研究能力、科学决策能力、改革攻坚能力、应急处突能力、群众工作能力、抓落实能力），建设高素质干部队伍。注重在“五个一线”（领导干部在一线服务、政策措施在一线落实、问题矛盾在一线解决、作风能力在一线淬炼、考评绩效在一线展现）主战场培养锻炼识别选拔干部，了解掌握优秀干部123人、社区医护人员20余人，提拔27人。常态化开展“敢担当、善作为”干部专题调研，探索制定党委（组）书面推荐干部制度，采取“三听二审一选”方式，发现储备优秀干部128人。年内提交县委常委会讨论县管干部任免7次，任免干部356人，其中提任85人、交流176人、免职68人、任职7人、兼（挂）职4人、重新任命16人，储备269名在各领域工作中担当作为、实绩突出的干部。

【干部管理】　开展“十个一”“换位体悟”活动，32名县级领导和广大党员干部通过转角色890余次、换岗位410余次、谈体会52场次，发现并解决急难愁盼民生问题600余条，“基本能力提升年”活动、“转作风补短板提能力”专项行动取得实效，能力建设工作在全市考核中位列第一，“换位体悟”做法被省、市肯定。落实干部选拔任用“凡提四必”、“三审二核二报”、干部家访、任前公示、谈话、离任审计、任职试用期等制度，任前谈话231人，发出审计委托书2份。在全省率先开展干部人事档案数字化工程，制定《大通县人事工作领导小组议事规则》。贯彻《推进领导干部能上能下规定》，实行“1+9”负面信息互通机制、“问题行为干部管理数据库”多点研判、动态管理。制定《大通县年轻干部“墩苗工程”培养工作方案》，构建导师帮带“成长梯”、能力提升“练晒场”、拜师群众“一堂课”、双跟闭环“考察表”、骨干梯队“培养链”五模式干部培养法，结对帮带年轻干部135人、乡镇“墩苗”历练40人，下沉式安排包村、驻村140人，跟班学习4人，推荐考察年轻干部6人。

【干部教育培训】　按照“建设高素质专业化干部队伍”要求，立足干部专业化需求，探索推行“细化、深化、消化”干部教育培训模式，提升教育培训工作质效。年初，通过征集需求、计划班次、会议研究，明确培训主题、参训人员、序时进度、责任主体等内容，拟订全年干部教育培训计划。谋划筹备各主体班次，合理安排参训学员，防止多头培训和重复培训，提高干部教育培训的覆盖面和针对性。坚持“干什么学什么”“缺什么补什么”原则，优选培训课题，做到逢训必设中共二十大精神解读、党性教育、现场教学和对口专业课程，提升干部培训科学性。坚持理论与实践相结合，聚焦乡村振兴、生态文明、农业农村等重点行业产业，创新制定“一链一

培训”方案，做到“订单式”培养干部人才与产业发展同频共振。全年组织举办各类干部培训班16个，覆盖党员干部人才1400余人次。做好培训班“后半篇”文章，评估培训质效，及时召开培训成果会或总结会，采取述学、评学等形式认真听取学员的反馈意见，总结经验，查找不足，提出改进意见。建立培训后“讲课”制度，要求参训干部返岗后将培训内容与工作结合起来，进行宣讲，巩固学习成果，带动广大干部职工参学，扩大培训成果“辐射”范围。

【党员干部关爱】 下发《关于在疫情防控工作中进一步加强对干部职工关心关爱的通知》，为一线干部舒缓压力，激发基层干部干事创业信心。将公务员职级晋升作为提高干部待遇保障、激励担当作为的重要手段，为56名干部晋升职级。出台《关于进一步规范领导干部因病住院慰问和去世吊唁工作的办法》，加强对离退休干部的关心关爱。组建督查专班、开展“常青树”行动等方式，持续激发退出领导岗位干部的干事热情。深化“一联双帮”机制，推行驻村工作队“三评二审一回访”考核，慰问偏远村党支部书记、第一书记和驻村工作队，足额发放卸任老干部、老党员补助，以实际行动加大对基层干部的关心关爱。

【党员服务基层一线】 发挥组织部牵头职责，在大通“8·18”山洪灾害救灾善后中承担专班职责，打头阵、做表率。组织4500余名党员干部群众火速奔赴“8·18”山洪灾害抗洪抢险一线开展救援，动员1961名机关党员干部到灾区开展“清淤行动”，选派215名干部职工到受灾群众集中安置点开展服务并进行心理疏导。向防汛救灾一线累计划拨专项党费151.6万元。第一时间挖掘选树贺洪福等一批优秀党员干部先进事迹，以实际行动体现组织部门抓干部队伍建设的决心，褒奖关键时刻能豁得出来、顶得上去的党员干部。

【目标考核】 通过“线上+线下”“督导+考核”方式，实行“每月监测、季度考核、通报提醒、点题分析”的平时考核，建好进度台账，全年下发《目标考核专报》7期，指标序时进度向县委领导书面汇报1次，在县政府党组会通报3次，有效落实一产增加值、医疗参保人数等指标。成立省市绩效目标、能力建设等重点工作中期督导组，制定督导清单，明确督导内容，对目标推进较为缓慢的单位提出针对性意见建议72条。构建“知事识人”考核机制，按乡镇、部门不同权责和职能，因事设岗，因岗定责，科学分类制定科级干部个人重点绩效目标，将干部考核较为模糊笼统的“面”上的事项量化到“点”的指标，依托中组部“干部考核应用管理系统”，提升干部考核信息化水平。通过制定考核方案、明确考核程序、突出考核重点、严明工作纪律等措施，高质量开展2022年度目标考核工作，梳理汇总全县年度获奖情况及工作亮点，摸清县域发展的底数与基数。建立考核推荐优秀干部名册，为推动干部“能上能下”提供科学依据，树牢鲜明的考核导向。制订迎考方案，做到各部门全面、高效协调配合，完成市对县年度考核迎考工作。

【人才工作】 组织实施县北川工业园区“产学研”建设人才项目，引进和培养技术人才185人。协调资金12.9万元，用于22名市、县级党员领导干部联系服务43名专家人才，激励县域内专家人才为全县经济社会发展建言献策。邀请农文旅方面的专家组在大通开展实地调研活动，为农文旅融合发展拓展思路、解穴破题。借助第三届“青洽会”，签约“大通县乡村振兴数字产业创新”等10项人才项目，柔性引进19名专家人才。组织6人和1个团队申报“昆仑英才行动计划”“西宁市引才聚才555计划”重点人才项目，组织10家企事业单位参加“校园引才”活动。采取“订单式”培训方式，围绕乡村旅游、“互联网+”等培训专题，培养一批适应经济发展需要的生产能手、经营能人和专技人才，培育旅游从业人员等16类主体3248人次、新型职业农民1041人次、专业技术人员15233人次。开展“东西协作育才课”“培育一批名师名校长”等主题系列活动；以北川工业园区铝产业园、国家森林公园察汗河景区生态教育基地为载体，深化与高校、科研院所的“政产学研”合作，实现资源共享、专家共用、人才共育。依托东西部协作平台，开展两地党政干部互访交流考察，接收南京市雨花台区到大通县挂职“三支”人才19人，选派12名技术人才到雨花台区“组团式”跟班学习。成立4家科技特派员工作站，选派40名农业、畜牧业、林业领域专家，为基层“三农”工作提供科技服务。与数字经济领域的腾讯云企业合作，搭建农文旅融合数字化“大通号”平台，推广“人才进乡村、资金进乡村、先进技术进乡村，产品服务销出去”的“三进一出”模式，推动乡村振兴相关产业兴旺。对符合条件的高层次人才子女入学、入园提供便捷服务，完善人才公寓建设，解决挂职干部和医疗集团下派专家住宿问题。在中秋、端午节，慰问19名挂职优秀人才并召开座谈会。按照《重点人才体检疗养方案》，组织10名优秀人才开展健康体检及疗休养活动。在“大通党建”微信公众号开设《人才故事》专栏，推送干事创业故事，营造重视、关心和支持人才工作的浓厚氛围。

（撰稿人：柳　静）

## 宣传思想政治工作

【概况】　2022年，县委理论学习中心组组织学习36场次，专题研讨6场次，辅导讲座8场次，观看教育片1次。开展主题宣讲活动700余场次，受众7000余人次。累计在中央、省级媒体刊登稿件1171篇（传统媒体364篇、新媒体807篇），其中在《人民日报》、新华社等中央媒体刊登稿件662篇、《青海日报》《西宁晚报》等省级媒体509篇；制作通版4期、专版23期，头版16篇，头题50条。全年各媒体平台累计发稿4万余条，点击阅读量累计1600万余人次。县委宣传部与县广电局合署办公，实行一套工作机构、两个机关名称体制，对外挂县人民政府新闻办公室、县精神文明建设指导委员会办公室牌子，县委网络安全和信息化委员会办公室设在县委宣传部。县委宣传部内设办公室、宣传室、理论室3个职能科室，有干部职工19人，其中公务员13人、事业编制6人。

【理论学习】　坚持把习近平新时代中国特色社会主义思想作为理论学习的首要政治任务，做好中共十九届历次全会和中共二十大精神学习宣传贯彻工作，及时研究制定学习宣讲方案。坚持“第一议题”制度，制定印发县委理论学习中心组学习安排方案。发挥县委党校、“百姓话廊”、融媒先锋宣讲团等宣讲队伍作用，创新采用“理论+文艺+新媒体”方式，开展分众化、互动化、精准化“十

2022年2月16日，大通县宣传思想文化工作会议召开（县融媒体中心供图）

进”宣讲活动700余场次，受众7000余人次，县级以上网络平台发布“理论+文艺”短视频90余部，全县范围内组织开展基层理论宣讲大赛1次。推广“学习强国”学习平台学习运用，通报“学习强国”学习平台学用情况8次，发放提醒函20份。调阅全县400名科级干部学习笔记并印发学习笔记调阅情况通报。组织开展“干部论坛”理论文章征订，编印发放《党的十九届六中全会精神学习辅导口袋书》《党的二十大精神学习辅导口袋书》等辅导资料。申报省、市社科课题，“青海省推动文旅融合赋能乡村振兴研究”成为省级立项研究课题。参与理论征文活动，7篇文章获市级以上奖项。强化干部调查研究，在“干部论坛”发表科级干部理论文章40篇。

**【媒体宣传工作】** 围绕乡村振兴、生态文明、民族团结等重点工作，与中央、省市主流媒体合作。围绕学习宣传贯彻中共二十大和省第十四次党代会精神，借助中央、省、市主流媒体，采用网上网下、内宣外宣，打造重点栏目节目，配合中央广播电视总台开展“走进县城看发展·大通篇”、大通迎冬奥冰雪直播、《一起向未来》MV拍摄、端午节等主题采访活动，并在央视《新闻联播》等节目上进行宣传，协调《人民日报》、新华社、《经济日报》、《光明日报》等中央媒体深入报道大通县城建设发展的特色亮点和经验做法。结合“三乡工程”“我为群众办实事”“作风聚焦”等重点工作，协调县卫健局、县住建局、县教育局等6个单位参加西宁市广播电视台《作风聚焦》栏目2期直播访谈活动，与大通县相关单位就作风建设方面工作开展情况进行沟通和交流。

**【融媒体中心建设】** 县两会期间，策划推出《两会会客厅》栏目。冬奥期间，推出“全民健身冰雪游 我在大通迎冬奥”等专题系列报道，中央和省市平台“大通冰雪欢乐季”相关主题阅读量累计超110万人次。对栏目、板块等内容进行不断调整，实现从资讯类转化为“资讯+服务类”App，开通“网络咨询”“便民事项”“灵育通”等政务服务功能，年内，办理网络咨询700余件。

（撰稿人：唐万青）

## 统战工作

**【概况】** 2022年，中共大通县委统战部提请县委常委会汇报审议统战民族宗教重点工作8次，组织召开全县统战民族宗教工作会议，制定印发全县统战工作要点。会同县委组织部增补16名政协第十届大通县委员会委员。大通县有民主党派5个，成员157人，主要分布在全县经济、科技、文化、艺术、教育、卫生等领域，县政协委员中民主党派有13人。全年召开党外人士情况通报座谈会2次，传达学习省第十四次党代会及中共二十大精神，并征求意见建议。在春节、开斋节期间，慰问24名统战代表人士。年内统战人士向县新冠疫情指挥部捐款54万余元，向各疫情防控点捐赠防疫物资、生活物资折合41.8万元。大通“8·18”山洪灾害中，争取资金为青山乡、青林乡受灾群众解决取暖煤259吨，捐款16万元。县委统战部与县民族宗教事务局合署办公，核定行政编制10人，事业编制9人。

**【民族团结进步创建】** 召开县委民族工作会议，印发《大通县关于西宁市铸牢中华民族共同体意识示范市的贯彻措施及分工方案》《责任清单》《大通县委铸牢中华民族共同体意识暨民族团结进步事业工作领导小组2022年工作要点》。组织乡镇、部门和单位分管领导及业务骨干90余人参加线上专题培训；组织线上知识答题活动1次，全县各族干部群众8000余人参加；举办覆盖县、乡、村三级专题辅导讲座1次，参加700余人。打造铸牢中华民族共同体意识校园文化阵地，推进青少年“筑基”工程。在“大

2022年9月，县委统战部组织开展大通县宗教团体“崇俭戒奢”行动动员大会（县委统战部供图）

通宣传”开设《民族团结进步》宣传专栏。在《人民日报》新媒体平台和省、市、县媒体平台发布信息28篇。大通烈士陵园通过省级督查验收并列入2022年度全省民族团结进步教育基地公示名单。大通县中心幼儿园、塔尔镇塔尔社区2个创建单位被命名为市级民族团结进步示范单位，新庄镇中心学校被命名为市级青少年民族团结进步示范点。有序开展县第四完全小学和桥头镇铝电社区打造县级民族团结进步示范点工作。全县22个社区和2个试点村被命名为县级村（社区）“石榴籽家园”，社区“石榴籽家园”建设实现全覆盖。12个集体和45名个人被表彰为市县级民族团结进步先进集体和先进个人，评选命名“民族团结进步家庭”24户，创建单位被命名县级民族团结进步示范机关（单位）12家。将铸牢中华民族共同体意识与基层党建、乡村振兴、社会治理、民生改善、文化旅游等结合，开展国家民委2022年度“三项计划”试点示范项目申报工作，征集推荐申报各族青少年“手拉手”、志愿服务和民族地区青年文艺工作者参观考察团等各族青少年交流计划试点示范项目4个。做好西宁市关于中华民族共同体体验馆项目的遴选推荐工作，征集推荐河湟皮影雕刻表演、花儿联唱2个体验项目。全县40名各族青少年代表到南京开展铸牢中华民族共同体意识夏令营研学活动。实施“旅游促进各民族交往交流交融计划”，通过老爷山花儿会系列活动，传承和发展中华优秀传统文化，推动“铸牢中华民族共同体意识+文化旅游”融合发展。

【民营经济代表人士与新的社会阶层人士统战】 根据省、市要求，联合县工商联对20名民营经济代表人士开展谈心谈话活动，了解民营经济代表人士思想状况和民营企业面临的困难问题，做好服务解困工作。支持各民主党派服务大局，发挥自身优势，找准履职切入点，拟定重点调研课题5项。组织新的社会阶层人士联谊会会员聚力乡村振兴，开展捐赠化肥、慰问脱贫户等活动。

【民族领域统战】 在全县范围内学习宣传《中华人民共和国民族区域自治法》，开展民族政策贯彻落实情况的自查督查工作。把解决好“三农”问题，推进乡村振兴作为民族工作重心，落实少数民族发展项目资金2570万元，涉及10个乡镇15个村，其中基础设施类5项2110万元，生产发展类1项460万元。开展“健康饮茶”“送茶入户”工作，购买低氟边销茶30万元，发放至全县困难群众手中。加强清真食品监督管理工作，统一规范“清真”标识，办理清真许可证25家，整治“清真”概念泛化。按照《中国公民民族成份登记管理办法》要求做好民族成份变更工作，办理民族变更13人。

（撰稿人：李转巧）

## 机构编制

【概况】 2022年，大通县完成乡镇机构改革任务，推进重点领域改革，调整优化机构编制管

中共大通县委员会

理，持续加强日常机构编制监督管理，支持重点领域用编需求，统筹推进疫情防控工作，为全县经济社会发展提供机构编制服务保障。全县设置党政机构31个，其中党委机构8个、政府机构23个；有行政事业单位229家，其中行政单位60家、事业单位169家。编制人数8876人，年末实有人数9328人。县委机构编制委员会办公室有干部6人，其中行政编制4人、事业编制2人。

【乡镇机构改革】 拟定《大通县构建简约高效基层管理体制改革实施方案》，推进乡镇职能机构优化设置工作。在突出基层党建、社会管理、民生保障等职责的基础上，整合综合协调、产业经济、应急管理、公共服务、规划建设等职责，统筹利用行政、事业编制，综合设置乡镇职能机构，明确各职能机构主要职责，助推全县构建简约高效基层管理体制改革落实见效。

【建立“属地管理事项”清单】

建立健全乡镇机构“一对多”“多对一”制度机制，理顺与县级部门工作对接、请示汇报和沟通衔接关系，建立县直部门和乡镇“属地管理事项”主体责任和配合责任清单制度。制定《大通县县乡“属地管理事项”主体责任和配合责任清单》，持续做好权责清单动态管理工作，明晰乡镇、部门权责边界。

【重点领域改革】 统一规范县公共法律服务中心名称，强化公共法律服务职能。推进行政复议体制改革，重新明确县政府行政复议机构的编制及职责事项。配合做好应急管理领域综合行政执法改革，明确县应急管理领域综合行政执法机构编制、职数等相关事项。助力卫健部门稳妥推进全县综合医改等相关工作。

【资源管理优化】 持续执行编制审核通知单、工资联审、机构编制实名制三项制度，杜绝编制无序增长。创新管理手段，完善事业单位编制“蓄水池”动态制度和柔性用编机制，盘活存量资源，提升机构资源使用效益，保障关键领域重点工作用编急需。开展机构编制实名制、“一部门一档案、一部门一台账”信息台账等复核完善工作，规范执行机构编制报告制度，夯实机构编制管理基础工作。

【机构编制监督检查】 开展《中国共产党机构编制工作条例》《机构编制监督检查工作办法》等配套法规知识，增强全县各级领导干部的机构编制法治意识，提升干部群众对机构编制政策法规知识的知晓度。开展机构编制违规问题、机构编制违纪违规整改工作，梳理查摆存在的问题，动态调整《机构编制违纪违规台账》，督促相关单位抓好整改落实。开展“条条干预”专项督查，通过采用重点督查和随机抽查的方式进行实地督查，全县各行政事业单位按照“三定”“九定”规范运行。

【事业单位登记管理】 按照行政审批标准化、规范化要求，依照法定程序，做好行政事业单位设立、变更、注销，证书补领、重新申领证等基础性登记工作。通过下发通知、电话联系、网上答疑解惑、现场指导等方式，督促全县216个事业单位按时完成法人年度报告工作。开展事业单位法人公示信息与“双随机、一公开”抽查及整改工作，增强事业单位依法合规意识，加大事业单位监管力度。

（撰稿人：马秀清）

## 绿色发展办公室工作

【概况】 2022年，大通县召开县委深改委会议4次，学习中央、省委、市委深改委会议精神9次。中共大通县委绿色发展办公室制定下发《县委全面深化改革委员会2022年工作要点》《大通县2022年自主创新项目台账》《大通县2022年度全面深化改革创新督察工作方案》《大通县2022年度全面深化改革创新考核工作方案》等文件，确定24个方面74项承接改革任务和44项自主创新项目。将20个乡镇谋划自主创新项目纳入考核范围，压实各单位改革创新责任，开展全面督察3次、专项督察10余次。落实《大通县改革信息和任务台账报送工作办法》，通过电话随访、发布动态信息、梳理改革台账等形式，及时了解掌握各领域改革创新进展成效，协调疏通存在的改革创新堵点。以《大通改革动态》向全县宣传推广，向省、市主要媒体投稿，宣传全县改革创新做法成效，营造合力推进改革创新工作的良好氛围。全年梳理改革创新任务台账4期，编发改革动态29期。

【政务服务改革】　全面开展“证照分离”改革，破解企业“准入不准营”难题，各类市场主体持续新增。建设高标准市场体系，深化“一件事一次办”改革，梳理编制“一件事一次办”事项清单，推出二手房交易等40项特色服务，实现“物理集中、政府一窗”，推行网上办、掌上办，申报资料、办事流程、审批时限同比分别压减40%、50%、30%。推动养老社保、税务、公司设立等22项重点领域改革高频热点事项“网上办”“就近办”，实现政务服务向乡镇、村（社区）延伸。

【乡村振兴改革】　制定《大通县应对新冠疫情影响支持脱贫户（监测户）稳定增收十二条措施》《大通县“三乡工程增活力　产业就业增收入”专项行动方案》等文件，培育市级农业产业化龙头企业2家、市级农民合作社示范社15家、市级示范性家庭农场20个、农业社会化服务组织5家、打造乡村旅游重点村镇2个。

【民主法治改革】　推进法治大通建设，推动四级法院审级职能定位改革试点，促进案件审级精准分流，实现提级管辖精准衔接。深化城区“一区一警两辅警”和农村“一村一辅警”警务新模式，311个村（社区）设置警务（点）室，打通公安工作“最后一公里”。健全完善社会治理体系，推进“八个一”工程（一个总体规划、一部大戏、一套系列丛书、一批标志性命名、一城、一塔、一殿、一祠堂），形成平安共建、成果共享、智治支撑的社会治理新模式。建设“一站式”矛盾纠纷多元化调解中心，实现调解工作内涵式、集约式、融合式发展。

【社会民生改革】　建设高质量教育体系，建设生产型实训基地，试点建设产业学院，建立园区培训中心，组建教师教学创新团队6个，思想政治教学创新团队1个，机电技术、汽车应用与维修、中餐烹饪等专业实现模块化教学。推进事业单位管理岗位职员等级晋升制度改革，晋升七级职员27人、晋升八级职员135人、晋升九级职员29人。开展政府购买养老服务工作，为桥头镇80户60岁以上特殊老人开展居家上门服务，完成床位建设80户，建设“老年之家”12家。建成文化馆分馆5个、村级服务点1个、图书馆分馆11个、村级服务点20个、流动图书室38家。投资1200万元，实施大通县烈士纪念设施和革命文物修缮改造项目，推动建立烈士纪念设施管理单位常态化联系烈属机制。

【医药卫生体制改革】　深化医药卫生体制改革，推进紧密型健康服务共同体建设，构建“六位一体”（健康教育、预防保健、疾病诊治、康复护理、长期照护、安宁疗护）健康服务体系，健全分级诊疗机制，3家县级医院上转患者率同比下降0.46%，县域内就诊率为90.52%。全县公立医院药占比下降到22.6%；百元医疗收入消耗的卫生材料费下降到28.31元；医疗服务收入占比达到35.93%。实施中医药振兴发展工程，实现乡镇卫生院中医馆全覆盖。

【党建机制改革】　健全党的领导体制机制，制定《2022年党委督促检查工作要点》《党建引领基层治理三年行动方案》《2022年基层党建重点任务清单》，建立习近平总书记重要指示批示精神和中央及省委、市委、县委部署要求贯彻落实情况常态化督查机制，梳理认领“我为群众办实事”项目清单，明确工作责任。实施总投资41.5亿元的公共服务、便捷出行、生态治理、金融惠民等10个方面民生项目26项。建立县委常委联系政治生态评价工作机制，明确6个方面26项研判指标。

（撰稿人：巴　鑫）

## 县直机关党建

【概况】　2022年，中共大通县直属机关工作委员会管理县直机关162个基层党组织，配备党务干部236人。年内培养入党积极分子73人，新发展党员62人。制定印发《2022年县直机关党建工作计划》，从全面加强党的政治建设、深入推进基层组织建设、持之以恒正风肃纪、建设模范机关等方面明确工作任务和要求。

【政治建设】　把严肃党内政治生活作为推动全面从严治党向纵深发展的基础性工程，作为加强机关党的政治建设的经常性、基础性工作抓紧做实，落实“三会一课”报备联审观察制和“115+N”主题党日等制度，建立健全政治生活指导督查和全覆盖督导机制，推动党内政治生活严肃规范有序。印发《关于持续深入开展“让党中央放心、让人民群众满意的模范机关”创建活动》的通知，围绕“走在前、作表率”的目标，以提升组织力为重点，以党支部建设为基础，提升县直机关党的建设质量。

【组织建设】　制定《关于建立县直机关基层党组织软弱涣散预警机制工作方案（试行）》，坚持围绕中心抓党建、抓好党建促发展的工作思路，找准党建工作和业务工作的切入点和融合点，发挥党支部在服务中心工作、落实重大任务、推动经济发展中的政治引领、督促落实、监督保障作用。按照发展党员调控计划，建立发展党员工作台账，按照“一事一记、一步一审、一人一录”的要求，对发展党员工作实行全程纪实，年内培养入党积极分子73人，发展党员62人。落实《西宁市基层党务工作者备案管理办法（试行）》，规范管理党务干部，县直机关162个基层党组织按照不低于2%的比例配备党务干部236人。

【党建品牌创建】　融入“老爷山下党旗红　一圈四带十先锋”党建品牌创建活动，聚焦基层社会治理、产业发展、服务群众等方面，按照“破点、连线、结盟”思维，开展县直机关党建“一单位一品牌、一行业一特色”党建品牌创建工作，指导打造“新政务新服务”“铸忠诚检魂、守北川正义”等一批独具本土特色、行业特点、代表性强的党建品牌。

【党建活动开展】　组织开展中国共产党成立101周年系列活动，推动各级党组织通过主题党日、专题讨论等活动，教育引导广大党员干部不忘初心、牢记使命，攻坚克难、奋勇前行。以学习宣传贯彻中共二十大精神为主线，举办“喜迎二十大　翰墨书大通”书画比赛，发放党建大礼包22个。“七一”前，开展慰问生活困难党员和老党员慰问活动，慰问生活困难党员和老党员3人，为党龄达到50年的6名机关老党员发放“光荣在党50年”纪念章。

【党员能力建设】　学习贯彻市、县能力建设推进会精神，以“六举措”为抓手，践行“一线工作法”，推动“转作风、补短板、提能力”专项行动。通过举办专题培训、“向基层学习　向群众拜师　年轻干部‘墩苗’论坛”等系列活动，提升干部政治理论素养和业务知识水平。立足专业能力建设、分批次、分层次开展各类能力提升培训43期，各部门、各单位举办行业“岗位大练兵”40余次，提升县直机关党务干部党建工作水平。

【党员社会服务】　开展“我为群众办实事”活动，县直机关各级党组织为群众办实事840余件。以开展“双进双联四服务”活动为载体，制定“五级管理体系”，制作示意图，实行“双管双长”机制，以“党员入格，一网兜底”为契机，建立“社区吹哨、部门报到”工作机制，组织2600余名在职党员加入社区网格，帮助社区开展志愿服务等工作。在大通“8·18”山洪灾害抢险救灾、灾后恢复重建中，从县直机关各单位紧急抽调100名有做群众工作、抢险救灾经验的党员干部到救灾第一线，开展入户调查、心理疏导、情绪安抚等相关工作，帮助群众解决实际问题。组织动员1961名机关党员干部到灾区开展灾后“清淤行动”，增强凝聚党群连心、加快灾后重建工作的强大合力。

【作风建设】 学习贯彻省、市、县作风建设会议精神，压实县直机关党组织主体责任和党组织书记第一责任，推行“清单化”管理，督促所属党组织制订年度党风廉政建设工作计划，推动党风廉政工作责任落实落细。健全完善沟通协调机制，增强监督合力，巡察意见反馈后，指导各单位制定整改措施，建立整改台账及整改清单。坚持严管与厚爱结合、激励与约束并重，开展抓党建促基层治理作风转变“三亮三强三争”活动，不断提升党建引领基层治理能力水平。开展“我们的节日”志愿服务、环境卫生集中整治等活动，增强党员干部团队意识、责任意识。经常性开展警示教育、谈心谈话等活动，引导全县机关党员干部遵守党章、廉洁自律准则、纪律处分条例等党内法规，将党规党纪学习作为党员干部理论学习和教育培训的重要内容，指导各单位推进廉政文化“十进十促”，开展“清风扬正气·廉歌颂党恩”廉政文化宣传月和家风建设“六个一”活动，并举办“学好百年党史 讲好勤廉故事 聚好红色动力”廉洁故事分享活动，营造崇廉氛围。

（撰稿人：祁浩志）

## 老干部工作

【概况】 2022年，大通县服务管理离退休干部44人。其中，离休干部16人，平均年龄93岁（在西宁、大通居住12人，异地居住4人；抗日战争时期入党2人、解放战争时期入党14人）；县级实职退休干部28人，平均年龄74岁，其中厅级待遇退休干部2人、县级退休干部26人。有离退休老干部党组织1个，离退休干部党员29人，有已故离休干部无固定收入遗属25人。老干部服务中心工作人员4人。全年在《西宁晚报》刊登大通县老干部工作专刊1期，上报的老干部工作信息，省老干部党建采用信息1篇，省委老干局微信公众号采用1篇，市委老干局微信公众号采用5篇。“七一”期间，组织离退休老干部开展“建言中共二十大”专题调研，向党龄达到50年的老党员颁发“光荣在党50年”纪念章。

【落实老干部政治待遇】 通过离退休老干部微信群组织全县县级退休干部学习贯彻中共十九届六中全会和中共二十大精神。通过微信推送《中国共产党第十九届中央委员会第六次全体会议公报》《中共中央关于党的百年奋斗重大成就和历史经验的决议》，围绕重点内容在微信群中交流感想认识；传达学习全国、全省老干部局长会议和老干部工作“双先”表彰大会精神；组织老干部收听收看省第十四次党代会开幕式，第一时间学习领会党代会精神；学习贯彻中共二十大精神，从喜迎二十大的胜利召开，到第一时间组织收看开幕式，到二十大精神的学习贯彻分阶段制订工作计划。“七一”期间，通过微信群互动和走访慰问的方式开展离退休干部“建言二十大”专题调研活动，离退休老干部从自己的亲历亲见亲感，畅谈中共十八大以来的巨大变化，对新时代党和国家各项事业取得的伟大成就给予高度赞誉。组织开展“我看中国特色社会主义新时代”活动，参观逊让乡尕漏村花海景区，实地观摩多林镇下浪家村省级乡村振兴示范村项目及该村“一廊两坊三馆”的党性教育基地和民俗博物馆，实地感受民族团结、乡村振兴、产业发展的新成就。

【落实老干部生活待遇】 新春佳节来临之际，利用两周时间走访慰问离退休老干部35户，通过电话慰问异地居住老干部16户，发放和邮寄慰问金5.1万元，通过慰问了解老干部身体生活状况，通报老干部服务中心工作，听取意见建议，协调解决实际困难。国庆节期间，视频慰问受疫情影响三年未能走访慰问的易地安置老干部及老干部遗属，每人寄送慰问金1000元。重阳节前夕，老干部服务中心走访慰问居住在大通县全体离休和部分县级退休干部、卸任和在任的关工委领导。落实离休干部离休费保障机制、医药费保障机制、财政支持机制，开展精细化服务工作，摸底排查异地居住离休老干部就医情况，协调离休老干部门诊周转金3.3万元，协助老干部报销医药费24.2万元，协助老干部家属办理老干部丧葬事宜7次。

【老干部余热发挥】 疫情防控期间，利用电话、短信、微信群等方式，推送致全县离退休老干部的疫情防控倡议书及疫情热点问题解答等内容20余期，以政策理论武装和防疫知识储备，激励老干部队伍“退休不褪色，离岗不离责”，模范遵守疫情防控各项制度，主动当好疫情防控“宣传员”。在大通县“8·18”山洪灾害期间，离退休老干部支部第一时间发起捐款活动，累计捐款1.86万元。

【老干部参赛】 组织全县老干部开展“喜迎二十大·奋进新时代”主题征文活动，上报征文7篇。征集上报“喜迎二十大·讴歌新时代”主题书法绘画和生态摄影作品10余幅，获摄影组三等奖；参加中国老年报“筑梦新时代 奋进新征程”喜迎中共二十大召开知识竞赛活动，获优秀组织奖。

【老干部关心下一代工作】 组织引导老干部在关心下一代工作上有新作为新贡献，协助市关工委承办在大通县各相关学校开展的公益捐赠活动，涉及15所学校（含教学点）和5个村，发放捐赠物资棉服、保温水杯、党史学习教育书籍1574套（册），折合现金60余万元，根据特殊学校的相关申请，组织老干部开展爱心捐赠活动，为学生捐赠服装30套，在青林中心学校开展爱心体育用品进校园活动，送去价值8万余元的校园体育用品。

【离休干部关爱】 健全离休干部“一人一策”、经常性关心关怀制度，持续开展走访慰问精准服务老干部活动，撰写并分享走访日记。加强与离休干部子女沟通交流，倡导离休干部子女担负起生活照料、监护等日常护理责任，履行好家庭义务。利用社区拓展服务，开展社区与老干部工作共建活动，为离休干部提供多元化、多层次服务。落实“三个优先、五个必访和四个确保”工作制度（即经费优先安排、待遇优先落实、保障措施优先到位；老干部生病住院必访、生日祝寿必访、新春佳节必访、丧葬大事必访、生活困难必访；离休干部离休费确保按规定及时足额发放、医药费确保按规定及时便捷报销、特殊困难确保有人管有人帮、易地居住人员确保定期走访慰问），落实“两项待遇” （生活待遇、政治待遇）、“三个机制” （指离休干部离休费保障机制、医药费保障机制和财政支持机制）。

（撰稿人：马文琼）

## 党校工作

【概况】 中共大通县委党校和西宁市行政学院大通分院实行“一校两院”办学模式，内设办公室、教研室、总务室，有在职教职工19人，其中副高级职称5人、中级职称7人、初级职称2人。全年学校举办各类培训班23期，参加培训1942人次；组织教师相关调研报告文章（论文）8篇，申报省、市社科联课题8项。获奖3篇次。推出“战疫之声”系列音频党课10堂。县委党校内设办公室、教研室、总务室；有在职教职工19人。

【政治学习】 以习近平新时代中国特色社会主义思想为指导，深入学习领会中共十九届历次全会和中共二十大精神及习近平总书记最新重要讲话精神，学习中央和省委、市委、县委全会精神及党章党规党纪等内容，研习《习近平谈治国理政》第四卷内容。疫情防控期间，开辟学习新渠道，利用“腾讯会议”“学习强国”等平台加强政治学习，深刻领悟“两个确立”的决定性意义，增强“四个意识”、坚定“四个自信”、做到“两个维护”。年内集中学习70次，领导干部讲党课5次，党员微党课讲座25次，人均学习笔记8000多字，撰写学习心得45篇，专题学习中共二十大精神13次。

【教育培训】 坚持“党校姓党”原则，发挥干部教育培训主阵地作用，突出党性教育，创新培训模式，提升培训和宣讲实效，落实全县干部培训和宣讲任务。开发打造中共二十大精神等新专题47个，举办各类主题班23期，培训学员1942人次；送教宣讲101场次，受众6487人次；开展现场教学6场次，培训学员314人次；录制宣传贯彻中共二十大精神视频微党课8堂，发布微信54期、信息简报48期，编发内部资料《大通党校》4期2000册。

【理论研究】 围绕县委、县政府中心工作，到一线开展理论研讨和社会调研，主动承接科研任务，促进科研咨政能力提升，形成有价值的研究成果，为县委、县政府科学决策发挥参谋助手作用。组织教师撰写喜迎二十大及能力建设等相关调研报告和理论文章，参加省、市、县2022年度理论研讨学术交流活动。完成报送“喜迎二十大　奋进新征程”相关论文8篇，获奖3篇次。

【师资培养】 组织开展新专题试讲、精品课竞讲以及岗位大练兵等活动，多渠道、多形式强化专业训练。鼓励年轻教师参加省市党校系统各类竞讲，推动青年教师在课堂实践中提升教学本领。健全完善各项教师管理制度，落实教师管理量化考核，发挥制度刚性约束作用，实现教师管理科学化、制度化、规范化，推进教学质量提升。年内落实教师培训和科研专项经费10万元，落实干部培训及业务专项经费40万元。

（撰稿人：李延良）

## 精神文明建设

【概况】 2022年，大通县精神文明建设办公室深化拓展社会主义核心价值观建设，制定《大通县农村红白喜事礼俗参照标准》，推进移风易俗。持续创新拓展新时代文明实践中心活动方式，打造“王洪莲烈士志愿服务队”等志愿服务特色品牌，组织开展理论宣讲、疫情防控等各类志愿服务活动800余场次，在“文明大通”微信公众号共发布图文信息264篇，抖音号、视频号共发布短视频182条。年内创评“五星级文明户”3000户，累计创评61499户，创评率达48%，评选出“最美家庭”等模范家庭244户。开展文明单位、文明村镇（社区）、新时代好少年、道德模范等创评活动，创建县级以上文明单位（标兵）42家、文明村镇50个、文明校园25所、文明家庭21户。入选第五届市级道德模范3人。推进“乡村少年宫”建设，全县累计建成乡村学校少年宫27所，实现20个乡镇全覆盖。

【培育和践行社会主义核心价值观】 在全县持续开展社会主义核心价值观、“讲文明树新风”、“文明健康　有你有我”等公益广告刊播工作，在融媒体中心、广播电视台、网络媒体定期定时刊播公益广告，坚持传承中华优良传统文化，满足人民群众日益增长的精神文化需求为切入点，结合春节、元宵节、端午节等传

统节日，深化“我们的节日”主题活动，组织开展春联征集、赠春联送福字、猜灯谜等丰富多彩形式多样的节日民俗、文化娱乐活动，弘扬中华优秀传统文化。录制“新春五重奏，虎年开门红”民间曲艺展演，文艺志愿者创作《廉政模范带头人》《庄稼人过大年》《老来福》等小视频。组织开展“我们的节日·端午”线上民俗活动，并被央视《新闻联播》采播。开展“我们的节日·七夕——金婚老人过七夕　传承文明好家风”主题活动和“我们的节日·重阳——孝亲敬老道德讲堂”主题活动，突出培育和践行社会主义核心价值观这个根本，筑牢文明和谐的社会基础。

【群众性精神文明创建活动】

发挥新时代文明实践中心和各所、站的作用，围绕“3·5”学雷锋日、“三八”妇女节等关键节点，组织200多名志愿者开展义诊、理发、清理垃圾、发放网络诈骗宣传册等活动。承办2022年西宁市科技、文化、卫生“三下乡”活动，结合群众需求、地方特色，开展文艺节目专场演出、新时代文明实践“公益集市”一小时等志愿服务活动，满足群众对文化生活的需求，提振群众的精气神。动员全县广大党员干部群众全员参与到创城工作中，开展县域内环境卫生整治，创城知识宣传，文明劝导等各类志愿服务活动，调动参与精神文明创建活动的主动性、积极性，提升精神文明建设水平。

【文明城市创建】　坚持以习近平新时代中国特色社会主义思想统领文明城市创建工作，推进各项创建全国文明城市工作任务的落实。持续开展“大清洗、大清整、大扫除”“文明交通”“文明旅游”“劳动创造幸福生活”“弘扬优秀传统文化”和“普法知晓率参与度双提升”主题月活动，累计50余场次。结合每月29日“创建日”活动，指导各行各业集中开展创城主题活动6次，参与68892人次。围绕讲文明、树新风主题，在商场超市、宾馆饭店、社区小区等人员密集场所循环播放“创建全国文明城市宣传音频”，实现公共场所创城倡议宣传全覆盖，推送创城宣传微信公众号70余期。承办“青海省2022年度文明城市创建工作”会议，完成会务各项工作任务。完成2022年度省级测评工作，大通县全国文明城市创建测评在排名中靠前。

【道德模范与先进少年推荐】

下发《关于推荐大通县道德模范的通知》，各乡镇各部门各单位推荐上报各类道德模范35人，县文明办向市文明办推荐道德模范16人，其中，鲍守娟、顾国成、贺占兰获第五届市级道德模范，朱亚楠、李彩亭、张永年获第五届市级道德模范提名奖。树立和宣传大通县先进少年典型，向西宁市推荐鲍生鹏、杨永玲、刘玉红等8名“新时代好少年”候选人。

【新时代文明实践】　县新时代文明实践中心组织文化志愿服务队把社会主义核心价值观、中共十九届六中全会和中共二十大精神、移风易俗、乡村振兴、疫情防控等理论宣传内容编写成唱词，用“青海道情”“西宁贤孝”“河湟皮影戏”等群众喜闻乐见的形式宣讲到村到户。发挥新时代文明实践中心（所、站）作用，通过各类志愿服务活动，组织理论宣讲志愿服务队到农村、社区、企业、学校等，将中共十九届六中全会和中共二十大精神、乡村振兴、省第十四次党代会精神等宣传到广大群众中。组织医疗团队、行业技术骨干等志愿者走进乡村开展送文化、送政策、送知识、送服务，打造群众家门口的文化集市。年内新时代文明工作以“宣讲+文艺+新媒体”方式，开展各类主题宣讲69场次，受众4200余人次，“文明大通”微信公众号共发布图文信息264篇，阅读量8.2万人次，粉丝7146人；“文明大通”抖音号、视频号共发布短视频182条，点击量45.8万次，分享次数3.5万次。

（撰稿人：马　亮、唐万青）

DATONG

# 大通县人民代表大会

YEARBOOK

## 综　述

【概况】　2022年2月28日至3月3日，大通县第十八届人民代表大会第二次会议召开。大通回族土族自治县第十八届人民代表大会选出代表233人，在县第十八届人民代表大会第一次会议上，有1名县人大代表调离大通县，4名县人大代表辞去县人大代表职务，2022年有县第十八届人民代表大会代表228人。县十八届人大常委会设主任1人、副主任4人、秘书长1人，有人大常委会组成人员30人。县人大设财政经济和社会建设委员会、法制和监察司法委员会、城乡建设和环境资源委员3个专门委员会，法制财经和农牧工作委员会、社会事业工作委员会、人事代表选举工作委员会3个工作委员会。全年受理并办结来信来访9件次，办结率达100%。疫情防控期间，全县1400余名省、市、县、乡四级人大代表捐资捐物折价69万元。印发致全县各级人大代表助力防汛救灾工作的倡议书，倡议全县各级人大代表开展“8·18”抗洪救灾献爱心活动，县人大常委会机关捐款5300元，各级人大代表捐款捐物折价达49.7万元。县人大常委会设综合办公室1个。县人大常委会机关核定行政人员编制14人、工勤人员编制1人。实有人员17人，其中常委会主任1人、副主任4人；常委会工作委员会主任3人；常委会办公室工作人员9人。

【重大事项决定】　在第十八届人大常委会第六次会议上，审议通过关于召开大通回族土族自治县第十八届人民代表大会第二次会议的决定（草案），决定于2022年3月上旬召开大通回族土族自治县第十八届人民代表大会第二次会议。在第十八届人大常委会第九次会议上，表决通过《大通回族土族自治县2022—2026年立法规划》和关于终止执行《大通回族土族自治县人民代表大会常务委员会关于启动“县人大代表直通车”的决定》的决定。听取“七五”普法决议实施情况的工作报告、建议意见，作出《关于开展第八个五年法治宣传教育的决议》。

【人事任免】　全年依法任免国家行政机关、监察机关、审判机关、检察机关工作人员23人次，供职发言23人，任前法律知识考试20人次，宪法宣誓23人。其中，在第十八届人大常委会第八次会议上，任命马军为县发展和改革局局长，洪斌为县民政局局长，张苡为县统计局局长，邹远超为县人大常委会社会事业工作委员会主任，马生寿为县人大常委会办公室副主任，郭春辉为县监察委员会副主任。在第十八届人大常委会第九次会议上，任命陈生凯为大通回族土族自治县人民政府副县长、李智呈为大通回族土族自治县教育局局长、宋生龙为大通回族土族自治县农业农村局局长、吴晓钟为大通回族土族自治县林业和草原局局长、孙金林为大通回族土族自治县审计局局长、张玉仓为大通回族土族自治县自然资源局局长、马占龙为县人大常委会法制财经和农牧工作委员会主任、张文辉为县监察委员会委员。

【工作视察】　6月14日，县人大常委会组织部分市、县人大代表视察宁张公路沿线（大通段）环境综合整治提升工作，打造全省经济强县、筑牢西宁北部生态安全屏障，推动宁张公路沿线（大通段）环境综合整治提升工作取得新进展，改善全县城乡人居环境。8月4日，大通县人大常委会组织督办组集中检查和督办大通县第十八届人民代表大会第二次会议代表建议办理情况。8月11日，县人大常委会副主任张启彪带队调研全县实施“三乡工程”工作情况。调研组到青海广泰新型金属材料有限公司、西宁汇丰农业投资建设开发有限公司、青海禾丰粮油工贸有限责任公司等实地查看并了解企业兴乡、能人回乡、市民下乡相关情况，之后调研组与各相关部门单位负责人召开座谈会，听取“三乡工程”项目带动产业振兴、群众就业致富、推动美丽乡村建设等情况的汇报。

【执法检查】 6月16日，县人大常委会组成以副主任兰存义为组长，部分人大常委会组成人员、监察和司法委员会委员、人大代表以及机关有关人员为成员的调研组，对县人民检察院未成年人检察工作情况进行调研。6月17日，县人大常委会组织检查组就全县落实义务教育“双减”工作情况进行检查。检查组到大通六中、朔北乡中心学校、园林小学实地查看义务教育阶段“双减”政策贯彻实施效果。8月10日，为贯彻习近平生态文明思想，县人大常委会组织检查组先后到青海宜化化工有限责任公司、大通县污水处理厂开展执法检查工作，了解大通县对《中华人民共和国水污染防治法》《水污染防治行动计划》“水十条”贯彻实施情况。

【调查研究】 4月13日，县人大常委会专项调研组调研全县化肥农药减量增效行动开展情况，旨在巩固和提升大通县化肥农药减量增效行动成果，继续推进化肥减量增效、农药减量控害总体目标，高质量推进全县农业绿色安全发展。在景阳镇甘树湾村、黄家寨黄西村和塔尔镇上旧庄村调研期间，调研组通过观看展板、实地查看、听取汇报等方式了解全县化肥农药减量增效项目落实、设施温室种植情况，并深入交流化肥农药减量增效工作中存在的问题及解决办法。7月7日，大通县人大常委会组织各乡镇人大主席到海南州共和县江西沟镇、恰卜恰镇等地观摩“两室一平台”建设运行情况，学习和借鉴兄弟县（区）“两室一平台”建设先进经验做法，推进大通县“两室一平台”提档升级。8月3日，县人大常委会组织调研组调研全县项目生成及项目整合绩效工作落实情况，推动全县项目建设提质提速。调研组实地查看朔北乡下吉哇村老年养护院建设项目、桥头镇解放路北段排水防涝设施建设项目及良教乡下甘沟村至桥头镇红河限大桥（道路）拓宽改造项目（四号桥）情况。8月4日，县人大常委会专项调研组调研县人民法院案件执行情况，通过实地查看县人民法院执行信访窗口、廉政文化室、党建苑地、档案室、电子卷宗扫描中心等工作开展情况，通过观看展板、宣传片、听取汇报等方式了解县人民法院案件执行工作中存在的问题，交流解决办法。8月12日，省人大法制委副主任委员袁玲带领省农业农村厅立法专题调研组到大通县开展《青海省农民专业化合作社条例（草案修改稿）》和地方立法相关工作的调研，此次调研采取召开座谈会和实地调研相结合的方式进行。8月汛期期间，到青山乡龙卧村、黄家寨镇台台村开展民意调查、清淤清障、风险隐患排查等防汛救灾工作。

【建议办理】 构建“常委会带头督办、专工委对口督办、常委会委员专业督办、代表参与督办、部门主动承办”的督办体系，落实县级领导领办督办责任制，15名县级领导领办督办代表建议20件，统筹推进代表建议督办工作。大通县第十八届人民代表大会第二次会议59件代表建议办结37件，占62.7%；正在办理15件，占25.4%；无法办理7件，占11.9%。启用代表建议办理专项资金25.7万元，办理闭会期间“关于解放北路社区矿山东路粮油家属院楼面漏水和院内路面硬化”的代表建议1件，赢得建议代表和小区居民一致好评。

【代表工作】 坚持把代表工作作为基础性、全局性工作来抓，创新代表工作方式，顺应新形势、新任务对代表工作的新要求，强化履职培训，丰富代表活动，激发代表活力。注重夯实新任代表履职基础，制定新

任代表五年培训规划和年度培训计划，及时举办初任代表履职能力提升培训班，参训率达92%。到乡镇开展代表履职知识专题辅导，建立代表履职档案，加强履职管理，强化新任代表的责任意识、履职意识。组织省、市、县、乡四级人大代表利用“两室一平台”，开展“人大代表活动月”活动，通过集中视察、督办建议、代表述职、通报工作等方式拓展代表活动渠道。组织代表中的市、县、乡三级领导干部开展进“两室”主题活动，90名领导干部以代表身份下基层、听民声、访民情、汇民智、解民忧，得到省、市人大肯定。组织驻大通县省人大代表围绕“三乡工程”实施开展专项调研，形成专题调研报告呈报县委，为全县乡村振兴战略实施提供可参考、有价值的重要依据。落实重点建议领办督办责任制，常委会主任、副主任牵头督办代表建议2件以上。落实“三联系”制度，邀请代表列席常委会会议、“一府两院”相关会议，参与各项检查、视察、调研活动，为代表知情、知政，履行职责创造条件、提供保障，参与各项活动代表达108人次。全年走访慰问代表达140人。

【乡镇人大建设】 以“乡镇人大建设年”提升行动为契机，实行常委会主任、副主任分工联系指导乡镇人大工作，从思想政治建设、制度建设、规范监督工作、活动阵地建设等11个方面优化制定乡镇人大规范化建设58项标准，推动乡镇人大工作提档升级。强化“代表联络室（站）”建设，让代表学习有“室（站）”、活动有序、履职有为。常委会换届后，紧扣新任乡镇人大主席履职需求，采取专题培训与考察学习相结合的方式举办专题培训班。组织召开乡镇人大规范化建设工作观摩交流会，在互学互鉴，互促互进中实现双向发力、整体推进。县人大常委会主任对桥头镇、城关镇、新庄镇、宝库乡就“两室一平台”建设情况开展调研督导，并按县人大常委会“三联系”制度安排和要求，开展主任联系委员活动。调研督导期间，与乡镇党委、人大、政府主要负责人进行座谈，实地查看“两室”建设，提出具体工作建议。

【履职平台建设】 把“两室一平台”作为人大代表闭会期间联系人民群众、依法履行职责、更好发挥作用的重要载体，县、乡投入资金67万元，推进“两室”基础建设提档升级，重点打造朔北藏族乡、小石山社区等6个市、县两级示范点，全县20个乡镇人大代表联络室，63个村（社区）人大代表活动室呈现出“一乡一特色”“一室一品牌”。组织代表中的市、县、乡三级领导干部以代表身份进“两室”开展“下基层、听民声、访民情、汇民智、解民忧”主题活动，畅通汇聚民情民意的重要渠道。

【组建专业化小组】 按照“尊重代表意愿、便于代表活动、小组成员不交叉”原则，以“小型、专业、实效”为目标，以行业相同、专业相近或有参与意向为导向，首次组建财经、城建环保、法治、教育文化卫生、农业农村、民族宗教等6个代表专业小组，发挥代表知识、经验、能力、结构、地域等优势，促进代表活动专业化、精准化。

（撰稿人：鲁玉花）

## 重要会议

【人民代表会议】 2022年2月28日至3月3日，第十八届人民代表大会第二次会议在县会议中心召开。会议应到代表228人，实到214人。县政协第九届委员会全体委员列席会议。会议听取和审议县人大常委会、县人民政府、县人民法院和县人民检察院工作报告，审查大通回族土族自治县2021年国民经济和社会发展计划执行情况与2022年国民经济与社会发展计划草案的报告，大通回族土族自治县2021年财政预算执行情况与2022年财政预算草案的报告，并作出各项工作报告的决议，审议通过《大通回族土族自治县乡村产业振兴促进条例草案》和《大通回族土族自治县施行〈中华人民共和国民法典〉结婚年龄的变通规定（草案）》。

【人大常委会会议】 2022年，第十八届人大常委会召开7次常委会会议，即第五次会议至第十一次会议。

1月19日，第十八届人大常委会第五次会议召开。会议听取和审议县政府关于制定《大通回族土族自治县乡村产业振兴促进条例（草案）》的议案及说明，审议《大通回族土族自治县乡村产业振兴促进条例（草案）（审议稿）》、县人大法制和司法监察委员会关于制定《大通回族土族自治县施行〈中华人民共和国民法典〉结婚年龄的变通规定（草案）》的议案及说明、《大通回族土族自治县施行〈中华人民共和国民法典〉结婚年龄的变通规定（草案审议稿）》。

2月16日，第十八届人大常委会第六次会议召开。会议听取和审议通过县人大常委会工作报告（审议稿），将提交大通县第十八届人民代表大会第二次会议审议。审议通过关于召开大通回族土族自治县第十八届人民代表大会第二次会议的决定（草案），并审议通过会议议程（草案）、有关名单（草案），县人大常委会代表资格审查委员会关于个别代表的代表资格审查报告。

4月28日，第十八届人大常委会第七次会议召开。会议听取和审议县人民政府关于全县2021年生态环境状况和环境保护目标完成情况的报告、关于全县绿色发展政策落实情况的报告、关于全县安全生产工作情况的报告、关于全县化肥农药减量增效工作情况的报告，听取和审议县人大常委会关于调研全县化肥农药减量增效工作情况的报告，并以无记名投票方式对县人民政府专项工作报告进行表决，各项报告均全票获得通过。

6月29日，第十八届人大常委会第八次会议召开。会议听取县财政局关于大通县2022年上半年地方政府债务管理情况的报告，县政府关于全县义务教育“双减”工作落实情况的报告、关于宁张公路沿线（大通段）环境综合整治提升工作情况的报告、关于《西宁市养犬管理条例》贯彻实施情况的报告，县人民检察院关于全县未成年人检察工作情况的报告，《大通县人大常委会主任会议成员联系委员、委员联系人大代表、人大代表联系选民办法（草案审议稿）》的议案及说明。审议县人大常委会关于检查全县义务教育“双减”工作落实情况的报告、视察宁张公路沿线（大通段）环境综合整治提升工作情况的报告、调研县人民检察院未成年人检察工作情况的报告、检查《西宁市养犬管理条例》贯彻实施情况的报告。会议以无记名投票表决方式对县政府和县人民检察院专项工作报告进行满意度测评。开展县人大常委会任命人员和市人大代表述职评议活动，各任命人员、市人大代表在会上述职，人大常委会组成人员对述职情况进行满意度测评。会议审议通过《大通县人大常委会主任会议成员联系委员、委员联系人大代表、人大代表联系选民办法》，会议进行人事任免事项。

7月29日，第十八届人大常委会第九次会议召开。会议听取和审议县人民政府关于2022年上半年国民经济和社会发展计划执行情况的报告及2022年上半年预算执行情况的报告，县第十八届人大常委会主任会议关于提请审议《大通回族土族自治县2022—2026年立法规划（草案）》的议案及说明和关于终止执行《大通回族土族自治县人民代表大会常务委员会关于启动“县人大代表直通车”的决定》的议案，并以无记名投票表决方式对县人民政府专项工作报告进行满意度测评，各项报告均为满意；会议进行人事任免事项，为新任职干部颁发任命书，并举行宪法宣誓仪式。

9月23日，第十八届人大常委会第十次会议召开。会议听取和审议县人民政府关于全县国有资产管理工作情况的报告、关于全县审计查出问题整改工作情况的报告、关于《中华人民共和国水污染防治法》贯彻实施情况的报告、关于全县项目生成及项目整合绩效工作情况的报告、关于全县“三乡工程”工作情况的报告、关于全县文旅产业融合发展情况的报告、县人大常委会关于检查《中华人民共和国水污染防治法》贯彻实施情况的报告、关于调研全县文旅产业融合发展情况的报告以及县人民法院关于案件执行工作情况的报告；审议县人大常委会有关调研报告。并以无记名投票表决方式对县人民政府和县人民法院专项工作报告进行满意度测评。经测评，县人民政府和县人民法院专项工作报告均为满意；会议听取和审议县人民政府关于东部新城热源厂建设项目的议案及说明，审议县人大财经和社会建设委员会关于对县人民政府关于东部新城热源厂建设项目议案的审查报告。会议首次采用票决的方式对县人民政府实施东部新城热源厂建设项目进行表决，并审议通过县人大常委会“关于同意县人民政府实施东部新城热源厂建设项目的决议”。

12月30日，第十八届人大常委会第十一次会议召开。会议听取和审议县人民政府关于2021年财政决算草案的报告、关于调整2022年财政预算草案的报告、关于优化调整全年经济社会发展部分目标任务草案的报告、关于2021年财政预算执行和其他财政收支情况的审计工作报告、关于大通县第十八届人民代表大会第二次会议代表建议办理情况的报告、县人大常委会人事代表选举工作委员会关于检查大通县第十八届人民代表大会第二次会议代表建议办理情况的报告，审议县人大财经和社会建设委员会关于2021年财政决算草案的审查结果报告、关于调整2022年财政预算方案草案的审查结果报告、关于《县人民政府关于优化调整全年经济社会发展部分目标任务的报告》的审查结果报告，以举手表决方式通过县人大常委会关于批准县人民政府2021年财政决算的决议、批准2022年财政预算调整方案的决议、批准优化调整全年经济社会发展部分目标任务报告的决议。会议听取和审议县人民政府关于《大通县森林草原防灭火条例（修改草案）》的议案、说明及《大通回族土族自治县森林草原防灭火条例（修改草案）》。

（撰稿人：鲁玉花）

大通年鉴·2023

DATONG

# 大通县人民政府

YEARBOOK

# 综　述

【概况】　2022年，大通县人民政府高效统筹疫情防控和经济社会发展，在“8·18”洪涝灾害期间，紧急转移1万余户4.2万名群众；一个月内，全面启动灾后恢复重建项目，4个“烂尾工程”“保交楼”项目重新提上日程，宁张公路沿线6.5万平方米违章建筑全面拆除，祁连山南麓大通生态环境综合整治13个问题图斑全面整改销号。全年完成地区生产总值140.3亿元，同比增长1.5%；全体居民人均可支配收入26379元，同比增长5%；落实退减缓税10.5亿元。

【经济发展】　认定全省绿色有机农畜产品输出地辐射带动县，创建全国绿色食品标准化原料生产基地4533.33公顷，改造设施温室500栋，建成良种繁育基地1000公顷，认证绿色有机地理标志农产品68个。执行“链长+包保”责任制，成功培育青海莱润、中桩建材升规入库，引进落地南麓里和全省首个铝轮毂制造等延链补链强链项目，青海铝业、宜化化工等重点企业达产满销，完成工业产值324.9亿元。建立全国首家县域乡村振兴数字产业创新基地，以数字化转型赋能大通智能化提速。

【生态文明】　深化林（草）长制，组织开展国土绿化春季大会战暨宁张公路林带巩固行动，完成国土绿化11933.33公顷。推进水环境综合治理、农村分散式污水处理等碧水工程，北川工业园区污水处理厂建成投用，润泽桥断面水质保持在Ⅲ类以上。持续开展工业企业污染源达标排放整治，环境空气质量优良率达93%；土壤环境状况持续保持良好。

【乡村振兴】　巩固拓展脱贫攻坚成果，在企业安置、项目吸纳、产业带动等方面精准发力，实现脱贫人口增收15%以上。加强东西部劳务协作，实现省外就业1600人次以上。培育壮大脱贫村“小精特新”式富民产业、特色产业，不断增强自我发展的造血能力。分类盘活、统筹整合闲置低效扶贫项目资产，发挥应有效益，促进脱贫群众稳定增收。实施城关农产品加工、青林乳饮品等项目，推动乡村振兴产业协同、集群发展。依托“三乡工程”网络服务平台，培育推荐“市民下乡”示范典型2个、“能人回乡”示范典型3个、“企业兴乡”示范典型2个，建立“三乡工程”发展基金，吸引更多社会资本、市场主体支农惠农。

【城乡建设】　承办全省文明城市创建工作推进会，园林路、斜四号桥周边改造等项目稳步实施。完成宁张公路沿线环境综合整治，道路微循环、9个重要节点巩固提升等4个项目开工建设，改善公路沿线风貌。完成33个高原美丽乡村、2400户农牧民居住条件改善建设任务，解放北路排水防涝、10个老旧小区基础设施改造基本完成。

【民生福祉】　制定施行全国首部县级乡村产业振兴促进条例，创新开展“双增”行动，实现转移农村劳动力14.5万人次，劳务收入8.9亿元。老年养护院、景阳中心学校综合楼、县二医院门诊医技楼等民生项目基本建成。居民消费价格指数（CPI）同比上涨2.3%，保持物价平稳运行。推进平安大通建设，安全生产事故起数、死亡人数双下降，社会大局保持和谐稳定。

【改革攻坚】　完成105项改革创新事项，建成县级农村电子商务公共服务中心，入驻孵化企业45家，实现网络零售额2170万元。深化“一件事一次办”改革，推行网上办、掌上办，申报资料、办事流程、审批时限同比分别压减40%、50%、30%。坚持“抓大不放小”，成功培育限额以上企业2家，培育申报科技型企业6家、研发中心4家、农业科技园区7家。

2022年7月8日，南京市雨花台区委副书记、代区长李方毅（中）率雨花台区党政代表团到大通县开展对口协作考察（县融媒体中心供图）

【法治建设】 落实《县政府党组提高政治站位狠抓工作落实责任清单》，执行政府工作规定、法律顾问会商议政机制，严守重大行政决策程序，提高重大行政决策质量和执行效率。深化全过程人民民主实践，加强政治协商，广泛听取民意，办理人大代表建议和政协提案，自觉接受人大监督、民主监督、监察监督、舆论监督，加强审计、财政、统计监督，坚决防范和惩治统计造假、弄虚作假。

【廉政建设】 制定《县政府党组落实主体责任和“一岗双责”负面清单》，做到工作职责和掌握的权力管到哪儿，党风廉政建设的职责就延伸到哪儿。一体推进不敢腐、不能腐、不想腐，整治权力集中、资金密集、资源富集领域的腐败，惩治群众身边的“蝇贪”，推动以自我革命引领社会革命的县域新实践。一以贯之发扬勤俭节约精神，坚决压减非刚性、非重点、非急需支出，把更多资源和财力用在推动发展、改善民生、基层“三保”上。

（撰稿人：马　超）

## 重要会议

【全体会议】 2022年3月3日，大通县召开2022年政府全体会议，县委副书记、县长马明旭出席并讲话，县委常委、副县长肖克忠主持，县政府各副县长、各乡镇人民政府、县直各单位主要负责人参加会议，县委各部门分管负责人、各乡镇党委主要负责人列席会议，县人大、县政协相关领导应邀出席。会议传达学习省、市、县两会精神，极乐乡人民政府、塔尔镇人民政府、县农业农村局围绕“如何学习贯彻好省、市、县两会精神”作交流发言。

【常务会议】 2022年，大通县人民政府召开常务会议9次，即县第十八届人民政府第五次常务会议到县第十八届人民政府第十三次常务会议。

1月10日，县委副书记、县长马明旭主持召开县十八届人民政府第五次常务会议。会议共7项议题，第1~2项为学习传达内容，第3~4项听取第十八届人民政府第4次常务会议决定事项落实情况及大通县“七五”普法决议贯彻落实情况，第5~7项研究《县长马明旭在县委十六届三次全体会议上的讲话》《大通县房屋征收与补偿标准的指导意见》《大通县打造高原“洁净”城市城乡环境卫生综合整治三年行动方案》，所有议题均已落实。

2月15日，马明旭主持召开县十八届人民政府第六次常务会议，会议共15项议题。第1~6项为学习传达内容，第7项听取县十八届人民政府历次常务会议决定事项落实情况，第8~15项研究《大通回族土族自治县乡村产业振兴促进条例（草案）（讨论稿）》《2021年为民办实事项目完成情况及2022年重点民生实事项目初步安排建议》《政府工作报告（讨论稿）》等议题，所有议题均已落实。

3月14日，县委副书记、县长马明旭主持召开县十八届人民政府第七次常务会议。会议共16项议题，第1~4项为学习传达内容，第5~6项听取县十八届人民政府第6次常务会议决定事项落实情况、巩固拓展脱贫攻坚成果同乡村振兴有效衔接专项监督工作情况，第7~16项研究《大通县2022年第一批财政衔接推进乡村振兴补助资金统筹整合使用方案（讨论稿）》《大通县一号桥至三号桥环境综合整治房屋征收补偿安置方案（讨论稿）》《大通县深化产教融合推动职业教育高质量发展实施方案（讨论稿）》等议题，所有议题均已落实。

4月8日，县委副书记、县长马明旭主持召开县十八届人民政府第八次常务会议。会议共12项议题，第1项为学习传达内容，第2项听取县十八届人民政府第7次常务会议决定事项落实情况，第3项听取2022年省级生态环境保护例行督察反馈问题整改工作开展情况并研究《大通县生态环境保护责任清单（讨论稿）》，第4项听取中央一号文件宣讲工作开展情况，研究《关于做好2022年全面推进乡村振兴重点工作的实施意见（讨论稿）》，第5项听取全县绿化及林长制工作开展情况，研究《大通县国土绿化春季万人大会战暨宁张公路林带巩固启动会工作方案（讨论稿）》，第6~12项研究《大通县转作风补短板提能力专项行动方案（讨论稿）》《大通县项目资金统筹整合使用方案（讨论稿）》《关于改革完善体制机制加强地方粮食储备安全管理的实施方案（讨论稿）》等议题，所有议题均已落实。

6月1日，县委副书记、县长马明旭主持召开县十八届人民政府第九次常务会议。会议共5项议题，第1~2项为学习传达内容，第3项听取县十八届人民政府第8次常务会议决定事项落实情况，第4项传达学习《西宁市人民政府防汛抗旱指挥部办公室关于吸取河南郑州“7·20”特大暴雨灾害教训确实提升洪涝灾害防御能力的通知》精神、研究《大通县对照河南郑州“7·20”特大暴雨灾害查摆问题负面清单》并听取全县防汛工作开展情况汇报，第5项研究《大通县2022年第二批财政衔接推进乡村振兴补助资金统筹整合使用方案》，所有议题均已落实。

7月15日，县委副书记、县长马明旭主持召开县十八届人民政府第十次常务会议。会议共21项议题，第1~3项为学习传达内容，第4项听取第十八届人民政府第9次常务会议决定事项落实情况，第5项传达学习中央退役军人事务工作领导小组第十一次全体会议和省委退役军人事务工作领导小组第四次全体会议精神并听取全县退役军人工作情况，第6项传达学习《信访工作条例》和第九次全国信访工作会议、中央信访工作联席会议座谈会精神并听取全县信访工作汇报，第7~11项听取全县重点项目建设进展情况、全县上半年财政收支工作情况、全县问题图斑整治工作开展情况等汇报，第12~21项研究《大通回族土族自治县法治政府建设工作方案（2021—2025）（讨论稿）》《大通县法治政府建设2022年工作要点（讨论稿）》《大通县2022年财政涉农资金统筹整合使用方案（讨论稿）》等议题，所有议题均已落实。

9月8日，县委副书记、县长马明旭主持召开县十八届人民政府第十一次常务会议。会议共9项议题，第1~3项为学习传达内容，第4项传达农业农村部、国家乡村振兴局《关于农村户厕问题摸排整改问题典型案例的通报》，并听取全县农村户厕问题摸排整改工作的汇报，第5~9项听取第十八届人民政府第10次常务会议决定事项落实情况、大通县“8·18”山洪灾害抢险救灾应急处置情况和灾后重建工作、青山乡和青林乡搬迁安置群众意愿情况等汇报，所有议题均已落实。

9月26日，县委副书记、县长马明旭主持召开县十八届人民政府第十二次常务会议。会议共8项议题，第1~2项为学习传达内容，第3项听取第十八届人民政府第10次常务会议决定事项落实情况汇报，第4项传达学习《行政事业单位国有资产管理办法》并听取《2021

年大通县行政事业性国有资产管理情况报告》《2021年大通县国有资产管理情况综合报告》，第5项听取地质灾害隐患点排查情况汇报并研究《大通县地质灾害隐患点避险处置工作方案（讨论稿）》，第6～7项研究《大通县“县乡属地”管理事项主体责任和配合责任清单（讨论稿）》《大通县行政许可事项清单（2022年版）（讨论稿）》，第8项听取2022年财政衔接推进乡村振兴补助资金支出情况和2023年乡村振兴项目谋划情况汇报，并研究《2021年至2022年大通县财政衔接推进乡村振兴结余资金统筹整合使用方案（讨论稿）》《关于调整〈大通县2022年第一批财政衔接推进乡村振兴补助资金统筹整合使用方案〉〈大通县2022年第三批财政衔接推进乡村振兴补助资金统筹整合使用方案〉部分项目资金的请示》，所有议题均已落实。

11月29日，马明旭主持召开县十八届人民政府第十三次常务会议。会议共23项议题，1～3项为学习内容，4～10项听取第12次常务会议落实情况汇报、大通县“8·18”山洪灾害工作进展和下达项目分解情况等汇报，11～23项研究《大通县2022年财政涉农资金统筹整合调整方案》《大通县提升教育教学质量六年行动计划》《大通县耕地保护“田长制”试点工作实施方案》等议题，所有议题均已落实。

【县长办公会议】 1月30日，马明旭主持召开县人民政府2022年第一次县长办公会议，副县长鲁云林、秦永娟、星照华、谢骥出席会议，县发展和改革局、县财政局、县住房和城乡建设局等相关部门主要负责人参加会议。会议听取县政府2021年度12项重点事项落实情况及《大通回族土族自治县人民政府工作规则》落实情况的汇报，安排部署第一季度项目开复工等相关工作。

3月28日，马明旭主持召开县政府2022年第二次县长办公会议，副县长李云、肖克忠、鲁云林、星照华、张广栋、刘伟、谢骥出席会议，县委组织部、县委宣传、县委政法委、县发展和改革局、县财政局、县住房和城乡建设局、县应急管理局等相关部门主要负责人参加会议。会议传达学习《粮食流通管理条例》，听取县政府2022年第一次县长办公会议落实情况、市委涉粮问题专项巡察反馈意见整改情况及各副县长近期重点工作完成情况的汇报，研究讨论汽车维修及“小散乱污”企业的监管职责明确、森林草原防灭火“1+14+N”机制分工、《大通县转作风补短板提能力专项行动方案》、县公安局招录辅警相关事宜。

（撰稿人：马　超）

## 综合政务

【概况】 大通县人民政府办公室下属县信访局、县机关事务服务中心、县政务服务监督管理局、县电子政务服务中心、县地方志办公室，其中办公室内设综合室、信息督查室、秘书室、财务室。县政府办有工作人员43人，其中公务员20人、事业编制人员23人。县机关事务服务中心核定事业编制16人，在编人员16人，其中事业管理岗位11人、专业技术岗位4人、事业工勤岗位1人；行政工勤岗位公务用车司机13人，临聘人员102人。2022年，县政府办承担各类会议保障130余次，办理各类文件100余件。全县机关单位占地面积59623.6平方米，机关办公用房总建筑面积11976.66平方米。县公务用车服务平台管理公务车辆49辆，年内调派车辆6262次。大通县机关事务服务中心获“全国机关事务工作先进集体”、西宁市“文明单位”称号。

【办文办会】 树立公文精品意识，把握工作要点、疑点、难点和重点，规范公文处理程序，做好各类文件、电传的收发和办理工作，公文处理质量和运转效率明显提高。年内完成全委会、两会及县政府常务会议、专题会议、全体会议、县长议事会议等全县性重大会议的文字材料和会务服务工作。完成其他部门或单位以县政府和县政府办公室名义下发的文件材料的起

草、修改和校对工作。严把行文、运转、审批关，完成7次县政府常务会议、14次县政府党组会议的材料拟写及各类重大会务筹备工作，形成各类会议纪要80余篇。做好县政府常务会议、县政府党组会议、县长办公会确定的重大事项、重要决策、重点工作协调落实和督办反馈；加强与各单位间的沟通衔接，科学合理地安排各项工作，保障各项工作高效有序运转。完成会议中心召开的县两会、县委全委会议及重大会议的会务保障工作，年内会议中心召开会议及培训会34次、市民中心六楼会议室视频会议68次。

【政务督办】 全年累计督办落实县委、县政府主要领导批示事项18项、重点工作25项，督办落实各类会议决定事项60项，印发督办通知36期、工作通知12期，形成督查专报9篇、督查通报10篇、政府工作专报18期、政府工作通报2篇。推进“710”政务督办系统电子化督办工作，承办省、市政府转办事项172项，自主督办各部门、各单位工作事项376项，办结率100%。在督查督办形式上进行创新，实行领导批示交办重点事项、10大类26项为办实事项目、人大及政协建议提案办理情况重点登记、定期反馈的工作机制，24项为民办实事项目全部完成。全年承办人大代表建议59件、政协提案63件，办复率100%。

【政务公开】 规范信息公开年度报告，优化政务公开工作规程，建立完善组织协调、主动公开、政策解读等全链条、无缝隙的工作规范体系，县政府门户网站公开信息1315条，其中重点领域信息198条、政策文件17条、重大决策信息12条、政策解读3条、工作动态342条、视频新闻225条、其他公示信息518条。依法依规做好政府信息公开申请工作，年内收到政府信息公开申请6件，办结6件。

【电子政务建设】 协调完成中央、省、市对县级视频会议94场。完善电子公章制作流程，按照接收申请、回收已损坏的电子公章，按流程再申请制作，规范全县电子公文传输工作，确保公文传输安全。监管政务系统账号13个，其中微信公众号9个、微信视频号1个、微博号2个、快手号1个。

【文件信息保密】 做好各项会议、文件材料保密工作，严格规范办公网络和移动存储介质使用，执行信息网络安全管理办法和保密规定。实行收文、发文两条线管理及单独操作。所有废弃文字材料及相关文件均按省市保密要求由专人负责到指定地点进行销毁。

【公车平台管理】 安排专人负责车辆加油、公务用车安全管理，督促司机做好常规保养，保障车辆安全性能。组织司勤人员参加单位政治业务学习和各项活动，宣传行车安全知识，每季度按期开展星级驾驶员“评比之星”活动，年度评选出优秀星级驾驶员18人。牵头组织召开县车改领导小组专题会议，审议研究相关单位公务车辆的处置及全县公务用车编制核定等工作，完成全县公务用车信息化管理平台升级改造任务，全县各用车单位安装北斗智能终端140台，各单位实行线上派车，杜绝无任务出行，重点保障县级领导和各部门公务出行任务。

【公房管理】 成立以纪检监察、财政、发改等部门组成的专项核查组，实地督查60家县直机关单位办公用房，梳理汇总个别机关事业单位办公用房存在的问题，并及时反馈，在规定期限内督促完成整改。牵头组织召开全县党政机关办公用房管理工作推进会，下发《关于开展县直机关及事业单位办公用房自查核查工作的通知》《全县党政机关办公用房需统一权属登记的通知》，要求全县党政机关对办公用房使用情况开展自查，建立健全办公用房长效管理机制，合理调配资源，加快公房权属统一工作。

【后勤保障】 做好国家及省、市各类调研、巡察活动餐饮住宿接待工作，完成上级领导到县、三方评估、东西部协作交流等重要接待，保障机关食堂就餐61904人次。邀请专业礼仪老师对机关食堂和招待所服务员礼仪培训2期，规范服务标准，提升服务形象。投入600余万元，完成办公大楼维修改造、锅炉改造维修、会议中心维修改造等25个项目。持续开展食堂专项治理工作，机关食堂采取错峰就餐、分餐、打包外带等模式，避免人员聚集，防止交叉感染。做好县政府办公大楼的日常维护工作，组织人员开展辖区各类维修，完成水、电、门窗等各类维修240次，更换办公室及辖区暖气片50余组，解决供暖管网“跑、冒、滴、漏”问题200余次，更换门锁、开关、灯等各类维修150余次。组织开展以“文明健康、绿色环保”为主题的爱国卫生月活动，进行环境卫生大整治活动。在县直机关上、下家属院开展第三期花卉种植评比、夏秋季灭蚊蝇蟑螂活动。

（撰稿人：马　超、陈文栋）

## 政务服务

【概况】　2022年，大通县加快转变政府职能、深化“放管服”改革、持续优化营商环境，推进政务服务运行标准化、服务供给规范化、企业和群众办事便利化。县政务服务监督管理局、县营商环境建设监督局、县行政审批制度改革办公室为县人民政府办公室挂牌单位，承接行政审批制度改革工作、政务服务工作、营商环境工作，大通县市民中心挂牌在县政务服务监督管理局。以县市民中心为载体，进驻33个部门、企业。2022年2月，供热公司入驻中心，到年底累计进驻政务服务事项144项，其中行政许可59项、公共服务85项。全年累计办理线下业务201675件、线上业务77762件。12月，大通县“全力打造一键‘大通号’当好金牌‘店小二’”案例获西宁市2022年营商环境改革创新“十佳”典型案例。

### 附：大通县市民中心进驻单位（企业）名单

发展和改革局、自然资源局（不动产中心）、市场监督管理局、住房和城乡建设局（保障性住房管理服务中心、城乡管理综合行政执法局）、林业和草原局、水利局、民政局、交通运输局、文体旅游局、财政局、公安局（交警大队）、教育局、应急管理局、农业农村局、卫生健康局、民族宗教事务局、人力资源和社会保障局、医疗保障局、就业局、生态环境局、残疾人联合会、国家税务总局大通县税务局、自来水公司、国家电网大通分公司、烟草专卖局、农商银行、中国人寿保险公司大通分公司、天然气公司

【线上便民服务】　衔接省、市中心构建互联网政务服务一张网，整合信息系统资源和信息共享平台，推动政务服务“一网通办”，全县录入2.0系统政务服务事项2476项，其中包括公共服务事项227项、行政审批事项153项。与国家政务服务平台对接，省审改办推送个人服务和法人服务事项363项，网上能办事项347项，网办率达95.6%，个人服务网办率94.5%，法人服务网办率96.5%。梳理77项高频事项跨省通办，与成都市金堂县政府建立政务服务“跨省通办”合作关系，参保群众就医结算、养老保险关系转移接续“异地办理”等业务累计办理1026件。从提升经办服务能力、转变经办服务方式入手，探索“一窗办、网上办、自助办、就近办”等多元经办模式，实现56项政务服务高频事项“全城通办”。设立8个政务服

务驿站，推动养老、社保、税务、企业登记等22项重点领域高频事项“网上办”“就近可办”。利用“好差评”评价系统、“西宁评议”二维码，建立以评价、反馈、改进、监督、考核为内容的工作制度倒逼服务质量提升，累计开展“好差评”评价3.2万余条，好评率达100%。设置“有事来找我”“办不成事”特色综合窗口，推行中午“不断岗”、周末“不打烊”服务模式，变被动服务为主动服务。

【企业服务】 成立县政府推进政府职能转变和“放管服”改革协调小组和大通县优化营商环境工作领导小组，将深化“放管服”改革优化营商环境工作纳入“十四五”规划，列入全县目标考核内容，完善“放管服”优化营商环境考核机制，与相关部门签订目标责任书。印发《大通县贯彻落实创建“双满意”品牌打造一流营商环境的若干措施》《大通县一件事一次办改革方案》，涵盖44项改革复制推广营商环境创新试点改革措施。打造“一键大通号”，当好金牌“店小二”，推动落实县级领导干部包保制，实施标准“领跑者”，2022年重点民生项目26项，总投资41.5亿元，当年计划完成投资36.5亿元。印发《大通县促进招商引资推动高质量发展细则》《大通县“30+N”乡村振兴支持措施的通知》，工程建设项目审批时限压缩至90个工作日，企业开办时间压缩至1个工作日，财产登记时间压缩至3个工作日，企业获用电、用气、用水时限分别压缩至22个、10个、8个工作日。落实《青海省优化营商环境条例》，制定印发《大通县促进招商引资推动高质量发展细则》《“30+N”乡村振兴支持措施》，开展助企纾困十大行动，激发市场主体内生动力。累计发放助企纾困补助资金6.5万元、发放失业补助金64.14万元，采取“免申即享”的方式一次性发放27.1万元。

【人才服务】 依托东西部协作，“博士服务团”、“京青专家服务团”、“昆仑英才”行动计划、“西宁市引才聚才555计划”等各级各类平台，以“乡味”吸引能人回乡，引导3个能人回乡创业，打造3个企业兴乡示范典型；接收极具“鲜味”的“三区”科技人才60人，柔性引进稀缺“珍味”高技能人才8人，选派具有“土味”的“土专家”“田秀才”（农技人员）485名进行产业发展技术指导，引进和培养技术人才185人。园区企业持有各类专利108项。成功培育青海可可西里生物工程有限公司为专精特新企业，给予30万元一次性奖励；培育欧耐特线缆集团有限公司为专精特新“小巨人”企业，给予100万元一次性奖励。设立县纪委书记营商环境监督“直通车”电话、设立营商环境监测点，发挥群众监督作用。推行“双随机、一公开”监管，建立联席会议制度，开展跨部门联合监管，落实行政执法“三项制度”。通过“大通信用”平台，探索实行“互联网+监管”模式，向社会公示信用信息8.75万条，建立企业沟通“直通车”制度，吸引更多社会资本投入大通发展。

【行政审批】 深化行政审批制度改革，推进乡镇综合执法改革，建立县乡（镇）综合行政执法工作领导小组和责任落实体系，实行多领域多部门综合执法，乡（镇）实现“一支队伍管执法”。梳理《大通县行政许可事项通用清单》214项，其中70项事项纳入“证照分离”改革。按照“五减三提升”（即减事项、减环节、减次数、减材料、减时间，提升办事效率、提升服务效能、提升满意水平）原则，推出二手房交易等40项“一件事一次办”特色服务，申报资料、办事流程、审批时限分别压减40%、50%、30%。深化政务服务“一门式”改革，创新“新政务心服务”政务服务品牌，建立“1+20+24+289”三级标准化政务服务体系，实现县、乡（镇）、村（社区）政务服务体系全覆盖，全县各乡镇、村（社区）认领便民服务事项3512条。明晰行政许可权力边界、规范行政许可运行，加强事前事中事后全链条全领域监管，落实“取消、审批改备案、告知承诺、优化审批服务”，推行证明事项告知承诺制，解决群众和企业办事“证明多”“证明难”问题。改进政务服务标准化规范化便民化建设，设立2个行政审批综合窗口，综合办理8个部门的35项行政审批事项，设立6个专业综合窗口，按照“窗口受理、内部运作、限时办结”运行方式，实现“一事通办”。以工程建设项目为重点，以建设项目审批“一站式”服务综合窗口为载体，依托青海省投资项目在线审批监管平台，实行在线并联审批操作，通过推行“容缺+承诺制”审批改革，初步构建投资项目并联审批“一站式”运行模式，梳理认领审批破冰与工改事项30项，工程建设项目审批时限压缩到90个工作日；创新推进不动产登记“一窗联办”“变”流程，建立“互联网+不动产”登记平台，创新拓展不动产登记“水电气一体化过户”业务，不动产登记压缩在3个工作日。年内受理各类政务服务事项233580件，其中行政许可事项27330件、服务事项206250件，办结率达100%；受理各类咨询1.5万人次，服务对象满意率达100%。

【疫情防控期间政务服务】　县市民中心作为推进“互联网+政务服务”改革的重要载体，引导群众“网上办、指尖办、预约办、咨询办”，疫情防控期间，推行“网上智能办事大厅”与线下实体大厅的融合模式，通过“青海政务服务”公众号、“青松办”App、“大通融媒”App等掌上终端发出线上线下“倡议书”，为办事群众提供电话指导咨询、预约服务，确保及时响应群众的政务服务需求。疫情防控期间，线下实体大厅143项政务服务事项可同步在网上办理，线上办理5372件，线下办理227件，实现线上线下同源服务、同标办理。

（撰稿人：袁英忠）

## 人力资源管理

【概况】　2022年，大通县事业在编工作人员6929人，其中管理岗位718人、专业技术岗位5996人、工勤技能岗位215人。按照分类，教育行业3941人、卫生1034人、农林牧820人、水利211人。年内公开招聘事业单位工作人员117人，招募高校毕业生“三支一扶”服务人员41人，招聘社区工作人员40人、公安辅警80人、应急抢险人员20人。

【职级晋升】　落实事业单位管理岗位职员等级晋升制度，为发展公共服务事业提供组织保证。全县晋升职员等级管理人员191人，拓宽全县专业技术人才职业发展空间，分类优化事业单位专业技术岗位结构比例，其中全县医疗卫生事业单位正高级岗位增加61个，副高级岗位增加97个，其他事业单位正高级岗位增加8个，副高级岗位增加52个。

【专业技术人才培养】　组织开展宣传、公安、农牧、卫生等系统岗位大练兵活动，参训人员1600人次；选派驻村干部354人，2100余名党员完成常住地社区报到，600余名在职党员干部认领“点单”事项700余件；推进年轻干部“墩苗工程”，完成帮带结对135对，下派140名年轻干部扎根基层；建立“三乡工程”本土人才库，引进“三支”人才73人、挂职党政干部5人，选派专业技术人员48人、党政干部6人到南京市雨花台区挂职锻炼。结合全县专业技术人员队伍现状和技能人才现状，分领域、分层次建立6132人的专业技术人才库和7343人的挖掘机、拉面技能人才库。采取“线上+线下”等形式，培训专业技术人才6179人。

（撰稿人：赵惠贤）

## 信访工作

【概况】　2022年，大通县信访局制定印发《大通县群体性信访突出问题县级领导包案的通知》《大通县各级领导干部接访下访和包案化解信访突出问题实施方案》《关于开展县级领导接访活动的通知》等文件，压实各级责任，落实包保责任。落实党政领导接访下访工作要求，实行台账式管理，确保底数清、情况明，及时化解矛盾。全县受理群众信访事项139件次，较上年同期147件次同比下降5.4%。信访及时受理率、办结率均达100%，群众满意率达98%。县信访局有工作人员8人。

2022年8月15日，市委常委、县委书记刘波（中）到塔尔镇包案下访化解信访难题（县融媒体中心供图）

【信访机制建设】 利用各种形式学习宣传《信访工作条例》及相关法律法规，加大信访工作宣传力度。推进信访制度改革，确立信访工作“法治化、规范化、信息化”新思路，打造法治信访、责任信访、阳光信访。基本实现诉访分离，规范信访受理程序，将信访工作逐步纳入法治轨道，提升信访工作质量。建立“信、访、网、电”四位一体的信访工作模式，推行西宁市阳光信访信息系统，实现让数据多跑腿、群众少跑路，最大限度方便信访群众表达利益诉求。各县级领导落实包案和接待群众来访制度，县联席会议定期听取包案领导所包案件解决办理情况，形成规范的工作制度，彻底解决久拖不决的信访案件。建立乡镇信访联席会议制度，各乡镇、各部门落实信访工作责任制，开展信访突出问题和重大矛盾纠纷排查工作，及时化解信访隐患。推进信访预警信息报送工作。定期分析信访形势，指导解决信访突出问题，推动疑难信访问题依法及时就地解决。规范信访秩序，强化非正常上访整治工作。落实各级党政机关及其领导干部、工作人员信访工作责任，从源头上预防和减少信访问题发生，推动信访问题及时就地解决。

【矛盾纠纷排查化解】 以“控增量，减存量”为目标，开展矛盾纠纷大排查、大化解活动，加大信访矛盾纠纷排查力度，按照县级领导分管范围，将重点信访事项列表进行分解，采取信访“提醒函”等方式层层传导压力，组成工作组到20个乡镇和16个A类信访重点部门调研，对存在的问题逐项落实化解措施并提出工作要求，把信访事项解决在初始、化解在属地，减少矛盾积累、问题上行。疫情防控期间，发挥阳光信访信息系统平台、微信公众号、手机信访App等优势，引导群众通过网上反映诉求，畅通群众上访渠道，协调处理有关复工复产、民生保障等各领域出现的矛盾纠纷，确保全县社会经济持续稳定发展。

（撰稿人：马小英）

DATONG

# 政协大通县委员会

YEARBOOK

## 综　述

【概况】　政协大通县第十届委员会有政协委员225人，至2022年底，总数为220人。分15个界别（中共界、无党派人士界、工商联界、少数民族界、宗教界、经济界、教育界、农林界、医疗卫生界、科技界、文化界、社团界、资源环境界、新阶层界、新闻界）。政协委员中，中共党员85人，党外人士135人，少数民族93人，妇女73人，研究生11人、本科生113人、大专生33人、大专以下45人。2022年2月28日至3月2日，召开中国人民政治协商会议第十届大通回族土族自治县委员会第二次会议。政协大通县十三届常务委员会设主席1人、副主席4人。下设政协经济农业农村和人口资源环境委员会、政协提案委员会、政协民族宗教和社会法制委员会、政协教科文卫体和学习文史委员会4个专门委员会。县政协核定行政编制10人，有在职工作人员17人，其中主席1人、副主席4人、办公室主任1人、专委会主任4人、办公室副主任2人、秘书5人（均为借调）。全年召开党组会议13次、常委会会议3次、主席会议8次。

【协商议政】　在政协全会期间，聚焦进入新发展阶段、贯彻新发展理念、融入新发展格局的新形势新任务，重点围绕贯彻落实县委十六届三次全会作出的决策部署，就乡村振兴、民生改善、城乡人居环境整治提升等方面，通过小组讨论、提交书面建议等形式积极建言，深入开展协商讨论，提出有一定参考价值的意见建议。根据县委批复的2022年度协商计划，围绕“三乡工程”中大通县民营企业如何助推乡村振兴、民族团结进步“石榴籽家园”服务平台建设、学前教育、公共文化设施建设等工作开展4次专题调研。在学前教育工作专题议政性常委会会议上，委员们提出的“大力发展公办幼儿园，扩大提升优质学前教育资源；进一步压实主体责任，多渠道加大学前教育投入，促进学前教育均衡发展；完善待遇保障机制，进一步夯实幼儿师资队伍”等意见建议，为县委、县政府决策提供参考。

2022年3月1日，县政协十届二次会议召开，经济、工商联、新阶层界别小组展开讨论（县政协办公室供图）

【民主监督】　围绕县委、县政府中心工作，组织开展大通县城乡人居环境整治提升情况、村（社区）基层社会治理和基层对省委、市委、县委重大决策贯彻落实情况等3次监督性视察，在视察监督中主动与相关部门协商议政、座谈交流，助力工作落实。全覆盖督办立案的63件提案，办理落实部分事关民生实事方面的提案，部分提案被纳入部门工作计划。加强社情民意信息工作，结合实际，制定《关于反映社情民意信息工作的意见》，各专委会在联系界别委员中召开社情民意信息征集座谈会，引导委员走基层、听民意、察民情，将收集到的部分社情民意信息转为提案或工作建议，作为相关部门开展工作参考。

【提案办理】　围绕县委、县政

府中心工作和群众关心关注的热点难点问题开展工作，坚持“围绕中心、服务大局、提高质量、讲求实效”提案工作方针，履行提案收集、整理、审查、交办、转办、督办和委员视察等职责，审查县政协十届二次会议期间收到的98件提案，合并9件，作为建议处理26件，最终立案63件。截至年底，交办的提案全部办复完毕，办复率达100%，满意率达96.8%。

【视察调研】 年内政协提案委员会重点围绕大通县环境卫生整治、拆围治乱、交通组织优化、林带绿化等城乡人居环境整治中的重点方面开展监督性视察活动。政协经济、农业农村和人口资源环境委员会围绕“三乡工程”中大通县民营企业助推乡村振兴开展调研；组织开展全县城乡人居环境整治提升情况视察；配合市政协开展“在乡村振兴中采用和建立新能源体系”调研工作。政协民族宗教和社会法制委员会围绕村（社区）基层社会治理情况和贯彻落实省委、市委、县委重大决策情况开展监督性视察；开展民族团结进步“石榴籽家园”服务平台建设情况开展专题调研；组织各党派、宗教界代表人士、政协委员开展“立足本职作贡献、凝心聚力谋发展”恳谈会；组织联系的少数民族界、宗教界、社团界、新阶层界委员召开社情民意信息征集座谈会。政协教科文卫和学习文史委员会围绕“大通县学前教育发展情况”召开专题议政性常委会会议；组织界别委员开展“喜迎中共二十大·委员说说心里话”活动。

【调研视察活动】 7月5日，县政协民族宗教和社会法制委员会各党派、宗教界代表人士、政协委员开展“立足本职作贡献、凝心聚力谋发展”恳谈会。7月6日、7月19日、7月29日，组织相关提案政协委员，通过听取提案办理落实汇报会、座谈交流、实地查看的方式，对十届二次会议相关委员提案的办理进展进行三次督办。通过三次提案督办会，将十届二次会议期间立案的63件提案做到了督办全覆盖。7月26日，县政协民族宗教和社会法制委员会组织召开社情民意信息工作座谈会。7月28—29日，县政协民族宗教和社会法制委员会组织部分委员围绕村（社区）基层社会治理情况和贯彻落实省委、市委、县委重大决策情况开展监督性视察。7月29日，县政协经济、农业农村和人口资源环境委员会联合县政协提案委员会组织视察全县城乡人居环境整治提升情况。

（撰稿人：李桂琳）

## 重要会议

【全体委员会议】 2022年2月28日至3月2日，中国人民政治协商会议第十届大通回族土族自治县委员会第二次会议在县会议中心召开。政协副主席白统龙主持会议，应到委员220人，出席委员210人。会议审议批准政协副主席李春代表政协第十届大通回族土族自治县委员会常务委员会所作的工作报告。会议强调，县政协及其常委会、政协各参加单位和广大政协委员弘扬伟大建党精神，完整、准确、全面贯彻新发展理念，发挥专门协商机构作用，在加强思想政治引领上凝聚新共识，在助力县域经济社会发展上展现新作为，在增进共识促进团结上贡献新力量，在发挥委员主体作用上取得新实效，在加强政协党的建设上实现新提升，服务县域经济社会高质量发展。

【常务委员会会议】 2022年，政协大通县委员会召开常务委员会会议3次。

2月18日，县政协召开十届三次常委会会议，由政协主席李世英主持。会议应出席33人，到会28人。会议审议召开政协第十届大通回族土族自治县委员会第二次会议的决定（草案）、政协第十届大通回族土族自治县委员会第二次会议日程（草案）、政协第十届大通回族土族自治县委员会常务委员会工作报告（审议稿）、政协第十届大通回族土族自治县委员会常务委员会工作报告人事建议（草案）、人事事项；各专委会报告2021年工作总结和2022年工作计划（书面）。

3月2日，县政协召开十届四次常委会，由政协副主席刘彦琪主持。会议应出席32人，到会30人。各小组召集人汇报县人民法院、县人民检察院工作报告、政协十届二次会议政治决议讨论情况；审议《政协十届三次会议提案审查情况的报告（草案）》《政协十届二次会议政治决议（草案）》。

6月29日，县政协召开十届五次常委会会议，由政协主席李世英主持。会议应出席32人，到会26人。会议传达学习省第十四次党代会精神（书面）；围绕学前教育发展情况专题协商议政；并进行审议人事事项。

（撰稿人：李桂琳）

DATONG

# 中共大通县纪律检查委员会
# 大通县监察委员会

YEARBOOK

## 综　述

【概况】　2022 年，中共大通县纪律检查委员会、大通县监察委员会坚持贯彻习近平总书记对青海工作的重要指示批示精神及省委、市委、县委重大决策部署，准确把握党的自我革命战略思想和全面从严治党战略部署，聚焦推动全县经济和社会各项事业高质量发展主题，发挥监督保障执行、促进完善发展作用。县委常委会、县委理论学习中心组及时跟进学习习近平总书记关于全面从严治党、推进党的自我革命等重要论述，凝聚起全面从严治党的思想共识。专题研究履行党的领导职责和落实全面从严治党主体责任工作，13 次 33 项议题专题研究全面从严治党相关内容，强化县委对全面从严治党的统一领导。县委主要领导率先履行“第一责任人”责任。县委班子成员自觉落实“一岗双责”，推动分管联系范围内党风廉政建设工作提质增效。全县 20 个乡镇纪委全部配备专职纪委书记和兼职纪委副书记。县纪委监委获“全国纪检监察系统先进集体”荣誉称号。

【落实主体责任】　坚持“两个责任”贯通协同，落实管党治党政治责任。协助县委构建“党委自上而下层层落实主体责任，室组乡联动监督推动落地”的纵横责任落实机制，推动“两个责任”贯通协同、一体发力。完善党风廉政建设“季度派单制”工作机制，全年完成 4 个季度 99 项党风廉政建设量化工作任务。细化制定 2022 年度乡镇和部门党风廉政建设责任工作目标任务，构建起县委、乡镇和部门党委（党组）、村（社区）和下属站所党组织三级纵向目标责任体系。

【作风建设】　制定《大通县委常委联系政治生态评价工作实施方案》，以 6 个方面 26 项评价指标精准推进对 9 家单位的政治生态评价。印发《坚持不懈落实中央八项规定精神治“四风”树新风工作任务分工》，明确节日期间“十严禁”等纪律要求，采取明察暗访、实地查看等方式督促各级党组织加强对党员干部的教育监督管理。处置作风问题信访事项和“西宁评议”投诉转办件 14 件，规范“西宁评议”相关基础工作，及时回应群众关切。创新开展酒驾醉驾、基层减负观测、优化营商环境三项专项整治攻坚工作。制定《大通县营商环境提升行动重点任务负面清单》《大通县加强营商环境监督工作若干措施》，开通县纪委书记营商环境监督“直通车”热线，组织召开征求意见座谈会，为企业发展搭建监督保障平台，助力县域经济平稳健康、高质量发展。

【反腐败工作】　坚持把办案安全作为纪检监察工作重要职责，加强问题线索规范管理，坚持各环节痕迹化管理，做实及时提醒督办。落实“查办案件以上级纪委监委领导为主”要求，做实相关问题线索处置请示报告工作。统一印制监督检查审查调查措施文书，建立台账确保审批手续齐全、措施使用合法合规。开展审查调查安全“大反思大排查大整顿”专项治理“回头看”，以“六查六校”有序推进整改。深化以案促改、以案促治、以案促建。注重从案件中查找管理短板和制度漏洞，按照“一案一剖析、一案一整改、一案一总结”思路，制发纪检监察建议书和工作建议，督促发案单位完善制度机制、堵塞漏洞、规范管理。

（撰稿人：黄迎洁）

## 执纪监督

【概况】　2022 年，县纪委监委始终履行监督首要责任，织密日常监督网络，强化政治监督，坚持党委重大决策部署到哪里，监督检查就跟进到哪里；采取同级监督、领导人述职述廉等模式，强化主体责任落实监督；在疫情防控、乡村振兴、粮食、生态、环境卫生、重大工程等关键领域中强化专项监督。

【政治监督】 制定《大通县纪检监察机关加强政治监督的实施意见》，紧扣“两个维护”根本任务，以4个方面25项具体监督清单为切入点，建立政治监督具体化常态化创新模式。从群众普遍关注、反映强烈和反复出现的问题出发，通过县带乡、乡带村，形成县乡村上下联动的监督链条，持续推动基层监督有形覆盖向村（社区）层面有效延伸。制定《大通县纪委监委日常监督工作办法》，建立“1+4”监督工作机制，推动形成纵向到底、横向到边、全县一盘棋的立体监督格局。

【主体责任落实监督】 采取向县委办政府办制发工作提醒、呈送重要工作信息、组织填报县级领导廉政档案等方式强化同级监督。对巡察、监督检查、审查调查中发现的共性问题，及时抄告分管县级领导，强化责任压力传导。组织9个乡镇、5个部门（单位）党组织主要负责人在县委常委会（扩大）会议和纪委全会上进行述职和述责述廉评议。对全县64个乡镇和部门单位的党政领导班子落实党风廉政建设责任制情况开展年度专项考核。加强对“一把手”和领导班子成员的监督，组织县委常委班子成员年底在县委常委会上述责述廉，推动管党治党落到实处。

【专项领域监督】 聚焦监督主责主业，强化重点领域“靶向”监督，因势因时把握监督重点，在过程的精准和结果的高质量上下功夫，解决好群众的急难愁盼问题。多次下发疫情防控期间严明纪律要求通知，明确从严从紧疫情防控期间“八严禁”“六个必须”“十个严查”纪律，重点加强对疫情防控工作纪律的监督检查。制定《大通县纪委监委关于开展巩固拓展脱贫攻坚成果同乡村振兴有效衔接专项监督2022年工作方案》，实行清单制管理，每月初下发重点工作清单，月底销号并汇总报告。重点围绕中央纪委调研督导、省纪委督导、第三方评估反馈问题整改等方面开展3轮专项督查。全年受理和处置乡村振兴领域问题线索14件。聚焦重点生产领域，围绕工作部署、责任落实、隐患排查、建章立制等方面，向7家单位下发督办通知，督促提醒县直各单位对照所列问题清单，举一反三。紧盯粮食安全，建立与粮食购销主管监管部门问题线索移送机制，整合监督力量督促相关单位推动粮食领域国家政策性项目规范化运行。制定护航“筑牢西宁北部生态屏障”建设专项监督2022年工作方案，细化任务清单，明确工作责任。跟进全县环境卫生综合整治专项行动，制定纪法执行保障工作实施方案，联合组织、公检法司成立联合督导检查组，精准监督落实涉及大通县的13个省、市问题图斑综合整治。深化工程领域治理方面，制发《大通县纪委监委开展工程建设领域专项治理深化一体推进“三不腐”工作方案》，明确任务措施、工作步骤，着重在做实做深做细上下功夫。持续做好困难群众救助补助资金审计发现问题专项治理等工作。

【基层纪检监察系统监督】 实行“1+1+1”模式，采用一站式工作法，统筹开展派驻联组对27家单位的交叉“微巡察”。常态化开展“走心式”谈话和“月反思”工作法。全县20个乡镇纪委书记与党委书记面对面交流思想或汇报工作168次，乡镇纪委重要决策和重点工作请示汇报120次，乡镇纪委向乡镇党委提出意见和工作建议64条，开展执纪执法请示报批、谈心谈话等609次。按照“双进三访四听五问六查+N”工作思路，建立“县纪委监委领导班子成员包片+监督检查室组织+镇村纪检监察力量配合”的三级联动调度机制，选取40个试点村研究探索村级提级监督新形式、新路径，持续提升基层治理效能。

（撰稿人：黄迎洁）

## 巡察工作

【概况】　2022年，大通县建立县委常委会会议和书记专题会议听取巡察情况汇报机制，常委会审议年度巡察工作计划、总结，听取每轮巡察综合情况汇报，安排部署阶段性工作，书记专题会议听取每轮巡察总体情况和问题线索情况汇报，研究巡察成果运用。全年县委常委会听取审议巡察工作汇报4次，县委巡察工作领导小组会议研究巡察事项、审议巡察工作报告7次。在县委常委会、巡察工作领导小组会、巡察干部会议学习中共十九届六中全会精神、《关于加强巡视巡察上下联动意见》、《关于加强巡视整改和成果运用的意见》和全国、省市巡视巡察工作文件精神等8次。共开展十六届县委2轮常规巡察，巡察单位（乡镇）17个。年内市委交叉巡察组到大通县巡察；组织开展巡察单机版和网络平台建设培训2次，完成信息化建设网络平台第二轮巡察基本信息录入，实现以信息化促进工作规范化。

【政治巡察】　按照县委一届任期内巡察全覆盖和巡察上下联动工作要求，围绕“三个聚焦”监督重点有效开展政治巡察，推动政治监督具体化、精准化。十六届县委第二轮巡察工作中，以“一托二”的形式，对景阳镇、青林乡等8个乡镇开展常规巡察，并对所辖的119个村（社区）开展延伸巡察。发现乡镇层面问题83个、村（社区）层面问题459个，边巡边改问题127个，问题线索2件，提出整改意见33条。巡察期间，对各乡镇能够立即纠正和解决的41个问题，督促立行立改。十六届县委第三轮巡察中，对桥头镇、多林镇、县人力资源和社会保障局等9个乡镇和单位开展常规巡察。

【巡察整改】　县委巡察工作领导小组成员和县纪委监委、县委组织部相关负责人参加巡察反馈会议，将巡察意见向被巡察党组织书记和领导班子进行“双反馈”，明确整改责任，提出整改要求，增强反馈的严肃性、权威性，被巡察党组织对整改的重视程度、工作力度明显加大，整改成效显著。将巡察发现的突出问题以巡察反馈意见和问题清单形式向联点和分管县级领导、上级党组织进行通报，督促被巡察党组织履行职责，抓好整改。县纪委监委、县委组织部通过派员列席指导巡察整改专题民主生活会，对照巡察反馈意见和整改方案，综合运用听取汇报、调研督导、现场检查、谈话提醒等方式，督促被巡察党组织落实巡察整改任务。十六届县委第一轮巡察对长宁镇、城关镇、县水利局等6家单位党组织反馈巡察发现的问题55条，完成整改53条，限时整改2条；第二轮巡察对景阳镇、青林乡等8个乡镇反馈巡察发现问题83条，完成整改72条，其余问题正在集中整改阶段。

【巡察人才库建设】　从组织、纪检、财政、审计等部门抽调业务骨干28人，组建4个巡察组，采取“抽调人员相对固定一年”模式，确保巡察队伍相对稳定。开展巡察业务培训，通过发放党规党纪、巡察工作手册、巡察办负责人业务专题辅导、巡察骨干经验交流、参加全省巡察干部培训研讨班等形式，培训巡察干部。提前抽调干部成立县区交叉巡察组并安排参加十六届县委第二轮巡察工作，从中选派政治过硬、业务纯熟的干部参加交叉巡察工作。

（撰稿人：田富梅）

DATONG

# 民主党派　工商联

YEARBOOK

## 中国国民党革命委员会大通支部

【概况】　2022年，民革大通支部有党员22人，其中女性8人，市政协委员2人，县人大代表1人，县政协委员3人。年内组织学习《习近平新时代中国特色社会主义思想纲要》《中国共产党统一战线工作条例》，传达学习省委、市委、县委全会精神，开展党史学习教育、“不忘合作初心，继续携手前进”主题教育。开展参政议政、建言献策，参与民主监督、疫情防控、“8·18”洪涝灾害捐赠等工作，为全县经济社会发展贡献力量。

【参政议政】　民革大通支部4名政协委员、人大代表在市、县两会上审议讨论两会报告，建言献策，累计撰写提案20余件，向民革市委上交提案4件。在县政协会议期间，累计提交《关于加强和管理市民豢养宠物犬的建议》《关于加强管理商品房买卖中房屋维修基金的收缴管理，确保基金安全的建议》《关于园林路美化亮化的建议》《关于加强及时收缴商品房买卖中契税的建议》《关于加大学前教育经费投入的建议》等建议7件；市、县政协委员赵玉福在县政协会议期间提交的4件提案被确立为主席督办的重点提案，市政协委员宋立平在市、县两会期间撰写提案2件，县人大代表霍春红在大通县第十七届人民代表大会第二次大会上提交建议1件，全部立案并被相关部门采纳落实。

【社会服务】　党员张国龙在桥头第二小学、青少年活动中心讲习书法，传承中华优秀文化；党员张豫西在大通县老年大学讲习中国画；赵玉福在园林小学开设篆刻艺术班，促进传统文化在校园传承，丰富校园文化。继续做好以“‘弘扬传统文化、构建和谐社会’，迎佳节、写春联、送祝福”为主题的义务送春联品牌活动。6月，举办“喜迎二十大，张豫西书画展”；8月，组织爱好书画的党员创作书画作品，选送11件作品参加“沿黄省会城市民革党员书画展”。8月18日，大通县青山乡发生洪涝灾害，支委会率先在全市民革党员中发起向灾区群众捐助倡议，支部党员积极奉献爱心，捐资2600元，部分党员积极参加灾区清淤工作。支部用党费向大通县八一幼儿园捐助价值4000元的防疫物资；党员赵玉福向医护人员捐助暖手宝10件价值400余元。

（撰稿人：赵玉福）

## 中国民主同盟大通总支委

【概况】　2022年，民盟大通总支部下设3个支部，有盟员74人（含退休盟员14人），其中女盟员38人，研究生学历1人，本科学历57人、大专学历10人。盟员中有省人大代表1人，市政协委员1人，县政协常委2人、委员8人。年内实行入盟外调制度，发展大通县第二完全中学教师赵斌为新盟员。盟员马理英被评为县作家协会“优秀工作者”，盟员蒋福娟被评为县林业和草原局“先进工作者”，盟员严雅楠获首届“卓扎滩杯”中国当代农民诗歌大展三等奖、“生态西宁·美丽北川”征文二等奖、《三江源诗歌集》征集活动三等奖、海晏县“喜迎二十大　奋进新征程”主题征文诗歌类优秀奖、“中国硒都·诗意平安”2022年全国诗歌大赛入围奖，盟员张建华被评为“西宁市教育教学先进个人”。

【参政议政】　两会期间，盟员代表和委员提交代表建议5件，个人提案12件，集体提案2件。参政议政委员杨毛吉在省人民代表大会上接受媒体采访，主委刘长海在市政协会上作大会发言并接受媒体采访；主委刘长海、副主委马理英、盟员哈金花在县两会期间接受媒体采访。主委刘长海在县政协恳谈会上代表各民主党派作交流发言。顺利完成民盟中央委托调研课题《文创产业发展的环境和驱动力》和民盟省委自拟调研课题《构建少年儿童阅读分级体系的研究》，并按时提交调研报告，向盟省委提交《关于借力职业教育构建乡村技术技能人才培养体系促进乡村产业振兴的提案》《关于进一步加强青海省“家长学校”建设的提案》《关于在全省各小学开设女童自我保护意识提升课程的提案》3项提案。主委刘长海、副主委马理英和盟员周蓉花接受大通县融媒体中心采访，畅谈中共二十大学习感想。副主委马理英作为县人民检察院听证员接受媒体采访，谈对检察十年工作感受。

【社会服务】　4月20日，为抗疫一线工作人员捐赠价值3000元的生活物资；8月15日，为教育局包联的大通七中、青秀家园等16个小区、家属院疫情防控值班值守人员送去价值3300元的防疫和生活用品；8月22日，联系中华社会救助基金会、北京平澜公益基金会、甘肃彩虹公益服务中心开展“8·18”抗洪救灾爱心捐款活动，将价值5.6万元的学习用品送到朔山中学灾民安置点；8月23日，联合民盟青海省中科院支部、民盟青海省委综合二支部将价值1.93万元的学习、办公用品及生活用品送到大通县教育局资助中心，委托他们捐给受灾学校；组织盟员为灾区幼儿园捐款0.77万元；9月10日，购买价值2万元的水果和鲜花慰问全县闭环教师志愿者；10月4日，组织开展重阳节慰问活动，慰问15名老教育工作者；捐建大通县长宁镇下鲍学校和大通县桥头第一小学2所民盟书屋，捐赠价值1.05万元的书籍；12月9日，联系民盟西宁市委为大通县青山乡中心学校捐赠价值1.4万元的防疫和学生生活用品等物资。主委刘长海被聘请为大通纪监委特约监察员，盟员杨毛吉被聘请为青海省家庭教育讲师团成员，盟员马理英获沿黄九省（区）“扫黄打非·护苗”诗歌大赛优秀奖，被聘请为青海省家庭教育讲师团成员、大通县人民检察院听证员。

（撰稿人：马理英）

## 中国民主建国会大通支部

【概况】　2022年，中国民主建国会大通支部发挥支部密切联系经济界的特色和优势，针对大通县改革开放、经济建设和社会发展中的重大问题，开展调查研究，反映社情民意，发挥参政议政民主监督作用。民建大通支部隶属民建西宁市委员会，有会员14人，会员分别来自全县旅游、宣传、住建、金融、私营企业等行业。支部有市人大代表2人，市政协委员1人，县人大代表1人，县政协委员4人，年内发展新会员1人，主委张华春被评为“民建青海省委社会服务先进个人”。

【参政议政】　立足岗位，为县域经济发展和社会经济进步发挥自身作用，为西宁和大通的社会发展积极建言献策。通过集中学习与个人学习相结合的方式学习中共统一战线政策和政治协商制度、中共和国家的大政方针，了解国家和社会发展趋势，提升参政议政素质与能力。民建大通支部各位会员关注大通社会经济发展，参加人大、政协等部门组织的调研、考察等活动，为大通社会和谐、经济发展谋计献力，调研并撰写《乡村旅游在乡村振兴中如何发挥作用》专题调研文章。

【社会服务】　4月20日，慰问坚守抗疫一线工作人员并送去物资，对一线抗疫人员舍小家为大家的精神表示敬意，感谢他们的辛苦付出。大通发生“8·18”山洪灾害后，民建西宁市委大通支部会员对青山、青林等乡镇开展援助和志愿服务工作，迅速奔赴抗洪救灾的第一线协助搜救失联人员、抚慰遇难者家属，清理街道、农户房前屋后淤泥，送爱心餐饮等工作，协助开展灾后环境卫生

整治工作。在10月26日“环卫工人节”上，民建西宁市委大通支部向县城管局环卫工人送去米、面、油等价值9960元的慰问品。

（撰稿人：张华春）

## 中国农工民主党大通支委会

【概况】 2022年，中国农工民主党大通支委会有党员26人，相对集中在卫生、教育等系统，其中医疗卫生系统20人、教育系统4人、行政单位1人、其他1人；本科9人、大专10人；具有副高以上职称6人、中级职称16人、中级以下职称2人。年内参加农工党西宁市委举办的骨干党员培训会、党外干部能力提升班，选派骨干党员参加农工青海省委组织的2022年线上骨干党员学习培训班。大通支委会被农工党西宁市委授予“良好支委会”称号，主委杨茜获农工党青海省委“优秀农工党员”称号，副主委颜海刚、党员王占庆获农工党西宁市委“优秀党员”称号。

【参政议政】 在政协大通县第十届委员会第二次会议上提出的8件提案全部立案，均办理答复。分别为关于在宁张公路沿线（大通段）环境综合整治提升专项工作10个重要节点打造中划设距离行人斑马线五米停车线的提案；关于延长体育路与解放路十字路口行人通行时间的提案；关于尽快构建人民路商圈综合体，提高实体经济市场活力的提案；关于加强县域内砂石资源开发管理的提案；关于打造县城“智慧公交”系统，提高城市品位的提案；关于慢性病市级职工医疗保险和城乡基本医疗保险审批使用年限的提案；推进垃圾分类推动绿色发展提案；关于加强农村基础设施建设，助推乡村振兴的提案。

【社会服务】 与其他党派、新联会及宗教界代表为抗疫一线工作人员送去方便面、火腿肠、面包、酸奶、牛肉等生活物资。农工党大通支委会在慰问活动中，向抗疫一线工作人员捐赠价值1000元的物资，向坚守在抗疫一线工作人员表示崇高敬意和诚挚感谢。大通县“8·18”山洪灾害发生后，党员颜海刚在前线抢险救援处置工作指挥部日夜奋战20余天，统筹疫情防控和抢险救灾，参与新闻发布会、指挥部日调度会议和抢险救援处置等工作。农工党大通支委会组织党员向“8·18”山洪灾害受灾群众捐款2900元。

（撰稿人：杨　茜）

## 九三学社大通支社

【概况】 2022年，九三学社大通支社贯彻习近平总书记关于加强和改进统一战线工作及新型政党制度的重要论述与《中国共产党统一战线工作条例》《中共中央关于加强中国特色社会主义参政党建设的意见》等重要文件精神，践行“四新三好”要求，弘扬九三学社爱国、民主、科学的优良传统，聚焦县委、县政府中心工作，履行参政党职能，为筑牢西宁北部生态屏障、建设全省经济强县和推进大通县多党合作事业健康发展贡献智慧和力量。九三学社大通支社有社员21人，其中社员担任市政协委员2人，社员担任县政协委员3人。年内发展入社积极分子5人，发展年轻社员3人；表彰社务工作优秀个人5人。

【参政议政】 在市、县两会上，支社委员提交提案和建议6件均得到答复和办理。在中共大通县委、县政府、县委统战部召开的党外人士座谈会、情况通报会上，参会社员讲真话、建净言，认真参政履职。委员们参加县政协调研视察活动并建言献策。通过参加法院案件审理旁听、监察述职点评、意见建议征求会等活动，开展民主监督工作，提出有价值的意见建议。

【社会服务】　在向化藏族乡下滩村开展捐资助学活动，与结对学生家长互话家常，询问了解结对学生学习、家庭脱贫、生产生活情况，掌握结对家庭实际困难，与村委会领导班子成员同想办法、同出点子、共谋发展；累计帮扶资金（含物资）达6000余元。在疫情防控中，投身疫情防控工作，发挥党派优势，筹集价值近4000元的生活和防疫等物资，开展主题为“同心同行、坚决打赢疫情防控歼灭战”的走访慰问活动，为奋战在基层一线的干部、值守在居民开展抗疫的统战、教育战线干部送去温暖。年内配合社市委慰问5名一线抗疫社员，鼓励社员双岗建功。

（撰稿人：王　辉）

## 大通县工商业联合会

【概况】　2022年，大通县工商业联合会围绕县委、县人民政府的中心工作，加强组织领导，强化责任落实，各项工作开展和促进民营经济“两个健康”发展中取得成效。把工商联机关建设成为“会员之家”，年内新发展企业会员5家。全年举办民营企业法治与政策学习专题讲座、民营企业法律风险与防范、专家讲法等法律课堂35期，75家民营企业400余人次参加线上培训。县工商联有工作人员5人，其中公务员3人、其他2人。

【服务经济建设】　到会员企业开展走访调研35次。联合县“两新”工委、县税务局、中国农业银行大通支行、青海银行大通支行到全县民营企业开展“进百企·解难题·办实事·送服务”活动，为中小微企业和农村经营主体达成金融支持意向信贷7500余万元。联系青海新兴商品混凝土有限公司、大通县嘉宝家具装饰材料有限公司等民营企业家代表深入各个企业开展创新发展思路、管理模式、企业党建等互访交流活动。组织调研民营企业发展状况、帮助需求、存在的问题和困难等，撰写完成民营经济发展调研报告1篇。

【服务乡村振兴】　动员51家民营企业与51个村形成“百企兴百村”村企对接意向，解决就业1264人，累计发放工资达9700余万元，其中14家企业为县内乡村旅游、养殖、休闲娱乐等项目进行规划和投资，投资总金额达21933万元。围绕巩固拓展脱贫攻坚成果同乡村振兴有效衔接中产业和就业两个关键，确保脱贫户和监测户持续稳定增收，开展民营企业联农带户帮扶活动，通过协调，动员56家县域企业与282户脱贫户开展结对帮扶，实现本地企业就业132人、外出务工人员78人、灵活就业111人，实现脱贫户总收入302.65万元，开展帮扶慰问折合13850元。

【社会服务】　在“8·18”山洪灾害救援行动及灾后恢复工作中，动员8家民营企业出动挖掘机、装载机、清障车等救援车辆53辆，组织救援人员143人，开展山洪灾害救援行动。动员45家民营企业捐款100余万元，25家民营企业捐物折价45.6万元，免费提供爱心餐6300余份，折合人民币7.7万元。联系省市工商联动员商协会和民营企业为大通县山洪灾害捐款609万元，捐物折合人民币143万元，体现了省市工商联、商协会、民营企业家、爱心人士的社会责任和担当。组织40余家会员企业为疫情防控捐献各类医疗生活物资折合100余万元。

【主题活动】　引导会员企业开展系列主题教育，通过学先进、讲党课、慰问等活动，激发企业家和员工爱党、爱国、爱企情怀，提振广大员工的积极性。开展我为“群众办实事”活动，开展“老旧小区敲门行动”“转一次背街小巷行动”“做一天文明督导员行动”“敬老孝老”等主题为民办实事活动10次。到联点村、社区走访慰问老党员、困难党员和群众，“七一”前夕慰问老党员、困难党员和群众5人。开展疫情防控、创建文明城市、抗洪救灾、党员干部志愿服务等主题党日活动12次。

（撰稿人：李　悦）

DATONG

# 群众团体

YEARBOOK

## 大通县总工会

【概况】 2022年，大通县总工会主要开展职工思想政治引领、基层工会组织建设、职工维权、职工服务等主业工作，参与疫情防控和复工复产工作，推动全县工会工作健康发展。大通县有工会组织536家，工会会员71880人。年内新建工会组织4个，发展拉面工、商场信息员、保安员等新就业形态劳动者会员1023人。县总工会下属群团服务站、工人文化宫2个事业单位，有工作人员20人，其中公务员6人、事业编制9人、社会化工作者4人、工勤1人。6月30日，召开大通回族土族自治县总工会第十一届五次全委会议，陈辉全票当选为县总工会第一副主席。年内印发工会系统学习资料、工作指南资料39册，为各基层开展工会工作提供参考和借鉴。

【服务阵地建设】 加强工会服务阵地建设，撬动社会资源、延伸服务触角、拓宽服务领域，投入资金60万元，打造“群众之家”示范点6个、“女职工温馨小屋”2家、“职工书屋”2家、“职工之家”6家，打通服务广大职工群众的“最后一公里”。疫情防控期间，下拨各基层工会疫情防控专项资金37万元。

【文化活动】 采取“互联网+工会”模式，以重大节日为契机，开展群众喜闻乐见的活动，让更多的职工群众参与到其中，开展“迎新春·送春联·话吉祥”送春联、“粽情过端午·粽香暖人心”慰问环卫工人、“群团心向党、奋进新征程”、“七一”主题活动、“喜迎二十大 与祖国同行”职工健步走网络竞赛、“喜迎二十大 群团心向党”有奖知识竞答、慰问抗洪救灾一线职工群众、创城志愿服务等活动，累计投入资金58.53万元，惠及职工达1.2万人次。

【权益维护】 围绕工会维权主责主业，探索建立符合新就业形态特点的劳动权益保障制度。组织全县350名农民工、新就业形态劳动者开展健康体检。在全县基层企业工会中开展集体合同签订工作，覆盖企业185家，覆盖职工（农民工）9921人，保障职工劳动经济权益。

【帮扶救助】 升级优化工会“四送”品牌（春送岗位、夏送清凉、金秋助学、冬送温暖），完善精准帮扶常态化工作机制，提升职工生活品质。联合县就业局举办以“春风送温暖 就业送真情”为主题的“春风行动”暨东西部劳务协作专场招聘会，吸引求职者1000余人，达成用工意向200余人。投资65.6万元，为环卫工人、交警、创城劝导员、建筑工人等高温一线的2000余名职工送去防暑降温用品和安全用工宣传资料；为13户困难职工家庭子女发放金秋助学专项补助资金7.3万元。春节期间，慰问400名困难职工，送去米、面、法兰绒毯等物资，折价18.6万元；对20户在档困难职工发放生活补助、取暖补助、住房补助、医疗补助等31万元。两节期间，为外卖配送员、保安员、拉面工、货车司机、家政服务员等280名新就业形态劳动者送去价值6.52万元的慰问物资。疫情防控期间，通过心理咨询热线、心理健康云讲堂等方式，为全县职工群众提供心理关怀和疏导，参与职工达3152人次；开展走访慰问关心关爱活动9次，累计投入资金108万元，慰问职工群众26800余人。

【劳模管理】 弘扬劳模精神、劳动精神、工匠精神，发挥劳模创新工作室的示范引领作用。春节、“五一”期间，累计慰问全县各级劳动模范、工匠58人次，慰问金额4.1万元；以图文的形式在“大通工运”微信公众号推送劳模先进事迹2期；开展劳模宣讲活动进企业活动2次；组织10名劳动模范开展健康体检及疗休养活动；发挥劳模工匠人才创新工作室作用，投入资金6万元，对3家劳模工匠创新工作室进行规范化建设。

2022年10月10日，县总工会举行第二届职工职业技能大赛（县融媒体中心供图）

【劳动竞赛】 利用云平台举办大通县第二届职工职业技能大赛，涉及教育、医疗、家政服务、养老、餐饮5大项，104名选手参加比赛，表彰“技术状元”5人、“技术明星”7人、“技术能手”9人、“优秀选手”13人。支持下拨活动经费，各基层工会组织开展各类技能比赛4场次，举办家政服务技能、养老护理技能、中小学教师教学技能线上培训班3期，插花花艺技能提升线下培训班1期。

（撰稿人：马银萍）

## 共青团大通县委员会

【概况】 2022年，大通县有共青团组织627个，其中乡镇团委20个、学校团委28个、卫健局团委1个、团工委2个、团总支7个、团支部569个。全县共青团员总数为12391人，年内新发展团员844人，其中发展学生团员830人，发展农村团员14人。有少先大队31个、中队923个，少先队员40903名，配有总辅导员1名、大队辅导员31名、中队辅导员923名、校外辅导员70名，少先队建队率、辅导员配备率及少先队员红领巾佩戴率均达100%。共青团大通县委有公务员3人、工勤1人。获西宁市共青团工作先进单位，获年度市级“五四红旗团委”、县级“文明单位”称号；园林小学雏鹰中队获2022年“全国优秀少先中队”集体称号，城关镇中心学校海燕中队获2022年“青海省优秀少先中队”集体称号。年内在团属媒体推出《青·廉》专栏，刊载青年干部心得体会10篇。

【青少年思想道德建设】 打造《百年团史》系列栏目，以“天天学”“周周讲”“月月考”的形式，解读党领导中国青年运动的光辉历程，推送相关信息75期，阅读量达5000余次。开展“党的青年运动史”主题团（队）日、“喜迎二十大 永远跟党走 奋进新征程”、“请党放心 强国复兴有我”等系列活动600余场次，受益青少年1.9万余人。以“我与祖国共奋进 童心筑梦向未来”大通县红领巾讲解员大赛为契机，挖掘一批红领巾讲解员，创新推出“青年之声微宣讲——这句话我最有共鸣”“红领巾微课堂——你问我答二十大”等系列短视频18期。开展“学习二十大 永远跟党走 奋进新征程”线上主题团日活动和“学

2022年4月11日，共青团大通回族土族自治县第十八次代表大会在县会议中心召开（县融媒体中心供图）

群众团体

习二十大　争做好队员”线上主题队日活动，组织开展“铸牢中华民族共同体意识”主题团（队）课与“我与民族服饰合张影”“民族知识大讲堂”等活动，加深青少年对党史、民族史的认识，增强爱国情感和民族自豪感。以东西部协作为契机，组织朔北乡中心学校10名优秀学生代表到南京市开展“因为南京·相伴成长”研学活动，促进各族青少年广泛交往、全面交流、深度交融。做好2022年西宁市青少年民族团结进步示范点创建推报工作，新庄镇中学学校被评为“西宁市青少年民族团结进步教育示范点”。

【青年志愿服务】　组织“大通县尕布龙绿色志愿服务队”参与“美丽中国·青春行动”“创建日”等生态环境保护活动80余场次，参与青年2000余人次。以“绿色小卫士”实践活动为载体，推荐西宁市“绿色小卫士”100人，评选西宁市“绿色小卫士”优秀典型10人。制定《大通县疫情防控青年志愿服务队招募方案》，打造“1+20+X”作战体系，组织20个乡镇团委发挥“志愿服务队”作用。全县396名团干部、1042名团员青年、5856名志愿者主动作为，冲锋在前。联合中国人寿大通支公司免费向志愿者提供保险，接收爱心人士捐赠的N95口罩、一次性医用防护服100套、桶装酒精等防疫物资，为志愿者提供物资保障。“8·18”洪涝灾害发生后，招募393名青年志愿者参与灾后清淤、心理疏导等工作。接收团市委筹集价值1万元的雨鞋、雨衣等救灾物资，为一线志愿者提供物资保障。接收爱心组织捐赠的牛奶、面包等价值2.6万元的救灾物资，及时送往受灾群众安置点。对接团省委、省青基会，为受灾家庭义务教育阶段学生争取“希望工程‘1+1’助学行动”资助项目，提供每人1000元一次性资助，资助金额8.7万元。

【青少年成长成才工作】　在“五四”青年节到来之际，市县领导到一线看望慰问优秀青年代表4人。举办“共青团与人大代表、政协委员面对面”大通县青年座谈会，提交意见提案2条，通过制度化渠道为青少年成长成才提供帮助。制定下发大通县大学生创业帮扶计划，帮助7名高校毕业生完成“攀登项目”的申报、2名高校毕业生完成“创青春”项目的申报。组织30名创业青年参加2022年西宁市青年创业就业线上培训班，推进共青团组织“我为青年办实事”。开展七彩假期公益课堂、暑期国际文化理解交流课程、单身青年线上联谊等活动，受益青少年达1200余人次。争取“希望工程‘1+1’助学行动”“羽翼计划”等资助项目，为全县341名困境学生发放资助金41.7万元。

【团组织建设】　推进县域共青团改革，通过“开启选、育、管模式，激发团干部活力”“招聘兼职副书记”等具有特色的改革措施，增加基层团干部129名。推进群团组织“入企进社”，新建“两新”领域团组织3家。按照《青海共青团“行动支部”建设实施方案》要求，团县委领导班子分别从农村、企业、学校等领域联系基层团组织6个，开展调研6次。探索以“三项目十二行动”为路径，为县、乡、村三级团组织共同开展好“支部行动”三年建设绘制“路线图”。按照共青团西宁市委《关于推进新时代全面从严治团的工作措施》的工作要求，紧抓5个大项15个小项工作任务。印发《关于做好2022年全县发展团员调控工作的通知》，850名新发展团员“智慧团建”电子档案录入率、建档率及认证率均达到100%，初高中毕业班团学比例保持在13%和34%的规定内。团省委将大通县典型案例收入《青海改革试点工作案例集》。

【少先队工作】　开展“喜迎二十大　争做好队员”“红领巾喜迎二十大　少先队永远跟党走”等主题实践教育活动1600余场次。推进“红领巾争章”，1个少先队集体、1名少先队员获得省四星章，3个少先队集体、10名少先队员获得市三星章，14个少先队集体、102名少先队员获得县二星章。表彰县级优秀少先队员及辅导员 80 人，团集体 20 个。举办 2022 年大通县少先队辅导员培训暨第二届少先队辅导员专业技能大赛，77 名大（中）队辅导员参加，少先队辅导员政治素养和专业水平得到明显提升。

【共青团会议】 4 月 11 日，召开共青团大通回族土族自治县第十八次代表大会。团县委书记邓珺代表共青团大通回族土族自治县第十七届常委会作工作报告。会议选举产生共青团大通回族土族自治县第十八届委员会。同日，召开共青团大通县第十八届委员会第一次全体会议，选举产生新一届团县委常委、书记、副书记。市委常委、县委书记刘波，共青团西宁市委副书记王婧参加会议。县委副书记王卫平参加会议并讲话。

（撰稿人：何春佳）

## 大通县妇女联合会

【概况】 2022 年，大通县有妇联组织 365 个，其中县直 1 个、乡镇妇联 20 个、机关及企事业妇委会 20 个、社区妇联 20 个、村级妇联 289 个、“两新”组织妇委会 16 个（非公有制经济组织 14 个、社会组织 2 个）；有村（社区）妇联执委 1548 人，其中村妇联执委 1444 人、社区妇联执委 104 人，进村“两委”的村妇联主席 103 人；乡镇妇联主席 20 人、机关妇委会主任 20 人。建有村（社区）“妇女之家”311 个、“儿童之家”289 个。全县基层妇联组织形成组织健全、覆盖广泛、相对稳定、具有活力的县、乡（机关）、村（社区）三级网络格局。县妇联有工作人员 11 人，其中主席 1 人、副主席 1 人，兼职副主席 2 人、挂职副主席 1 人、工作人员 6 人。3 月，西宁市精神文明建设指导委员会授予大通县妇联 2020—2021 年度文明单位称号；12 月，被《中国妇女报》社（全国妇联网络信息传播中心）列入 2022 年度妇女宣传舆论阵地建设优秀榜。年内编制并颁布印发《大通县妇女发展规划（2021—2030 年）》《大通县儿童发展规划（2021—2030 年）》。

【妇女创业】 实施“乡村振兴巾帼行动”，举办“领头雁”专题培训班 1 期，参加 60 人次；举办“宁姐·月嫂”家政服务技能培训班 1 期，参加 60 人次。成功申报省级巾帼创业创新示范基地 3 个、美丽家园示范村 2 个；选树青海省城乡妇女岗位建功先进集体 1 个、青海省巾帼建功标兵 1 个、青海省农牧区科技致富女能手 1 人。

【妇女维权】 发挥“妇女之家”、巾帼示范基地等阵地优势和女性大讲堂、道德讲堂、宣讲团等载体优势，开展爱国主义教育、未成年人保护、妇女维权等宣传活动 20 余次，妇女儿童参与 2.5 万余人次。组织 20 个乡（镇）、村（社区）妇联加强重点人群与家庭关爱维权活动摸排调查，建立健全信息台账，坚持做到“一户一档”，为今后针对性开展各类爱心帮扶活动奠定数据基础。全年调解婚姻家庭矛盾纠纷 15 起，成功率 100%，做到件件有着落、事事有回应。

【妇女儿童关爱】 到基层为贫困妇女、留守儿童办实事 24 件，帮扶物资折价 15 万余元。推动“一联双帮”工作，为联点仙米村党支部发放 1 号文件宣传资料 100 余份，捐赠办公设备价值 3200 元，慰问困难党员和贫困母亲 6 人次，为 29 名困难家庭学生送去春装 29 套。开展“在职党员进社区”点亮微心愿活动 4 人次。大通“8·18”山洪灾害发生后，摸排受灾妇女儿童情况，组织进行清淤工作，分类登记受灾贫困妇女儿童、孕产妇，开展心理疏导，向省市妇联、东西部协作方等争取各类捐资捐物总计 67.80 万元，慰问 50 余名基层妇联干部和贫困母亲。为 13 名贫困大学生和 40 名受灾村高中生争取总计 23.8 万元的生活补助金，做好灾后重建组织建设和社会保障工作。组织家庭教育讲师团制作专题心理辅导视频，引导学生正确认识线上教学。持续推动农村妇女“两癌”（乳腺癌、宫颈癌）免费筛查项目，免费进行义诊咨询和健康普查达1.5万余次，为27名贫困“两癌”患病妇女争取专项救助资金27万元。开展各类慰问活动10余次90余人，落实慰问物资3万余元。

【家庭建设】　学习宣传贯彻《习近平关于注重家庭家教家风建设论述摘编》《中华人民共和国家庭教育促进法》等法律法规，动员广大家庭培育好家教，涵养好家风，引领妇女参与移风易俗和乡村环境卫生整治工作。创建命名2022年度全县“最美家庭”10户、“勤俭助廉家庭”10户、“绿色幸福家庭”200户、“民族团结模范家庭”24户，推荐300户美丽庭院，成功推荐全国“最美家庭”1户。组织家庭教育讲师团深入学习中共二十大精神，引导讲师团做好“立德树人”文章，强化家校社协同育人机制。开展德育专题、禁毒、助残等各类宣传活动20余次，丰富家庭教育活动内容，持续推进家庭教育指导与服务工作，引导未成年人构筑正确价值观与人生观，促进未成年人健康成长。

【妇女队伍建设】　举办全县新任村（社区）妇联主席、执委履职能力培训班2期，参加120人，提升村（社区）妇联主席、执委履职能力。加强网上妇联建设，在“大通女声”微信公众平台发布信息700余条，总阅读量达4.7万余次。开设《学习中共二十大精神　今天我是主讲人》系列学习宣讲专栏，引领广大妇女干部自觉主动学习领会中共二十大精神。以春节、清明等“我们的节日”为活动载体，创新宣传方式，开展各类活动10余次，引导群众树立文明和谐、实用节俭等正确价值观念。

【妇联会议】　8月4日，县妇联第十三届执行委员会第九次会议召开，县妇联十三届执委侯玉清主持，马兰花作《凝聚巾帼力量　服务发展大局　团结带领全县广大妇女在建设现代美丽幸福绿色新大通中做出新贡献》的工作报告。总结县妇联上半年的主要工作和安排下半年重点工作。会议进行人事选举，通过表决，替补马兰花、焦春英为县妇联第十三届执行委员会委员、常务委员会委员，马兰花全票当选为县妇联主席，焦春英全票当选为县妇联副主席。

（撰稿人：昝国珍）

## 大通县科学技术协会

【概况】　2022年，大通县科学技术协会以推动高质量科普服务为重点，构建社会化协同、智慧化传播、规范化建设的科学素质建设格局，营造热爱科学、崇尚创新的社会氛围，不断筑牢实施创新驱动发展战略的群众基础和人才基础，为筑牢西宁北部生态屏障、建设全省经济强县，聚力绘就“一城山水，大境通达”新画卷提供智力支持、创新支撑。大通县成功入选“全国科普示范县”；2022年，获得“科创筑梦”青少年FAST观测方案征集活动优秀组织单位。

【科普事业发展】　及时调整以分管副县长为组长的全民科学素质工作领导小组，对标省、市全民科学素质工作要求，印发《大通县全民科学素质行动规划纲要实施方案（2021—2025年）》《2022年大通县科协工作要点》《2022年度大通县全民科学素质工作重点任务》。将全民科学素质工作纳入年度考核目标，与全县年度目标任务一并进行考核。将科普经费纳入财政预算，按每人每年0.2元的比例逐年递增，全年安排科普资金115万元，人均科普经费达到2.8元。

【科普活动】　县科协以科普宣传教育为核心，组织开展以科技工作者、科普志愿者为主体，以流动科技馆、科普大篷车为载体，围绕公众关切和突发事件，聚焦卫生健康、食品安全、生态环保、防灾减灾等热点和焦点问题，开展文化科技卫生“三下乡”、全国科普日、科技活动周、全国科技工作者日等科普活动30余次。年内成立科技志愿服务队伍26支，在科技志愿服务信息平台注册科技志愿者达2000余人。组织各成员单位在全县开展全国农民科学素质网络知识竞赛活动、青海省公民科学素质竞答活动等主题科普活动，提高人民群众运用互联网获取农业生产、科学生活、科学经营等方面技术和知识的能力，促进农村乡风文明和绿色发展，助力乡村振兴。县科协联合县融媒体中心开设“北川科普窗”，每周推送健康、百科、应急、智农和“科普中国”App视频科普知识，进一步推动“科普中国”落地县融媒体中心。

【科普设施建设】 推进基层科普行动计划，继续完善科普基础设施。2022年成功申报省级科普项目4项、市级科普项目4项，争取科普资金75万元。大通县东峡林场、宝库林场等4家单位被命名为“西宁市科普教育基地”。为积极推动基层科普设施建设与发展，将科普基础设施建设纳入城市建设和发展总体规划，拟建设科普教育活动中心，项目建成后将成为大通县集现代科技展示、科技类读物阅览、科技实验及物理模型展示、学生第二课堂基地于一体的综合性科普阵地。

【青少年活动】 县教育局、县科协联合举办大通县第六届科技创新大赛。本届大赛共征集参赛作品600余件，评选出学生科幻画类一等奖20人、二等奖40人、三等奖60人，小发明中评出一等奖5人、二等奖10人、三等奖15人，评选出优秀科技实践活动一等奖1人、二等奖1人、三等奖1人，科技辅导员创新成果竞赛一等奖2人、二等奖4人，优秀科技教师8人，优秀组织奖10个。命名桥头镇中心学校为市级科普示范学校、桥头第四完全小学为县级科普教育基地、并以农村中学科技馆为载体，在完成科教课程的同时，开展科普教育活动。

（撰稿人：张婧含）

## 大通县文学艺术界联合会

【概况】 2022年，大通县文学艺术界联合会参与公共文化服务，开展各项工作，推进全县文艺事业健康发展。县文联内设办公室、《老爷山》编辑部、文学部、艺术部，有县作家协会、书法美术家协会、民间曲艺协会、摄影家协会4个团体会员，各协会会员460余人。县文联有工作人员9人，其中公务员4人、事业岗位4人、其他人员1人。12月，1人被中共西宁市委授予“西宁市宣传思想文化工作先进个人”称号。1月17日，大通回族土族自治县文学艺术界联合会第一次代表大会在县会议中心召开，选举产生由34人组成的第一届委员会委员。同日，召开文联第一届委员会第一次会议，选举产生主席1人、副主席2人、秘书长1人。

【中共二十大主题创作】 中共二十大召开之前，邀请各省、市大通籍文艺界知名人士12人录制“大通籍儿女寄语大通发展”视频，并通过“文明大通”抖音号、视频号发布，点击量超过60万

2022年1月17日，大通县文学艺术界联合会第一次代表大会在县会议中心召开（县融媒体中心供图）

次。创作《江城子·喜庆党的二十大胜利召开》《［正宫］·叨叨令·喜吟党的二十大（通韵）》《西江月·盛会吟》等诗词作品20余首，青海平弦《党的二十大精神暖人心》、青海越弦《党的二十大指引新征程》、河湟皮影《倾听党的二十大声音》、打搅儿《锦绣中国万万年》、花儿《党的二十大聚民心》等曲艺作品30余首，以及农民画、刺绣、剪纸等艺术作品多幅，通过微信公众号、视频号、抖音号推出。

**【“一城山水　大境通达”主题创作】**　组织开展“一城山水　大境通达”主题歌词征集活动，收到来自全国18个省、41个市（县）的136首投稿作品；完成《大境通达》系列文学丛书（小说卷、散文卷、诗歌卷）征稿工作，共130余篇（首）71万字。面向社会公开征集大通县“一城山水、大境通达”Logo（徽标），收到来自全国各地应征作品40余幅。

**【节日节气创作】**　开展2022年虎年新春春联征集活动，收到来自广东、上海等17个省、27个市（县）的93名楹联爱好者撰写的与大通相关春联395副。以“大通诗画里的二十四节气”为主题，以诗词、书画、摄影、剪纸等作品为主要内容，创作宣传二十四节气的微信公众号和视频号作品，并用方言配音推出。

2022年7月23—25日，县文联开展“喜迎二十大　小村大变化”文学摄影采风活动（县融媒体中心供图）

**【乡村振兴主题采风】**　7月23—25日，联合县作家协会、摄影家协会、东峡镇和向化藏族乡党委组织开展“喜迎二十大·小村大变化”文学摄影采风活动。来自省、市、县作家协会、摄影家协会的20名作家和20名摄影家走进东峡镇和向化藏族乡的14个村20户农家，每户入住1位作家、1位摄影家，住农家屋、吃农家饭，与村民共同生活3天，体验大通农村在乡村振兴、生态文明建设等方面取得的成就和发生的变化。采风文学作品12万字及部分摄影照片在《老爷山》杂志增刊内部发行，部分作品在《青海日报》《青海湖》等报刊公开发表。

**【文化志愿服务】**　联合县新时代文明实践中心开展“喜迎新春　福到万家”现场赠春联送“福”字活动；摄影家协会组织开展“幸福家园　温情传递”全家福拍照志愿服务活动；组织书法美术家协会会员到社区和单位书写春联；联合县新时代文明实践中心、县妇联、逊让乡政府在逊让乡塘坊村举办“庆三八·展风采”志愿服务活动；组织文学、书画、曲艺、摄影等文艺志愿者到朔北乡边麻沟村开展“文艺助力乡村振兴”志愿服务活动。

**【文化遗产挖掘】**　元宵节期间，挖掘并宣传朔北藏族乡马场村“火老虎”习俗；到朔北李家堡等9个乡镇村挖掘传统节日习俗、六月六朝山会习俗、刺绣剪纸、农民画、皮影曲艺、特色饮食等大通文化资源；挖掘大通历史人物柴国柱历史故事，通过《老爷山》期刊和“文明大通”微信公众号向读者推送；结合国家打造长城文化公园契机，挖掘大通明长城历史文化，向西宁市社科联申报课题“青海明长城历史文化研究”，顺利结项。

**【文化交流】**　7月4日，与北

京星光文化调研组专家一行6人在县文联座谈交流大通民族特色文化。7月26日，邀请著名作家马步升到大通采风，并与大通县文学爱好者座谈交流。7月29日，邀请省政府参事谢佐、著名作家井石、画家张秀凤、青年雕塑家苏豪伟、文艺工作者曹宝庆等省内文学艺术界知名人士与县文艺界人士30余人座谈交流，谢佐向县文联捐赠自己收藏的著名画家方之南的《梅花图》1幅。8月17日，南京市文联党组书记、常务副主席任家龙一行6人到大通县调研工作，与县文联全体干部以及部分文学艺术界人士座谈交流。年内分别与互助、化隆、湟源、门源、乐都等兄弟区县文联取得联系和交流。

【《老爷山》刊物发行】 主办并内部发行纯文学季刊《老爷山》，并对《老爷山》文学期刊进行全面改版，通过“文明大通”微信公众号推出每期目录及优秀作品。完成《老爷山》4期文学季刊编辑发行工作，每期编印1000册。完成2021年《老爷山》合订本装订发放工作。

【文艺宣传推介】 借助《青海日报》《西海都市报》等纸媒，“新华网”“中新社”“中国文明网”“青海日报”客户端，青海电视台、西宁广播电视台、“三江源”App、青海长云网、大通融媒、文明大通等新媒体，推介宣传大通特色文化。《青海日报》江河源文学副刊《二十四节气》专栏每期推出1幅大通农民画，连续推介24期；端午节期间，邀请央视记者报道大通县端午文化习俗，在中央一套《新闻联播》、央视影音《中国“三农”报道》栏目中专题报道；中新社、新华网等媒体宣传推介大通县原创抗疫文艺作品。在“文明大通”微信公众平台发布作品162个、抖音号发布作品201个、视频号发布作品240个，撰写文联工作简报信息18期。

【部门单位联动创作】 联合县医保局策划拍摄《缴纳医保放心上》视频情景剧；联合县委组织部开展“喜迎二十大——大通县村支书展形象·夸家乡·促增收”能力大赛和全县“翰墨书大通·喜迎二十大”书画比赛活动；联合县新时代文明实践中心开展“我们的节日”系列文化活动；联合县妇联开展庆祝“三八”妇女节诵读活动和“庆国庆·迎盛会·展风采”活动；联合县林业和草原局推出“以自然之道 养万物之生”大通县野生动物救助行动系列宣传视频；联合县委宣传部、县军人事务管理局、县党史办开展大通县烈士陵园修缮展陈工作，承担展陈大纲撰写、红色故事挖掘等工作任务；联合县新时代文明实践中心、融媒体中心、县作家协会多次组织召开讨论修改会议，完成广播剧《彩礼梦醒了》剧本撰稿工作；联合县老年协会举办“喜迎二十大·情暖夕阳红”重阳节（老年节）活动。

（撰稿人：马理英）

## 大通县残疾人联合会

【概况】 2022年，大通回族土族自治县残疾人联合会履行“代表、服务、管理”职能，聚焦残疾人“同步小康”，以能力建设为重点内容，为残疾群众办好事、办实事，聚焦残疾人康复、

2022年12月30日，大通县残疾人联合会第七次代表大会召开（县融媒体中心供图）

群众团体

教育就业、法律维权等工作，各项残疾人事业有序发展。全县持证残疾人12118人。其中，一级残疾1925人，占15.89%；二级残疾2967人，占24.48%；三级残疾3228人，占26.64%；四级残疾3998人，占32.99%；视力残疾人1585人，占13.08%；听力残疾人1216人，占10.03%；言语残疾人115人，占0.95%；肢体残疾人6154人，占50.78%；智力残疾人1246人，占10.28%；精神残疾人340人，占2.81%；多重残疾人1462人，占12.07%。县残联内设办公室、教就室、康复室、信访维权室、财务室、残疾人办证窗口，有干部11人，其中理事长1人。

【组织体系建设】 制定《大通回族土族自治县“十四五”残疾人保障和发展规划》。建立健全以县残联为主导、乡镇残联为骨干、村（社区）残疾人协会为基础的基层残疾人组织体系，完成乡镇换届工作，20个乡镇、19个社区配备残疾人公益性岗位工作人员，形成机构健全规范、队伍稳定实干、服务功能完善的基层残疾人组织“三级网络”。保障经费、落实待遇、加强培训，确保基层残疾人组织有人担事、有资源办事。协调各类机构，通过配备硬件设施、增加协助人员、简化办证程序、缩短办证时间、公开办证热线电话、对特殊办证人群实行上门评定审核等举措，打通服务残疾人“最后一公里”。

【康复工作】 投入资金73.6万元，审核、转介0~17岁残疾儿童146人，其中0~17岁肢体、脑瘫残疾儿童康复功能训练97人。安装矫正鞋及假肢残疾儿童44人、0~17岁听力残疾儿童适配助听器5人。投入资金13万元，为2名0~17岁听力残疾儿童适配人工耳蜗。投入资金6万元，免费为残疾人安装假肢12例。在“爱耳日”“助残日”期间，投入资金32.6万元，发放儿童轮椅69辆，对全县残疾人免费精准适配348件辅助器具。开展精准康复系统的录入工作，康复服务率达到100%。完成白内障复明手术105例。

【家庭收入专项调查】 大通县为青海省残疾人家庭收入状况调查唯一的样本县，按照《中国残联2022年度全国残疾人家庭收入状况调查》相关要求，明确工作任务，有计划、有步骤地围绕残疾人基本服务状况和需求开展专项调查，抽调专人，到中国残疾人联合会确定的67户调查对象家中，组织开展残疾人家庭收入状况抽样调查工作，按时间节点保质保量完成调查数据的归档上报工作。

【教育就业】 大通县残疾人防返贫动态监测总人数37户46人，其中边缘易致贫16户21人、脱贫不稳定11户14人、突发严重困难户10户11人实行应保尽保。强化实用技术培训，举办农村残疾人实用技术培训（养殖技术），培训人数241人，共计培训资金12.05万元。完成残疾人城乡就业、再就业18人。完成2022年新入学4名贫困残疾大学生助学投入资金1.2万元，重度失能残疾人寄宿托养17人，共计资金12.18万元。

【帮扶解困】 开展“送温暖，献爱心”春节、“助残日”走访慰问活动，投入资金8万元，慰问残疾群众40户；投入资金74.4万元，实施困难残疾人家庭无障碍改造项目，对20个乡镇的124户符合改造条件的残疾人家庭实施改造；残联党支部投入资金3万元对麻哈村开展7次结对帮扶工作；一、二级困难残疾人生活补贴发放3829人469.73万元。一、二级重度残疾人护理补贴发放4196人506.78万元；三、四级困难残疾人生活补贴发放1979人145.40万元；发放残疾人机动轮椅车燃油补贴116人4.176万元；协调市残联与红十字会开展博爱助残活动，为极乐、城关、桦林等乡镇的60户（其中动态监测户10户）生活困难残疾人每人送去慰问金1000元，共计6万元；疫情防控期间，救助生活困难残疾人220户（其中动态监测户37户、社区困难残疾人家庭33户），送去米、面、油、煤等生活物资，价值11.74万元；“七一”期间，投入5000元，走访慰问10户残疾党员。推进“8·18”山洪灾害灾后恢复重建工作，统筹推进基础设施建设和灾区困难群众救助保障工作，联合省、市残联走访慰问青林乡、青山乡24户受灾残疾户家庭，发放每户慰问金2000元，遇难者家庭慰问金2万元，共计6.8万元。县残联干部职工进行爱心捐款，筹集善款2750元。采购价值5.74万元的大块煤，救助100户取暖困难的残疾群众。投入资金7.7万元，开展政府向社会力量购买残疾人集中托养服务任务，居家托养服务23人、日间照料7人。

【法律维权】　加大依法维护残疾人权益的工作力度，年内处理“12345”市长热线答复件17件、接受电话咨询事宜22次、来访咨询8次，县法律援助中心受理案件192件、咨询事宜443人次，实现“一条热线连民生”、民情民意得解答；以周一晨读会、“法宣在线”等媒介为抓手，按照学习计划和清单，结合习近平法治思想、防范电信诈骗和《中华人民共和国民法典》为主要内容开展普法学习教育，并组织全体党员干部进行普法考试18次。协调解决黄家寨镇残疾人家庭矛盾纠纷案件，相关部门联动完成司法调查，现场教育宣传《中华人民共和国反家庭暴力法》，签订矛盾纠纷化解交接表等，及时化解家庭矛盾纠纷。联合县妇联到逊让乡进行调研，残联组织如何发挥作用保护妇女儿童合法权益、杜绝限制妇女儿童人身自由的发生等问题进行座谈，推进关心关爱妇女儿童和残疾人工作。

【残联会议】　12月30日，大通县残疾人联合会第七次残疾人代表大会召开，会议由副县长陈生凯主持，县残联党支部书记段志华代表县残联第六届执行理事会作题为《聚焦高质量发展谱写残疾人事业发展新篇章》的工作报告，报告全面总结过去五年残联工作，安排部署今后五年工作的总体目标；大会选举产生大通回族土族自治县残疾人联合会第七届主席团名誉主席、县委常委、宣传部部长蔡秀珍、大通回族土族自治县残疾人联合会第七次代表大会第七届主席团主席、副县长陈生凯、主席团副主席及执行理事会理事长段志华。会议选举产生出席西宁市残疾人联合会第七次代表大会代表21人。副县长陈生凯在会议上讲话。

【康复中心项目建设】　西宁市大通县康复中心建设项目占地约0.87公顷，新建残疾人康复中心1栋，建筑面积5740平方米，配建综合服务设施670平方米。项目总投资1641万元，其中中央预算内投资904万元、地方投资737万元。争取省级资金800万元。

（撰稿人：贺春院）

## 大通县红十字会

【概况】　2022年，大通县红十字会以机制创新为核心，人道救助为主线，围绕红十字事业改革发展，履行红十字会职责，动员广大会员和志愿者齐心协力，倾心服务群众，在社会赈济、卫生救护、志愿服务、预防艾滋病宣传、青少年辅导、无偿献血、人道救助和抗震救灾等领域发扬人道、博爱、奉献精神，多形式开展活动，为建设健康幸福大通发挥积极作用。县红十字会办公地点设在县卫生健康局，有工作人员1人。全县20个乡镇人民政府和部分村成立红十字会组织，有乡镇卫生院基层红十字服务总站27个，会员54人，志愿者95人。

【红会制度建设】　制定《大通县红十字会困难家庭重大疾病人道救助公益基金管理办法》，规范化管理人道救助申请、审核和监督工作。大通县“8·18”洪灾发生后，及时发出募捐倡议书，号召社会各界众筹募捐，统筹全县力量，及时将红十字救灾物资发放到户。印发《关于新冠疫情防控期间社会捐赠款物管理使用的通知》，加强疫情防控期间捐赠款物接收、管理，规范使用。按照县纪委《关于在新冠疫情防控期间捐赠款物接受管理使用中做到“八严禁”的通知》精神，做到捐赠资金规范管理并接受相关部门和群众监督。

**【社会捐款】** 制定《关于开展2022年度大通县“博爱一日捐”活动方案》，开展“博爱一日捐”募捐活动，募集捐款34.1万元。在全县发布腾讯“99公益日”红十字博爱惠民项目网上募捐活动，筹集5万元。“8·18”自然灾害发生后，累计接受捐赠款1547.38万元，物资727批次、40.21万件（箱、个、斤），折合1208万元。所有捐款捐物完成网上公示并加强入账管理。

**【人道救助】** 依托红十字救助平台，开展帮贫扶困专项救助工作。对辖区内大病、重病患者，认真审核申报材料、严格把关，按照程序进行大病救助，

2022年，县红十字会在桦林乡峡口等村开展应急救护培训（桦林乡供图）

救助辖区内13名贫困户大病、重病患者5.2万元。依托“天使阳光基金”项目，审核上报申请救助的先心病患儿5人。慰问帮扶“8·18”受灾群众，及时向群众送去救灾款物。根据西宁市红十字会关于开展红十字会“博爱、助学、助残、助老”活动要求，筛选救助贫困学生80人、残疾人60人、贫困老人60人，共计200人，发放救助金20万元。根据西宁市红十字会《关于印发在全市开展“关爱困难党员、共建博爱夏都”活动的通知》精神，筛选救助困难党员60人，发放救助金6万元。

**【红会宣传培训】** 以红十字博爱周、世界红十字日、世界献血者日等相关主题日为契机，举办广场宣传、社区培训等活动，向社会宣传《中华人民共和国红十字会法》《中华人民共和国献血法》以及防灾减灾、应急救护知识、无偿献血、无偿捐献造血干细胞知识及人体器官捐献知识，提高社会公众对红十字工作的知晓率及参与度。

（撰稿人：罗　芳）

DATONG

# 法治

YEARBOOK

## 地方立法

【《大通回族土族自治县乡村产业振兴促进条例》施行】

《大通回族土族自治县乡村产业振兴促进条例》（以下简称《乡村产业振兴促进条例》）启动于2021年9月，历经1年，于2022年3月3日大通回族土族自治县第十八届人民代表大会第二次会议审议通过，2022年7月27日经青海省第十三届人民代表大会常务委员会第三十四次会议审查批准，9月29日组织召开公布施行会，于2022年10月1日起正式施行。《乡村产业振兴促进条例》共26条，涉及粮食安全、种植养殖业、产业品牌建设、科技兴农、乡村旅游、园区融合发展等方面。这是青海省乡村振兴工作的一部创制性立法，也是全国首部县级乡村产业振兴促进方面的立法。

【《大通回族土族自治县施行〈中华人民共和国民法典〉结婚年龄的变通规定》施行】

2022年7月27日，在青海省第十三届人民代表大会常务委员会第三十四次会议上，批准完成《大通回族土族自治县施行〈中华人民共和国民法典〉结婚年龄的变通规定》（以下简称变通规定）的修订报批和公布实施工作，并同时废止《大通回族土族自治县关于实施〈中华人民共和国婚姻法〉结婚年龄的变通规定》。变通规定将法定结婚年龄修改为“具有本县户籍的少数民族结婚年龄，男不得早于二十周岁，女不得早于十八周岁”。

（撰稿人：鲁玉花）

2022年10月1日，《大通回族土族自治县乡村产业振兴促进条例》公布施行大会召开（县融媒体中心供图）

## 政法委与综治

【概况】 2022年，大通县委政法委坚持把党的绝对领导作为新时代政法工作的最高原则，不断加强党的建设，推进党风廉政建设、意识形态工作和创城工作。始终把维护国家政治安全放在首位，围绕县域社会治理现代化、防控化解社会风险、政法领域全面深化改革、巩固政法队伍教育整顿等重点任务，推进常态化扫黑除恶斗争，完成各项目标任务。全年主持召开全县政法工作会议、政法委员会会议、各类专题会11次，委务会7次，研究部署政法领域党建、党风廉政、意识形态和深化改革工作任务，履行主体责任。政法各单位开展“我为群众办实事”活动，打击整治养老诈骗及电信诈骗专项行动，制定乡村、社区疫情防控期间便民利民措施。依托《青海法治报》《青海政法》等前沿宣传阵地，利用“一点号”“青海长安网”“大通融媒”“大通政法”等新媒体客户端，及时发布政法工作举措、工作亮点、先进典型，提升群众对政法工作的知晓度和满意度。9月12日，县委、县政府授予王李卫等4人“见义勇为先进个人”荣誉称号。

【平安大通建设】 完善国家安全重点领域工作协调及相关工作落实机制，发挥县委国家安全委员会作用，强化应对管控措施，构筑坚固国家安全防线。强化信息收集、风险研判，维护各类重要时间节点的社会稳定。强化全民国家安全教育，开展“两反四防”斗争，确保社会安全稳定。健全防灾减灾和突发事件应急体系，完善和落实安全生产责任制，加强和改进食药安全监管，保护人民群众生命财产安全。持续推进安全生产专项整治三年行动，开展燃气、自建房等领域的专项整治，依托“互联网+执法”系统开展安全生产行政执法工作，全年未发生重特大安全事故。完善重大决策社会风险评估机制，精准研判防范化解各领域风险，持续深化政治、自治、法治、德治、智治相融合的市域社会治理方式。不断丰富“枫桥经验”大通实践，建立“一站式”矛盾纠纷多元化调解中心和全省首家公证调解室，努力将矛盾化解在基层。创新打造“数字乡村”工程。持续巩固拓展政法队伍教育整顿成果。常态化开展扫黑除恶斗争，荣获“全省扫黑除恶专项斗争先进集体”荣誉称号。

【维护社会稳定】 以中共二十大和省第十四次党代会胜利召开为主线，在防风险、除隐患、保安全上下功夫，抓落实，狠抓各项维稳措施落实，加强信息研判预警，有力有效做好舆情监测，持续排查化解各类风险隐患。完成中共二十大、全国两会重点时段等维稳安保工作，全县社会大局持续稳定向好。

2022年，桥头镇深化网格化服务管理工作推进会召开（县委政法委供图）

【社会综合治理】 深化平安建设基础工程，持续推进“雪亮工程”建设项目，建立县、乡（镇）、村三级综治中心，强化网格员队伍建设，打造网格化精细服务的工作运行机制。强化群防群治，筑牢平安稳定的第一道防线，完善重大事项社会稳定风险评估机制，构建以县“1496”矛调驿站为基础，以专业性行业性调解组织为补充的矛盾纠纷多元化解体系，推进市域社会治理现代化试点工作。创新拓展各项便民利民措施，持续深化“放管服”改革和“互联网+政务服务”，推进“健康服务共同体”，推行乡镇综合行政执法改革。创建商圈党建联盟，打造“枫桥式”派出所，打造一批示范性创新样板。精心构建共建共治格局，引导群众积极参与，全力解决平安建设难题。

【扫黑除恶】 按照《全县常态化开展扫黑除恶斗争巩固专项斗争成果重点工作分工方案》明确的总体要求、重点工作和责任分工，主动认领任务，把常态化扫黑除恶斗争引向深入。完善纪检监察、政法机关与行业主管部门常态化对接机制，建立常态化线索排查、登记、流转、核查反馈等机制，落实依法办理、舆论引导、社会面管控“三同步”机制。

（撰稿人：张玉霞）

## 依法治县与法治政府建设

【依法治县】 县委召开全面依法治县委员会第七次会议，审议通过《中共大通县委全面依法治县委员会2022年工作要点》，召开全面依法治县委员会办公室第三次会议，审议通过《大通县贯彻落实〈关于进一步加强市县法治建设的意见〉工作方案》等文件，召开县委依法治省办公室法治建设督察反馈问题安排部署会，梳理全县法治建设中存在的不足和薄弱环节，制定法治督察整改反馈问题整改方案，狠抓整改任务落实。深化“放管服”改革，实现政务服务体系县、乡镇全覆盖，全面优化营商环境，落实《青海省优化营商环境条例》，推出优化营商环境“硬核”举措10项，强化行政执法监督，审核行政执法资格184人、注销退休及调离行政执法人员资格34人。推进法律顾问工作，通过政府采购为全县党政机关单位聘请法律顾问54人，聘请职业律师担任311个村（社区）法律顾问，推进行政复议改革，受理行政复议申请7件、办结7件。深化司法责任制综合配套改革，实施省级职能改革，强化公益诉讼检察，提升执法执业规范化建设水平。实施“八五”普法规划，成立县“八五”普法讲师团，遴选乡村“法律明白人”980人、“学法用法示范户”200户。

【法治政府建设】 印发《大通县2022年法治政府建设工作要点》，落实法治政府建设年度目标任务，加快构建职责明确、依法行政的政府治理体系。印发《大通回族土族自治县人民政府法律顾问会商议政工作规则》《关于成立大通回族土族自治县行政复议咨询委员会的通知》《关于成立大通县人民政府法律顾问团的通知》，为全县各乡镇党委政府、县委各部门、县直各单位、各人民团体70家单位，统一聘请青海树人、青海竞帆等11家律师事务所的54名律师担任外聘法律顾问，要求各单位在重大行政决策、重大行政执法决定、行政复议、行政诉讼、矛盾纠纷调解等方面加强与法律顾问对接沟通，提升依法执政、依法行政能力和水平。履行县委全面依法治县委员会执法协调小组办公室工作职责，成立检查组深入各乡镇、各部门对习近平法治思想、行政执法“三项制度”、行政机关负责人出庭应诉等贯彻落实情况开展监督抽查，提升行政执法规范化建设水平。

（撰稿人：张　清）

## 公　安

【概况】 2022年，大通县公安局坚决维护社会治安大局持续安全稳定，完成中共二十大等安保维稳任务。全年受理各类案件7119件，审执结5829件，结案率81.9%，结收比102.4%，法官人均办案182.5件。其中，受理刑事案件216件，审结181件，破获刑事案件314起，抓获犯罪嫌疑人327人，抓获网上在逃犯罪嫌疑人53人；受理民商事案件4645件，审结3820件，受理各类治安案件1306起，查处912起，行政拘留144起268人，罚款处理190起243人，调解处理513起；受理执行案件2258件，执结1828件，执结标的3.25亿元；院庭长带头办结各类案件1857件，占结案数的31.9%。全年立集体三等功1人、个人二等功1人、个人三等功6人、个人嘉奖24人、成绩突出个人25人、全省维稳先进个人1人、市级军警民共建先进个人1人；桥头派出所、毛家寨派出所被评为市级文明单位，桥头派出所被评为“军警民共建先进单位”，治安大队被评为“大通县双拥先进集体”，大通县公安局团委获“大通县五四红旗团工委”荣誉称号。

【社会治安管理】 突出季节重点，实施动静巡防，按照警力跟着警情走的原则，每日组织值班备勤、专职巡逻警力在党政机关、重点部位、重要路段开展动态布警，力争抓获现行，有效压降发案。突出信息主导，实施精确打击，针对发案时间、发案区域、受害对象等案件规律，及时组织民警研判辖区发案特点和治安形势，安排警力在相关区域和时段连续开展巡逻、设卡等工作，提升控案及打击效能。年内交通事故警情、纠纷警情、殴打他人、治安盗窃、治安诈骗、赌博、强奸、故意伤害、故意杀人、刑事盗窃、电信网络诈骗、交通事故、道路交通刑事案件、醉酒驾驶、交通事故受伤、交通事故死亡等16项同比分别下降5%、11%、19.1%、26.5%、18.2%、15%、

2022 年 9 月 22 日，县公安局民警包振华宣传防诈骗知识（县公安局供图）

20%、30%、50%、34%、12%、4%、34%、33%、19%、54.28%。

【中共二十大安保维稳】 年初，在“2021 年工作总结暨表彰大会”上，副县长鲁云林将“做好中共二十大安保维稳工作”列为 2022 年大通公安工作的重中之重，围绕这一主题主线，提出 7 个大项、25 个小项重点工作，组织召开 8 次专题部署会，部署中共二十大安保维稳工作。从捍卫政治安全、聚焦风险防范、重拳打击犯罪等重点工作入手，开展危爆物品整治、消防安全检查、行业场所清查、矛盾纠纷化解、违法犯罪打击等工作，累计巡查重点部位 1485 处、重点单位 629 家次、废品收购站 132 家次、打字复印店 152 家次、加油站点 105 家次、沿街铺面 928 家次，滚动排查安全风险 128 处。对易肇事肇祸精神障碍患者、个人极端风险人员等，采取正面引导等多种手段落实管理措施。针对苗头性隐患问题，会同有关部门和辖区党委政府、村委（社区）等基层组织，落实行业部门防范化解风险主体责任，严防小矛盾引发大问题、小问题酿成大事端；针对重点物品管控，开展“拉网式”摸排。在中共二十大安保维稳中，分析、研判、化解各类矛盾纠纷 98 起，办理非法买卖、运输、储存危险物质行政案件 24 起 26 人，收缴各类烟花爆竹 532 件，收缴各类枪支 13 支、子弹 717 发、黑火药 2.5 千克、导火索 30 米、雷管 93 枚。对照法律规定、证据标准，重点审核案件定性是否准确、证据是否全面、办案程序是否合法，确保每一起案件出口时质量通过检验。1—11 月，处理行政案件处罚审批 263 起 768 人，持续深化刑事案件“两统一”，移送审查起诉刑事案件 220 起 294 人，提请逮捕 73 起 106 人。案件数同比下降明显。

【公共隐患排查整治】 以易引发事故的重点行业领域和同类企业集中的区域为重点，对辖区 128 家易制爆单位逐环节、逐岗位排查安全隐患和盲区盲点，发现、整改苗头性隐患 21 处。清查整治方面。以防火灾、防暴恐、防极端为重点，进一步严密旅馆住宿、娱乐场所、出租房屋等传统行业场所阵地控制，坚持重点检查和集中清查“两手抓”，在全县范围内开展起底式检查行动，检查旅店业 1.5 万余家次、出租屋 1.2 万家次、摸排梳理风险隐患 100 余处，并定期开展专项“回头看”行动。行业场所方面，对网约房、网约车、寄递物流、私人影院等新兴重点行业，聚焦安全措施完善、管理责任落实，对可能出现的枪支弹药网上买卖、侵害乘客租客、消费者人身财产安全等违法犯罪行为进行重点领域全方位督导检查，累计检查物流寄递企业 650 余家次、网点 500 家次、网约车代办点 2 家次、私人影院 7 家次，消除可能存在的风险点。道路交通方面，突出宁张公路沿线北川工业园区上孙家寨、后子河餐饮集中区和长宁、青铝生活区、黎明、小煤洞、塔尔、斜沟等路口路段，采取点段日巡夜查相结合、警城路警联勤联

动相结合、线上比对与线下查缉相结合、路面查纠与宣传警示相结合的“四结合”工作方法，加大对无证驾驶、饮醉酒驾驶、无牌上路、摩托车、电动车违规上路、非法载客等“六类不文明交通行为”整治，查处各类交通违法行为29236起，处罚15381人，暂扣机动车840辆，暂扣证件293本，粘贴违法告知单3598张，电子监控抓拍17825万起，记满12分63人次。

【打击刑事犯罪】　按照“防除降保”专项行动总体目标要求，围绕“四大任务”，梳理命案积案线索，推进命案积案攻坚，快侦快破八类严重暴力犯罪案件，提高案件破案率。全年破获现行命案2起、命案积案2起，破获“八类”案件40起。围绕影响民生、群众反映强烈的盗窃、“两抢”、诈骗等侵财案件，依托专业手段和技战法，落实专案侦查，打击系列团伙犯罪和职业犯罪群体，侦破侵财刑事案件220起。依托反诈中心，发布电信网络诈骗预警3639条，冻结账户金额1034.9万余元，止付3561.12万余元。5月，通过信息研判、循线追踪，打掉“帮信”犯罪团伙1个，抓获犯罪嫌疑人20余人。

【打击经济与毒品犯罪】　及时掌握社会舆情动态，依法稳妥处置涉众型经济犯罪受损群体风险。严厉打击金融、商贸、涉税等重点领域经济犯罪活动，破获经济犯罪案件8起，抓获犯罪嫌疑人5人，挽回经济损失101.75万元。破获涉毒刑事案件1起，抓获涉毒犯罪嫌疑人1人，查处吸毒违法行为人6人，其中强制隔离戒毒3人、责令社区戒毒3人。

【基层警务工作】　勤务指挥室根据警情特点有针对性地调整巡防布局，将现有警力投入警情多发时段和多发区域，最大限度提升巡逻工作的针对性和有效性；社区（农村）警务中队按照勤务指挥室指令就近开展警情处置、矛盾纠纷调解等工作，确保社区警务力量随时在线；执法办案中队紧盯群众反映强烈的盗窃、电信网络诈骗等违法犯罪，采取“线上+线下”工作模式，实现双端数据互通，全力压降发案率。全年派出所破获各类刑事案件104起，查处治安案件856起，分别占全局总量的36%、98.6%。

【联勤联防】　特巡警大队和派出所巡逻警将商业繁华区、居民区作为巡防重点，加大巡逻频率和密度，形成守点、护线、巡面，静态守卡、动态出警、快速反应、处置果断的防控格局。截至年底，在全县289个行政村设置警务点、22个社区居委会设置社区警务室。重要节点、重要时段，调动网格员开展基层治理、治安巡防等工作。

【城乡技防建设】　推进落实重点单位部位人防、物防、技防、制度防等措施。创新设立社区警务室，制定出台《关于建立以社区民警姓名命名警务室的通知》，在元朔社区、园北社区建成2个以社区民警姓名命名的警务室——小高（高乃仁）警务室、大鹤（马鹏鹤）警务室，通过以社区民警姓名命名的品牌警务室建设，助推大通公安品牌效应，以“矛盾不上交、平安不出事、服务不缺位”推动新时代“枫桥经验”在基层神经末梢落地见效。全年“110”报警服务中心接纠纷警情1801起，较2021年同期2033起同比下降11%。

【执法工作】　持续深化刑事案件“两统一”，移送审查起诉刑事案件224起299人，提请逮捕73起106人；发挥侦查监督与协作配合工作机制，加强与县人民检察院的沟通协调，推动检警合作，协同提升业务能力，与县检察院相关负责人开展案件移送审查起诉交流研讨，查阅刑事案件50起，提升执法监督与执法办案工作质效；成立大通县公安局执法办案管理中心建设领导小组，明确职责、完善机制、全面履职，确保各项建设工作扎实有序推进；与警务保障室协调配合，拟投入资金20万元，采购执法记录仪120部配发给基层一线办案民警，为实现执法全过程记录提供硬件保障，确保执法记录制度落实；印发《大通县公安局依法治县暨法治政府建设2022年工作要点》《2022年大通县公安局法制工作要点》，对全面深化执法监督管理机制，改进和加强新形势下公安执法工作、谁执法谁普法、法治绩效考核等各项法治工作进行再细化、再分解；主动服务统筹推进疫情防控和执法办案工作，办理涉疫行政案件47起89人，当场处罚96起141人。全年累计处理行政案件处罚审批815起225人。

（撰稿人：霍晓娟、汪苹福、鲍玉萍）

## 检　察

【概况】　2022年，大通县人民检察院依法忠实履行法律监督职责，各项检察工作稳中有进。年内县委专题审议印发《加强新时代大通检察机关法律监督工作的分工方案》。全年向县委、县委政法委和上级院党组请示报告检察工作、重大事项17件次。县人民检察院继续保持“全国文明单位”称号；被评为2020—2021年度省级“文明单位标兵”。

【刑事检察】　强化刑事立案监督，发出说明不立案理由通知书3份，监督撤案1件。强化侦查监督，纠正遗漏同案犯3人，纠正遗漏起诉罪行2起，发出书面纠正违法通知书3份，与公安机关会签《侦查监督与协作配合办公室工作办法》，共同推进监督与协作实质化运行。强化刑事审判监督，提出抗诉1件。争取法院支持，共同落实《关于人民检察院检察长列席人民法院审判委员会会议的实施办法（试行）》，检察长列席审判委员会会议。

【民事检察】　落实精准监督理念，以《中华人民共和国民法典》为指引，办理民事生效裁判监督案件1件、民事审判活动监督案件55件、民事执行活动监督案件75件，提出检察建议3份，有效维护司法公正和法律权威。

【行政检察】　发挥行政检察“一手托两家”双重监督作用，加大监督力度，办理行政检察监督案件17件。持续推进行政执法与刑事司法相衔接工作。落实行政检察监督依法护航民生民利专项活动工作部署，向行政机关提出检察建议2份，促进行政机关依法行政。

【公益诉讼检察】　突出办理生态环境和资源保护等公益诉讼案件63件，提起刑事附带民事公益诉讼案件1件，提出诉前检察建议14份，有效提升办案质效。强化跟进监督理念，对2020年办理的明长城保护公益诉讼案件进行“回头看”，得到县委、县政府和有关部门的合力支持，有损明长城本体的相关设施被拆除，恢复历史文物原貌。

【贯彻少捕慎诉慎押刑事司法政策】　牵头制定《关于贯彻落

2022年3月24日，县人民检察院开展“支持起诉助维权　民事检察护民生”主题宣传活动（县人民检察院供图）

实少捕慎诉慎押刑事司法政策办理轻罪案件若干问题的实施办法（试行）》，依法不批捕17人、不起诉21人、变更强制措施9人。深化落实认罪认罚从宽制度，规范适用宽严相济政策，犯罪嫌疑人自愿认罪认罚238人，适用率91.5%。提出量刑建议188份、采纳率99.5%，一审服判率95.4%。

【检察监督】　向县人大常委会专题报告未成年人检察工作，加强与人大代表、政协委员联络，办理审议意见，落实工作建议，自觉接受县人大常委会对任职人员述职评议。聘请人大代表、政协委员等各界人士25名担任听证员，组织检察听证12件次，邀请人民监督员监督检察办案活动20件次。主动接受县纪委监委派驻纪检组监督，健全完善内部执法办案监督制约机制。在各类媒体发表宣传稿件130余篇，在“12309”中国检察网公开法律文书161份、案件程序性信息280条。

【未成年人检察】　持续落实“一号检察建议”，坚持打击、保护、预防、教育并重，年内起诉侵害未成年人犯罪41人，起诉涉罪未成年人9人，不起诉2人，封存犯罪记录9人，法律援助6人，心理疏导5次。与县有关部门细化落实侵害未成年人案件强制报告工作，协同公安机关对宾馆、酒吧等场所开展专项治理。创建“花开北川”大通未成年人检查工作品牌，开展“青春引航　矫护明天”未成年人社区矫正、检察开放日、法治进校园等活动，倾情守护未成年人成长。

（撰稿人：马玉梅）

## 法　院

【概况】　2022年，大通县受理各类案件7119件，审执结5829件，结案率81.9%，结比率102.4%。县人民法院被命名为“全国青少年维权岗”，塔尔湾法庭“打造枫桥式人民法庭”服务基层社会治理典型案例入选最高人民法院第四批新时代人民法庭建设案例，1篇论文获得全国法院第七次少年法庭工作会议优秀论文奖。

【刑事审判】　推进扫黑除恶工作常态化，开展打击整治养老诈骗及电信诈骗专项行动。依法严惩“盗抢骗”“敲诈勒索”等案件17件17人，依法审理危险驾驶犯罪案件80件82人，交通肇事案件23件23人。严厉打击非法采矿1件2人。公开开庭审理大通县首例高空抛物罪、变造身份证件罪等案件。落实宽严相济认罪认罚的刑事政策，对46人依法适用缓刑。严厉打击各类刑事犯罪，全年累计受理刑事案件216件，审结181件。

【民商事审判】　做好矛盾纠纷化解，调撤案件2687件。强化财产保护，妥善审结合同类纠纷2978件，权属、侵权等案件338件。保护老人、妇女儿童合法权益，审结婚姻家庭、继承类等案件1255件。高度重视“三农”案件审理，审结农民工追索劳动报酬、拖欠工程款等

2022年6月27日，县人民法院创新家事审判方式，举行聘任亲子协调员颁证仪式（县人民法院供图）

案件679件。针对在案件审理中审查程序不严等问题，向有关部门及企业发出司法建议书5份。全年累计受理民商事案件4645件，审结3820件。

【执行案件】 强化执行指挥中心实体化运行，建成“统一管理、统一指挥、统一协调”执行办案平台。开展“一案双查”“清理执行积案”“涉民生”等专项行动，对50笔长期未发放、11笔长期未认领的案款、24件长期未结案件进行专项清理执行，执结涉民生案件标的143.78万元。加大司法救助力度，报请县委政法委对24件涉民生案件当事人发放司法救助金24万余元。加大失信惩戒力度，将614名被执行人纳入失信人名单，限制高消费859人。全年累计受理执行案件2258件，执结1828件，执结标的3.25亿元。

【非诉讼纠纷调解】 发挥“小法庭”服务“大民生”职能，塔尔湾法庭立足基层实际，创“分+优+教”“午+黑+联络点”“诉前调解+多方联动+巡回审判”“社区+学校+企业”4个“三+”工作模式，实现立案无障碍、司法服务不打烊、矛盾化解在源头和普法全覆盖。坚持把非诉讼纠纷解决机制挺在前面，强化诉前调解工作，3名特邀调解员调处案件158件。通过“诉前调解+司法确认”和繁简分流、快慢分道的“分调裁审”工作模式，化解矛盾纠纷176件。城关法庭成功调处引大济湟工程民事纠纷案件，护航青海省一号水利工程顺利实施。与中国人民银行大通县支行等共同创建“金融纠纷调解中心”，聘用2名专业金融纠纷调解员，调解案件15件，建立“法院+金融”双向联动机制。向社会公开优化营商环境承诺书和监督电话，在微信公众号开设《优化法治化营商环境》专栏。定期开展优化营商环境座谈会，妥善审理涉企案件432件，与县工商联共同设立“优化营商环境工作室”，以司法方式助力“商人纠纷商人解”。

【重点案件评查】 强化院（庭）长“静默式”监督管理职责，加强审判流程管控、审限管理和重大案件监督管理。督促监管8件“四类案件”（重大、疑难、复杂、敏感的案件；涉及群体性纠纷或引发广泛关注，可能影响社会稳定的案件；可能与本院或上级法院的类案裁判发生冲突的案件；有关单位或个人反映法官有违法审判行为的案件），跟踪监管和督促36件长期未结案件，对4284件触发风险防控点案件进行提示、预警。推进“三评查一审核”工作机制，重点案件评查78件、庭审评查124件、裁判文书评查371件、结案审核5829件。速裁案件平均审理天数22天，缩短三分之二的法定审限。

【智慧法院建设】 推广人民法院在线诉讼服务平台、保全平台等运用，引导当事人及律师通过网上提交证据，做到“让数据多跑路，让群众少跑腿”。疫情防控期间，智慧法院网上立案4762件，互联网开庭85件，网上调解259件，电子送达9560次，网上缴费2484笔。利用“智能云柜”流转诉讼材料6430次。

（撰稿人：马　萍）

## 司法行政

【概况】 2022年，大通县有县级“一站式”矛盾纠纷调解中心1个、乡镇公共法律服务工作站20个、村（社区）公共法律服务室311个。各类人民调解组织成功调解各类社会矛盾2160件，办理法律援助案件514件。县有各类律师事务所9家，有律师59人。普法宣传活动中制作发放宣传资料、宣传品12万份（册），举办集中学习18次，开展“公共法律服务　精准普惠为民”主题宣传月活动，发放宣传折页300余份、法治宣传品500余份，接受教育受众2200人次。年内5名司法干部完成职级晋升，新招录4名司法干部。

【普法宣传】 结合“12·4”国家宪法日暨“宪法宣传周”、全民国家安全教育日、《中华人民共和国民法典》宣传月等重要时间节点，开展《中华人民共和国反有组织犯罪法》《中华人民共和国家庭教育促进法》《中华人民共和国法律援助法》和预防电信网络诈骗、打击整治养老诈骗、创建全国文明城市等主题宣传，制作宣传资料12万份（册）。强化重点普法对象法治意识，落实党委（党组）学法、年终述法制度，组织科级领导干部法律知识任职考试和国家工作人员网络学法用法竞答，为全县36所中小学校聘任法治副校长、法治辅导员72人，利用“开学第一课”等形式开展预防校园欺凌等宣传活动，联合统战民宗部门在广惠寺等宗教活动场所开展法治宣传，增强宗教教职人员和信教群众尊法学法守法用法意识。推进网络媒体普法，制作《中华人民共和国民法典》微视频，通过新媒体推送法治宣传图文信息、微视频150余条。深化基层部门行业依法治理，推荐申报省级“民主法治示范社区”1个、“尊法学法守法用法示范寺观教堂”6个，培育乡村“法律明白人”980人、“学法用法示范户”200户。成立全县“八五”普法讲师团，聘任12名从事法务工作的专业人员及县内知名律师下沉乡镇部门单位开展法治讲座等宣传活动。

【执法监督】 强化行政执法人员动态管理，印发《关于做好大通县统一行政执法证件标准样式实施工作的通知》，强化行政执法人员资格和行政执法证件动态监管，要求行政执法人员持证上岗、亮证执法，杜绝无证执法现象。审核确认具备执法证申领资格109人，70人通过执法证资格考试，通过率77.8%。根据《大通县2021年度行政执法案卷评查工作实施方案》，委托第三方对15家行政执法单位办结的404卷行政处罚、行政许可及行政强制案卷进行评查，组织召开专题会议，通报案卷评查结果、查摆问题、分析原因，明确整改方向和具体措施。全年举办依法行政培训班4期，邀请法学专家、执业律师围绕《中华人民共和国行政诉讼法》《中华人民共和国行政复议法》《中华人民共和国行政处罚法》以及行政规范性文件制定等内容讲座授课，参训干部429人次。

【复议应诉】 贯彻落实国家和省、市行政复议体制改革工作要求，按照《中华人民共和国行政复议法》《中华人民共和国行政诉讼法》开展工作。年内受理行政复议申请7件、办结7件，协调办理县政府为被告的行政诉讼案件12件、民事诉讼案件3件。行政执法监督中，落实行政复议和行政败诉责任追究制度，增强规范行政执法意识，提高行政执法水平。

【公共法律服务】 建立形成大通县“一站式”矛盾纠纷调解中心、20个乡镇公共法律服务工作站、311个村（社区）公共法律服务室的三级公共法律服务平台，为群众提供“一站式”综合性法律服务，安排律师、法律服务工作者解答法律咨询。推行“一村（社区）一法律顾问”工作，采取政府采购方式，与9家律师事务所59名律师签订一村（社区）一法律顾问服务合同，311个村（社区）聘请法律顾问实现全覆盖。建立学校、总工会、残疾人联合会、妇女联合会等法律援助工作站40个、村（社区）法律援助联络点311个，形成城市半小时、农村一小时法律服务圈。开通法律援助绿色通道，对寻求法律援助的未成年人、欠薪农民工、残疾人和老年人免于经济困难条件审查，随时办理、优先咨询、简化手续等受理程序，及时提供法律援助服务。年内办理援助案件514件，其中刑事94件、民事420件。基层人民调解组织在重要时间节点开展集中排查，落实矛盾纠纷排查化解情况日报告、周分析研判制度，全年开展矛盾纠纷排查21730次；调处各类矛盾纠纷2165件，调处成功2160件，调解成功率达99.67%。与县人民法院对接诉前调解工作，受理诉前调解案件176件并全部结案，调解成功101件，未发生重大复杂群体性上访事件。律师事务所采取“一案一卷、一卷一评”方式，对2022年已结法律援助案件对照标准自查，逐项进行案卷质量评估。9月27日，大通县“一站式”矛盾纠纷调解中心揭牌运行，中心设立法律咨询、人民调解、法律援助、信访接待4个服务窗口，另设综合调解、纪检接访、医患纠纷、涉诉涉法、心理辅导等专业调解工作室，开通“12348”法律服务热线，聘请律师、法律服务工作者担任调解中心首席人民调解员，负责咨询、接待、受理、调解、诉讼代理等。全县20个乡镇成立“一站式”矛盾纠纷调解中心。公证调解室公证当事人在遗产继承、财产约定、子女扶养协议等事项中提供免费调解服务，受理调解案件85件，涉案金额4856万余元，调解成功85件，成功率100%。发挥公证预防纠纷、减少诉讼的作用，办理公证事项1404件，其中民事类公证事项1403件、经济类公证事项1件。

【社区矫正】 依法依规开展社区矫正工作，加强重点人员教育管理，全年开展集中教育6732人次、社区服务584人次，走访矫正对象801人次，风险评估664人次，接收社区矫正对象97人，解除136人，在册社区矫正对象无脱管、漏管现象。建立定期走访制度，走访社区矫正对象、刑释人员，了解基本情况，及时掌握思想动态。加大执法巡查力度，增加重点人员、重点时段巡查频率，将平台巡查与电子监控相结合，加大安全隐患排查力度。组织开展社区矫正对象指纹人脸点验，面对面谈话教育，帮助社区矫正对象完成缓刑考验期。

（撰稿人：张　清）

DATONG

# 军事

YEARBOOK

## 人民武装

【概况】 2022年，大通县人民武装部（以下简称县人武部）党委坚决贯彻习近平主席和中央军委决策部署，贯彻落实警备区党委和县委指示要求，按照“铸魂、强能、夯基、求进”工作思路，突出首位抓根本、突出中心抓任务、突出安全抓建设、突出党性抓作风，以坚定决心和务实作风推进各项工作落实，全面建设取得新成绩新进步。

【思想政治建设】 2022年，县人武部落实党委每月集中理论学习制度，抓好个人自学、辅导授课和专题研讨，深学深悟习近平新时代中国特色社会主义思想特别是习近平强军思想，及时跟进学习习近平主席重要讲话精神，分专题完成党委理论学习中心组学习。聚焦“忠诚维护核心，矢志奋斗强军”深化主题教育，统筹抓好“学思想、铸忠诚、担使命”和“为基层办实事”实践活动。开展学习贯彻中共二十大精神系列活动，集中收看中共二十大开幕会直播，同步观看《领航》等专题片，开展“四个不能辜负”专题教育，推动理论学习走深走实。创新民兵政治教育方式方法，开展民兵政治教育群众性练兵比武。建强民兵文化宣传小分队，发挥“五队”作用，到基层宣传宣讲，营造对党忠诚、向战务战的浓厚氛围。

【应急能力建设】 2022年，县人武部修订各类行动预案，完善“三室两库”建设，升级改造战备物资器材库和指挥室可视会议系统，购置训练器材和战备装具。组织新任武装部部长、专武干部、民兵骨干集中培训，桦林乡武装部部长胡新忠在省军区专武干部集训中获手榴弹投掷第二名和“四会”教学法第三名，受到上级党委首长的肯定和表扬。分批次完成基干民兵集中轮训备勤，组织带领民兵完成朔北藏族乡、桥头镇火灾扑救和支援城东、大通疫情防控等急难险重任务。在“8·18”山洪灾害中，出动民兵、动用各类车辆，历时13天完成失联群众搜救、转移及灾区清淤等任务，受到省军区和地方领导高度赞扬。

【国防动员】 2022年，县人武部贯彻落实民兵建设“十四五”规划，优化编组方案，多次召开动员会、推进会、检讨会，研究分解细化任务，完成全县基干民兵和普通民兵的编组任务。落实一年两征改革任务，组织应征青年体格检查和政治考核，高标准完成新兵征集任务。坚守廉洁底线，做到腐败行为零容忍、组织征召零差错、优秀优先零遗憾。协调县委、县政府财政支持，累计投入40万元，完善基层武装部“三室一库”建设，全县20个乡镇武装部均在“三星级”以上。联合考核各乡（镇）党管武装工作，常态落实党委议军、集中办公等制度，印发《基干民兵预建党组织实施办法》，强军兴武氛围更加浓厚。

【军民共建】 2022年，县人武部贯彻《关于加强新时代全民国防教育的意见》，利用民兵整组、征兵宣传等时机，开展国防法规和兵役政策宣传，主动协调驻地党政部门开展全民国防教育。落实脱贫攻坚责任，与景阳镇寺沟村党支部结对，常态开展帮建援建活动，立足寺沟村优势资源和文化底蕴，投入5万元，因地制宜发展矿泉水厂村集体产业，持续巩固兜底。持续抓好“双清单、三助力”工作，形成军地互办实事清单。筹措资金，慰问在边境一线服役的官兵家属，联合县退役军人事务局集中为立功受奖官兵家庭送去喜报和慰问金。

## 驻军部队

【概况】 2022年，驻军部队深入贯彻习近平新时代中国特色社会主义思想、习近平强军思想，践行全心全意为人民服务的根本宗旨，在抓好核心战备

训练任务的同时，不断夯实群众基础，开展军民共建和扶贫帮困活动，巩固军民鱼水情，融洽军地双拥关系。

【国防教育】 9月，驻军部队组织80名官兵代表与驻地党政机关和企事业单位到大通县城关烈士陵园扫墓，缅怀革命先烈；投入50余万元，为八一爱民学校援建国防教育设施、军事体验场等；派出教官为驻地学校义务军训，在训练期间组织学生开展国防教育，不断增强广大学生关心国防的责任感和使命感，推动全民增强国防意识。

【军民共建】 2022年，驻军部队投入8.4万元，开展捐资助学活动，资助2个帮扶村、4所驻地学校共104名家庭贫困品学兼优学生。投入30万元，继续帮助长宁镇西村、逊让乡尕漏村完成乡村振兴工作。为尕漏村购置垃圾箱，改善村容村貌，与贫困户签订农产品供销协议，消费帮扶投入资金8万余元，收购驻地生产的土豆、牛羊肉等农副产品；派出医疗分队，为西村、尕漏村村民开展义诊活动，发放价值2万元的常用药品；为尕漏村、西村党支部购置电视、电脑等办公物资。春节前夕，部队领导分别走访公安、教育、人事、退役军人事务等部门，交流沟通军地协作、军民共建等工作。派遣慰问小分队到驻地敬老院看望孤寡老人，送去米、面、油和水果等物资。八一建军节前夕，大通县委、县政府主要领导到部队慰问官兵。

## 武警中队

【概况】 2022年，武警西宁支队执勤三大队大通中队（以下简称武警大通中队）主要担负大通县看守所外围武装警戒勤务和大通县城联勤武装巡逻及处突维稳任务。中队在上级党委和县委、县政府、县公安局领导及各行政、企事业单位和人民群众的关心支持下，完成各项工作任务。

【安全保卫】 2022年，武警大通中队完成春节、两会、清明节、劳动节、端午节、国庆节等节日节点时期武装巡逻勤务，担负并完成中共二十大安保联勤武装巡逻任务，协助县公安局在县城主要街道、繁华场所进行武装巡逻，为大通人民营造安乐祥和的生活、工作环境构筑坚实屏障。8月17日晚，大通县因瞬间强降雨引发山洪泥石流灾害，武警大通中队第一时间启动应急响应机制，派出官兵赶到灾区救援，抢抓救援黄金时间，营救被困群众2人，转移受灾群众50人，参与挖掘遗体4具，运输生活物资8400千克，转移群众财产50件，挽回财物价值4万余元。

【助贫帮困】 2022年，武警大通中队始终坚持开展捐资助学和帮助受灾群众活动。官兵捐出价值7000余元的财物，资助贫困失学学生和家庭。落实“武警春蕾计划”，为贫困女童捐款3000余元，在“8·18”大通县山洪抢险中，为受灾地区群众捐款4000余元。

DATONG

# 经济管理

YEARBOOK

## 宏观经济调控

2022年1月18日，大通县召开城乡人居环境整治拆迁工作部署会议（县融媒体中心供图）

【概况】 2022年，大通县完成地区生产总值140.3亿元，同比增长1.5%。其中，完成第一产业增加值24.3亿元，同比增长4.7%；完成第二产业增加值75.2亿元，同比增长2.1%；完成第三产业增加值40.8亿元，同比下降1.6%。完成固定资产投资同比下降37.6%；完成地方一般公共预算收入8.3亿元，同比下降12.8%；完成社会消费品零售总额12.2亿元，同比下降14%；完成全体居民人均可支配收入2.64万元（城镇居民人均可支配收入3.79万元，同比增长2.4%；农村居民人均可支配收入1.59万元，同比增长6%）；居民消费价格指数为2.3%。县发展和改革局内设办公室、发展规划室、经济协作室、商务流通室、科学技术室、价格监测室、项目统建室7个业务办公室，下属县发展改革重点项目服务中心、县价格认证中心、县科学技术服务中心、县服务业发展指导中心、县农村电商服务中心、县中小微企业服务中心6个公益一类事业单位。局机关有干部职工75人，其中公务员19人、工勤人员1人、事业编制36人、挂职1人、从其他单位借入3人、政府雇员5人、临聘人员8人、“三支一扶”1人、编外人员1人。

【乡村振兴战略实施】 制定《大通县2022年东西部协作工作要点》，组建青海数字乡村建设集团有限公司和控股的青海数字乡村管理运营公司。全年实施东西部协作项目9个，均涉及产业类项目，安排协作资金4360万元，引导社会资本投入6100万元，投资总额突破1亿元。制定《2022年大通县促进东西部协作消费帮扶、引进企业的若干措施》，拓宽销售渠道，引导东部企业在大通县落地兴业。将大通特色农产品和特色手工艺产品持续销往东部地区，实现销售额2512万元。制定2022年驻村工作队帮扶工作计划，与黄家寨镇陈家村25户帮扶户建立帮扶关系。整合20万元用于联点乡镇、村、社区地质灾害防患、人居环境改造及基础设施建设。

【深化改革】 按照国企改革三年行动实施方案要求，起草完成《大通县国有企业重组整合方案》，以青海通跃建设工程有限公司为主，成立大通县通跃国有资产运营集团公司。开展项目谋划生成“三百千万四率”行动，谋划生成一批符合大通资源禀赋、发展条件、产业基础和社会需求的重大项目，不断完善大通县重大项目谋划生成储备库。全年储备项目327项，涉及城乡人居环境建设、老旧小区改造等11个领域，项目储备规模和投资规模均高于往年度水平。

【重大项目建设】 围绕乡村振兴、黄河流域生态保护和高质量发展、双碳经济、“四地”“两体系”建设、城市更新等方面，结合大通发展实际，实施一批符合县域经济发展和人民群众现实需求的重大项目，涉及城乡人居环境建设、防水排涝、老旧小区改造、环境改善、基础设施提升等 11 个领域。对项目前期及推进工作任务进行分解落实，执行重点项目县级领导包保责任制和“周检查、旬协调、月督办”项目工作机制，推进项目建设。拓宽专项资金争取渠道，提升项目有效投资，解决建设资金不足导致项目进度缓慢等问题，与省、市衔接沟通，争取落实中央预算内、债券等各类资金 39.92 亿元。

### 2022 年大通县 5 亿元以上重大项目一览表

表 1 单位：亿元

| 序号 | 项目 | 性质 | 建设内容 | 建设期限 | 建设地点 | 总投资 | 2022 年计划完成投资 | 责任单位 |
|---|---|---|---|---|---|---|---|---|
| 1 | 大通文旅城开发 | 新建 | 建设集医疗康养、文化教育、旅游休闲和居住于一体的综合性新区 | 2022—2023 | 东部新城 | 150 | 1 | 县发展和改革局 |
| 2 | 中铝青海分公司电解槽改造 | 新建 | 全面升级改造在运行的 240kA 电解槽为 600kA，以满足电解铝企业能耗要求 | 2022—2025 | 北川工业园区 | 30 | 0.3 | 北川工业园区 |
| 3 | 大通县城关镇至东峡镇道路建设 | 改建 | 25 千米路基、路面及防护工程 | 2021—2022 | 城关镇、东峡镇等 | 25 | 0.1 | 县交通运输局 |
| 4 | 西宁综合保税区开发投资有限公司西宁综合保税区进出口加工基地 | 续建 | 占地面积 24.29 万平方米，主要建设物流加工厂房、物流库、标准化厂房及地块内道路围墙绿地配套附属设施等 | 2020—2023 | 北川工业园区 | 21.7 | 3 | 北川工业园区 |
| 5 | 706 厂区综合开发利用 | 新建 | 总建筑面积约 33 万平方米 | 2022—2024 | 桥头镇 | 20 | 2 | 县住建局 |
| 6 | 青海万合地产有限公司总部科创基地一期 | 续建 | 总部科创基地项目一期规划总用地面积 16.18 万平方米，新建建筑面积为 26.08 万平方米，其中 A 区（企业办公）建筑面积 5.31 万平方米、B 区（配套服务区）建筑面积 2.31 万平方米、C 区（专家公寓）建筑面积 2.23 万平方米、F 区（科创中心）建筑面积 6096 平方米、总部运营中心（产业服务类）建筑面积 8300 平方米、商业综合体（综合服务类）建筑面积 63225.88 平方米、活动中心（产业服务类）建筑面积 6972 平方米、孵化中心（产业孵化类）建筑面积为 4.14 万平方米、地下建筑面积 2.87 万平方米 | 2020—2022 | 北川工业园区 | 13.22 | 1 | 北川工业园区 |

续表1

| 序号 | 项目 | 性质 | 建设内容 | 建设期限 | 建设地点 | 总投资 | 2022年计划完成投资 | 责任单位 |
|---|---|---|---|---|---|---|---|---|
| 7 | 大通县乡镇污水治理 | 新建 | 新建东峡镇、景阳镇、多林镇、新庄镇、桥头镇、城关镇、塔尔镇、景阳镇、多林镇、新庄镇、黄家寨镇、长宁镇、良教乡、斜沟乡、极乐乡、逊让乡周边村庄污水设施建设及配套管网等相关附属工程 | 2022—2025 | 大通县 | 11.91 | 0.5 | 县住建局 |
| 8 | 大通县双桥怡园（一号桥—二号桥）综合开发 | 新建 | 计划对双桥怡园周边进行综合开发改造，拟开发建设面积20万平方米及配套绿化、亮化、给排水管网等相关附属设施 | 2022—2025 | 桥头镇 | 10 | 2 | 县住建局 |
| 9 | 大通县城2号地块旧城及棚户区改造项目（香山明珠） | 续建 | 建设规模16.44万平方米 | 2017—2022 | 桥头镇 | 7.46 | 0.6 | 县住建局 |
| 10 | 国家级青少年高原运动体育训练综合基地 | 新建 | 建设国家级青少年高原运动综合训练基地，占地33.33公顷 | 2022—2023 | 东部新城 | 7 | 0.3 | 县文体旅游局 |
| 11 | 大通北川工业投资发展有限公司青海省高新技术产业园铝镁合金材料产业园项目标准化厂房工程 | 续建 | 计划入驻四川广鑫铝业有限公司年产5万吨铝型材、浙江保康轮毂有限公司年产100万只铝合金轮毂等项目 | 2017—2022 | 北川工业园区 | 6.36 | 2.02 | 北川工业园区 |
| 12 | 青海润储实业有限公司青海西北绿色建材综合产业园 | 续建 | 宁张公路15千米处西侧建设占地19.78万平方米的建材综合产业园1处，产业园总建筑面积16.42万平方米 | 2020—2022 | 北川工业园区 | 6.05 | 2 | 北川工业园区 |
| 13 | 大通县华地源泉佳苑商业住宅小区二期建设 | 续建 | 建设规模10.50万平方米 | 2021—2023 | 桥头镇 | 6 | 0.8 | 县住建局 |
| 14 | 大通盛锦华庭二期建设 | 续建 | 建设规模11.45万平方米 | 2019—2022 | 桥头镇 | 5.5 | 0.8 | 县住建局 |
| 15 | 大通县10#地块旧城及棚户区改造天府广场建设 | 续建 | 建设规模19.08万平方米 | 2016—2022 | 桥头镇 | 5.44 | 0.73 | 县住建局 |
| 16 | 大通万兴壹号公馆（8#—11#楼） | 续建 | 建设规模14.51万平方米 | 2016—2022 | 桥头镇 | 5.08 | 0.6 | 县住建局 |

续表1

| 序号 | 项目 | 性质 | 建设内容 | 建设期限 | 建设地点 | 总投资 | 2022年计划完成投资 | 责任单位 |
|---|---|---|---|---|---|---|---|---|
| 17 | 青海俊富环境修复有限公司年产1亿套无灌溉植树装置生产线 | 新建 | 该项目规划总占地面积约12.67公顷，新建联合厂房、成品仓库、预留车间、办公楼（2层）、综合站房，员工宿舍的建设其他工程和输送通道、安全通道等，同时购置123台（套）主要设备，建成后实现年产1亿套无灌溉植树装置 | 2021—2023 | 北川工业园区 | 5 | 1 | 北川工业园区 |

（撰稿人：张　璐）

## 自然资源管理

【概况】　2022年末，大通县有耕地面积45308.29公顷、园地面积0.26公顷、林地面积167079.96公顷、草地面积61821.96公顷、湿地面积857.93公顷、城镇村及工矿用地11176.68公顷、交通运输用地1719.56公顷、水工建筑用地99.38公顷。有矿产资源30种，各类有效期内持证矿山2个。县自然资源局挂县自然资源确权登记局牌子，统一领导和管理县林业和草原局。自然资源局内设办公室、规划利用一室、规划利用二室、矿产管理室和项目办5个设机构，下属土地统征储备中心、不动产登记服务中心，城乡规划服务中心3个事业单位和国土资源执法大队1个参公单位。局机关核定编制13人，有工作人员13人。局机关及所属事业单位核定总编制57人，有在册干部48人。

【耕地保护】　2020年国土变更调查结果显示全县有耕地45700公顷，按照“耕地总量不减少、质量有提高”目标要求，每年和乡镇、村层层签订目标责任书，并对各乡镇及相关部门耕地保护责任目标履行情况进行集中考核。强化耕地保护责任落实。根据《大通县耕地保护责任目标考核办法》，履行永久基本农田特殊保护制度，完成辖区内永久基本农田保护面积39266.67公顷，对重大项目进行永久基本农田核实调整补划工作。开展问题图斑外业核实，完成省厅下发的671个牛羊育肥（养殖）问题图斑外业核实，将问题台账和整改情况上报至省厅。对省厅下发555个耕地“非农化”问题图斑进行核实，并建立台账，整改完成50个图斑，剩余505个图斑按照整改时限有序推进。

【建设用地保障】　为大通“8·18”山洪灾害安置区住房建设、大通县一、二、三产融合示范产业园、引大济湟西干渠等项目完成土地征收120公顷，累计发放征地补偿款6937.8万元。向上级自然资源主管部门申请并获得大通县“8·18”山洪灾害搬迁安置先行使用土地批复。2022年省政府批准西宁市餐厨垃圾、西宁市G227线至和佛湾连接线道路工程2个单独选址建设项目，面积14.57公顷，向市自然资源和规划局上报8个批次48.80公顷，向省自然资源厅上报3个批次2.80公顷。全年办理土地初审及预审69宗68.04公顷。做好土地供应，全年划拨土地5宗103.40公顷，上缴划拨价款3764.44万元；出让国有建设用地4宗6.48公顷，上缴土地出让价款2085.83万元。做好城乡建设用地增减挂钩，省自然资源厅批准《大通县新庄镇上山村等3乡镇4村城乡建设用地增减挂钩项目区实施规划（2021—2023年）》和《大通县宝库乡俄博图村等6乡镇8

村城乡建设用地增减挂钩项目区实施规划（2021—2023年）》，获得新建预留区指标87.01公顷。做好设施农业审查及系统备案，通过开展项目用地实地踏勘、项目可行性分析等工作，2022年设施农业备案54宗44.51公顷。

【国土空间规划编制】 在完成9个专项课题研究成果的基础上，持续研究大通在空间格局、生态保护、产业发展等方面重大问题，并形成《大通县国土空间总体规划》阶段性规划文本、图件等成果。持续推进“多规合一”村庄规划编制工作，前期开展的16个村的“多规合一”村庄规划编制工作中，编制完成逊让乡八里村、东峡镇田家沟村村庄规划并报县政府审批，剩余14个村庄在开展专家审查工作，2022年开展的11个村庄规划形成初稿。

【“三区三线”划定】 完成大通县生态保护红线划定工作，划定生态保护红线面积114918公顷，占县域面积的36.37%。根据划定规划对城镇开发边界划定工作进行调整优化，划定大通县县域城镇开发边界围合面积3610.51公顷，划入城镇开发边界内现状建设用地2653.51公顷，新增城镇开发边界规模560.77公顷，是现状城镇建设用地的1.35倍。根据省市自然资源主管部门指标要求，划定耕地保护目标面积45206.67公顷、永久基本农田保护面积39266.67公顷。

【建设项目方案审批】 落实方案审查程序和要求，及时上报规划审批委员会会议审议。完成建设项目规划方案审查12项，上报县规划委员会会议审议2次，审议通过《大通县“8·18”灾害青山乡沙岱村、青山村受灾群众集中搬迁安置建设项目规划设计方案》《大通县“8·18”灾害青山乡利顺村、龙卧村受灾群众集中搬迁安置建设项目规划设计方案》等10项内容。依托青海省投资在线审批监管平台开展线上审批工作，线上事项办结量60件，其中办结乡村建设规划许可证23件、建设项目用地预审与选址意见书8件、建设用地规划许可证8件、建设工程规划许可证21件。制定《大通县城乡规划审批委员会工作规则》，明确县规划审批委员会机构设置及工作职责、审议事项、议事制度，细化议事程序、议事规则、监督制度。

【国土调查】 2021年自然资源部下发国土变更调查图斑1815个，县自然局自提图斑111个，通过外业举证、内业核实调查，及时将成果上报自然资源部。贯彻落实耕地保护和占补平衡制度，按照上级下发工作底图，结合水利、气象、生态环境等相关部门的数据成果，完成自然资源部下发的耕地后备资源图斑外业举证、内业核实工作，通过省自然资源厅验收，上报至自然资源部。

【国土资源执法监察】 2022年自然资源部下发土地卫片148个，完成外业核查和内业判定工作，判定违法图斑30个，立案查处7个，移交相关部门处置23个。继续推进农村乱占耕地建房问题排查及新增问题整改。2022年下发摸排图斑164个，其中不纳入摸排范围图斑149个、纳入摸排范围图斑15个（住宅类8个图斑8宗、公共服务类5个图斑5宗）。对新增的27宗问题图斑进行整改，整改完成10宗。协助配合国家土地例行督察，2022年西安局下发的历年需整改162个问题中，整改完成96个，正在整改66个（核减重复问题后，实际未整改到位37个）。2021年耕地保护督察下发需整改的132个问题，整改完成63个。对历年的18个问题图斑及6个反弹问题图斑，及时督促各乡镇及相关部门进行整改。开展日常动态巡查工作50余次，依法下达责令停止和责令改正违法行为通知书30余份，发现非法挖砂行为3起，立案查处3起，移交公安机关1起，收缴罚没款3.9万元。开展规划执法检查工作，从源头上控制建设项目违法行为，2022

年完成良教乡中心学校教学楼等33个建设项目定位放线验线工作，完成欣阳广场等4个项目规划核实工作。规划执法检查发现涉嫌违法建设行为13起，对5处违法建筑下发违法建筑告知书，对4处违法建设行为下发停工通知书，查处违法建设行为4起，收缴罚款233.4万元。

【地质灾害防治】 编制印发《大通县2022年地质灾害防治预案》，逐级签订目标责任书。建立健全重要气象预警接收和响应“最后一公里”的“叫应”“叫醒”机制。2022年，联合气象局发布地质灾害气象风险预警信息37期，并以下达文件、电话通知、微信提醒等形式及时发布预报预警信息，提醒乡镇做好地质灾害防范工作，及时转移安置危险区域群众。制定《大通县地质灾害隐患点避险处置工作方案》《大通县地质灾害避险三级联动包联工作方案》《大通县地质灾害调查研判工作方案》等8个工作子方案。邀请省级地质灾害防治领域的专家和技术人员对县域内425处地质灾害隐患点进行拉网式排查，对本年度发生险情的地质灾害隐患点进行实地调查研判，对需重点关注的隐患点发放提醒函29份。

【灾后重建用地调整】 在青林乡、青山乡、城关镇等地选出12处地块约30公顷作为安置区，安置大通县“8·18”山洪灾害受灾群众。编制完成《大通县“8·18”山洪灾害青山乡受灾群众集中搬迁安置方案》《大通县青林乡地质灾害部分群众避险搬迁方案》《大通县“8·18”山洪灾害受灾群众搬迁安置区征地补偿标准及工作方案》，并按照方案开展相关工作。与省自然资源厅和自然资源部对接，将青山乡、青林乡灾后重建中涉及的37.2公顷永久基本农田进行调整补划。

（撰稿人：马潇宇）

## 国有资产监督管理

【概况】 2022年，大通县行政事业单位资产总计账面数76.84亿元，其中行政单位资产35.62亿元，占资产总量的46.36%；事业单位资产41.22亿元，占资产总量的53.64%。负债总计账面数5.24亿元，其中行政单位负债2.71亿元、事业单位负债2.53亿元。净资产总计账面数71.6亿元，其中行政单位净资产32.91亿元、事业单位净资产38.69亿元。全县行政事业单位流动资产总额9.77亿元；固定资产原值34.65亿元，固定资产净值24.78亿元；在建工程18.89亿元，无形资产原值4049万元，无形资产净值2392万元，公共基础设施等行政事业性国有资产19.43亿元，保障性住房3.71亿元。全县固定资产期末账面数净值24.79亿元，其中房屋建筑物19.7亿元、设备4.01亿元、文物和陈列品82万元、图书档案4029万元、家具和用具6672万元、特种动植物0.39万元。

【国有资产基础管理】 落实资产配置前置性审批，强化配置程序、标准约束性，推进资产管理与预算管理的有机结合。规范行政事业单位资产管理程序，提高资产使用效率。加强国有资产处置管理，对资产处置收入严格实行“收支两条线”管理，杜绝“小金库”，防止国有资产的流失。做好全县行政事业单位资产年报、月报和全县公共基础设施等行政事业性国有资产报告等工作。及时组织培训，认真审核汇总，按时完成2022年全县行政事业单位资产月报、年报编报工作。

【资产处置管理】 落实《大通县行政事业性国有资产处置管理规定》《关于进一步加强和规范行政事业单位资产配置和处置工作的通知》文件精神，在日常资产管理和资产处置中，按照审批权限和处置流程办理各行政事业单位的国有资产处置事项，确保资产处置合法合规、转让公开、保值增值，维护国有资产的安全完整，合理配置和有效利用国有资产。进一步规范和加强行政事业单位国有资产管理，提升资产管理水平，建成从资产“入口”到“出口”全生命周期的行政事业单位国有资产管理体系。行政事业性国有资产管理基本情况对资产的配置、使用、处置、收益等环节进行全程管理。对大通县职校、大通六中及财政局等单位闲置资产（电脑100台、床275张，价值56万元）调剂利用（无偿划转）至应急局、新庄中心学校、石山中心学校等。

【闲置资产管理】 组织召开拟盘活闲置低效资产工作推进会，联合县住建局、县卫健局、县自然资源局、县国税局、县市场监督管理局、县妇幼保健和计划生育服务中心、县疾病预防控制中心等相关职能部门对拟可盘活闲置资产商铺26间、业务用房3栋等，建筑面积5826.34平方米，化解历史遗留问题和资产处置过程中存在的缺项等问题，明确资产权属清晰，推动尽快依法确权。依法合规理顺产权关系，完成产权界定，加快完善相关产权证书办理，实现国有资产的最大化效益。

【资产产权证书办理】 按照“归属清晰、权责明确、保护严格、流转顺畅”的现代产权制度要求，进一步明晰国有资产产权关系。由县政府统一协调，督促相关单位，依据化解政策和措施等条款，及时办理资产权证。对办公用房权属和土地资产尚未登记的，由各部门各单位提供项目批复、规划、用地、建设、消防、购置或置换等批准文件和资料，及时到县自然资源局进行权属登记；因历史资料缺失、权属不清等问题无法登记的，原单位出具证明说明情况，由县机关事务服务中心，县发展和改革局、县住房和城乡建设局、县自然资源局、县财政局、县消防救援大队等有关部门相互协调进行办公用房权属备案。

【在建工程转固】 推进在建工程转固，对已交付使用的建设项目，督促各部门各单位按规定及时办理基建项目竣工财务决算相关手续，确认固定资产入账成本，按照《行政事业性国有资产管理条例》有关规定，在1年之内转固。在建工程转固工作完成后，及时更新资产卡片等相关数据。对长期已使用在建工程转固情况纳入本单位年度资产报告，并重点对在建工程未转固定资产等问题进行分析和说明。

【资产信息管理】 加强行政事业单位资产管理信息系统建设，做到动态管理与静态管理相结合，加强对行政事业单位资产的监管，提高行政事业单位资产月报质量，要求各单位资产管理系统中的资产和实物资产保持一致，确保做到“账账相符、账实相符、账表相符、账与行政事业单位国有资产管理信息系统相符”。

【监督检查】 加强与纪委监委、审计部门的配合，进一步加大监督力度，将行政事业单位资产管理的内容纳入日常监督检查范畴，加强对行政事业单位国有资产出租出借行为的监管。严格执行国有资产处置制度，履行审批手续，规范处置行为，防止国有资产流失。进一步加强对国有资产收益的管理，规范收支行为，确保应收尽收和规范使用。

（撰稿人：毛海文）

## 财　政

【概况】 2022年，大通县财政局全面落实财政政策，注重精准施策、提质增效，贯彻“疫情要防住、经济要稳住、发展要安全”的重大要求，围绕稳增长、促改革、调结构、惠民生、防风险各项工作，防范财政风险、严肃财经纪律，财税体制改革不断深化，财力总量不断增大，保障能力不断提升，各项财政工作进展顺利。县财政局（挂县金融工作办公室牌子）内设办公室、预算室、行财室、农财室、综合室5个机构，设立1个二级事业单位国库集中支付中心（挂国有资产管理服务中心牌子），代管县政府办下属单位县政府采购服务中心。有干部职工54人（女32人），其中公务员8人、机关工勤1人、事业编制43人、编外人员1人、政府雇员1人；全局干部职工平均年龄39岁，本科及以上43人。并从全县170个单位选用94名（女67人、男27人）财务人员，设立大通县会计集中核算中心（虚体机构），按单位性质设置7个核算组（县直机关组、发改城建交通组、社会保障组、教育事业组、农业农村组、林业水利组和公安司法组）和1个稽查组。2022年，西宁市政府国有资产监督管理委员会授予县财政局2020年度企业财务决算和国有资产统计报表工作先进单位，西宁市财政局授予县财政局2020年度企业财务会计决算工作先进集体荣誉称号。

【财政收支】 2022年，大通县总财力627598万元，同比增长19.7%。地方一般公共预算收入83168万元，同比下降12.8%。税收收入73555万元，同比下降7.8%；非税收入9613万元，同比下降38.5%。上级补助收入500952万元（返还性收入10323万元、一般性转移支付收入424022万元、专项转移支付收入66607万元），债务转贷收入13098万元，上年结转收入2156万元，调入资金488万元，动用预算稳定调节基金27736万元。全县总支出627598万元。地方一般公共预算支出536834万元，同比增长16.4%，增支75487万元。债务还本支出3564万元，调出资金9354万元，安排预算稳定调节基金7422万元，上解支出36948万元，结转下年支出33476万元。全县政府性基金总收入79585万元。其中，当年收入11267万元，上年结转972万元，上级补助收入2045万元，专项债务转贷收入55947万元，调入资金9354万元。支出79585万元，当年支出27311万元，结转下年支出45487万元，专项债务还本支出6787万元。全县国有资本经营预算总收入1505万元。其中，当年收入888万元，上级补助收入542万元，上年结转75万元。支出1505万元。其中，当年支出623万元，调出资金488万元，结转下年394万元。全县社会保险基金总收入82582万元。其中，当年收入17570万元，上年结余65012万元。支出82582万元。其中，当年支出11636万元，当年收支结余70946万元。年终累计结余135958万元。

**2022年大通县地方财政收支情况统计表**

表2

| 序号 | 项目 | 收入（万元） | 比上年增减（%） | 序号 | 项目 | 支出（万元） | 比上年增减（%） |
|---|---|---|---|---|---|---|---|
| 1 | 增值税 | 42672 | -7.4 | 1 | 一般公共服务支出 | 34024 | 17 |
| 2 | 企业所得税 | 6026 | 93.3 | 2 | 国防支出 | 54 | 980 |
| 3 | 个人所得税 | 1892 | 8.3 | 3 | 公共安全支出 | 14892 | 19 |
| 4 | 资源税 | 108 | -78.9 | 4 | 教育支出 | 94073 | -8 |
| 5 | 城市维护建设税 | 4379 | -10.3 | 5 | 科学技术支出 | 1159 | 28 |
| 6 | 房产税 | 5250 | 45.3 | 6 | 文化旅游体育与传媒支出 | 7346 | 99 |
| 7 | 印花税 | 2244 | 3.3 | 7 | 社会保障和就业支出 | 109361 | 11 |

续表2

| 序号 | 项目 | 收入（万元） | 比上年增减（%） | 序号 | 项目 | 支出（万元） | 比上年增减（%） |
|---|---|---|---|---|---|---|---|
| 8 | 城镇土地使用税 | 5376 | 22.3 | 8 | 卫生健康支出 | 46519 | 7 |
| 9 | 土地增值税 | 586 | -84.5 | 9 | 节能环保支出 | 17888 | 138 |
| 10 | 车船税 | 1870 | -9.1 | 10 | 城乡社区支出 | 28262 | 85 |
| 11 | 耕地占用税 | 311 | -86.6 | 11 | 农林水支出 | 112771 | 20 |
| 12 | 契税 | 1425 | -65.2 | 12 | 交通运输支出 | 13349 | 231 |
| 13 | 环境保护税 | 1416 | 40.8 | 13 | 资源勘探工业信息等支出 | 6412 | 15 |
| 14 | 专项收入 | 4773 | -13.5 | 14 | 商业服务业等支出 | 1404 | 174 |
| 15 | 行政事业性收费收入 | 207 | -85.2 | 15 | 金融支出 | 69 | -67 |
| 16 | 罚没收入 | 929 | -75.3 | 16 | 自然资源海洋气象等支出 | 2246 | -17 |
| 17 | 国有资源（资产）有偿使用收入 | 3604 | -23.7 | 17 | 住房保障支出 | 26503 | -22 |
| 18 | 其他收入 | 100 | -54.5 | 18 | 粮油物资储备支出 | 404 | 193 |
| | | | | 19 | 灾害防治及应急管理支出 | 14818 | 460 |
| | | | | 20 | 其他支出 | 2783 | 23 |
| | | | | 21 | 债务付息支出 | 2483 | 36 |
| | | | | 22 | 债务发行费用支出 | 14 | -39 |

**【政府债务】** 2022年末，全县地方政府法定债务余额243021.11万元。其中，一般债务82897.96万元，占比38.96%；专项债务160123.15万元，占比61.04%。地方政府隐性债务余额21976万元，年内化解目标2200万元，提前完成全年化解任务。做好债券项目储备，储备项目56项，总投资48.2亿元，其中，待发行一般债券项目12项4.43亿元，待发行专项债券项目10项7.9亿元。发行专项债券项目6项5.14亿元，一般债券项目6项0.98亿元。

**【财政资金支出】** 教育安排94073万元，支持普惠性学前教育发展、消除“大班额”、义务教育薄弱环节改善与能力提升、高中办学条件改善、现代职业教育质量提升。落实就业资金3848.3万元，拓宽就业新渠道，保障下岗失业人员、农民工、残疾人、退役军人等重点群体就业。落实困难群众救助补助资金10504.8万元，做好对低收入、支出型贫困家庭救护及特困、流浪乞讨人员等的生活补助。全县医疗卫生支出46519万元。落实老旧小区改造资金2502万元，惠及7个小区。投入7020万元，开展城乡人居环境建设行动。投入2482.2万元，开展宁张公路沿线（大通段）环境综合整治。投入10220万元，安排应急抢险处置、受灾群众紧急转移安置、过渡期生活救助、倒损住房补助、向因灾死亡人员家属发放抚慰金等工作。落实乡村振兴资金23761万元、东西部协作资金4363万元，支持发展产业、小型基础设施建设，下达380万元奖补资金支持“三乡”工程。“金穗服务惠万家”工程贷款余额15646.1万元，拨付贴息898.2万元，“扶社贷”5969万元。投放金融支持脱贫攻坚贷款23590万元，完成全年任务的118%。投放金融支持乡村振兴贷款339927万元，完成全年任务的155%。投放面向小微企业、民营企业、社会经济组织贷款71460万元，完成全年任务的102%。加大创建全国文明城市资金支持力度，投入资金2369.99万元。全年预算安排资金1039.62万元，保障全县民族团结创建活动开展。全年预算安排资金4592.08万元，支持全县社会创新管理、公共安全体系建设等工作。加强惠民惠农财政补贴资金“一卡通”管理，规范和完善发放管理工作程序，年内发放财政补贴资金38773.93万元，通过统一管理平台发放补贴资金3113.5万元。

【财政管理】 推进预算一体化管理改革，全县46个部门、20个乡镇，169个预算单位全部纳入预算一体化系统，实施电子支付，实现预算编制、执行、会计核算有机融合和数据共享。调试启用预算执行动态监控模块，对财政资金实行全过程实时监控。规范启用单位会计核算模块，达到“制度+信息”统一，完成上级部门各项指标考核要求。深化巩固一轨制会计集中核算改革。向各乡镇印发《大通县统筹使用村级资金用于环境卫生整治专项行动的通知》，统筹资金可用于开展本乡镇及辖区范围内各村、社区环境卫生综合整治专项行动所需要的费用支出。执行制度依法实施政府采购，年内政府采购备案169项50184.86万元。完成全县行政事业单位公务用车保养维修服务定点等集中采购17项，节约资金54万元，资金结余率5%。入驻供应商1362家。将县级基本财力保障教育、卫生、困难群众救助、农田建设等相关领域直达资金101866.38万元全部下达至预算单位。加强全县会计人员管理，对14家登记注册的代理记账机构进行执业质量监督检查。制定《关于中介机构从事代理记账业务行政审批的告知》等事项，实现网上全流程办理。年内办理行政许可事项2件、行政处罚事项1件，并做好信用信息“双公示”工作。配合做好中小企业技术改造等项目申报工作，申报中小企业发展项目54项、地方特色中小企业发展专项13项、商贸流通中小企业扶持项目7项、重点流域技术创新项目3项。申报城乡基础设施、社会事业等建设项目，争取上级专项资金338544万元。

【财政监督检查】 建立财政日常监督检查工作长效机制，确保财政财务管理规范化和资金安全、合理、有效。年内对67家单位开展财经秩序专项整治行动，发现问题60个213401.94万元，全部完成整改。开展规范基层财务管理专项整治，重点检查18家单位，查出违规发放资金30.69万元。加强行政事业性国有资产监督管理，规范行政事业单位资产购置和处置行为，探索推进行政事业性国有资产共享共用机制，盘活闲置资产和临时购置资产。落实国有资产管理情况报告制度，向县人大常委会提交《2021年大通县行政事业性国有资产管理情况专项报告》《2021年大通县国有资产管理情况综合报告》。制定《大通县关于防范化解政府性债务风险的贯彻措施》，定期向县政府及县人大常委会报告政府债务风险化解情况。组织开展全县党政机关和事业单位经营性国有资产集中统一监管，制定《大通县关于推进全县党政机关和事业单位经营性国有资产集中统一监管的实施方案》，全县各预算单位开展具体工作，完成经营性国有资产清查摸底和一企一策方案制定工作。

【绩效管理】 梳理国家和省市政策导向和资金投向，编印下发《财政专项资金争取指南》。

争取省市财政专项资金 338544 万元（其中新增地方政府一般债券资金 9815 万元、地方政府新增专项债券资金 51420 万元），完成市级目标任务数 243800 万元的 139%。落实预算管理制度，细化预算编制，从严控制一般性支出。开展预算绩效管理，做好预算执行进度和绩效目标实现程度“双监控”，强化评价结果运用，大通县连续 3 年在省市对下财政运行综合绩效考评中获“优秀”。年内批复绩效目标 82 项，重点考评 44 项，首次开展事前绩效评估 12 个项目，将预算管理关口前移。并对 2021 年度考核结果报县政府在全县范围内进行通报。

（撰稿人：毛海文）

## 税　务

**【概况】**　2022 年，大通县组织税费收入 239779 万元，同比减少 11248 万元，同比下降 4.48%。其中，组织税收收入 101604 万元，同比减少 28300 万元，同比下降 21.79%；入库社保费收入 119605 万元，同比增加 5455 万元，同比增长 4.78%；其他非税收入 18570 万元，同比增加 11597 万元，同比增长 166.31%。税收收入中，中央级收入 42578 万元，同比减收 11732 万元，同比下降 21.6%；省级收入-14528 万元；县级收入 73554 万元，同比减少 8057 万元，同比降低 9.87%。国家税务总局大通县税务局内设办公室（党委办公室）、机关党委（党建工作股）、组织人事股、党委纪检组、收入核算股、税政一股、税政二股、法制股、征收管理股、纳税服务股、税源管理股、风险管理股、社会保险费和非税收入股共 13 个股室，下属第一税务分局（办税服务厅）、第二税务分局、黄家寨税务分局、宝库税务分局 4 个派出机构，信息中心 1 个事业单位，有正式干部职工 132 人，其中公务员 127 人、事业编制 2 人、工勤人员 3 人；男职工 79 人、女职工 53 人；研究生学历 3 人。2022 年 10 月，县税务局获得省级文明单位标兵。

**【税收收入】**　全年增值税入库 58372 万元，同比增长 13.68%；个人所得税入库 3727 万元，同比增长 39.54%；车辆购置税入库 4653 万元，同比增长 26.37%；城镇土地使用税入库 3204 万元，同比增长 22.24%；房产税入库 2868 万元，同比增长 17.25%；印花税入库 1740 万元，同比增长 28.6%；车船税入库 1815 万元，同比增长 20.52%；资源税入库 633 万元，同比增长 76.32%；城市维护建设税入库 2881 万元，同比增长 9.25%；契税入库 2651 万元，同比增长 5.53%；土地增值税入库 1638 万元，同比增长 5.95%；企业所得税入库 5016 万元，同比增长 1.56%；环境保护税入库 1006 万元，同比增长 0.6%；固定资产投资方向调节税同比净增 1 万元。征前减免、退库减免税收收入 107480 万元。办理退税费 46936 万元（其中，退税 45804 万元，影响县级收入 7178 万元；退费 1132 万元），其中留抵退税 41496 万元，同比增加 24305 万元。新增政策减免税 6306 万元，影响县级收入 3292 万元。往期税收优惠政策减免 24549 万元，影响县级收入 11903 万元。

**【非税收入】**　组织非税收入 138175 万元，同比增长 14.08%。其中，社保费收入 119605 万元，同比增长 4.78%。其中，养老保险入库 65776 万元，同比增长 1.52%；医疗保险入库 49535 万元，同比增长 9.92%；生育保险入库 504 万元，同比下降 54.35%；工伤保险入库 1026 万元，同比下降 7.73%；失业保险入库 1857 万元，同比增长 47.62%；残疾人保障金入库 907 万元，同比增长 9.94%。教育费附加入库 4392 万元，同比下降 11.82%；文化事业建设费入库 2 万元，同比下降 166.67%；罚没收入入库 44 万元，同比增长 62.96%；工会经费入库 1433 万元，同比增长 16.03%；其他政府性基金收入 0 万元，同比净增 3 万元；国家重大水利工程建设基金收入2万元，与2021年同期持平；可再生能源发展基金28万元，同比下降50%；水土保持补偿费收入225万元，同比下降15.41%；人防办行政事业性收费收入同比净减412万元；国有土地使用权出让收入入库12190万元；排污权出让收入入库254万元。

### 2021年、2022年大通县税收收入情况统计表

表3

| 单位项目 | 2022年累计收入 | 2021年累计收入 | 同比增减额 | 同比增减（%） |
| --- | --- | --- | --- | --- |
| 收入合计 | 239779 | 251027 | -11248 | -4.48 |
| 一、税收收入 | 101604 | 129904 | -28300 | -21.79 |
| 其中：1. 中央级 | 42578 | 54310 | -11732 | -21.60 |
| 2. 地方级 | 59026 | 75594 | -16568 | -21.92 |
| 其中：省级 | -14528 | -6017 | -8511 | 141.45 |
| 市级 | 0 | 0 | 0 | — |
| 县级 | 73554 | 81611 | -8057 | -9.87 |
| 其中：增值税 | 56278 | 83815 | -27537 | -32.85 |
| 消费税 | 17 | 19 | -2 | -10.53 |
| 企业所得税 | 15064 | 7794 | 7270 | 93.28 |
| 个人所得税 | 4729 | 4367 | 362 | 8.29 |
| 资源税 | 108 | 512 | -404 | -78.91 |
| 城市维护建设税 | 4379 | 4883 | -504 | -10.32 |
| 房产税 | 5250 | 3612 | 1638 | 45.35 |
| 印花税 | 2244 | 2171 | 73 | 3.36 |
| 城镇土地使用税 | 5376 | 4394 | 982 | 22.35 |
| 土地增值税 | 586 | 3792 | -3206 | -84.55 |
| 车船税 | 1870 | 2057 | -187 | -9.09 |
| 车辆购置税 | 2551 | 5098 | -2547 | -49.96 |
| 耕地占用税 | 311 | 2313 | -2002 | -86.55 |
| 契税 | 1425 | 4093 | -2668 | -65.18 |
| 环境保护税 | 1416 | 1006 | 410 | 40.76 |
| 营业税 | 0 | -22 | 22 | -100.00 |
| 固定资产投资方向调节税 | 0 | 0 | 0 | — |
| 二、非税收入 | 138175 | 121123 | 17052 | 14.08 |
| （一）教育费附加（含地方） | 4392 | 4981 | -589 | -11.82 |
| （二）文化事业建设费 | 2 | -3 | 5 | -166.67 |
| （三）罚没收入 | 44 | 27 | 17 | 62.96 |

续表3

| 单位项目 | 2022 年累计收入 | 2021 年累计收入 | 同比增减额 | 同比增减（%） |
|---|---|---|---|---|
| （四）社保及其他规费 | 119605 | 114150 | 5455 | 4.78 |
| 其中：1. 养老保险 | 65776 | 64788 | 988 | 1.52 |
| 2. 医疗保险 | 49535 | 45063 | 4472 | 9.92 |
| 3. 生育保险 | 504 | 1104 | -600 | -54.35 |
| 4. 工伤保险 | 1026 | 1112 | -86 | -7.73 |
| 5. 失业保险 | 1857 | 1258 | 599 | 47.62 |
| 6. 残疾人保障金 | 907 | 825 | 82 | 9.94 |
| （五）工会经费 | 1433 | 1235 | 198 | 16.03 |
| （六）其他政府性基金收入 | 0 | -3 | 3 | -100.00 |
| （七）国家重大水利工程建设基金收入 | 2 | 2 | 0 | 0.00 |
| （八）可再生能源发展基金 | 28 | 56 | -28 | -50.00 |
| （九）水土保持补偿费收入 | 225 | 266 | -41 | -15.41 |
| （十）人防办行政事业性收费收入 | 0 | 412 | -412 | -100.00 |
| （十一）国有土地使用权出让收入 | 12190 | 0 | 12190 | — |
| （十二）排污权出让收入 | 254 | 0 | 254 | — |
| 附：1. 办理退税 | 45804 | 20510 | 25294 | 123.33 |
| 其中：留抵退税 | 41496 | 17191 | 24305 | 141.38 |
| 2. 出口退税（含免抵调库） | 1799 | 0 | 1799 | — |
| 其中：出口退税 | 11 | 0 | 11 | — |
| 3. 办理延期（余额） | 3615 | 10888 | -7273 | -66.80 |
| 4. 入库上年延期 | 8294 | 11684 | -3390 | -29.01 |

【纳税人服务】 开展“局长直联企业”百日服务活动，了解税情民意，宣传税收政策，化解征纳矛盾，解决实际问题，融洽征纳关系，响应纳税人缴费人合理诉求。开展问需问计活动，抽调40人组建电话沟通专项工作组，对辖区内4700余户纳税人缴费人开展问需问计；邀请辖区内27户涉税中介机构开展线下座谈，面对面进行政策讲解、交流讨论，现场解答机构代表提出的问题并记录意见建议。开展“便民办税春风行动”，制定活动实施方案，对5大类20项121条便民办税缴费措施进行明确分工，建立措施推进台账制度、联络员制度等。做好纳税信用等级评定工作，按照统一的内容、标准、方法和程序进行全面审核调查，以2021年日常管理、纳税评估、税务检查、宏观税负调查、税源监控为基础，结合其他涉税资料信息搜集，进行综合分析审核评定，县局符合纳税信用评价条件并纳入年度评价户数为4550户。开展“春雨润苗”专项行动，聚焦小微企业发展需求，推行“微宣传”“微辅导”“微体验”，为纳税人、缴费人办实事、解难题，为小微企业减免各类税费13103万元。

2022年7月5日，市税务局一行到青海桥头铝电股份有限公司生产车间查看企业生产情况，宣传税收政策（赵　沛　摄）

【依法治税】　推行重大执法决定审核制度，聚焦行政执法关键环节，每项重大执法决定必须经过合法性审查。强化税收执法信息公示，依托“执法信息公示平台”，避免延迟、遗漏公示事项。加强执法音像采集督促跟进，随时关注“金三”系统行政许可数据，及时摄录并上传。做好公职律师管理，听取和解答纳税人缴费人对税收执法过程中的意见和建议。参加省市局举办的公职律师“基层行”、案例研讨等活动。组织公职律师参与本单位诉讼案件，参与应诉工作。做好“八五”普法工作。组织干部学习《中华人民共和国民法典》《中华人民共和国宪法》及各项税费优惠政策等内容；“三八”妇女节开展维权法治讲座；组织开展“法宣在线”答题活动，督促干部职工按时参加日常学习和考试；加强税务总局下发的两批《税务行政处罚“首违不罚”事项清单》组织学习。

【税收征管】　发挥电子税务局“非接触式”办税主渠道作用，在保持90%以上的业务全程网上办理的基础上，继续拓展办理事项。深化税务领域“放管服”改革，落实培育和激发市场主体活力若干措施，通畅中小微企业和个体工商户市场主体退出渠道，提升市场活跃度。优化完善税源管理方式，探索征管模式转变途径，推行税源管理分级分类改革，由“管户”向“管事”转变，由“税收管理员”向“涉税联络员”转变。做好税收征管质量5C监控，重点关注日常征管中的薄弱环节。做好增值税专票电子化试点工作，按照“机制运行稳、售票运转稳、宣传引导稳”要求，推动工作开展。推行核定增值税电子专用发票481户，推行增值税电子普票3936户。

（撰稿人：赵　沛）

## 金融监管

【概况】　2022年，大通县设有金融机构20家、营业网点72个，有从业人员871人，其中银行业金融机构9家54个网点、保险机构11家18个网点。人民银行大通支行内设会计国库股、综合业务股、办公室3个部门，在册职工25人，其中女职工9人，少数民族6人，硕士研究生3人、大学本科学历17人、大专及以下6人，经济师11人、政工师1人、高级审计师1人。结合县域经济金融实际，人民银行统筹推进普惠金融工作，巩固信用创建成果、优化辖区金融服务、引领绿色金融发展，做好新发展阶段高原央行工作，金融业整体保持稳健发展态势。年末全县存款余额195.16亿元，较年初增加23.53亿元，同比增长13.71%；年末贷款余额155.25万元，较年初增加2.9亿元，同比增长1.9%。实现保费收入3.46亿元，保费支出0.96亿元。完成预算收入24亿元，调拨收入44.36亿元，预算支出56.01亿元，退库1.08亿元。全年开立基本存款账户1150户，变更277户，撤销540户；开立一般存款账户216户，变更8户，撤销136户；开立专户15户，变更32户，撤销54户；开立临时户2户，变更1户，撤销3户，账户开立工作均在2个工作日内完成。

【货币政策落实】 组织辖区金融机构召开2022年度金融工作推进会暨货币信贷形势分析会，布置金融稳经济大盘工作、金融支持乡村振兴等重点领域工作；召开线上专题会议传达延期还本付息政策要求，解读普惠小微企业贷款阶段性减息政策，并布置减息宣传等相关工作；开展金融支持乡村振兴、稳经济大盘现场调研活动，掌握第一手资料。加强再贷款工具管理和使用，加大对重点和薄弱环节的支持，各项再贷款余额12.88亿元，累计发放、展期再贷款18笔，年度新增各类再贷款2.58亿元，重点支持农户及普惠型小微企业。6月以来，新发放再贷款资金加权平均利率降低至4.99%，同比下降约50个基点。开展金融支持乡村振兴工作，引导各金融机构持续投放已脱贫人口贷款，巩固脱贫攻坚成果，全年累计投放已脱贫人口贷款和带动已脱贫农户贷款3.83亿元。金融支持“一区两县”乡村振兴促进共同富裕试点工作，推广“乡村旅游贷”“三牲养殖贷”“农机具质押贷”等新型金融产品，实现试点地区各项贷款余额增速高于全县同期水平等信贷增长目标。依托“深化金融服务‘三农’，喜迎二十大胜利召开”专项活动，面向农户、新型经营主体开展金融政策宣讲及融资需求对接工作，对接融资需求1.89亿元。

【国库经管】 梳理会计核算薄弱环节，落实事后监督发现问题整改，确保账务处理准确无误。强化系统保障，完成ACS（中央银行会计核算数据）核算系统升级及参数设置、TCBS（国库会计数据）系统升级、预算科目维护等工作，确保ACS核算系统、TCBS系统正常运行，保障业务连续性。各项会计国库数据账务核算“零差错”，账务核算数据准确、及时、完整、真实。完成财政支付一体化系统的上线工作，完成综合前置系统集中支付电子业务的参数维护、测试以及上线工作。

【金融风险防范】 实行动态监测分析，定期对辖内地方法人机构开展现场核查，对高风险投保机构大额贷款进行“清单式”管理，逐户分析企业经营情况及潜在风险，以“表单化”形式了解各项指标变动情况，及时掌握风险变化趋势，将经营活动中主要风险情况纳入重大事项报告内容，按照重大事项报告制度每月按时向金融稳定处报告。协助向青海省银保监局、大通县人民政府、风险金融机构投管行发送风险提示函，通报风险情况，动态跟踪银行机构信用风险变动情况，防范化解辖区金融风险。开展2家地方法人银行偿付能力敏感性压力测试和流动性风险压力测试，摸清地方法人抗风险能力，并对测试结果较差、风险较高的机构下发风险提示。推进金融纠纷化解多元化机制建设，与法院共同成立金融纠纷调解中心，促进辖区金融消费者权益保护工作法治化、规范化。

【金融违法犯罪打击】 与县公安局、检察院、法院、监委等部门对接，从不同层面上宣传、讲解反洗钱法相关知识及洗钱典型案例。通过多次沟通协调，在辖区内建立《大通县反洗钱工作联席会议制度》和《大通县反洗钱打防合作机制》，并成立大通县打击治理洗钱违法犯罪活动领导小组。组织召开首次反洗钱工作联席会议暨打击治理洗钱违法犯罪三年行动工作推进会，县监察委员会、公安局、检察院、法院、司法局、财政局、税务局、市场监督管理局8家单位相关负责人参加会议。向县公安局反诈中心移交16条可疑交易线索，协助将2名涉嫌帮助信息网络犯罪嫌疑人抓获。

【普惠金融服务】 持续打造“惠农金融服务驿站”，推进县域农村地区普惠金融发展，将农村普惠金融服务化管理与“三农”、金融支持乡村振兴、普惠金融政策贯彻实施等有机结合，将金融服务下沉延伸，升级打造具备“四维”综合服务功能的“惠农金融服务驿站”，辖区内布设惠农服务点891个，其中惠农金融服务驿站8个、惠农服务站151个，覆盖全县289个行政村。将大通县塔尔镇王庄村打造成手机号码支付“稳当付”示范村。以惠农金融服务驿站为中心，联合周边惠农服务点共同推动手机号码支付绑定全覆盖，实现手机号码支付在农业生产资料采购、畜牧产品交易、日常转账等方面的应用。全年“示范村”办理手机号码支付业务2073笔，金额100.47万元。线上线下共同推动小微企业及个体工商户减费让利政策落实。对银行业金融机构政策落实情况通过现场督导和电话暗访等形式进行监督管理。对部分小微企业政策知晓和享受情况进行跟踪检查。组织各银行业金融机构向辖内小微企业和个体工商户及时宣传讲解相关政策。确保对小微企业及个体工商户的减费让利政策落到实处，向实体经济让利，降低市场主体经营成本。打造辖区首家金融教育示范基地，围绕金融史、金融知识等十大板块，面向公众普及金融知识。

（撰稿人：李　臻）

## 信用体系建设

【社会信用体系建设】 与全县社会信用体系建设领导小组57个成员单位签订社会信用体系建设工作目标责任书，依托“信用中国”“信用青海”等网站和国家、省信用平台，对守信主体开通绿色通道，对失信主体实施联合惩戒，将办理结果信息实时共享到本级信用平台。通过“信用中国”（青海西宁大通）网站向社会公示信用数据21.37万条，红名单2693条，黑名单178条，查询并出具信用报告1032人（份）。

【金融信用体系建设】 巩固拓展“信用县”创评成果，推进农村文明信用体系建设工作，增强农户守信意识，信用户、信用村、信用乡镇占比分别达到74.17%、95.8%、100%，信用户贷款余额24.2亿元。拓展信用创评主体类型，累计创建“金融生态自治村”44个，创评诚信经营户2221户，信用市场5个，城镇文明信用户3923户，向各类新型信用主体投放贷款13.67亿元。推广“两个平台”应用，扩大“动产融资统一公示系统”及“应收账款质押平台”应用范围，完成动产融资业务公示277笔，融资金额1.32亿元；完成应收账款质押登记5笔，融资金额10.19亿元。对银行金融机构2021年度征信合规与信息安全工作进行全面考核评级；通过非现场监管做好对银行接入机构的用户管理情况；做好辖内信用报告查询安全管理工作，执行征信日核查、月核查等工作；严格管理辖区征信自助查询机，通过现场巡查及非现场监管方式做好费用缴纳、用户管理等工作。推进诚信文化进校园活动，开展诚信文化教育活动22次，发放诚信教育读本2000余本，授牌诚信文化教育基地19所。

（撰稿人：张　璐、李　臻）

## 审　计

【概况】 2022年，大通县组织召开县委审计委员会3次，完成审计项目13项，配合审计署完成审计检查1项，查处违规资金1.54亿元，管理不规范金额1.73亿元，规范非金额事项28项，下达审计决定3份，出具审计移送书2份，审计建议12条。持续贯彻落实省委、市委、县委关于抓紧抓实抓好审计发现问题整改工作的有关要求，推进审计发现问题整改工作。截至年底，县审计局内设办公室、审计业务（一）室、审计业务

（二）室、审计信息中心4个科室，有行政编制10人、编外人员1人、汽车站分流人员1人、行政工勤1人。设有审计信息中心1个事业机构，核定编制5人，实有事业编制6人（含借调3人）。

【重大政策审计】 完成2022年下半年国家重大政策措施落实情况跟踪审计，紧跟省、市重大政策措施落实情况开展审计工作，重点关注防范和化解拖欠民营企业中小企业账款情况，促使助企纾困政策落实见效。

【预算执行审计】 完成县本级财政预算执行情况及部门预算执行情况的审计2项，从规范预算执行管理、压缩一般性支出、加强“三公”经费和会议费管理、盘活财政存量资金、推进财政绩效管理等方面推动全市行政事业单位厉行节约，促使财政管好“钱袋子”，用政府过“紧日子”来保障群众过“好日子”。

【经济责任审计】 完成党政领导干部经济责任审计2项，具体为城关镇人民政府镇长张存斌、北川工业园区管委会主任岳翔经济责任离任（任中）审计，对领导干部依法作出实事求是的评价。

【民生资金审计】 重点关注粮食收购、销售、储存等环节相关政策措施落实和管理情况，推动落实事权和支出责任划分，促进专项资金安全有效，完成西宁市国有粮食企业购销情况专项审计1项。关注乡村基础设施建设、东西部协作扶贫、农村人居环境整治等资金和项目，完成东西部协作项目审计、乡村振兴审计2项。重点关注低保特困人员、困难群众救助等补助资金及相关政策落实情况，配合市审计局完成2019—2021年6月大通县困难群众救助资金审计1项。完成上半年县疫情防控专项资金审计1项，保障疫情防控各项资金规范使用。

【资源环境审计】 完成祁连山南麓青海片区大通县生态环境综合整治资金跟踪审计和逊让乡党委书记朱永辉自然资源资产任中审计2项。围绕领导干部自然资源资产责任落实，关注矿山整治、污染防治、自然资源资产节约利用等专项资金管理使用情况；督促自然资源资产相关目标责任和约束性指标完成情况，保障资金安全。

【配合审计】 抽调2名审计干部配合县委巡察办开展全县巡察工作，抽调1名审计人员参加大通县“8·18”山洪灾害灾后恢复重建工作专班，对灾后重建资金做到跟踪监督。

（撰稿人：黎　晓）

## 统　计

【概况】 2022年，大通县统计局严格执行国家和省、市统计局报表制度，完成国民经济各行业、领域20多项常规统计调查，精准核算2022年各季度和2021年度生产总值、全社会能耗。有序推进全国人口变动抽样调查工作。大通县统计调查队开展各项统计调查工作，完成住户类调查、流通消费品价格调查、月度劳动力调查、农产量调查、畜禽监测调查等12项常规统计调查和网购调查等临时性调查任务。召开调查样本轮换推进会，提高样本轮换工作社会知晓率与群众参与度，完成农产量16个抽中村48个样方实地核实任务、秋冬播调查任务和住户15个抽中村（社区）绘图、建筑清查、2230户入户摸底和150户开户、试记账工作任务。抽调人员完成大通县文明城市创建模拟测评工作。编发统计调查信息24期、调查分析20期、工作简报32期。其中国家局内网采用3篇、总队内网采用12篇；“青海调查”微信公众号采用6篇，采用率同比提升50%。县统计局内设机构为办公室，有工作人员23人，其中公务员8人、事业编制6人（含借调2人）、聘用人员9人。国家统计局大通调查队是国家统计局派驻地方行使统计调查行政职能并依照公务员制度进行管理的国家直属事业单位，无内设机构，在编人员9人。

【统计服务】 发挥统计监督信息咨询职能撰写统计信息分析，全年撰写统计信息27期、统计分析23期、编印经济月报11期，提供专报2期，为政府部门提供各类材料10篇。强化政务服务，在政府网站发布2021年统计公报、普查公报及经济月报等资料。编印《全县“两会”统计服务资料》，为两会代表委员了解县域各行业发展现状、周边区县发展情况等提供参考。整理编印并发布大通县2021年统计年鉴资料200册，为县委、县政府决策提供统计保障，提升统计服务职能。

【统计执法检查】 组织局机关党员干部学习各种统计法律法规知识及文件精神。落实领导干部违规干预统计工作记录制度，保证统计部门依法独立行使统计调查、统计报告、统计监督职权。按照“双随机”的原则，从全县联网直报单位中以5%的比例随机抽取各领域的企事业单位6家开展统计执法检查。畅通统计违法举报渠道，设立举报箱，在县政府网站公布举报电话。加强统计诚信建设，根据《青海省统计从业人员信用评价系统评价标准》，采集并更新全县统计人员信用档案和相关信息，开展联网直报企业诚信真实统计承诺活动，组织签订承诺书。

【统计督察】 制定《国家统计局督察青海省防范和惩治统计造假弄虚作假反馈问题大通县整改措施清单》，检视4个方面13条问题，其中共性问题10个、个性问题3个，9月底全部完成整改，整改率100%。持续推进全县统计工作，研究制定《关于进一步加强全县统计工作的若干措施》，细化工作措施，保障统计工作规范化建设。按照《青海省统计局关于统计造假不收手不收敛问题专项纠治工作实施方案》《西宁市统计系统统计造假不收手不收敛问题专项纠治工作实施方案》及《大通县统计系统统计造假不收手不收敛问题专项纠治工作计划》的相关要求，结合工作实际，开展统计造假不收手不收敛问题专项纠治工作。强化入退库管理，对44家规模以上工业企业是否存在将子公司工业总产值纳入统计报表“打捆”上报情况开展专项自查。

【统计监督】 加强法治宣传，开展“双随机”统计执法检查，跟踪监控统计主要指标数据源头，监督统计调查行为，督促调查员依法依规独立调查、独立上报统计调查数据。加强制度建设、强化基层基础，结合调查工作修订完善15项内部管理制度和10项调查业务规范化管理办法，提升规范化管理水平。

【统计能力建设】 把“我为群众办实事”作为体现机关服务能力的重要措施，加强巩固拓展脱贫攻坚成果同乡村振兴有效衔接、强化民生领域统计调查，围绕项目建设及投资统计、企业入规等重点工作，加强对基层统计人员和统计对象的培训和业务指导，保障全县统计源头数据的真实性、准确性、完整性、及时性。开展各类培训11期，参与培训达700人次。

【创新调查】 开展“统计业务大讲堂”活动，根据统计调查实际，组织开展党建与住户调查、劳动力调查等业务互促共融活动。推进统计调查信息化建设，提升居民收支调查电子记账工作水平，新建新样本电子记账户128户，电子记账率85.3%，较上一轮提升24%，主要畜禽监测调查工作中“e调查”开通率达97%。利用PAD操作系统按照规定实时实地开展月度劳动力调查。各专业加强对调查人员的培训指导，提升统计调查能力，确保统计调查源头数据质量。

（撰稿人：黄晓霞、蔡红艳、张全成）

## 价格监管

【价格认证】　履行价格监测职能，开展各项监测工作，按时对重要商品和服务价格的变动情况进行采集、监测，印发《大通县2022年保供稳价工作方案》《市场价格异常波动应急预案》，规范疫情防控期间市场价格秩序，联合县市场监督管理局等单位开展保供稳价专项检查。加强与国家统计局大通调查队的沟通衔接，全年完成县CPI控制在3%以内的调控目标，12月CPI指数为2.3%，为历史最低。受理价格认定案件68件，其中刑事案件62件、行政案件6件，涉案金额176.5万元，有效打击犯罪。

【价格监管】　加强涉农价格监管，打击涉农价格（收费）违规违法行为，抓好教育、医疗等公益服务性收费管理，遏制各种乱涨价、乱收费以及价格欺诈、价格垄断行为，维护农村市场价格秩序。

【居民消费价格变动】　2022年，大通县居民消费价格总水平同比增长2.3%，商品零售价格同比上涨3.2%。其中，食品烟酒上涨3.1%，衣着上涨0.5%，居住下降0.3%，生活用品及服务上涨1.0%，交通通信上涨4.7%，教育文化和娱乐上涨5.7%，医疗保健上涨0.3%，其他用品和服务上涨2.0%。

（撰稿人：张　璐、马　兰）

## 市场监督管理

【概况】　2022年，大通县制定县本级各成员单位年度部门抽查工作计划、部门联合抽查工作计划，开展4批次抽查检查，涉及被检查市场主体500余户，派出执法人员1000人次。全年立行政处罚案件80件，结案74件，罚没款77.75万元。通过县级融媒体发布《关于依法打击整治养老诈骗专项行动的公告》，开展防范电信网络诈骗、养老诈骗宣传活动5场次，发放宣传手册1012份，受理群众咨询25人次。登记在业各类市场主体3.02万户，登记注册资金348.29亿元，市场主体有3.03万户。县市场监督管理局内设办公室、企业登记注册监督管理室、反不正当竞争室、食品药品监督室、市场秩序规范管理室、法规室、质量监督认证室、特种设备安全监察室、物价检查所、信息中心10个科室，下设即桥头、园林、长宁、黄家寨、毛家寨、东峡、塔尔、新庄、城关、多林10个基层监管所，质量技术监督检验所、食品药品和市场监督管理局信息中心、食品药品检验所、药械不良反应检测中心4个事业单位。全局在编工作人员159人，其中公务员60人、事业编制32人、工勤人员2人、其他65人。

【市场主体监管】　督促商场、超市按标准设置无障碍卫生间、母婴室，推进“一米线”标识、垃圾中转站等基础设施改造。检查养老机构8家次，经营户280余家。检查国有粮食企业8家次，粮油个体经营户126家次，完成计量检定9家次，查处粮油经营户未明码标价案件6起，罚款1.2万元。检查蔬菜水果、药店经营户235家、餐饮经营户100家，对6家经营单位的违法经营行为立案查处，罚款1.2万元。联合县教育局等对大通县11家非学科类校外培训机构和非法办学机构进行专项检查整治，依法取缔大通神墨艺术学堂、红杉树智能英语2家非法办学机构。对辖区内化肥销售市场110户摸底排查。开展自建房安全隐患排查整治，对存在安全隐患的17户经营性自建房封停整治。评选60家企业及个体工商户为大通县2021年度“放心消费示范单位”、40户个体工商户为大通县2021年度“文明诚信个体工商户”、25家私营企业为大通县2021年度“文明诚信私营企业”，并进行表彰。

【食品安全监管】　印发《关于做好冷链食品疫情防控工作的通知》，上报冷链食品专报47

期，检查进口冷链食品生产经营单位、餐饮服务单位等1447家次。开展食品安全“守底线、查隐患、保安全”、农村假冒伪劣食品、农贸市场等专项整治行动。组织食品生产企业、网络订餐平台等单位召开行政约谈会，签订行政约谈记录、承诺书及责任书2496份。印发《2022年大通县春秋两季学校（托幼机构）食堂及校园周边食品安全风险隐患排查工作实施方案》，召开行政约谈会，检查学校（托幼机构）食堂等563家次，下达责令改正通知书4份。持续开展监督抽检工作，完成食品抽检526批次，合格率99.6%；食用农产品抽检467批次，合格率100%；餐饮具抽检201批次，合格率85.6%；开展主要内容为《中华人民共和国食品安全法》《中华人民共和国药品管理法》等法律法规线上培训，参训710人次。制作以“文明餐桌、光盘行动”等为主题的宣传桌卡、收纳盒等，完成投放2.4万盒（张）。印发《关于创建国家食品安全示范宣传工作的通知》，在全县范围内通过手机彩铃、LED流动车等循环播放，打造八一路、花儿步行街为食品安全示范街。

【药械安全监管】 依托“阳光药店”App系统强化“四类”药品监管，发挥疫情防控期间药品经营单位的“哨点”作用。为良教、城关等乡镇、桥头镇滨河绿洲小区、五期小区等封控区送去维C泡腾片，给县医院等3家公立医院调拨连花清瘟胶囊。开展“两品一械”监管，联合县卫健局等部门对7家民营医院药械质量安全开展监督检查，对县疾控中心、县人民医院等4家医疗机构及105家药品经营单位医疗器械等质量安全进行监督检查。开展化妆品专项检查，检查化妆品经营单位128家次，其中参与线上经营活动的单位2家次。持续开展监督抽检工作，药品完成采样25批次，对抽检不合格的进行核查处置。查办“三品一械”案件23起，罚没款24.54万元。加大对药店、保健品等涉老“食品”“保健品”领域的监管力度，拓宽案源发现渠道。

【涉农市场监管】 加强农资市场监管，制定《2022年农资打假下乡专项行动方案》，召开“农资经营户行政约谈会”，与各经营单位签订农资商品经营单位责任书。疫情防控期间，拓宽蔬菜销售渠道，指导北京华联大通店及位于西宁的10家门店到地头直接进货，实现基地直采，帮助长宁镇陈家庄村、东风村销售滞销蔬菜5.75吨，实现收益1.38万元，并引导辖区各蔬菜销售单位与2村建立长期购销合作关系。协调一家亲、新华百货等4家超市负责人，自4月17日起，每天9时30分至18时接受电话预约订货，并提供代买、免费配送生活必需品“暖心”服务。联合农业农村局等单位，组织成立临时蔬菜批发早市，满足县内超市蔬菜经营户零售需求。规范管理电子商务经营主体，指导督促农村电子商务经营主体落实网店实名制。加强对涉及粮食公平交易行为的规范引导，打击掺杂掺假、以劣充好、以陈化粮冒充新粮等行为。

【质量监管】 制定《大通县公共服务质量提升专项行动方案》，组织编写《2021年度大通县质量状况分析报告》《〈2021年全省公共服务质量监测结果问题整改落实工作通知〉存在问题整改报告》。监督检查辖区内电线电缆、危险化学品等11家获证生产企业、青海宜化化工有限责任公司生产的危化品产品质量安全、1家有机肥生产企业。开展强制性认证产品监督检查工作，摸底排查26家电动自行车、电动摩托车、零配件经营户，对辖区内14岁以下儿童玩具、儿童用品、强制性认证产品目录内的家用燃气灶、电灶等强制性认证产品监督检查，摸排经营户105家，现场检查5家管理体系认证活动。检查超市、商场6家，检定计量器具767台次。开展特种设备检查工作，检查特种设备使用单位270

家次，抽查特种设备407台，下达特种设备安全监察指令书11份，办理特种设备违法案件8起，办结8起，收缴罚没款1.7万元。疫情防控期间，救援电梯使用单位23家、电梯27台。开展流通领域成品油质量抽检，检查加油站23家，抽检52批次，全部合格。

【商标管理】 推进品牌建设，申请商标3616件，有效注册2027件，获中国驰名商标2家，即“绿草源”“青重”。组织县内企业参加网络平台产品推介活动，提升企业品牌知名度与产品推广度。开展假冒奥林匹克标志专项检查，检查各类经营户500余户，宣传224次，未发现涉及奥林匹克标志侵权违法行为。

【知识产权保护】 开展销售“军”字号烟酒等商品专项行动和医疗服务领域不正当竞争执法，重点检查县人民医院、博爱医院等，立案查处2家未经审查发布医疗广告行为，处罚款2万元。推进大通县2021年第三季度国家重大政策措施落实情况跟踪审计整改落实工作，对各企业存在的多收公摊费、二次加压费等问题逐一核查清退，西宁盛华物业管理有限责任公司、米兰花园等物业公司完成1409户199.48万元退款工作，西宁豫发物业管理有限公司将应退款18.62万元以折抵2022年物业管理费的形式进行折抵。健全公平竞争审查工作机制实施方案，调整大通县公平竞争审查联席会议制度，审查文件10份，无违反公平竞争审查原则现象出现。印发《大通县强化知识产权保护工作方案》，成立大通县“双打”工作领导小组，对服装、鞋、酒类、防疫物资等民生商品领域侵权假冒行为开展打击行动，对2起侵权行为进行立案查处，罚款1.3万元。

【市场监管改革】 开展落实“证照分离”改革自查自纠，落实涉企经营许可事项全覆盖清单管理，涉及市场监督管理“证照分离”改革事项7项，均按《大通县“证照分离”改革全覆盖事项清单》落实改革任务，并加强事中事后监管。依托青海省政务服务网、市场主体开办专窗，开展市场主体登记注册类20项“一件事一次办”套餐服务及“跨省通办”等服务，制定相关实施方案，减少群众办事次数及避免重复提交相同材料。

【“绿色餐厅”创建】 鼓励餐饮服务单位推行“小份菜”。结合创建健康餐厅工作，印发《大通县创建“绿色餐厅”活动实施方案》，召开2022年“绿色餐厅”授牌表彰大会、大通县2022年创建“绿色餐厅”工作推进会暨2019—2021年“绿色餐厅”创建成果巩固会、“绿色餐厅”观摩会。

【市场安全生产】 结合市场监管工作实际，开展消防安全大检查，督促辖区内市场、商场、大型超市开展消防安全自查，自查出安全隐患22条，整改完成22条。“8·18”山洪灾害发生后，成立由36人组成的“市场监督管理局抗洪救灾救援队”，从8月19日起到青山乡青山村开展清淤工作。制定并发布《关于引导因“8·18”山洪灾害造成经营困难的市场主体办理歇业备案的公告》，降低洪灾影响市场主体维持经营成本，保护市场主体合法权益。

（撰稿人：马　兰）

DATONG

# 农业 农村

YEARBOOK

## 农村经济

2022年3月23日，省委常委、市委书记陈瑞峰（右三）到大通县实地查看粮种储备、春耕备播情况（县融媒体中心供图）

【概况】 2022年，全县农业生产总值47.82亿元，同比增长4.94%；第一产业增加值24.33亿元，同比增长4.7%；农村居民人均可支配收入1.59万元，同比增长6%。争取1050万元资金，扶持壮大21个村集体经济，全县村集体经济收入达7363.27万元，同比增加44.6%，5个村达100万元以上，7个村达50万元~100万元，全县289个村集体经济年收入突破5万元。全县农村土地流转总面积达1.38万公顷，实现土地流转收益8223万元。完成耕地“非粮化”排查任务及953.33公顷年度整治任务，排查整治撂荒地360公顷。逊让乡油菜绿色防控示范基地获评农业农村部首批全国农作物病虫害绿色防控示范基地；省科技厅审定青稞绿色防控技术应用及标准化生产示范省级成果1项；得明、清水葱业2个蔬菜生产基地获评西宁市农业农村局年度市级“菜篮子”优秀生产基地并获得奖补资金、晟锦农牧基地获评良好等次并获得奖补资金；“马铃薯新品系DM15-8（通薯1号）试验、示范”获省科技厅省级科技成果1项；森田、黄河流域2家产业园获评西宁市农业农村局市级产业园并获得奖补资金；张广生、马志明、马吉权获农业农村部农业技术推广贡献奖。县农业农村局内设办公室、综合办公室2个科室，下属40个事业单位，分别是农业技术推广中心、蔬菜技术服务中心、种子站、农机推广站、畜牧兽医站、农业综合行政执法大队、农村经济经营服务站、养殖技术推广中心、人工影响天气办公室、农业生态环境和可再生能源工作站、农产品质量安全检测中心、农业综合开发服务中心及28个乡镇畜牧兽医站。共有职工344人，其中行政人员12人、管理人员13人、专业技术人员292人、工勤技能人员27人。

【乡村特色产业发展】 制定出台《大通回族土族自治县乡村产业促进条例》，依托各乡镇特色优势资源，因地制宜发展壮大特色产业，用足用好金融服务和土地支持政策，为产业发展提供强力支撑。持续加大区域公用品牌宣传，在向化乡、青山乡等8个乡镇建设青稞绿色基地666.67公顷，在全县范围内建设马铃薯良种繁育基地553.33公顷，种植优质饲草3000公顷；继续推进1个牦牛产业示范园建设。建设大通县景阳镇产业强镇，以建立绿色生产基地（不在规划土地内）、农产品储藏保鲜中心及其附属设施、农产品加工中心（马铃薯精深加工、树莓精深加工）、农产品电商物流包装设施、农产品展示中心等5个部分为建设重点，打造优势产业品牌，带动景阳镇及周边村落的经济和发展水平。建设市级产业园3个，大通现代农业展示基地建设项目实施后可育45万株适龄壮苗，为10公顷设施温室蔬菜提供壮苗，并为66.67公顷露天蔬菜集约化育苗做好基础，集约化育苗每亩可节本增效200元，共增收22.5万元；大通森田现代农业基地、大通汇丰

（上旧庄）设施农业基地项目实施后，不断扩大蔬菜规模化面积，增强冬春季节蔬菜生产能力，提高蔬菜基地绿色可持续发展能力，不断提高蔬菜产品标准化水平。通过项目资金扶持八里庄、边麻沟2个休闲农业示范基地建设，发展集观光、体验、康养、休闲等多种功能于一体的休闲农业，推介一批乡村旅游精品线路，年产值可达60万元，带动周边农户20户以上，年吸引周边游客10万人次以上。

【绿色有机农畜产品输出地建设】 全县有设施农业园区28家，建成各类温室4086栋；建成规模养殖场65家、生态牧场9家，种植优质牧草3000公顷，有天然可利用草场16.67万公顷。全县有新型农民经营主体1213家，登记、认证有效期内的“绿色、有机、地标”农产品68个，其中登记绿色食品企业9家40个产品，认证有机食品企业1家22个产品，认证“地理标志产品”5个，打造全国绿色食品（马铃薯）原料生产基地1个7066.67公顷，培育“高原农斯”等自主品牌44个，授权使用“河湟田源”品牌企业11家。划定粮食生产功能区（小麦）12006.67公顷和重要农产品生产保护区（油菜籽）13373.33公顷，农业生产化肥、农药较2018年分别减少30%和20%，落实农药化肥减量增效行动任务1.5万公顷，2022年被省政府评为全省绿色有机农畜产品输出地辐射区。

【龙头企业培育】 组织申报各级农牧业产业化龙头企业，完成新庄镇新庄村（黄瓜）等6个村“全国一村一品示范村”网上监测，组织申报第十二批全国“一村一品示范村”2个；完成34家市级以上龙头企业的经济运行情况监测。申报大通弘丰养殖场等2家企业为市级农牧业产业化龙头企业，认定青海百宸食品有限公司等4家农业企业为县级产业化龙头企业。全县龙头企业总数达到53家，其中国家级1家、省级6家、市级26家、县级20家。

**2022年大通县农牧业产业化龙头企业经营发展情况一览表**

表4

| 序号 | 企业名称 | 级别 | 经营种类 | 产量 | 产值（万元） | 备注 |
| --- | --- | --- | --- | --- | --- | --- |
| 1 | 青海鑫兴源食品有限公司 | 国家级 | 生猪及猪副产品 | 63963头 | 12328.55 | |
| 2 | 青海展大生物科技有限责任公司 | 省级 | 蚕（豌）豆深加工 | 粉丝2000吨 | 1600 | |
| 3 | 青海禾丰粮油工贸有限责任公司 | 省级 | 粮油加工 | 6200吨 | 3000 | |
| 4 | 青海华灏农牧科技发展有限公司 | 省级 | 绿色瓜果、蔬菜、禽畜 | | | 停产 |
| 5 | 青海博丰现代农业有限公司 | 省级 | 双孢菇、种麦子 | 43.5吨 | 13 | |
| 6 | 青海海沃食品有限公司 | 市级 | 豆类种植、油料种植、活禽销售 | 500吨 | 2100 | |
| 7 | 大通县种畜繁殖场 | 市级 | 牛 | 1600头 | 1300 | |
| 8 | 青海省昌财粮油工贸有限责任公司 | 市级 | 粮油加工 | | | 停产 |
| 9 | 大通富民养殖专业合作社 | 市级 | 生猪养殖 | 322头 | 48.3 | |
| 10 | 青海老爷山蔬菜科技开发有限公司 | 市级 | 蔬菜营销 | 170吨 | 30.6 | |

续表4

| 序号 | 企业名称 | 级别 | 经营种类 | 产量 | 产值（万元） | 备注 |
|---|---|---|---|---|---|---|
| 11 | 大通丰源现代农业科技发展有限公司 | 市级 | 无公害蔬菜 | 2.5 吨 | 2.8 | |
| 12 | 大通县海发农贸批发市场 | 市级 | 商铺租赁 | 1180 吨 | 220.8 | |
| 13 | 大宋丰通粮食有限公司 | 市级 | 面粉加工 | | | 目前停产，正在办理相关手续，准备启动生产 |
| 14 | 青海锦绣生态农业发展有限公司 | 市级 | 牛羊、林木 | | | 停产 |
| 15 | 青海省大通县盛天农业开发有限公司 | 市级 | 绿色瓜果、蔬菜、禽畜 | 9.5 吨 | 9.4 | |
| 16 | 青海普丰农牧科技有限公司 | 市级 | 仔猪、肉猪 | 445 头 | 115.7 | |
| 17 | 青海锦盛源生态农业科技开发有限公司 | 市级 | 蔬菜种营 | 969 吨 | 363 | |
| 18 | 青海锦旺生态农业有限公司 | 市级 | 绿色瓜果、蔬菜、禽畜 | 1200 吨 | 480 | |
| 19 | 大通县裕丰园农牧发展有限公司 | 市级 | 藏香猪养殖 | 620 头 | 153.76 | |
| 20 | 青海安泰粮油有限公司 | 市级 | 粮油加工 | | | 停产 |
| 21 | 大通山河绿色畜牧生态养殖有限公司 | 市级 | 肉羊养殖 | 350 头 | 28 | |
| 22 | 青海达盛农业发展有限公司 | 市级 | 蔬菜种植 | 301 吨 | 601 | |
| 23 | 大通汇丰景园农业开发有限公司 | 市级 | 创新、科技、农业观光 | 3200 吨 | 1800 | |
| 24 | 大通森田现代农业科技有限公司 | 市级 | 设施农业蔬菜、水果 | 1080 吨 | 4212 | |
| 25 | 大通禾田宝有限公司 | 市级 | 有机肥加工 | 6500 吨 | 455 | |
| 26 | 大通金鹏蔬菜种植培育有限公司 | 市级 | 绿色蔬菜 | 2082 吨 | 520.5 | |
| 27 | 青海缘祥产业有限公司 | 市级 | 饲草种植、加工、养殖农机服务 | 6200 吨 | 2200 | |
| 28 | 大通良田奶牛养殖有限公司 | 市级 | 牛羊养殖 | 240 头 | 72 | |
| 29 | 青海九梁农牧科技有限公司 | 市级 | 兽药生产、饲料生产 | 片剂 14970 万片、液体消毒剂 7.8 万瓶、外用杀虫剂 15.9 万瓶、固态添加剂预混合饲料 2890 吨、液态添加剂预混合饲料 16.5 万瓶 | 1500 | |
| 30 | 大通弘丰养殖场 | 市级 | 种植、营销 | 1800 头 | 270 | |

续表4

| 序号 | 企业名称 | 级别 | 经营种类 | 产量 | 产值（万元） | 备注 |
|---|---|---|---|---|---|---|
| 31 | 青海万泽农牧科技有限公司 | 县级 | 豆类种植，油料种植、活禽销售 | 665头 | 120 | |
| 32 | 大通县惠丰种业有限责任公司 | 县级 | 种子经营、销售 | 1600吨 | 800 | |
| 33 | 西宁盛强农副产品综合批发市场 | 县级 | 农副产品 | 20000吨 | 8000 | |
| 34 | 大通德丰农副产品加工厂 | 县级 | 农副产品收购、加工 | 粉条260吨、淀粉1500吨 | 526 | |
| 35 | 大通正鑫农业开发有限公司 | 县级 | 蔬菜种植 | 12吨 | 28.2 | |
| 36 | 青海西海源清真食品有限责任公司 | 县级 | 加工食用醋 | 25吨 | 140 | |
| 37 | 青海万花谷生态旅游开发有限公司 | 县级 | 休闲农业 | 390吨 | 390 | |
| 38 | 大通县黄家寨黄东农副产品开发基地 | 县级 | 粮油加工 | 60吨 | 30 | |
| 39 | 大通乐盛农牧养殖有限公司 | 县级 | 生猪养殖 | 4000头 | 200 | |
| 40 | 大通红高原农牧开发有限公司 | 县级 | 虫草、黑枸杞、牛肉干销售 | 虫草5千克、黑枸杞10吨、牛肉干5吨 | 360 | |
| 41 | 青海景阳川生物科技有限公司 | 县级 | 高原经济作物培育及相关产品的研发 | 6吨 | 24 | |
| 42 | 青海天承农牧开发有限公司 | 县级 | 育肥牛 | 150头 | 30 | |
| 43 | 青海科丰草业有限公司 | 县级 | 饲草种植、加工及销售 | 1000吨 | 500 | |
| 44 | 青海典阳习习生物技术有限公司 | 县级 | 农副产品饲料加工（青稞面） | 150吨 | 15 | |
| 45 | 大通县盛财农副产品有限公司 | 县级 | 农副产品，畜禽饲料的加工 | 140头 | 220 | |
| 46 | 青海精农农业科技开发有限公司 | 县级 | 种植、营销 | 2400吨 | 240 | |
| 47 | 大通亚盛农牧有限公司 | 县级 | 牛养殖及销售 | 200头 | 170 | |
| 48 | 青海丰聚农牧科技有限公司 | 县级 | 牦牛肉加工 | 260吨 | 2028 | |
| 49 | 青海百宸食品有限公司 | 县级 | 牲畜屠宰，食品销售 | 1600吨 | 4640 | |
| 50 | 青海尚康生物科技有限公司 | 县级 | 加工藜麦 | 325.48吨 | 389 | |
| 51 | 青海高原甄选农业科技开发有限公司 | 县级 | 电商 | 150吨 | 1400 | |
| 52 | 青海珍露源农牧开发有限公司 | 县级 | 加工矿泉水 | 3万吨 | 170 | |
| 53 | 大通志春农业有限公司 | 县级 | 蔬菜种植、批发及销售 | 750吨 | 160 | |

**【家庭农牧场建设】** 加强家庭农牧场指导管理，备案家庭农牧场24家，组织各乡镇申报市级示范性家庭农牧场20家，监测127家市级示范性家庭农牧场，其中合格88家。全县各类

家庭农牧场达420家，其中家庭农场209家、家庭牧场211家。省级示范性家庭农牧场达到31家、市级示范性家庭农牧场88家、县级示范性家庭农牧场318家。

【农民专业合作社培育】 培育规范农民专业合作社，备案合作社10家，组织各乡镇申报市级示范社36家，监测117家市级示范社，合格101家。备案各类农民专业合作社757家，其中国家级示范社14家、省级示范社63家、市级示范社101家、县级示范社503家。

【农业质量监管】 全县备案种子经销门店33家，供应各类农作物良种1537.9吨，建立各类良种繁育基地2666.67公顷，建立农作物制种示范基地6个，面积940公顷。开展“动物防疫 蓝剑清源”行动，全年检查私屠滥宰、违规调运等动物卫生监督28次、屠宰企业15家次、畜禽规模养殖场63家次、宠物诊疗所1家、生产经营企业（点）37家，查处过往动物运输车辆70余辆次，下发责令改正通知书3份，查处违法经营行为8起，专项检查饲料及饲料添加剂违法行为23次，没收过期农兽药327支（袋）、“三无”饲料及饲料添加剂3.04吨和疑似违规再添加饲料添加剂盐砖7盒，古尔邦节期间专项检查屠宰点32家次，出动执法人员352人次、执法车辆94车次。开展农业机械安全专项执法行动，检查农机合作社19家、查验农业操作车辆182辆。对全县范围内的生产基地、配送中心及养殖、屠宰场等农畜产品进行农兽药残留定性检测。在汇丰锦旺、森田等37家种植基地，录明、丰聚等3家养殖基地和众利、鑫兴源2个屠宰场检测品种58个，抽检样品1221个，合格率达99%。宣传推广食用农产品合格证办理，开具合格证1.5万张，带证上市农产品达3万吨以上。获得绿色食品证书企业3家、产品8个、续展产品1个。全县认证有效期内绿色、有机、地理标志农产品68个，其中绿色食品9家企业40个产品、登记保护5个地理标志农产品、认证有机食品企业1家22个产品，全国绿色食品原料生产基地1个。国家农产品质量安全追溯平台新增3家企业（即大通金英种植专业合作社、大通应仁家庭农场、大通县金业农产品加工营销专业合作社）。

（撰稿人：王　宁）

## 农牧业

【概况】 2022年，大通县农作物播种面积4.8万公顷，粮食作物播种面积2.28万公顷，较2021年增加20公顷。其中，小麦播种面积15235.73公顷，产量54991吨；杂粮846.67公顷，产量1364吨（青稞744.13公顷，产量1172吨；蚕豆102.73公顷，总产量192万吨）；马铃薯6725.8公顷，产量192吨。全县种植油菜面积1.46万公顷，同比增加340公顷；蔬菜作物4926.67公顷，同比增加20公顷。全年粮、油、菜总产分别达8.77万吨、4万吨、23.86万吨，全年完成肉、蛋、奶分别达2.6万吨、0.26万吨、9.77万吨。投入各类农业机械6.97万台（套），完成机耕整地4.58万公顷，机械化播种3.05万公顷，机械化植保2.49万公顷，机械化收获3.12万公顷，农作物耕、种、收机械化率达到78.03%。

【农业重点项目建设】 争取中央、省、市专项资金3.13亿元，在绿色发展、农田建设、规模养殖、技术推广等方面开展重点项目建设。全县建成设施农业园区28栋、温室3325栋，改造提升旧棚500栋。在景阳镇龙泉村、泉头村高标准农田建设426.67公顷；在新庄镇台其庄村实施小型农田水利工程维修，改善农田灌溉面积33.33公顷。

【绿色农业发展】 推广全膜马铃薯5333.33公顷，建成全国绿色食品（马铃薯）标准化原料生产基地706.67公顷、创建油

枸杞

黄瓜

辣椒

（县融媒体中心供图）

菜、青稞标准化绿色食品原料基地4533.33公顷，建设露地蔬菜种植基地333.33公顷。提升改造规模养殖场5家，建设全省首家年可处理病死畜禽尸体21吨的无害化处理场，改造14家乡镇畜牧兽医站，建设陆基鲑鳟鱼养殖基地1处。实施化肥农药减量增效行动1.5万公顷，全县化肥和化学农药使用量较2018年分别减少30.7%、20.11%。加大农田残膜及农兽药包装废弃物回收力度，回收处置兽药包装废弃物1.7吨，集中回收农田残膜82吨，农田残膜回收率达90%。实施畜禽粪污资源化利用，全县粪污产生量约1.91万吨，利用量1.7万吨，利用率达92.5%。推进农作物秸秆综合利用，开展秸秆禁烧检查与宣传32次，制止秸秆焚烧17起，全县秸秆综合利用率达89%。持续推进“三清一改治七乱”村庄清洁提升行动，发动群众11万余人次，出动设备9474台（辆），清理各类垃圾9900余处5.74万立方米，清除乱搭乱建及残垣断壁7017处，清理河塘沟渠4730千米，处理畜禽养殖等废弃物1.5万立方米。

**2022年大通县绿色食品认证情况统计表**

表5

| 生产单位 | 产地 | 产品名称 | 生产规模（亩、头） | 核准产量（吨） | 年产值（万元） |
|---|---|---|---|---|---|
| 老爷山蔬菜科技开发有限公司 | 桥头镇向阳堡村 | 西葫芦 | 2.76万 | 18500 | 2960 |
| | | 双孢菇（鲜） | | 3650 | 1460 |
| | | 辣椒 | | 8500 | 2550 |
| | | 黄瓜 | | 10500 | 2100 |
| | | 胡萝卜 | | 25500 | 3060 |
| | | 甘蓝 | | 24500 | 1470 |
| | | 番茄 | | 8500 | 1700 |
| | | 大通鸡腿葱 | | 21500 | 3400 |
| | | 花椰菜 | | 4500 | 900 |
| | | 莴笋 | | 4500 | 700 |
| | | 茄子 | | 2500 | 1000 |
| 大通永春萝卜种植专业合作社 | 黄家寨镇黄西村 | 萝卜 | 260 | 2500 | 560 |

续表5

| 生产单位 | 产地 | 产品名称 | 生产规模（亩、头） | 核准产量（吨） | 年产值（万元） |
|---|---|---|---|---|---|
| 青海达盛农业种植基地 | 塔尔镇上旧庄村 | 辣椒 | 264 | 300 | 190 |
| | | 茄子 | | 400 | 280 |
| | | 西葫芦 | | 300 | 260 |
| | | 番茄 | | 605 | 217 |
| | | 黄瓜 | | 540 | 171 |
| | | 上海青 | | 200 | 36 |
| | | 菠菜 | | 150 | 27 |
| 大通森田现代农业科技有限公司 | 城关镇铁家庄村 | 菜瓜 | 1555 | 6125 | 1200 |
| | | 贡菜 | | 1900 | 730 |
| | | 上海青 | | 6600 | 1300 |
| | | 辣椒 | | 1725 | 850 |
| | | 草莓 | | 165 | 650 |
| 青海晟锦农牧科技有限公司 | 桥头镇向阳堡村 | 晟锦1#大果樱桃 | 200 | 2 | 50 |
| | | 晟锦蟠桃6# | | 5 | 20 |
| 青海丰聚农牧科技有限公司 | 桥头镇红河限村 | 牦牛肉 | 1500 | 16.4 | 30 |
| | | 牦牛牛排 | | 17.2 | 31 |
| | | 牦牛牛腱子 | | 3.2 | 7 |
| | | 牦牛牛腩 | | 3.2 | 7 |
| | | 牦牛前腿肉 | | 15.6 | 30 |
| | | 牦牛后腿肉 | | 21.2 | 41 |
| 大通金鹏蔬菜种植培育有限公司 | 黄家寨镇杨家寨村 | 茄子 | 530 | 560 | 36 |
| | | 番茄 | | 750 | 115 |
| | | 辣椒 | | 480 | 53 |
| | | 西葫芦 | | 1040 | 62 |
| | | 油麦菜 | | 300 | 80 |
| 西宁铭泰农业科技有限公司 | 黄家寨镇黄西村 | 番茄 | 50 | 370 | 645 |
| 大通志春农业种植有限公司 | 黄家寨镇黄西村 | 香葱 | 200 | 350 | 130 |
| | | 上海青 | | 200 | 65 |
| 大通善平种植专业合作社 | 长宁镇王家庄村 | 甘蓝 | 500 | 1200 | 72 |
| | | 鸡腿红葱 | | 700 | 278 |
| 大通勤发家庭农场 | 景阳镇金冲村 | 马铃薯 | 500 | 1500 | 225 |

续表5

| 生产单位 | 产地 | 产品名称 | 生产规模（亩、头） | 核准产量（吨） | 年产值（万元） |
| --- | --- | --- | --- | --- | --- |
| 大通顺帆种植专业合作社 | 桥头镇小煤洞村 | 马铃薯 | 1000 | 3000 | 450 |

## 2022年大通县有机食品认证情况统计表

表6

| 生产单位 | 产地 | 产品名称 | 生产规模（万亩、头、只） | 核准产量（吨） | 年产值（万元） |
| --- | --- | --- | --- | --- | --- |
| 青海省大通种牛场 | 大通县宝库乡 | 牦牛 | 1800 | 120 | 400 |
| | | 牦牛牛犊 | 6000 | 200 | |
| | | 藏羊 | 100 | 2.15 | |
| | | 鹿 | 300 | 3.54 | |
| | | 乳牛牛扒2号 | | 3 | |
| | | 乳牛大黄瓜条 | | 6 | |
| | | 乳牛小黄瓜条 | | 2.6 | |
| | | 乳牛牛腱子 | | 2.6 | |
| | | 乳牛蝴蝶排 | | 3.8 | |
| | | 乳牛胸排 | | 3.8 | |
| | | 乳牛牛脖子 | | 2.6 | |
| | | 乳牛带骨腱子 | | 3.8 | |
| | | 乳牛带骨肉块 | | 30 | |
| | | 乳牛膝盖骨 | | 0.6 | |
| | | 牦牛腿子 | | 2 | |
| | | 牦牛牛楠 | | 2.5 | |
| | | 牦牛牛尾 | | 0.25 | |
| | | 牦牛膝盖骨 | | 0.5 | |
| | | 牦牛牛腿肉 | | 10 | |
| | | 牦牛精品排 | | 10 | |
| | | 乳牛牛楠 | | 5 | |
| | | 牦牛牛扒1号 | | 4 | |
| 大通县蔬菜技术推广中心 | 大通县 | 大通鸡腿葱 | 1.23 | 37000 | 1.48 |
| 大通县蔬菜技术推广中心 | 新庄镇 | 新庄黄瓜 | 0.48 | 18000 | 4320 |
| 大通农业技术推广中心 | 大通县 | 大通蚕豆 | 3 | 10500 | 6720 |
| 青海省大通种牛场 | 宝库乡 | 大通牦牛肉 | 2 | 320 | 400 |

续表6

| 生产单位 | 产地 | 产品名称 | 生产规模（万亩、头、只） | 核准产量（吨） | 年产值（万元） |
|---|---|---|---|---|---|
| 大通县农产品质量安全检测中心 | 大通县 | 大通藏香猪 | 13528 | 1500 | 889.3 |
| 大通农业技术推广中心 | 大通县 | 马铃薯 | 10.6 | 21.2 | 24720 |

【农技推广】 3月，启动以“稳定发展‘三农’工作·喜迎二十大胜利召开”为主题的大通县干部下乡活动，696名干部到全县289个村因地制宜、因村而异开展中央和省委一号文件宣讲活动。全县开展农技推广培训32期，培训农户8400人次；向农户提供各类良种0.14万吨，调运救灾粮种1804吨。完成1041名高素质农牧民培训工作，引进推广蔬菜新品种6个、新技术2项，培育优质蔬菜种苗1070万株；推广通麦2号、青薯9号、青杂15号等粮油作物优良（新）品种20个；培育推广本地新品种，大通县自主选育的新品种“通薯1号”“青麦11号”通过部、省级品种审定；推广化肥农药减量增效、绿色防控等农业新技术10项以上，主要农作物良种覆盖率保持在95%以上、农业新技术推广到位率达到95%以上。加强示范基地建设，建立以逊让、景阳为中心的主要粮油作物示范基地10个，面积2706.67公顷。按照省、市良种补贴任务，持续开展牲畜改良和种畜调运，通过26个乡镇畜牧兽医站改良点和16个个体牛改点，推进奶肉牛人工授精及良种推广工作，引进市级招标肉牛优质冻精3万支，完成牛改2.5万头、猪改2.11万头、羊改6.38万只；引入并推广高原牦牛、藏羊等良种公畜450头，其中大通牦牛200头、阿什旦牦牛50头、藏羊150只、细毛羊50只；向外周县提供优质高原牦牛180头。

2022年5月，农业技术员现场讲解种植技术（县融媒体中心供图）

【大通菜籽油】 大通油菜籽粒呈黑褐色、籽粒大，饱满均匀，无虫蛀，耐贮藏，含油量高，其中油菜粗蛋白g/100g≥18.1，粗脂肪g/100g≥39，钙mg/100g≥400，磷mg/100g≥710。累计投资3720万元，扶持油菜产业精细化加工、绿色生态植物油加工、农机服务合作社、大通县智慧农业科技示范园区等项目。油菜作为大通县主要的农作物，从单纯的油料作物变身为集旅游价值和营养价值于一体的“金花花”，带动农民走出一条“油旅融合、以油促粮、粮油兼丰”的致富路。

【大通牦牛】 大通牦牛是世界上第一个人工培育的高原牦牛新品种，继承了野生牦牛的遗传基因，是唯一利用青藏高原牧草资源繁衍的牛种。大通牦牛生产于青藏高原海拔3000米以上无污染的天然牧场，其肉色泽棕红，形状规则、平整，肌纤维清晰，口感有韧性，柔软适中，嚼后留香，具有肉质鲜嫩、蛋白质含量高、脂肪沉积低、保水性较好、矿物质含量丰富、氨基酸及维生素种类齐全等特点。青海大通种牛场始建于1952年，截至2022年，已形成由大通牦牛繁育中心、冷配群、核心群、育成群和推广示范区构成的大通牦牛繁育推广体系。据不完全统计，大通牦牛作为世界上第一个人工培育的牦牛新品种，推广覆盖青海省39个县，累计为当地带来经济效益7.8亿元，并辐射到新疆、西藏、内蒙古、四川、甘肃等全国各大牦牛产区；在青海共和、刚察、海晏、乌兰4个示范县建立5个大通牦牛整村推广示范村，每年针对牧民群众开展大通牦牛养殖配套技术培训工作，培训牧民群众300余人次。依托技术支撑，大通县利用资源优势强化成果转化及利用，带动特色农牧业发展，让广大牦牛产区百姓得到实实在在的经济收入，形成牦牛产业发展和贫困户增收的“双赢”局面。

【农作物病虫害防控】 开展“两增两减”虫口夺粮促丰收行动，绿色防控覆盖率达到48.08%。加强病虫害监测预警，运用建成的5个农田“四情”监测物联网系统、2个马铃薯晚疫病监测站、1个鼠害智能监测点，结合技术人员定期田间调查，开展农作物病虫鼠草害监测，发布《农作物病虫情报》12期。农作物病虫害发生面积5.19万公顷次，防治面积5.34万公顷次；推广绿色防控和统防统治融合技术，示范推广绿色防控技术1.5万公顷，完成小麦绿色防控示范1600公顷、小麦专业化统防统治示范2000公顷。开展植物检疫和农药经营许可工作，发放产地检疫合格证17份，涉及5个作物11个品种，种植面积331.83公顷，总产量2113.78吨。

【动物疫病防控】 签订重大动物疫病防控目标责任书、非洲猪瘟防控目标责任书等98份，实施春秋两季免疫、月月补免，强制免疫牲畜176.44万头（只），其中免疫注射猪口蹄疫、蓝耳、猪瘟16.92万头，牛口蹄疫疫苗47.17万头，羊口蹄疫73.39万只，禽流感38.96万羽，全县畜禽免疫密度均达100%。为保障市场食品安全，排查生猪养殖户13.3万户次、排查生猪566.61万头次，宣传食品安全1.93万次。践行“关口前移、人病兽防”工作总要求，投放驱虫药60.48万片，犬驱虫31.83万条次，完成犬粪抗原检测595份；检测布鲁氏菌病5345份，结核病1907头。结合春秋季度防疫，开展动物疫病流行病学调查及动物疫病检测采样，完成省、市采样送样任务1950份，完成全县重大动物疫病检测4242份，非洲猪瘟检测237份；完成20个乡镇176.44万头只牲畜普查和60个村600家农户、40家规模养殖场、3个屠宰企业的流行病学调查。

（撰稿人：王　宁）

## 林草建设与产业发展

【概况】 8月16日，大通国家森林公园察汗河景区被中国野生植物保护协会批准设立为生物多样性生态教育基地，并向宝库林场颁发“大通国家森林公园察汗河景区生态教育基地”牌匾；10月11日，宝库林场被中国林场协会认定为“2022年度全国十佳林场”；申报桦林乡桦林庄村、阿家沟村森林乡村建设项目，助力乡村振兴战略，持续发挥林草资源生态优势，续聘生态管护员1256人，管护面积7.95万公顷。大通县林业和草原局内设局综合办公室3个，另外设有森林旅游资源开发办公室和森林草原防火办公室。下设东峡林场、实验林场、宝库林场、种苗站、林业站、草原站、林木病虫害防治检疫站、桥头公园、植物园、集体林权流转服务中心、城镇绿化服务中心11个下属单位。有工作人员234人，其中公务员9人、专业技术人员158人、管理人员20人、工勤人员47人。

2022 年 4 月，大通县国土绿化春季大会战暨宁张公路林带巩固活动启动（杨七姐　摄）

**【林草项目及国土绿化】**　通过祁连山生态保护和修复、森林质量精准提升、森林抚育等重点项目，完成国土绿化总任务 11920 公顷，实现林业产值达 2330.2 万元。其中，完成祁连山生态保护和修复项目，在全县 20 个乡镇实施人工造林 723.33 公顷、退化林修复 266.67 公顷，封山育林 3333.33 公顷，退化草地改良 2666.67 公顷、草原围栏封育 10 万米；完成森林质量精准提升 3400 公顷，涉及长宁镇、景阳镇等 18 个乡镇；完成天保工程区森林抚育项目，在幼林地实施森林抚育 1530 公顷，涉及景阳镇等 17 个乡镇。

**【林草资源管护】**　编制完成 2022 年天然林保护、森林生态效益补偿基金、草原生态管护等项目实施方案。全年大通县森林生态效益补偿基金落实森林资源补偿面积 7.24 万公顷，护林人员 621 人；天然林管护面积 9.66 万公顷，护林人员 580 人。聘用 50 名草原生态管护员管护 16.67 万公顷天然草原，天然草地植被覆盖度 59.65%。加强项目工程使用林地的监督和管理，审核各类使用林地项目 10 项，审核审批占用草地事项 6 项，查处林业行政案件 4 项，查办涉林信访案件 4 起、救助野生动物 5 起、调查野生动物致牲畜死亡案件 8 起、调查涉林信访举报案件 1 起、调解草原纠纷案 1 件。加大对违法破坏森林资源行为的查处和整改力度，完成森林督查判读图斑 114 个自查工作。加大木材市场监管力度，办理林木采伐事项 48 项，采伐蓄积量 1468.13 立方米。下发大通县林（草）长制年度工作任务清单，层层签订目标责任书，压实各级林（草）长责任，构建县、乡（镇）、村（社区）和国有林场共建共管责任，护林员管防责任和群众防火责任。

**【种苗繁育】**　发挥和利用森林资源，在宝库林场实施桃儿七种苗繁育建设项目，建成桃儿七采种区 0.67 公顷，播种区 0.4 公顷，无性（分根）种苗繁育区 8.93 公顷。取得省级山生柳林木良种证 1 项、“西宁城乡玫瑰引种栽培及无性繁育技术”省级科技成果证 1 项。

**【花卉苗木】**　完成《2022 年第一批中央林业改革发展资金林木良种培育项目》。通过项目实施，培育良种林木良种苗木 250 万株，其中青海云杉播种 150 万株、青海云杉定植 2 万株、中国沙棘温室扦插 2.5 万株、中国沙棘容器播种 5 万株、中国沙棘大田播种 40 万株、轻基质金露梅播种 10 万株、轻基质柠条播种 5 万株、山杏大田播种 14 万株、榆叶梅大田播种 11 万株、紫丁香定植 9.5 万株、俄罗斯柏球定植 0.5 万株、天山玫瑰定植 0.5 万株。播种丁香 0.33 公顷、龙牙楤木 0.2 公顷，栽植大丽花、百合、唐菖蒲、月季、玫瑰等观赏花卉 0.33 公顷。完成出圃苗木 30 万株以上，为全省生态环境建设及乡村振兴城乡绿化提供中国沙棘、青海云杉、金露梅、柠条、紫丁香、榆叶梅、山杏、俄罗斯偃柏、天山玫瑰等优良壮苗。

2022 年初，大通县 2022 年林业有害生物防治现场培训会召开（县林草局供图）

【林下经济】 开展林下经济作物初步实验工作，在集体退耕还林地栽植野生蔬菜刺龙芽 3.33 公顷，药用植物甘松 0.67 公顷。全年全县林草业第一产业、第三产业总产值达 74700 万元，全县林草第一产业培育和种植面积达 20 万公顷，2022 年当年林草第一产业新增面积 3533.33 公顷。

【有害生物防治】 开展全县六大草场有害生物普查工作，监测 14 个草原生态常规监测点，天然草地平均载畜量为 25.7 万个羊单位，经各乡镇核查，天然草地实际载畜量 23.87 万个羊单位，达到草畜平衡。全年完成防治林业有害生物面积 1.13 万公顷，完成市政府下达任务 1.07 万公顷的 106%；无公害防治率 97%，测报覆盖率 85.1%，成灾率为零，种苗产地检疫率 100%，松木及其制品调入复检率 100%。组织人员对所辖各乡镇、国有林场、私营、集体和个人苗圃的苗木进行产地检疫，确保全县造林绿化苗木安全，办理产地检疫证 94 份，调运检疫证 2692 份。

（撰稿人：刘晓莺）

## 乡村振兴

【概况】 2022 年，县乡村振兴局内设局办公室、项目室、业务室、行业室、财务室、档案室，有工作人员 34 人，其中公务员 6 人、事业编制 12 人、工勤 1 人、挂职 1 人、抽调 8 人、政府雇员 1 人、临聘 5 人。大通县农民人均可支配收入达 1.59 万元，同比增长 6%，全县脱贫群众人均纯收入 1.41 万元，同比增长 10%。通过专业合作社、在建项目、龙头企业、民营企业等带动 1584 户 4760 名脱贫群众就近就业增收。动态监测 2.96 万户 12.42 万人，其中农村低保 1403 户 3295 人、农村特困 92 户 99 人、农村临时救助 2978 户 1.14 万人、农村低保边缘家庭 383 户 1278 人、农村支出型贫困家庭 80 户 317 人，累计发放救助资金 1.22 亿元。疫情防控期间，通过“实物救助”，发放受益困难群众 1676 户 50 万元。落实《大通县关于加强扶贫项目资产管理实施细则

2022 年 6 月 10 日，省乡村振兴局局长谢宝恩（中）一行到大通县调研乡村振兴（县融媒体中心供图）

（试行）》，对2013—2020年专项扶贫资金、统筹涉农整合资金和东西部协作资金等开展“回头看”，分类建立县、部门、乡镇、村资产台账，涉及资金652笔42.69亿元，形成资产33.84亿元，其中2021年形成资产2.63亿元。

【防返贫动态监测与帮扶】　在全省率先建立“防返贫监测工作流程图”、《防止返贫监测帮扶操作指南》和政策明白卡，探索建立“1510”工作法，优化识别流程、缩短认定时间，识别监测户138户456人。通过县级领导联系监测户+科级干部责任帮扶机制，分层分类开展精准帮扶，风险消除59户216人，对新识别62户201名监测对象全部落实综合性的帮扶措施。

【民生保障】　开展控辍保学专项行动，确保义务教育阶段入学率100%。为2.85万名家庭经济困难学生发放教育资助金1503.09万元，资金救助覆盖率100%。投资4360万元用于9项教育项目实施，提升农村教育基础设施水平。加强因病返贫致贫风险人群常态化健康帮扶，救治大病脱贫患者1459人、慢病脱贫患者4571人、重病脱贫患者72人，救治率100%；脱贫人口家庭医生签约2.8万人，签约率100%；脱贫群众医疗保险参保率100%。

【群众就业增收】　出台《大通县应对新冠疫情影响支持脱贫户（监测户）稳定增收十二条措施》应对疫情防控期间脱贫群众收入不稳定，从支持脱贫（监测）群众产业、就业创业等5个方面保障脱贫群众稳定增收。发放种养增量补贴526户73.22万元，外出务工补贴1143人83.01万元，帮扶车间补助63万元。利用就业创业信息发布、东西部招聘会、“直播带岗”等平台，开展各类公共就业服务活动25场次，促进1.16万名脱贫群众和边缘易致贫群众实现稳定就业，完成率为105%。落实务工交通补贴1248人90.43万元，“点对点”劳务输出455人（脱贫劳动力6人）；新认定的14家帮扶车间，带动153名脱贫劳动力就近就业；公益性岗位吸纳脱贫劳动力3280人，新增294人。全年累计劳务输出脱贫劳动力306人，确保户均2人稳定就业。

【消费助力乡村振兴】　推进“三专一平台”（消费扶贫智能专柜、消费扶贫专馆、消费扶贫专区，中国社会扶贫网平台）建设，加快扶贫产品智能售卖专柜布设，认定消费帮扶产品名录企业14家，帮扶产品109种，实现销售额2.51亿元。全年接待游客198.91万人次，实现旅游综合收入6.8亿元，全县265家乡村旅游接待点吸纳务工人员1700人，人均增收2000元以上。

【乡村人才振兴】　2022年，大通县向118个脱贫村、乡村振兴试点村选派第一书记、驻村工作队员354人。选调全县696名干部完成中央及省、市“一号文件”宣讲活动，解决所遇推进难题。实施《青海省巩固拓展脱贫攻坚成果全面推进乡村振兴人才培育行动方案》，举办第一书记、驻村工作队员、乡镇干部、乡村振兴干部培训班33期1764人次，“雨露计划”培训300人，创业培训75人，易地扶贫搬迁劳动力培训50人。成立科技服务站4个，选派科技特派员40人，围绕特色产业、项目带动，加快新技术示范推广和成果转化。

【乡村基础设施振兴】　印发《大通县城乡自建房屋安全隐患排查整治实施方案》，排查农房8.12万户1560.01万平方米，对排查出的624户（其中脱贫户25户）农村住房进行改造建设。投资3600万元用于2400户实施农村居住条件改善工程。强化农村饮水安全“三个责任”，年度维修养护农村饮水工程179处，群众受益7.7万人。投资3187.69万元实施人畜饮水提升改造工程，涉及10个乡镇15个村5068户2.19万人。持续巩固全国“四好农村路”示范县建设成果，投资5969.64万元实施3项农村道路巩固提升项目。投资1.08亿元实施10项电网改造基建项目，建设里程197.33千米，新增变电容量0.96兆瓦。4G网络实现全覆盖，建成5G基站346个。

【易地搬迁后续扶持】 强化易地搬迁后续扶持，安排400万元东西部协作资金，支持产业发展，扶持农畜产品精深加工帮扶车间，带动逊让乡逊布沟村易地搬迁安置点128户544名群众增收；安排资金5万元，对逊布沟村14个公益性岗位进行补助。

【大通“8·18”山洪灾害灾后恢复重建】 实施《大通县“8·18”山洪灾害受灾村（地区）巩固拓展脱贫攻坚成果同乡村振兴有效衔接专项工作方案》，启动紧急识别程序，纳入监测对象35户117人。科学编制《大通“8·18”山洪灾害灾后恢复重建方案》，统筹资金实施产业发展、基础设施和公共服务设施恢复提升项目，按照统规统建、统规自建和分散自建三种方式，对青山等受灾重点村的村民进行搬迁安置。

（撰稿人：黄国文）

## 新农村建设

【概况】 大通县新农村建设服务中心属公益一类正科级事业单位，有工作人员8人。2022年，大通县新农村建设服务中心推进高原美丽乡村建设项目，涉及15个乡镇33个村庄，省、市总投入项目资金5940万元（含二类费用），其中列入乡村振兴试点村项目资金504.8万元，列入宁张公路沿线（大通段）人居环境建设资金400万元，环境卫生整治列支资金100万元，委托相关乡镇组织开展人居环境卫生整治工作。项目总投资5940万元，工程款支付完成4752万元，支付率达80%。

【高原美丽乡村建设】 1—6月，完成2022年高原美丽乡村申报及前期调研工作，并组织相关专家完成33个高原美丽乡村建设规划设计、规划评审等工作。大通县2022年高原美丽乡村项目完成县发展和改革局立项的各类申报、招标前期手续等工作，7月委托第三方招标代理机构组织开展项目的招标工作，8月上旬完成项目招标工作，8月中旬组织施工队进场施工。2022年，15个村完成建设项目，其余18个村施工进度均达95%。其中，完成文化广场维修5482.9平方米、硬化2.88万平方米，人行道路铺装2.31万平方米，新修建排水沟25.2千米，安装路灯1699盏，安砌侧石10.8千米、挡土墙护坡1.17万立方米、围墙1.29千米，墙体美化3192.7平方米，新建公共厕所5座，栽植乔灌木2613棵，完成绿化2154.4平方米等。

【农村人居环境】 结合乡村建设行动推进农村人居环境整治工作，解决村庄“脏、乱、差”老大难问题，提升农村人居环境。推进高原美丽乡村建设重点工作，各建设村鼓励村民投身乡村环境整治工作中，组织农户清理自家房前屋后环境卫生，将环境卫生落实到村、到户，教育帮助村民养成文明卫生习惯。1—7月，全县开展主攻方向“三清一改治六乱”的村庄清洁整治行动，投入衔接资金2500万元，对污水管网进行建设，在14个乡镇32个村实施农村“厕所革命”任务5477座，全县配备900余名保洁员开展乡村全天清洁工作，乡村垃圾无害化处理率达88%，实现村庄内垃圾不乱堆乱放、污水不乱泼乱倒、村内无私搭乱建，打造出土关、边麻沟、多隆等一批农村人居环境整治示范村。建立健全村庄卫生长效保洁机制，开展宁张路沿线村庄清洁整治行动，发动农民群众6.71万人次，出动设备5894辆，清理各类垃圾3.39万立方米，清理乱堆乱放7351处、乱搭乱建5386处，清理河塘沟渠2751千米，清理畜禽养殖粪污等农业生产废弃物17.22万立方米。

【农村基础设施建设】 按照高原美丽乡村建设标准要求，依据村庄建设内容、规模和投资量以及乡镇的实际需求进行项目建设，以补齐村庄基础和公共服务设施建设短板为重点，推进城镇基础设施向乡村延伸，城镇公共服务向乡村拓展，提升村庄基础设施和公共服务设施配套水平。根据大通县人民政府《关于印发大通县2022年高原美丽乡村暨农村综合改革建设项目实施方案的通知》精神和有关乡镇实际需求，实施沙尕图村、西山村、阳坡村、索家村、平地庄村、藏龙庄村、逊布沟村等10个村道路硬化、安装路灯、排水渠治理、新建浆砌石等辅助工程，提升村庄基础设施和公共服务设施配套建设。

【农村房屋建设管理】　在“8·18”山洪灾后恢复重建项目中，统规统建项目完成EPC（“设计—采购—施工”总承包）和监理招标、“三通一平”、临时设施搭建、“两证一书”办理、初步设计、概预算审查及基础施工图线下审查等工作，企业已进场，搭建施工围挡1456米，清理土方7000余立方米。统规自建项目完成农户户型图选择、施工图集设计及宣传手册。分散自建项目的73户农户征地工作全部完成并签订协议。建设高原美丽乡村33个，完成农民居住条件改善工程2400户。排查农村经营性自建房2户、非经营性自建房77423户，初判存在安全隐患的624户，纳入2022年危旧房改造动态监测中。

（撰稿人：张　丽）

## 水利建设与管理

【概况】　2022年，大通县用水总量为1.09亿立方米，其中工业用水量0.11亿立方米、农业用水量0.76亿立方米、生活用水量0.15亿立方米、生态用水量0.07亿立方米。西宁市四、六、七水源实际用水量0.87亿立方米，其中四、六水源0.63亿立方米，七水源0.24亿立方米，供给西宁市的生活水量占西宁市总水量的80.18%。地表水供水量为1.08亿立方米、地下水供水量为0.86亿立方米。北川渠灌区被青海省水利厅评为“省级标准化规范化管理灌区”；北川地区水利工程用水户管理协会被农业农村部授予“第四次监测合格全国农民用水合作示范组织称号”。县水利局内设办公室、财务室、水利项目建设管理综合办公室3个科室，下属河道治理中心、水土保持工作站、水利综合行政执法大队、水利站（下属城关、青山、桥头、斜沟、塔尔、朔北、黄家寨、长宁、景阳9个乡镇水利水保中心站）、水利项目服务中心、大哈门水库管理所、石山水轮泵站管理所、北川渠管理所、景阳水库管理所、宝库渠管理所10个单位，县润通自来水有限责任公司、县水利水电综合开发公司2个企业单位。有干部职工325人，其中行政及参公人员14人、事业单位211人、企业员工100人。

【人畜饮水工程】　投资3187.69万元，实施2022年人畜饮水提升改造项目，解决10个乡镇15个村5068户2.19万人2.64万头（只）大小牲畜的饮水不稳定问题。投资380万元，实施农村饮水工程维修养护项目，维修养护人饮工程179处，涉及19个乡镇65个行政村，受益人口7.7万人。建立农村饮水安全工作机制，健全水源地巡查、水质监测、设备运行管护等制度体系，全县农村自来水普及率、集中供水率和水质达标率均达到100%，供水保证率达到98%。细化供水工程维修养护，维修更换老旧损坏的供水设备，畅通服务监督渠道，处理农村饮水安全举报、投诉，主动摸排缺水群众，保障群众饮用水需求。“8·18”灾后，组建5个抢修班组实施青山乡沙岱等6个村供水临时抢修工程，抢修供水管道47处，保障0.6万名受灾群众临时供水需求。

【农田灌溉工程】　完成全年灌溉任务，清理渠道垃圾及淤泥，完成6546.67公顷农田及林地灌溉，灌溉用水1280.6万立方米。

投资2827.34万元，实施西山水库除险加固工程、中型坝除险加固工程、水库维修养护项目、水库大坝安全监测项目、农业水价综合改革灌区精准补贴项目，征收农灌水费81万元。北川灌区率先开展节水型灌区创建，创新基础水利管理模式，逐步向现代水利智慧化迈进，并在县域节水型灌区创建中起到示范引领作用。

2022年1月20日，桦林乡大河滩水库工程成功导流（赵海伟　摄）

【水土保持工程】　总投资3500万元，用于水土流失综合治理工程，治理水土流失面积36.67平方千米，分别为青林上阳山小流域综合治理工程、青山乙卡小流域综合治理工程、黄河流域耕地水土流失综合治理工程青山乡西山项目区（2022年）专项建设项目。跟踪检查县域内生产建设项目水土保持，督促生产建设单位编报水土保持方案，落实水土保持“三同时”制度，有效控制人为水土流失，全年审批水土保持方案12项，征收水土保持补偿费7.7万元。对40项疑似“未批先建”“未批先弃”“超出防治责任范围”和“疑似风险”扰动图斑开展现场调查、取证等工作，对认定为“未批先建”的13项生产建设项目下发限期整改通知书。明确淤地坝“三个责任人”，并在县级政府网站公示，编制淤地坝工程防汛预案49份，不定期对违规蓄水、坝体渗水、坝体滑塌、坝体裂缝、泄洪建筑物淤堵等进行细致检查，建立工作台账，逐项整改销号。

【水库工程】　全县有小型水库7座，其中小（1）型水库3座，分别是中岭水库、景阳水库、大哈门水库；小（2）型水库4座，分别是兰冲水库、苏家堡水库、南沟湾水库、西山水库。投资3.72亿元，实施大河滩水库工程，计划工期3年，完成大坝基础防渗墙、进水塔浇筑及大坝基础帷幕灌浆。投资1372.34万元，实施西山水库除险加固项目，将西山水库纳入规范化管理。投资1378万元实施中型坝除险加固工程、水库维修养护项目、水库大坝安全监测项目。强化落实水库“三个责任人”和“三个重点环节”，严禁违规超汛限水位运行。运用山洪灾害监测预警系统，落实基层预警“叫应”机制，防范化解山洪灾害风险。落实大哈门水库、南沟湾水库管护经费5万元，落实维修养护资金211.6万元。

【水旱灾害防御】　实行县级领导联点和防汛抗旱指挥部成员分片包干制度，建立山洪灾害防御预案体系，落实“三级责任人”制度，实现基层防御工作网格化管理，执行24小时汛期值班制度。开展山洪灾害抢险演练3次，检验全县防汛应急运行机制，提高各部门协同作战能力。汛期山洪灾害监测预报预警平台产生预警452个，发布预警信息177次，发送预警短信1.62万条，发布防御信息提醒103次，发送提醒短信13.49万条，联合县气象局及时发布山洪灾害气象风险预警25次。“8·18”山洪灾害发送预警信息3.41万条，组建5支抢险搜救队，解救被洪水围困施工人员9人，并协助青山乡、青林乡紧急转移安置178户392人。

【河湖长制】 实施《大通县2022年河湖长制及河湖管理工作要点》《关于开展务实担当、狠抓落实推动河湖长制走深走实行动的命令》，全县有河湖长353人（县级10人、乡镇级343人），压实各级河湖长的主体责任。排查核实河湖管理督查App推送的99项疑似妨碍行洪问题，拆除妨碍行洪桥梁2座。整治“四乱”突出问题，清理垃圾3882立方米，发现并整改安全隐患2处。联合执法3起，查处河道违法采砂案件2起、违规涉河建设项目1起，案件办结率100%。落实《大通县关于落实河湖长制工作村级管护责任实施方案》，河道治理工程总投资2.75亿元，综合整治驿卡沟、骞沟、角木河、沙岱河、岔水坝河、斜沟、药草沟及克麻沟等8条河道，通过水系连通、河道清淤疏浚、水源涵养等工程措施，改善乡村水系脏乱差面貌，实现“水清，河畅，岸绿，景美”的生态环境。

【水行政执法】 根据相关法律法规依法打击妨碍河道行洪、影响水库大坝等违法行为，确保汛期安全及水资源安全。全年开展执法工作82次，立案查处水事违法案件7起，现场调解整改水案件21起，征收水资源费63.96万元，关停自备井3口。全年查处水事违法案件7起，其中河道内非法采砂3起、破坏水利设施1起、擅自违法取水1起，私自接人饮管道，造成管道毁坏1起、挖断人饮管道1起，行政处罚罚没款3.5万元全部上缴县财政局，结案率100%。

（撰稿人：祁永洁、黄　艳）

DATONG

# 工业

YEARBOOK

## 综 述

【概况】 2022年，大通县规模以上工业增加值同比下降2.8%，45家规模以上工业企业实现工业总产值324.61亿元，同比下降1.9%。分行业看，有色金属冶炼和压延加工业实现产值258.7亿元，同比下降0.6%，占规模以上工业总产值的80%；化学原料和化学制品制造业完成产值29.1亿元，同比增长0.6%，占规模以上工业总产值的9%。从轻重工业看，轻工业完成产值1.3亿元，同比下降5.5%；重工业完成产值323.3亿元，同比下降1.9%，占规模以上工业总产值的99.6%。从经济类型看，国有企业完成产值0.42亿元，同比增长14.9%；股份制企业完成产值323.85亿元，同比下降1.5%；其他经济类型完成产值0.34亿元，同比下降79.9%。从所有制看，国有控股企业完成产值206.47亿元，同比增长3%；非公有制企业完成产值118.14亿元，同比下降9.4%。私营企业完成产值65.79亿元，同比增长3.9%。规模以上工业企业完成销售产值324.15亿元，同比下降2.1%。产销率99.86%，下降0.19个百分点。年末45户规模以上工业企业实现营业收入358.06亿元，同比下降2.9%。利润总额13.42亿元，同比下降54.2%。亏损企业29户，亏损面64.4%，亏损8亿元。全县初步形成以有色金属冶炼和压延加工、黑色金属冶炼和压延加工业、化学原料和化学制品制造业、电力生产和供应业、建材业（包括非金属矿物制品业）、农副食品加工业为主导的工业集群。

【工业门类】 有色金属工业 全县有色金属冶炼及压延加工企业16家，电解铝及再生铝产能85万吨，铝合金101万吨，有色金属冶炼和压延加工占全县工业总产值的80%左右。推进中铝青海分公司600kA电解槽产能置换升级项目，运行后，全县电解铝产能将达到95万吨。截至8月底，原铝产量为45万吨，铝合金及铝材52万吨。

化学工业 全县有化学原料和化学制品制造业企业2家，分别为青海宜化化工有限责任公司和青海黎明化工有限公司。青海宜化化工有限责任公司是青海省重点招商企业，2009年成立，2011年建成投产，隶属湖北宜化集团有限责任公司，是上市公司湖北宜化的全资子公司，拥有45万吨电石、30万吨PVC（聚氯乙烯）、30万吨烧碱的生产能力。烧碱产量15万吨、PVC产量21万吨。

非金属矿工业 全县有非金属矿物制品企业14家，其中水泥生产企业2家，其余为商品混凝土生产企业，水泥年产能为200万吨，截至8月底，水泥产量为60万吨。

黑色金属冶炼 全县有黑色金属冶炼和压延加工企业1家，为青海熠晖冶金有限责任公司，4台16500千伏安矿热炉及1条烧结生产线，年生产高碳铬铁近12万吨，截至8月底，产量8万吨。

电力工业 全县有电力、热力生产和供应企业3家，其中黄河大通发电有限责任公司、青海宁北发电有限责任公司为火力发电企业，青海引大济湟工程综合开发有限责任公司为水力发电，青海宁北发电有限责任公司已停机，截至8月底，发电量为20亿千瓦时。

【主导产业培育】 加大对主导产业的培育力度，通过整合资源，降低成本，做大做强主导产业。结合全县铝产品精深加工、文化旅游、城市建设等产业优势，采取有针对性的点对点招商，加快引进建设一批带动能力强、产业链明显的项目。重点洽谈的项目有3项。分别为年产10万吨铝合金铸轧卷项目，正在与武汉誉则宏铝业有限公司重点对接，宽幅车用厢体材料项目，正在与武汉卓尔通商集团重点对接。青海金座集团西宁金座房地产开发有限公司南麓里建设项目，该项目方案已设计完成，征收基础工作大体完成。

【工业项目招商】 依托有色金属、化工产品等优势资源和电价、气价等生产要素优势，以北川工业园区为重点，储备和对接一批高新材料等符合绿色发展的重点招商引资项目，增强投资吸引力。重点实施青海万合总部科创基地、西北工贸城市综合体项目（二期）、年产15万平方米铝单板配套生产保温材料项目、青海西北绿色建材综合产业园等项目，开复工项目4项，完成省外到位资金2.22亿元。

【工业管理】 以北川工业园区为主战场，优化工业运行要素配置，强化对企服务水平，稳定规模以上重点产业，加快培育工业经济增长新动力，工业发展持续稳定，完成规模以上工业企业总产值324.61亿元。全面推动碳达峰、碳中和。加快产业结构调整、补齐产业发展短板，重点实施青海宜化冶炼炉能量优化及余热回收利用技术升级改造、青海物产工投铝电解槽复杂电解质体系下提效降耗等项目，降低重点用能企业能耗水平，提升企业生产能力，发展循环经济。抓好惠企政策落实，争取省市各类专项资金3716.6万元，持续为企业注入活力，支持和帮助工业企业平稳健康发展。积极培育新增企业。成功培育青海莱润环保科技有限公司、青海中桩建材科技有限公司2家规模以上企业。

【产业链“链长制”工作】 依托产业链锁定重点区域、重点行业、重点企业，建立产业链“链长制”工作机制和领导干部熟悉专业领域服务企业的常态化机制，形成大抓招商、主动服务的强大气场，发挥“链长制”招商模式优势。聚焦有色金属合金等产业，2022年4月29日，县政府办印发《大通县促进招商引资推动高质量发展细则》（试行）。以北川工业园区铝镁合金产业园为产业发展核心区，重点对接国内相关上下游企业，加大招商力度，促进产业链链条完善。依托中铝等电解铝资源和青海海源特种合金、青海广泰铸造铝合金等有色金属合金材料产业基础，围绕汽车轻量化发展，推动合金轮毂、汽车发动机磨坯配件等关键零部件的研发生产。依托有色金属合金材料产业基础，加快电力装备上下游配套关系，加快结构调整、企业联合，向产业链的两端延伸。依托已形成的80万吨电解铝、15万吨铸造铝合金等产业基础，围绕现有有色金属合金及精深加工产业链，以铝镁合金汽车轻量化产业为发展方向。

（撰稿人：张　璐、李　静）

## 工业企业与项目选介

【黄河大通发电有限责任公司】

黄河大通发电有限责任公司（以下简称“大通发电公司”）于2003年8月成立，在宁张公路31千米处，占地面积54公顷。注册资本5.36亿元，其中国家电投集团黄河上游水电开发有限责任公司出资4.85亿元，占比90.52%；青海国斐企业管理有限公司（原股东为青海省投资集团有限公司，该公司破产重整后其持有股权由青海国斐企业管理有限公司托管）出资5086.17万元，占比9.48%。2020年9月30日、12月30日，分两次完成管理权及股权划转至国家电投集团黄河上游水电开发有限责任公司，属国家电投集团黄河上游水电开发有限责任公司的子公司。大通发电公司主营电力项目的开发、投资和建设；电能的生产和销售；电厂废弃物的综合利用及经营；电力技术咨询、服务；电力物资、设备采购；用气供应；用水供应。2022年实现发电量产值9.65亿元，实际发电产量29.81亿千瓦时，发电平均利用小时数常年保持在5500小时以上。

【欧耐特线缆集团有限公司】

欧耐特线缆集团有限公司位于青海省西宁市大通土族回

族自治县黄家寨镇清平路6-6号，公司注册资金3.03亿元，厂区占地8.67公顷，主营产品有中低压电力电缆、低烟无卤电力电缆、矿物质绝缘防火电缆、铝合金电缆、风电电缆、光伏电缆、控制电缆、预分支电缆、架空绝缘电缆、架空绞线、特种电缆等。集团公司旗下子公司经营电力安装工程、国内外风电场、太阳能及其他可再生能源的投资开发等，是一家集生产、研发、销售、服务于一体的现代专业化生产企业。全年实现电线电缆产值1.09亿元，实际产量133万米。该公司产品取得国家质量认证中心颁发的CCC强制性产品认证、全国工业产品生产许可证，并取得国家质量体系认证、环境体系认证、职业健康体系认证，德国莱茵光伏线认证。该公司获得国家级专精特新“小巨人”企业，国家级“高新技术企业”、国家级知识产权优势企业，青海省专精特新企业、青海省A级纳税人企业、青海省科技型企业、青海省知识产权优势企业、青海省质量信用等级AA级企业、青海省“用户满意企业”等荣誉称号。申报专利70余项，拥有自主知识产权6项、实用新型专利证书41项。

【青海桥头铝电股份有限公司】

青海桥头铝电股份有限公司前身为成立于1956年的青海桥头发电厂，注册资本14.13亿元，总资产36亿元，是青海省投资集团有限公司控股企业。主要经营原铝液、铝锭、铝合金及碳素制品。全年实现产值50.81亿元，电解铝液26.67万吨。该公司获“全国五一劳动奖状”2次、青海省“文明单位标兵”6次、“青海企业50强”称号4次；被评为全国有色金属行业先进集体、青海省质量信用AAA级企业、青海省对外贸易工作先进单位、青海省高新技术企业、2021年青海省安全生产先进企业，连续3年获“优秀领导班子”称号。该公司合规生产，成为第一批符合《铝行业准入条件》的电解铝企业。

【青海新月铝业有限公司】 青海新月铝业有限公司成立于2015年5月28日，注册资本1000万元，主营铝冶炼制品的加工、批发、销售。生产场地位于青海铝厂筑炉车间，生产车间面积3400平方米，新建铝合金产品成品库2000多平方米。全年实现产值1.96亿元，铝棒产量1087万吨。青海新月铝业有限公司与中国铝业青海分公司签订12万吨/年的铝液供应合同，在其厂内租用厂房，投资800余万元建成年加工能力12万吨铝合金圆铸棒生产厂。工厂拥有国内先进技术的天然气保温熔铸炉组生产线3条，铝合金圆铸棒铸机、铸井3台（套），具备生产80、85、90、100、120、127、150、178等铝合金圆铸棒多种规格的能力；日产铝合金圆棒300~400吨的项目设计生产能力；年产12万吨铝合金圆棒的能力。

【青海熠晖冶金有限责任公司】

青海熠晖冶金有限责任公司成立于2008年5月，主要生产销售高碳铬铁及其延伸产品。有四台1.65万千伏安矿热炉及一条烧结生产线。全年实现高碳铬铁产值8.72亿元，实际产量11.95万吨，创利税3000万元。

【青海宜化化工有限责任公司】

青海宜化化工有限责任公司（以下简称“青海宜化”）是青海省重点招商企业，于2009年成立，2011年建成投产，隶属湖北宜化集团有限责任公司，是上市公司湖北宜化的全资子公司，拥有45万吨电石、30万吨PVC、30万吨烧碱的生产能力，固定资产32.05亿元。2011年被评为两化融合企业，2015年通过能源管理体系认证，2019年被认定为科技大市场理事单位，通过三体系认证，获得证书，2021年9月被评为高新技术企业，2022年11月被评为安全生产标准化二级企业。全年实现工业总产值27.02亿元，销售收入28.39亿元，净利润2.17亿元，上缴税收9031.83万元。实现PVC产量30.04万

吨，同比（下同）增加1.01万吨；片碱产量20.50万吨，增加1.16万吨；电石产量36.63万吨，增加4.17万吨。完成PVC销量29.74万吨，国内市场份额（下同）占比1.5%；片碱销量20.5万吨，占比5%。发挥丝绸之路（南向通道）优势，开通运行PVC中越货运专列，编发专列20余次，实现聚氯乙烯出口1.92万吨，创汇2224万美元。

【中国铝业股份有限公司青海分公司】　中国铝业股份有限公司青海分公司是国家“七五”“八五”期间重点项目，前身为原青海铝厂，是中国的大型电解铝企业之一。主要产品有重熔用铝锭、铝及铝合金扁锭、铝合金棒材、铸轧卷、电解用预焙阳极、阴极炭块等。全年实现产值75.81亿元，铝产品产量40.2万吨，设计产能40万吨。该公司通过质量管理体系、测量管理体系、职业健康安全环境管理体系、绿色工厂、碳足迹和16949质量管理体系认证，成为青海省首家通过清洁生产审核的企业。

【西宁绿动新能源有限公司大通县500MW源网荷储牧光互补发电项目】　大通县500MW源网荷储牧光互补一体化一期250MW发电项目，投资14.2亿元，装机容量为250MW，拟选厂址位于大通县塔尔镇、宝库乡、桦林乡境内，项目用地约450公顷，经国土三调查询土地性质为天然牧草地，不在生态保护红线和造林绿化空间范围内，无军事设施、无文物保护、无压覆矿产。该项目以中国铝业股份有限公司青海分公司新建阴极负荷项目（能耗1亿千瓦时），海源绿能新建第三段12万吨电解铝项目（能耗15亿千瓦时）为新增消纳负荷。于2022年6月14日取得大通回族土族自治县发展与改革局《关于同意大通回族土族自治县1000MW源网荷储项目开展前期工作的函》文件。2022年，完成现场测绘、平面布置，中国能建西北电力设计院有限公司编制完成可研报告、电网线路路径接入方案。委托第三方有资质单位开展土地、环评、水保、地灾等前期工作，取得林草局、自然资源局土地初审意见函。对接国网青海省电力公司西宁供电公司，项目计划接入山城330kV变电站110kV侧，满足该项目接入要求。完成项目立项、成立项目公司等工作，项目材料上报至省能源局等待审批。

（撰稿人：张　璐、李　静）

## 北川工业园

【概况】　2022年，受国内经济形势和疫情影响，大通县主要工业产品价格持续下跌。园区规模以上工业企业完成工业产值249.6亿元，同比增长4.85%；完成工业增加值46.3亿元，同比增长1.6%；完成固定资产投资5.6亿元。园区企业对县级税收贡献达到7亿元以上，占县级财政收入的80%。北川工业园区管委会有工作人员20人，其中公务员2人、工勤1人、县自然资源局下派1人、公益性岗位1人、选调生1人、政府雇员11人、财政事业聘用3人。

【项目规划】　完成青海宜化化工产业园新建2公顷办公用地和桥头铝电公司新建1.33公顷铝液通道项目用地征收工作，项目规划设计完成审核，用地报批手续报西宁市自然资源局审核。全年有省级重点项目1项，西北城（二期）于3月开工建设，完成投资1.76亿元；市级重点项目4项，西北城（二期）、绿色建材产业园、莱润10万吨危险废物综合利用项目、福美宁装饰铝单板项目，按计划开工建设，分别完成投资1.76亿元、2.5亿元、0.5亿元、0.8亿元。

【企业服务】　组织辖区内52家企业申报省级中小企业发展专项资金项目54项、13家工业企业申报西宁市工业转型升级专项资金项目14项，争取各类专项资金1696万元；与省、市、县相关部门对接，申请标准化厂房项目和污水处理厂项目专项债券资金3.15亿元。2022年，争取专项资金3.32亿元。

【园区环境治理】 以创建全国文明城市为目标，改善人居环境，开展散乱污企业、标语牌匾、河道治理等专项整治行动，全年累计疏通消防通道16余处、规范停车位80余个、悬挂横幅40余条、清理垃圾450余立方米、拆除牌匾12块，园区企业职工生产、生活环境得到改善；园区企业通过捐款捐物、结对帮扶等形式，通过防汛救灾、捐资助学等活动助力乡村振兴。全年推荐省级文明单位标兵1家。

【园区安全生产】 强化安全生产监督管理，推进安全生产专项检查，出动检查1800余人次，排查整改安全风险隐患1537条，责令限期整改2条，停产整改10家，限期搬离1家，园区企业安全生产事故发生率和致死致伤率实现历史新低。全年通过省工信厅等多部门联合的化工园区认定工作，全方位检查化工重点行业，提升园区安全生产管理水平。

（撰稿人：李　静）

DATONG

# 商业贸易

YEARBOOK

## 商贸流通

【概况】 2022年，大通县实现第三产业产值408111万元，同比（下同）下降1.6%。其中，农林牧渔服务业2985万元，增长1.7%；批发和零售业21564万元，下降13.1%；交通运输、仓储和邮政业25174万元，下降5.8%；住宿和餐饮业5017万元，下降29.7%；金融业84549万元，增长4%；房地产业50808万元，增长2.6%；其他服务业218015万元，下降2%。全年实现社会消费品零售总额12.21亿元，同比下降14%。其中，限额以上单位实现社会消费品零售总额12816.6万元，同比下降14.8%（餐饮收入1190.5万元，同比下降15.78%；商品零售11626.1万元，同比下降14.7%）；限额以下单位实现社会消费品零售总额109260.4万元，同比下降12.88%。

【服务业恢复发展】 全面落实稳经济一揽子政策和接续措施，主动对接、靠前服务、精准施策，经济在攻坚克难中逐步恢复。精准纾困助推服务业回暖。全面落实助企纾困十条措施、金融稳住经济大盘十条措施、支持刚性和改善性住房需求的若干措施等政策，加快暖企稳商纾困步伐，助力服务业恢复发展，杨努克餐饮、金朔山旅游、新兴国际获补助金总计6.5万元。全力推动消费市场恢复。加快限额以上商贸流通企业培育步伐，成功入库2家限额以上企业。组织华联、新华百货等超市在节日期间通过开展各种打折让利促销活动，提高销售额。

2022年11月11日，市委常委、县委书记刘波（右二），县委副书记、县长马明旭（左二）在新华百货商场调研蔬菜供保工作（县融媒体中心供图）

【电子商务】 推进电子商务进农村示范县建设工作，建成县级农村电子商务公共服务中心，完成农村电子商务服务站点建设，整合供销联社等资源完成220个电子商务站（点）建设，实现网络零售额4021万元。推进品牌培育，引入第三方公司提供品牌注册、培育、推广等增值服务，解决农特产品质量认证问题。为大通顺睦种植专业合作社、青海农邦农业服务有限公司等电商企业（个体）提供品牌策划、包装设计、产品拍摄、方案撰写等服务。培育线上商贸流通企业，全年上报2家线上企业。组织华联、新华百货等超市在节日期间通过开展各种打折让利促消费活动，提升销售额增长。

（撰稿人：张　璐）

## 招商引资

【概况】 2022年，大通县印发《大通县促进招商引资推动高质量发展细则（试行）》，起草完成《关于加快大通县高质量发展的若干措施》《关于推动大通县北川工业园区高质量发展的若干措施》。全年完成省外到位资金14.47亿元，完成目标任务的103%。结合大通县铝产品精深加工、文化旅游等产业优势，采取有针对性的点对点招商，重点洽谈的项目有年产10万吨铝合金铸轧卷项目等18项。完成“青洽会”各项工作，签约青海盈润投资有限公司投资7亿元承建的西北工贸城市综合体（二期）建设项目，到位资金2.24亿元。

**【招商项目】** 大通县全年实施招商引资项目10项，全部为续建项目，完成招商引资到位资金14.47亿元。其中，完工项目2个，分别为投资1.8亿元的年产15万平方米铝单板配套生产保温材料项目和投资2亿元的年产1.5万吨铁路用铝铸件及废物综合利用项目；已开工建设项目5个，分别为投资7亿元的西北工贸城市综合体（二期）项目、投资14亿元的总部科创基地建设项目、投资6亿元的青海西北绿色建材综合产业园项目、投资5.4亿元的大通县10#地块旧城及棚户区改造天府广场建设项目和投资10亿元的香山明珠佳园项目；正在做前期项目3个，分别为投资3亿元的年产10万吨铸造铝合金项目（二期）正在办理土地手续、投资0.7亿元的年生产5万吨重钢钢结构及建筑铝模板修造项目正在办理土地手续、投资6亿元的年产15万吨铸造铝合金和5万吨工业型材项目投资方放弃投资。

**【“青洽会”项目签约】** 7月13日，第23届“青洽会”召开，大通县邀请四川广鑫铝业有限公司、河南焦作润远环保科技有限公司、广州盈润集团有限公司等40余家企业参会，完成“青洽会”邀请客商任务。全年大通县“青洽会”签约任务为14亿元，集中签约项目1项，总签约金额7亿元，即投资7亿元西北工贸城市综合体（二期）建设项目。截至11月底，签约项目实现履约率100%，开工率100%，到位资金2.24亿元，到位率32%。

**【腾讯云公司到大通县调研座谈】** 2月21—25日，腾讯云公司携手合作伙伴企业紫金山星瀚集团、南京微特喜信息科技公司等组成的考察团一行到大通县，助力乡村振兴，增加发展引擎，为大通经济社会发展寻方问计、把脉定向。25日，县委、县政府召开腾讯云等企业调研座谈会，市委常委、县委书记刘波出席并讲话，县委副书记、县长马明旭主持，有关县级领导、相关乡镇和县直单位主要负责人参加会议。考察团一行开展农业农村、文化旅游和信息化建设发展基础调查，实地调研东西部协作乡村振兴项目，结合全域旅游、数字政府、乡村振兴、文旅融合等方面提出建设性意见。通过召开座谈会，大通县与腾讯云进一步坚定合作交流的信心，增进长期发展的深情厚谊，为双方签署的战略合作协议落地实施奠定良好基础。

**【招商机制建设】** 结合铝镁合金精深加工、文化旅游等产业优势，以发展壮大重点产业为目标，通过党政代表团外出招商、产业链招商、以商招商、网络招商、全员招商等方式有针对性开展招商引资工作，加快引进建设一批带动能力强、产业链明显的项目。针对重点对接洽谈的铝合金轮毂等项目，于2月开展党政代表团赴外招商活动。围绕主导产业，找准当前产业链条短板弱项，高质量

2022年2月21—25日，腾讯云公司携手合作伙伴企业紫金山星瀚集团、南京微特喜信息科技公司等组成考察团到大通县考察，召开座谈会（县融媒体中心供图）

谋划产业链项目，建立企业信息库，谋划储备项目库，蓄积充足发展后劲，按月份、分季度、划区域策划开展各类专题招商活动，精心制定招商方案，精准聚焦目标企业，有准备、有靶向地选择重点企业。进一步优化招商队伍，提升招商引资干部队伍能力，切实加强项目沟通、协调、洽谈、签约机制优化，提升服务质量，高效、快捷地为企业办理项目落地所需各项手续，及时有效解决项目建设困难和问题，提高招商签约重点项目的履约率、资金到位率、开工率、投产达产率、入园率等，全力保障项目落实。成立县招商引资工作专班，统筹协调、联络对接各成员单位工作，研究招商政策、搭建招商平台、开展招商考核、组织招商活动、解决招商困难。将招商工作目标化、责任化，科学设置、分配招商专班成员单位目标任务，强化压力传导，实现人人肩上有担子、个个头上有指标，营造全县抓项目、抓招商的良好氛围。将招商引资任务完成情况纳入目标绩效考核，按“月调度、季通报、年考核”工作要求进行跟踪问效，将工作情况与绩效兑现挂钩，确保措施精准、任务落实。

【招商宣传】　借助融媒体、微信公众号、网站等互联网信息平台，定期发布招商动态、招商政策以及载体信息，促使对全县产业链发展优势、资源禀赋、投资环境和项目的宣传达到“掌上宣传”的目的。制作项目宣传册，加大对投资环境和项目资源的宣传力度、把企业引向招商引资的“主战场”，动员广大企业利用他们的上下游客户信息及资源，让国内外投资者前来本县进行产业投资或合作，加快本县产业的优化升级。

### 2022年大通县外出招商项目统计表

表7

| 序号 | 项目名称 | 总投（亿元） | 责任单位 | 产品用途 | 主要原料 | 主要建设内容及规模 | 拟对接企业 |
|---|---|---|---|---|---|---|---|
| | 合计（18项） | 152.8 | | | | | |
| 一、锂电储能产业（1项） | | | | | | | |
| | 不间断电源设备制造项目 | 3.7 | 北川工业园区 | 矿山、航天、工业、通信、国防、医院、计算机业务终端、网络服务器、网络设备、数据存储设备等领域 | 锂电池 | 项目规划总用地占地面积约3.33公顷，总建筑面积2.31万平方米，其中，一期项目：租赁厂房启动项目，进行1.33公顷项目用地的建设，达到1万套UPS的产能。二期项目：新增产能及2公顷新增用地建设，新增产能2万套UPS。三期项目：完成5万套UPS产能的规划目标 | 兰州兰石恩力微电网有限公司 |
| 二、光伏制造产业（1项） | | | | | | | |
| | 年产15万吨精细工业硅粉深加工项目 | 1.1 | 北川工业园区 | 单晶硅、多晶硅 | 金属硅 | 项目占地3.33公顷，建设精细工业硅粉加工线三条，配套建设负压除尘器等环保设施，实现年产精细化工业硅粉15万吨能力 | 四川禾木机械制造有限公司 |

续表7

| 序号 | 项目名称 | 总投（亿元） | 责任单位 | 产品用途 | 主要原料 | 主要建设内容及规模 | 拟对接企业 |
|---|---|---|---|---|---|---|---|
| 三、合金新材料产业（6项） | | | | | | | |
| 1 | 年产3000吨变形镁合金项目 | 7 | 北川工业园区 | 汽车、电子通信、航空航天和国防军事等领域 | 镁合金 | 项目总占地面积13.33公顷，拟分期建设年产3000吨镁加工材生产线，其中镁合金模锻件2200吨、环件600吨、自由锻件200吨。同时新建办公楼、综合楼、研发楼、检测中心、厂房等 | 湖南云轮科技有限公司 |
| 2 | 年产10万吨铝合金铸轧卷项目 | 3 | 北川工业园区 | 轻工业、电气行业、机械制造业、电子行业、建筑行业、 | 铸造铝合金 | 本项目设计建设规模为年产10万吨铝合金铸轧卷项目，主要为铝合金板带项目提供坯料 | 武汉誉则宏铝业有限公司 |
| 3 | 铝基中间合金项目 | 5.4 | 北川工业园区 | 轻工业、电气行业、机械制造业、电子行业、建筑行业、 | 铸造铝合金 | 建设中间合金锭/线杆生产线及附属配套设施 | 武汉威华铝业有限公司 |
| 4 | 年产8万吨铝板项目 | 2.6 | 北川工业园区 | 轻工业、电气行业、机械制造业、电子行业、建筑行业 | 铸造铝合金 | 建设年产8万吨铝板生产线及附属设施 | 浙江何达铝业有限公司 |
| 5 | 工业用型材项目 | 36 | 北川工业园区 | 轻工业、电气行业、机械制造业、电子行业、建筑行业 | 铸造铝合金 | 项目规划占地3.33公顷，建设形成年产40万吨工业用型材项目生产线 | 卓尔通商集团 |
| 6 | 民用及市政用型材项目 | 20 | 北川工业园区 | 轻工业、电气行业、机械制造业、电子行业、建筑行业 | 金属合金 | 建设挤压车间、表面处理车间、试验室、机修间、10kV配电站、循环水泵站、压缩空气站、废水处理站、综合仓库、成品库等 | 重庆众强有色金属有限公司 |
| 四、生物医药和高原动植物精深加工产业（2项） | | | | | | | |
| 1 | 大通县农牧加工产业融合示范园建设项目 | 2.3 | 大通县农业农村局 | 销售 | 畜禽 | 建设规模及主要内容项目建设总占地面积5.33公顷，项目建成后，年屠宰牛20万头、羊50万只、家禽90万羽，加工牛羊禽冷鲜肉7695吨 | 青海九牧源畜禽屠宰有限公司 |

续表7

| 序号 | 项目名称 | 总投（亿元） | 责任单位 | 产品用途 | 主要原料 | 主要建设内容及规模 | 拟对接企业 |
|---|---|---|---|---|---|---|---|
| 2 | 大通县一二三产业融合示范园建设项目 | 4.3 | 大通县农业农村局 | 销售 | 农产品 | 园区总占地面积14.85公顷、总建筑面积66125.04平方米，主要建设内容包括：产业体系综合服务中心、熟食调理类产品生产车间、分割冷鲜肉生产车间、马铃薯深加工生产车间、果蔬综合加工生产车间、现代化食用菌生产车间、中央大厨房、综合冷链物流库、员工宿舍及配套附属等设施 | 青海农康农业发展有限公司 |
| 五、新能源汽车零部件产业（4项） | | | | | | | |
| 1 | 年产100万个汽车轮毂项目 | 1.2 | 北川工业园区 | 用于承载汽车与轮胎之间硬性转动惯量的配件，也可以称之为轮圈、钢圈等 | 铸造铝合金 | 项目规划占地3.33公顷，建设铝合金轮毂自动化加工生产线5条，形成年产100万只铝轮毂加工能力 | 江苏苏美达机电有限公司 |
| 2 | 年产50万个汽车轮毂 | 1 | 北川工业园区 | 用于承载汽车与轮胎之间硬性转动惯量的配件，也可以称之为轮圈、钢圈等 | 铸造铝合金 | 项目规划占地3.33公顷，建设铝合金轮毂自动化加工生产线5条，形成年产50万只铝轮毂加工能力 | 河北立中集团 |
| 3 | 汽车压铸零部件项目 | 2 | 北川工业园区 | 用于维持汽车正常行驶和使用 | 铸造铝合金 | 项目规划占地3.33公顷，建设汽车压铸零部件自动化加工生产线3条，形成年产1万件铝压铸汽车零部件加工能力 | 天津圣金特汽车配件有限公司 |
| 4 | 铝合金压铸件制造项目 | 1 | 北川工业园区 | 轻工业、电气行业、机械制造业、电子行业、建筑行业 | 铸造铝合金 | 建设铝合金压铸件制造生产线及配套设施 | 保定春城汽车配件有限公司 |
| 六、航空航天新材料产业（2项） | | | | | | | |
| 1 | 航空板材深加工项目 | 48.3 | 北川工业园区 | 主要作为大型结构件坯料机翼蒙皮、壁板、梁、腹板等 | 铸造铝合金 | 建设年产15万吨航空板材生产线 | |
| 2 | 年产6千吨航空航天用镁合金建设项目 | 3.1 | 北川工业园区 | 发动机机闸、仪器仪表 | 镁合金 | 建设年产6000吨航空航天用镁合金生产线 | |

续表7

| 序号 | 项目名称 | 总投（亿元） | 责任单位 | 产品用途 | 主要原料 | 主要建设内容及规模 | 拟对接企业 |
|---|---|---|---|---|---|---|---|
| 七、房地产开发类（1项） | | | | | | | |
| | 金座南麓里建设项目 | 10 | 大通县住房和城乡建设局 | | | 计划对双桥怡园周边进行综合开发改造，拟开发建设面积32万平方米（新建12万平方米，改造20万平方米）及配套绿化、亮化、给排水管网等相关附属设施 | 青海金座集团西宁金座房地产开发有限公司 |
| 八、其他工业类（1项） | | | | | | | |
| | 年产1万吨食品级氧化镁 | 0.8 | 北川工业园区 | 食品级氧化镁用于食品添加剂、色泽稳定剂、pH值调节剂作为保健品、食品的镁元素的补充剂。用作砂糖精制时的脱色剂冰淇淋粉pH调节剂等。作为抗结块剂和抗酸剂用于小麦粉、奶粉巧克力、可可粉、葡萄粉、糖粉等领域 | 氧化镁 | 项目规划占地2公顷，建设军民融合研究实验室，食品级氧化镁生产线2条，形成年产1万吨氧化镁生产能力 | 四川军民融合研究院 |

（撰稿人：张　璐）

## 供电服务

【概况】　国网大通县供电公司是国网西宁供电公司直供、直管企业，下设综合管理部、运维检修部、营销部、发展部、安全监察部5个部室，配电运检班、供电服务班、供电服务指挥班、营业班4个班组，下辖长宁、黄家寨、朔北、城关、塔尔、青多林、东峡供电所7个乡镇供电营业所，担负全县9个镇、11个乡的供电任务，供电面积3090平方千米，用电客户12.46万户，其中高压1477户、低压12.31万户。辖区内有变电站14座，其中110千伏7座、35千伏7座；10千伏配电线路70条，长度1019千米；配电变压器1495台，总容量36.6万千伏安；专变总容量52.7万千伏安。2022年，完成售电量6.62亿千瓦时，同比增长7.27%；完成售电收入2.83亿元，同比增长4.21%；电费回收率100%；受理“95598”“12398”全渠道投诉10件，服务满意率96.16%，同比增长1.16%。城镇供电可靠率99.9%，农村供电可靠率99.85%，综合电压合格率99.93%。配网主线累计发生跳闸46次（年度指标值68次），同比下降31.3%，其中重合成功40次、不成功6次，线路跳闸重合成功率86.9%；设备故障跳闸率3.7次/百千米，同比下降36.9%；设备故障停运率3.46次/百千米。

【电网建设】　调整大通县“十四五”配电网规划报告，总结分析电网基建项目自主管理实施以来的问题及经验。推进电网改造，将投资纳入县政府统筹规划统计，依托县政府行政资源推进工程建设。全年农网改造项目12项，完成4项；跨年项目8项，开工实施3项。完成业扩项目66项，总投资1439万元。发挥属地优势，协调人员、物资，助推省、市重点项目建设落地实施。常态化开展项目储备，从设备更换、线路整治等方面储备电网基建项目10项，总投资3127.57万元。

【电力保供】 完成中共二十大、两会及中高考等重大保电任务9项。“8·18”山洪灾害后，赶赴现场检查电网受损情况，恢复保障救灾指挥部供电；257名抢修人员、60辆应急车辆，36小时完成抢修，恢复灾区供电；40名服务人员入户排查，以线上线下宣传形式，累计发放爱心服务卡和安全用电宣传单500余份。以“电靓夏都”共产党员服务队为骨干的保障队伍，为政府、医院、疾控等31家单位保障供电。特巡70条线路设备，保障40余万名群众、12万余户用户安全用电。

【电网基础管理】 开展配电网设备消缺、隐患治理，治理缺陷隐患357处。更换宽带表12.4万块，实现HPLC（高速宽带载波智能电表）电能表全域覆盖。深化警企联动反窃电机制，组织开展警企联动反窃电6次，查获窃电及违约用电31起，追补电费及违约使用电费27.92万元。完成营销普查两年行动，完成2.6万户营销普查任务，整改营销异常数据1.86万条，月末三日核对质量合格率100%，核对质量长期处于国网西宁供电公司A级段位。率先利用RPA（使用软件自动化技术执行原先由人类进行的计算机操作的一种方法）“一键式”自动化程序开展月末三日核对工作，2小时左右即可完成月末三日全量业务基础数据的核查工作。朔北供电所以“基层减负、数字化赋能”为方向，率先开展数字化转型，实现“先感知、先响应、先服务”，入选国网青海省电力公司数字化转型标杆供电所。朔北、长宁入选国家电网公司同期线损进步百佳供电所。

【供电安全生产】 全年未发生八级及以上人身、电网、设备事件，连续安全生产10218天。完成领导班子成员“两个清单”、全员安全责任清单修订及学习普考。依托新一代应急指挥系统，制定三级值班联动机制，累计发布恶劣天气及地质灾害等预警42次。完成安全专项整治“三下三上”、安全生产大检查、隐患大排查大整治等专项行动，完成治理19条。开展高跳线路治理，完成综合检修线路6条、配电台区118台。落实“四个管住”要求，查处违章63起，召开违章反思会4次，反思发言6人次，经济处罚2.12万元。

【用电营销服务】 深化“阳光业扩”，推广“网上国网”应用，绑定用户6.32万户，覆盖率51%；高、低压平均接电时间分别压降到4.85个和1.23个工作日。新装、增容客户2400户，容量19.32万千伏安。提高乡村电气化水平，新增电锅炉取暖262户，容量0.52万千伏安。年内为9739户低保户、五保户补贴电费46.3万元。完成“获得电力”监管发现问题整改工作，提出具体举措93条，其中38条问题完成闭环整改。开展“体外循环”专项治理，签订业扩人员岗前责任书45份，组织营销全员“点对点”培训6次。

（撰稿人：张贵栋）

## 粮油储备与流通

【概况】 2022年，大通县国有粮食企业1家，即大通县粮食购销有限公司，按照全县粮食应急保障工作需求，建立粮食应急供应网点22个、粮油价格监测点2个。建立健全各粮食安全责任长效工作机制，协调各成员单位开展各项考核工作，截至年底，大通县粮食安全责任制目标考核结果为“优秀”。

【涉粮问题巡察整改】 根据《大通县落实市委涉粮问题专项巡察反馈意见整改方案》要求，建立市委涉粮问题专项巡察组巡察反馈意见整改台账，结合市委涉粮问题专项巡察组巡察反馈的5个方面15条具体问题，逐项制定“三张清单”，实行清单化管理，并完成全部整改。

【粮油储备】 根据《西宁市2022年市级政府储备粮油轮换计划的通知》安排，按照程序完成2000吨市级储备粮轮换工作。制定《县级政府成品粮储备计划》《大通县县级政府储备粮油管理办法》等，完成大通县成品粮储备任务。

【粮油监管】 督促指导企业落实安全生产、安全储粮管理责任，抓好粮食流通市场监督检查。加大对粮食领域违法违规行为的查处力度，发现一起，查处一起，形成震慑效应。做好粮食价格动态监测，落实粮食价格动态监测点2个，根据市粮食局工作要求，疫情防控期间落实周采集、日采集的工作措施，重点监测面粉、大米、食用油价格，监测上报98次。

（撰稿人：张　璐）

## 供销合作

【概况】 2022年，大通县供销系统完成销售总额2.76亿元，其中商品销售总额2.68亿元、综合服务营业额805万元，同比大幅增长，实现农产品购进总额2.37亿元，同比增长1倍；有续建项目4个，完成投资112.54万元；落实省、市级项目5个，争取财政资金310万元。开展土地托管服务1400公顷，完成订单农业1000公顷，扩大产业化经营规模；依托62个销售点，足量供应化肥、农药，助推乡村振兴。销售农药250千克、各类肥料1.65万吨，其中有机肥1.15吨、尿素2500吨、二铵1700吨、磷肥350吨、复合肥360吨、生物菌肥90吨。供销社9家社属企业获得信用贷款支持1390万元。县供销联社内设办公室、业务科、财务科3个科室，下属生产资料公司、兴社资产运营管理有限责任公司及多林、新庄、东峡、兴农、苏家堡中心基层供销社共7个单位；核定编制10人，在编制人员9人，其中公务员7人、事业编制1人、工勤人员1人。

【农资服务】 依托基层社、专业合作社、涉农企业，培育多元化托管服务主体，通过土地托管、土地流转、代耕代种、统防统治等多种服务方式，扩大产业化经营规模。依托62个销售点，足量供应化肥、农药，助推乡村振兴。开展残膜回收工作，控制农田土壤和生态环境“白色污染”，减少农业面源污染5333.33公顷，回收504吨，回收任务基本完成。

【基层供销体系建设】 推进重点庄稼医院、为农服务综合体、专业合作社联合社、基层社改造提升、村级服务中心等建设，依托省、市项目，推进供销社基础设施建设。与各乡镇、相关单位部门、入社企业等沟通协调，在信息平台建设、服务管理、信息发布、效益发挥等方面形成共识，整合入社企业、种植养殖大户、专业合作社相关资源，初步建成试运行集政策发布、供销服务、农业生产服务于一体的为农信息平台，助推全县“三农”工作发展。

【供销改革】 推进生产、供销、信用“三位一体”综合合作试点工作，聘请第三方核清土地、资产、负债、股权、所有者权益等底数，完成清产核资相关工作，确保社有资产安全和保值增值。与大通县农商银行对接，签订战略合作协议，优化合作社小额信用贷款产品，解决“融资难、融资贵、融资慢”等问题。聘请韩文泰（大通文泰油菜专业合作社负责人）为供销社全资企业大通兴社资产运营管理有限公司经理，吸纳韩文泰现金入股，优化股权结构，实现社有资产保值增值。

【供销项目建设】 落实市级项

目1个，争取资金20万元，修建大通县塔尔镇、王庄村基层社改造提升建设项目，项目方案待评审；落实省级项目2个，争取资金225万元，开工修建大通县桥头镇新城村级供销社恢复重建项目和大通县兴农基层供销社标杆社建设项目。围绕标准化生产、品牌化经营目标，引导供销系统经营主体建立品牌产品生产规范，推进有机汉藏药材种植、加工、销售、品牌建设等工作，药材收购厂房扩建并投入使用。推进供销合作社与农民合作社协同发展，推荐申报国家级示范合作社2家，领办创办大通景兴种植专业合作社联合社等专业合作社5家。引导企业强化电商销售模式，协助农民合作社销售农产品1.5万吨，带动农民增收致富。

（撰稿人：贺心春、李生甜）

## 烟草专卖

【概况】 2022年，大通县有卷烟零售客户1944户。全年销售卷烟1.3万箱，实现销售收入3.66亿元，实现单箱销售收入2.8万元。建成1家托百客农村便民店，建设现代终端290户，覆盖率15.06%；其中农村现代终端130户，覆盖率8.5%。县局内设综合部（内管派驻组）、专卖稽查大队、客户服务部3个职能部门，有干部职工29人，其中县局班子3人，综合部（内管派驻组）3人，专卖管理12人，卷烟营销11人；中共党员12人。

【烟草管理】 县烟草专卖局联合公安、市场监管局等部门开展“打假治非”工作，联合公安部门开展“春雷4号”百日专项行动。全年查获各类违法卷烟案件14起，其中查获假烟案件6起，查获假冒卷烟6.02万支，合成大麻素131.46克；查获真烟案件6起，查获真品卷烟37.62万支，公安机关刑事拘留4人，取保候审6人。推行“暖心政务”模式，增加办事群众的便利度，在线上线下“好差评”活动中，参评率、好评率均为100%。开展电子烟排查登记、“守护成长”专项行动，依法取缔4户幼儿园周边50米内持证户，查处向未成年人销售卷烟案件2起。持证零售客户由年初1985户下降到年底的1945户，零售户总量合理稳定。

【卷烟零售户服务】 在“8·18”山洪灾害发生后，县局党支部建立志愿队对受到灾情影响的卷烟零售客户开展摸排查底工作，了解受灾具体情况，并向辖区全体卷烟零售客户进行防汛避险、自救等相关知识宣传，加强其对次生灾害、再发灾害的应对能力。组织干部职工向受灾的21户卷烟零售客户捐款2.98万元，定向用于受灾卷烟零售客户恢复生产经营。中秋节期间，县局党支部组织党员群众代表对“8·18”山洪灾区的21户受灾卷烟零售客户进行节前慰问。

（撰稿人：陈桂梅）

2022年8月23日，县烟草专卖局联合县公安局开展卷烟零售客户销售情况检查（县烟草专卖局供图）

DATONG

# 金融业

YEARBOOK

## 银行业

【中国农业发展银行大通县支行】 中国农业发展银行大通县支行内设综合部、客户部2个部门。2022年，中国农业发展银行大通县支行年末各项存款余额19222万元，较年初减少7316万元，同比下降27.57%；日均存款余额24070万元，较年初增加7420万元，同比增长44.57%。跟踪营销青海加西公路三标段建设管理有限公司及下游客户项目资金9991万元，其中留存2021年底到账项目建设补助资金8300万元；与青海通跃建设工程有限公司联合举办村级光伏资金管理培训班，引存光伏资金925万元，到年底沉底各级乡镇账户资金3383万元；存入关联企业项目资金1400万元；每月从集团公司申请燃气款500万元提前存入；成功营销青海物产特种铝合金有限公司账户，筹集各类非贷客户资金12168万元，企业回笼货款14416万元；关注种粮补贴和财政资金动态，耕地地力保护资金3150万元留存账户达半年。贷款方面，各项贷款余额94838万元，全年投放各类贷款12995万元，累计收回各类贷款7497万元（收回不良贷款90万元），较年初增加5498万元，同比增长6.15%。其中，投放地方储备粮贷款4246万元，支持省、市、县级储备粮及时轮入；依托燃气公司，支持小微企业贷款投放900万元，解决企业生产经营资金需求；继续投放青海加定（青甘界）至海晏（西海）公路工程项目农村公路银团贷款7849万元；支持县级成品粮增储工作，营销大通汇丰农业投资建设有限公司5000万元流动资金贷款及西宁市黄河流域（湟水河）高原蔬菜现代化农业产业园项目，拟融资金额3亿元。年内上线新信贷管理系统，完成28种模拟业务品种。金融风险防控方面，新增不良贷款1笔2807.58万元，视同不良贷款1笔7883万元，关注类贷款22683万元，实现清收90.31万元。及时准确上报大额交易与可疑交易报告，排除可疑交易24笔，未发生漏报、迟报现象。做好“大集中”上线工作，累计发起“大集中”业务289笔，通过287笔，通过率99.31%。全年开立账户2户，发出存款、贷款对账单1672份，收回1625份，对账率97.19%。全年累计减免各类费用8.69万元。FTP利润（内部资金转移定价利润）亏损2084万元。

（撰稿人：顾智萍）

2022年12月23日，农发行大通县支行进行2022年年终决算（农发行大通县支行供图）

【中国工商银行股份有限公司西宁大通支行】 中国工商银行股份有限公司西宁大通支行内设综合业务部、运行管理部、办公室，下辖营业室、八一路支行、西宁青铝支行和青海铝厂生活区支行4个营业网点；在岗职工76人，其中男35人、女41人。2022年，中国工商银行股份有限公司西宁大通支行年末各项存款余额253526万元，其中对公存款47472万元、个人存款206054万元。储蓄存款较年初增加28817.23万元，储蓄存款时点余额创近三年历史新高，对公存款余额县域同业第

2022 年 3 月 23 日，工商银行大通支行参加由大通县北川工业园区管理委员会组织开展的银企对接会（工商银行大通支行供图）

一。各项贷款余额 297002 万元，其中对公贷款 268911 万元、个人贷款余额 28091 万元。年内新增普惠贷款 689 万元，年末余额达 8210 万元。中间业务收入 1336 万元，营业收入 7885 万元。办理乡村振兴福农卡 2799 张、虎年生肖卡 762 张，新开对公结算账户 199 户；日均万元以上公司客户较年初增加 63 户，全年新增全量个人客户 4114 户。推进个人养老金账户营销，累计开户 1475 户，累计缴存户数 132 户。实现拨备前利润 5522 万元，实现净利润 9097 万元。完善金融服务体系，强化金融服务供给，主动对接中小微企业，通过电话外拨联系纳税优质企业 773 户；搭建县域智慧景区、智慧停车场平台，对接 17 家文旅小微企业；全年为普惠型小微企业延期还本 45 笔 3700 万元，为大通县“8·18”洪灾捐款 30 万元。

（撰稿人：陈金全）

**【中国建设银行股份有限公司大通支行】** 2022 年，中国建设银行股份有限公司大通支行内设综合管理部、业务管理部、客户部（普惠金融事业部）、个人客户直营中心、个贷业务经营中心，下辖支行营业部、铝厂支行营业部、八一路支行、人民路支行、铝厂生活区支行 5 个营业网点，在岗员工 97 人。支行实现经济增加值 2.77 亿元，净利润 2.8 亿元；主营业务收入 0.78 亿元；中间业务净收入 1080 万元，增速全省建行排名第一，同比增量 414 万元，全省建行排名第三；一般性存款时点余额 33.47 亿元，较年初新增 6.32 亿元，在全县金融机构中余额占比 17.15%，四行排名第一，县域排名第二；全口径自营性个人类贷款余额 4.44 亿元，较年初新增 0.28 亿元。个人住房类贷款余额四行占比 35.53%，四行排名第一；新增贷款占比 24.94%，四行排名第二。现金回收青海宜化不良贷款 1.78 亿元，处置化解青海桥头铝电不良法人透支贷款 1.8 亿元，不良贷款率较年初下降 21.17%。公司机构加权有效客户新增 64 户，公司机构有效客户新增 17 户，公司长尾客户新增 44 户；单位人民币结算账户 1085 户，其中新开立 102 户。与社保局签订社会保险基金银行账户管理及服务协议，持续换发社保卡，发卡 39.83 万张，激活 15.57 万张。全年新增商户 244 户，个人高贡献商户 180 户，商户回款额 9.28 亿元。5 月 31 日，签订军队单位账户资金军银双向监管协议，12 月成功为驻地某部队开立收入与支出 2 个零余额账户。将青海可可西里生物工程股份有限公司、北川冰雪世界入驻建行生活平台，通过“可可西里一元购”活动、配发建行生活优惠券活动，提升客户消费体验。新增入驻建行生活商户 65 户，全年裂变注册建行生活用户 1.62 万户，新增 1.32 万户。通过“商业云贷”“信用快贷”“云税贷”“个体工商户经营快贷”等产品，提升营销转化率，线上业务规模达到整体普惠业务规模的 72%；普惠金融贷款余额 7508.35 万元，较年初新增 1790.1 万元，完成率 81.37%，普惠金融授信客户 137 户，较年初新增 31 户；绿色信贷实现破零，为大通兆顺

2022年9月，建设银行大通支行支援“8·18”山洪灾害（建设银行大通支行供图）

废弃物再生利用有限公司投放绿色贷款80万元。依托金融科技，实现省内首次运用支行公租房信息管理系统进行公租房摇号配租，全年住房租赁平台新增线上支付1352笔，平台新增支付金额391.9万元。与青林乡中心学校合作开展“建融慧学+云版一卡通”平台合作项目。加深与“三农”市场合作，农户生产经营贷款余额957.45万元，较年初新增242.39万元；“裕农快贷”贷款余额682.45万元，较年初新增386.21万元，“裕农快贷”贷款客户40户，较年初新增20户。全辖11个乡镇289个行政村设立裕农通惠农服务点213个，活跃服务点193个；签约农户6181户，较年初新增904户，存款沉淀9625万元，较年初新增1552万元。

（撰稿人：陈群英）

**【中国农业银行股份有限公司大通县支行】** 2022年，中国农业银行股份有限公司大通县支行内设综合管理部、财政运营部、公司业务部、个人金融部4个职能部门；辖属支行营业室、城关支行、桥头支行、桥东支行、八一路支行、黄家寨支行6个营业网点，在册工作人员64人。年末各项存款余额28.07亿元，较年初净增7.12亿元。其中，对公存款余额8.76亿元，同比增加4.61亿元；个人存款余额19.31亿元，同比增加2.51亿元。各项贷款余额27.33亿元，同比增加3.86亿元。其中，对公贷款余额15.85亿元，同比增加3.1亿元；个人贷款余额11.48亿元，同比增加0.76亿元。实现营业收入10749.03万元，同比增加1141万元。实现中间业务收入951.59万元，同比增加2.39万元。实现手续费净收入832.74万元，同比增加31.76万元。完成拨备前利润8244.72万元，净利润4584.73万元。支行精准帮扶贷款余额62864万元；发放“惠农e贷”农户贷款8687笔102814万元；支持种养示范大户，发放“三农惠民贷”1040笔20937万元，涉及9个镇、11个乡289个行政村；发放“粮食安全领域贷款”4723万元、“种业领域贷款”2032万元；发放“乡村振兴活畜贷”274户6688万元，《金融时报》对大通支行“活畜贷”进行报道；建档朔北乡东至沟村、极乐乡白崖村农户203户，向白崖村发放“活畜贷”388万元，两村发放“惠农e贷”3140万元；对266个“惠农通服务点”进行功能改造和升级，发生金融性交易628325笔16412.46万元，发放服务费137万元；全年上线“乡村智慧游”平台229户，新增105户，并为32户客户授信；发放小微企业贷款33笔6037万元；支行有法人客户48户，贷款余额12.56亿元；支持县域实体经济发展和地方农副产品加工销售产业贷款10笔90347万元。成立“8·18”山洪灾害灾后金融服务领导小组，开通贷款“绿色通道”，对受灾严重的20户贷款户办理展期业务508万元，向灾区捐款专项援建资金30万元；疫情防控期间，展期个人业务办理230笔3545万元，对公展期业务办理8笔3600万元；对接当地政府机关、学校、医院等事业单位职工与金融同业、央企、国企职工等客户群体，开通个人养老金账户1653户。全年掌银月活跃客户达22632户，个人新增有效数8199户。开展农家乐满减体验、扶贫商城上线等多种形式优惠活动，提升“乡村振兴卡”使用频次，年末个人贵宾客户15862户，新增7316户，信用卡有效新增客户792户。成功搭建大通蓝宝石、宁港智慧物业、新华百货智慧停车、大通一中智慧食堂、智慧党费等智慧场景建设项目，互联网高频场景商户数净增2806.5户，互联网场景高频客户数3314.5户。不良贷款余额1702万元，不良率0.62%；核销不良贷款14笔341万元，现金清收6笔96万元，“三农”贷款不良率控制在1%之内。

（撰稿人：黎晓庆）

**【中国银行股份有限公司大通县支行】** 中国银行大通县支行在册员工14人，其中本科及以上学历14人，男8人、女6人。2022年，中国银行大通县支行年末各项存款时点余额39515万元，同比增加7210万元。其中，储蓄存款19560万元，同比增加2749万元；公司存款19955万元，同比增加4462万元。各项贷款余额55080万元，同比减少8031万元。其中，公司贷款余额36058万元，同比减少7993元；个人贷款18063万元，同比增加183万元；银行卡透支959万元，同比减少221万元。开展存量客户维护，扩大服务领域，支行公司、个金全量金融资产均实现两位数以上增长；成功落地支行首笔非融资性保函业务，沉淀公司存款1211.91万元；成功争揽县内8家教培机构中的6家教培机构的资金监管业务，开立账户12个；手机银行月活跃客户数同比增长18.25%；代发个人客户金融资产提升率108.66%，代发个人客户数同比增长13.84%，代发薪资同比增长33.35%；绿色信贷占比93%，占比提升22%。立足县域服务乡村振兴，全年支行发放个人涉农贷款14笔，金额591.7万元，较2021年同期新增4笔，金额新增211.7万元。疫情防控期间，支行采用单位值守+宿舍办公方式，确保金融服务不断档，为3家普惠客户分别办理接力通宝、变更还款计划、贷款展期，金额合计3300万元。

（撰稿人：张嘉蕾）

**【青海银行股份有限公司大通县支行】** 2022年，青海银行大通县支行内设综合管理部、会计核算部、市场营销部、营业室。营业网点开设6个服务窗口，布放自助存取款机1台、取款机2台、现金循环机1台、超级柜员机1台。在册职工35人。年末各项存款余额7.7亿元，各项贷款余额5.2亿元。实现利润190万元。对公存款方面，支行与政府、企业实现银政企互通；按照企业评级授信管理要求，维护存量对公及信贷客户，提高客户资金归行率；跟进下游项目和下属平台公司，实现资金体系内循环；为客户量身打造金融产品，推进集团公司资金池业务需求。储蓄存款方面，维护小微、农贷客户，发挥信

2022年6月22日，青海银行大通县支行党支部与青山乡生地乙卡村、极乐乡阳坡村党支部举行“双基联动”合作贷款办公室落成仪式（青海银行大通县支行供图）

贷杠杆作用，引导客户资金结算沉淀；关注定期存款客户到期转存情况，提前电话营销并上门拜访，防止定期客户流失；维护金卡及白金卡以上客户，开展高端客户活动。与县域内房地产企业交流合作，根据企业资金需求，做到“应贷尽贷”，为企业复工复产解难纾困。完善印发《客户投诉管理办法》《客户投诉应急预案》《个人金融信息保护应急预案》等规范性文件，减少投诉事件发生。

（撰稿人：孙　佳）

**【青海大通农村商业银行股份有限公司】** 2022年，青海大通农村商业银行股份有限公司内设3室、15部、9个二级中心，辖有34个营业网点，下设30个在行式自助银行间，17个离行式自助银行间，布放自助现金设备79台，布设智能柜员机29台。在全县289个行政村设立惠农服务（驿站、站、点）418个，其中惠农驿站12个、惠农服务站257个、惠农服务点149个，实现金融服务乡镇和行政村100%全覆盖。年末资产总额108.32亿元，负债总额99.71亿元，资产负债比92.05%。各项存款79亿元，较年初新增6.49亿元，同比增长8.95%。其中，对公存款13.67亿元，较年初减少0.47亿元，同比减少3.32%；储蓄存款65.33亿元，较年初增长6.96亿元，同比增长11.92%。各项贷款65.74亿元，较年初新增2.46亿元，同比增长3.88%。实现各项收入46680万元，较2021年同期增加2333万元；利润总额4105万元，存贷比83.20%，流动性比例35.37%，拨备覆盖率163.13%，资本充足率16.50%。全年评定文明信用户5062户，累计评定6.47万户。新增手机银行用户2.13万户，手机银行用户达12.2万户，新增聚合支付商户1.13万户，聚合支付商户达3.38万户，新增直销银行开户11040户，直销银行户数达2.12万户。代发城镇职工工资37915人次2.83亿元；代发财政涉农补助资金148万笔4.29亿元；代发社保类资金39.23万笔1.01亿元；代发民政资金36.7

2022年1月17日，人民银行与大通农商银行联合举办首届“党建+最美文明信用户”评选表彰活动（县融媒体中心供图）

万笔1.14亿元；代缴城乡居民养老保险37061笔1134.24万元，代缴城乡居民医疗保险79146笔2675万元。推出“新市民贷”“三牲养殖贷”“农机抵押贷”“重建家园贷”等特色信贷产品，制定“应延尽延”指导意见，对到期暂时无法偿还贷款的受困企业、重点领域等，不盲目抽贷、压贷、断贷，采取展期、无还本续贷、调整还款期限等措施，帮助受困企业、重点领域发展，办理延期148笔32467万元。贯彻落实关于疫情防控期间保障小微企业正常运行的“容缺后补办理机制”，通过邮件、微信等线上方式受理客户基础资料，采用线上视频方式进行贷前调查并完成各项签约工作、开辟授信审批和放款“绿色通道”。年内案防巡查支行34家，巡查率100%，开展“讲合规谈案防”3期，邀请律师讲课2期，参与500余人。

（撰稿人：王亚清）

**【大通中银富登村镇银行有限责任公司】** 2022年，大通中银富登村镇银行内设综合管理部、运营部、公司金融部、零售金融部、三农金融部、风险管理部6个职能部门，下辖1个长宁支行，员工46人。年末资产总额41779.2万元，负债总额37975.63万元，所有者权益3803.57万元。各项存款余额19228.86万元，各项贷款余额35840.12万元；税后净利润2066.95万元。信贷客户3038户，其中法人客户22户，余额5456.13万元，个人客户3016户。建立完善电子渠道产品体系，包括企业网银、手机银行、网上银行、贴膜卡短信银行、网上快捷支付服务。全新一版的手机银行3.0正式上线，在特色服务、创新应用、精简流程、提升体验、延伸渠道、管控安全等6个方面实现升级换代。推出移动发卡业务，客户足不出户就可以开办银行卡、开通电子渠道。全年小额贷款客户数占整体客户数的90%以上。创新推出16大类、70多个子类的小微及涉农系列信贷产品，接受农村集体土地房产、大棚、猪舍、鸡舍等作为“准抵押物”。创新升级信息科技体系为涵盖营销、产品、风控、运营及人员管理的数字化普惠金融体系。打造“线上线下一体化”移动营销模式，通过应用人脸识别、电子证书、电子印章、数字地图等技术，在线上实现信息采集、开户、进件、审批、贷后等全流程操作。首款产品“PAD自动决策贷款”，专门针对“三农”客户，根据“整村推进”特定场景量身定做的批量业务“整村推进信用贷”，小额贷款最快15分钟就能完成自动审批；首款线上产品“中富翼贷”是一款小额经营性纯线上信用贷款产品，通过大数据技术应用，为缺乏完整信用记录的小微客户提供信贷服务，客户申请贷款、签订合同以及还款均通过手机自助完成，平均3分钟就能完成审批和放款。

（撰稿人：马晓栋）

## 保险业

**【中国人民财产保险股份有限公司西宁市大通支公司】** 2022年，中国人民财产保险股份有限公司西宁市大通支公司内设经理室、综合部、农险部、个渠团队、法客团队、农网团队，在职45人，其中AB类人员13人、劳务外包人员32人。强化销售服务体系建设，落实商业模式变革重塑升级，推动公司发展转型，实现经营品质与市场地位同步提升。全年实现保费收入7495.6万元，同比增长-3.25%。其中，车险保费收入3032.3万元，非车险保费收入735.95万元，政策性农业保险保费收入3727.35万元。总赔款支出6147.18万元，其中车险赔款支出2068.83万元、非车险赔款支出410.99万元、政策性农业保险赔款支出3667.36万元。

（撰稿人：党耀利）

**【中国人寿保险股份有限公司大通支公司】** 2022年，中国人

2022年，人保财险大通支公司向“8·18”山洪灾害受灾区捐赠物资（人保财险大通支公司供图）

寿保险股份有限公司大通支公司内设经理室、营销发展部、机构业务部、健康保险部、客户服务中心、综合部，下辖第一营销服务部、长宁镇营销服务部2个营销服务部，在册员工18人。全年总保费10079.56万元，其中长期首年新单保费1488.91万元、长期险续期保费7942.77万元、短期险保费647.88万元。商业保险受理理赔案件1383件，赔付金额627.11万元。异地安置备案264人次，转外住院备案133人次，完成异地直接报销575人次，总费用1374.76万元，基本医保支付581.04万元，大病保险支付216.07万元，医疗救助支付110.44万元。报销零星报账案件789人次，总费用1203万元，基本医保支付264.61万元，大病保险支付42.95万元，医疗救助支付88.73万元。医疗救助二次报销4061人次，支付医疗救助资金512.71万元。进行外伤调查2808件，涉及住院总金额2181.19万元。查出不符合基本医保支付范围案件23件，涉及总金额43.25万元。进行异地核查14件，涉及住院总金额为203.2万元，未查出不符合基本医保支付案件。

（撰稿人：陈冬兰）

**【中国平安财产保险股份有限公司大通支公司】** 2022年，中国平安财产保险股份有限公司大通支公司经营业务范围涵盖车险、企财险、工程险、责任险、货运险、短期意外险等法定产险业务，在编人员16人。全年支公司实现保费收入4100万元，同比增长-2.15%。其中，非车收入649万元，同比增长14%；车险收入3451万元，同比增长-4.74%；农险保费收入0.4万元，老年人意外险保费收入100.05万元，为30673名客户提供服务，承保范围覆盖20个乡镇、291个村及居委会。受理全县老年人理赔案件390件，赔付款106.59万元，同比增长39.68%（其中意外医疗住院案件384件，赔付88.69万元；意外身故6件，赔付17.9万元）。公司“95511”全国统一服务热线为客户提供7×24小时服务，受理产险各类业务咨询、业务报案、查勘调度、事故救援等业务；开通电话直赔、口袋理赔、透明修理厂自助理赔等新模式，提高事故车辆定损透明度，压缩赔付时效；实现510急速查勘、一键包办等极速、极暖理赔服务项目；VIP客户专属客户经理、代办年检、百千米免费道路救援、“平安好车主”App电子保单自动推送、停车关爱、节假日及旅游旺季高速服务区爱心护航等增值服务，提升客户服务感受度。

（撰稿人：姚　艳）

DATONG

# 城乡建设与管理

YEARBOOK

## 城镇建设

【概况】 2022年，大通县住房和城乡建设局完成全县城市建设及管理、住房保障、房地产管理、国有土地上房屋征收与补偿、建筑市场监管、新农村建设等工作。全年完成固定资产投资9.1亿元，占全县固定资产22.7亿元的40.1%；完成招商引资6亿元；争取财政专项资金任务2.21亿元，完成5.37亿元。县住建局内设办公室、住建管理室2个机构，下辖县市政设施运行服务中心、县建筑工程质量监督站、县保障性住房管理服务中心、县房屋征收与补偿中心、县城乡管理综合行政执法大队5个事业单位；有工作人员142人，其中公务员23人、事业编制101人、临时聘用8人、政府雇员8人、编外2人。

【重点项目建设】 完成静宁广场、双拥园、四号桥出口西侧生态园提升改造、桥荫公路连接线建设、斜四号桥周边改造提升、向阳路道路交通组织优化建设项目和文化路、园林路道路优化组织及桥头公园提升改造及宁张公路沿线综合整治提升项目年度工作任务。完成农民居住条件改善工程、农村危旧房改造、宁张公路沿线环境综合整治提升、解放北路排水防涝设施建设、7个老旧小区基础设施改造及多林镇美丽城镇建设项目年度工作任务。实施景阳美丽城镇建设项目，除综合整治项目中污水处理点工程（子项）外，其余项目全部完工。

### 2022年大通县住建领域项目统计表

表8

| 序号 | 项目名称 | 投资金额（万元） | 完成投资额（万元） | 建设内容 |
|---|---|---|---|---|
| 1 | 大通县景阳镇镇区外立面整治工程 | 1667 | 1067 | 进行镇区沿街商铺外立面进行改造，改造面积20997平方米，主要进行外立面整治、屋面维修、门窗更换等 |
| 2 | 县城四号地块旧城及棚户区改造项目区内基础设施建设项目（续建） | 950 | 409 | 新建道路、绿化、路灯、给排水管网、供热等基础设施改造 |
| 3 | 大通县乡镇垃圾中转站建设项目（续建） | 6300 | 1200 | 在全县20个乡镇分片建设垃圾中转站，并配置生活垃圾转运车辆、压缩机等设备 |
| 4 | 大通县城关镇、东峡镇生活垃圾填埋场扩容工程（续建） | 500 | 200 | 城关镇生活垃圾填埋场扩容10万立方米，平均日处理量44吨/天，东峡镇生活垃圾填埋场扩容5万立方米，平均日处理量21吨/天，包括库区侧壁整平处理，增设库区导气井装置、垃圾堆体中间封场覆盖、新建场区截洪渠，场区周围植被修复及环境监测和安全设施等 |
| 5 | 西宁市大通县解放路北段排水防涝设施建设项目（续建） | 1166 | 746 | 建设雨水管网总长度3.27千米及配套设施 |
| 6 | 大通县2021年高原美丽乡村暨农村综合改革建设项目（续建） | 8258 | 2093 | 12个乡镇34个村道路、排水、护坡、路灯、游园及广场等建设 |

续表8

| 序号 | 项目名称 | 投资金额（万元） | 完成投资额（万元） | 建设内容 |
|---|---|---|---|---|
| 7 | 大通县农机公司、二完小、公安局家属院老旧小区区内配套基础设施建设项目（续建） | 620 | 320 | 新建二完小物业用房，改造农机公司、二完小、公安局家属院区内道路，管网、采暖地沟、供电线路及照明、绿化、监控、环卫等基础设施 |
| 8 | 西宁市大通县县委家属院老旧小区区内配套基础设施建设项目（续建） | 840 | 560 | 改造县委家属院区内道路 3582 平方米，管网 3357 平方米，线路 1000 米及照明、绿化、监控、环卫等配套附属设施 |
| 9 | 原 706 家属院体育路文化片区旧城及棚户区改造项目（续建） | 12104 | 1299 | 建设规模 33299.04 平方米 |
| 10 | 大通县园林片区天麒·文轩项目（续建） | 34260 | 860 | 建设规模 100026.24 平方米 |
| 11 | 静宁广场提升改造项目（新建） | 397 | 397 | 计划全面提升静宁广场景观，增加群众休憩娱乐空间，更新绿化、照明系统，休闲椅等设施；对锅炉房进行提升改造，对停车场地作进一步优化提升，畅通道路 |
| 12 | 2022 年计划 2400 户农民居住条件改善工程（新建） | 3600 | 3600 | 通过提升节能保温、完善配套设施、庭院环境整治等措施，打造一批功能现代、风貌乡土、成本经济、结构安全、绿色环保的宜居型农民住房 |

**【保障房建设】** 批准预售商业及住宅楼 5 幢，新增商品房供应面积 5.62 万平方米。累计销售商品房面积 5.99 万平方米。实施城镇老旧小区改造项目 1417 户，发放住房租赁补贴 147 户。落实自建房安全隐患排查整治一房一方案，全县累计排查经营性自建房 3956 户；初判存在安全隐患的经营性自建房 32 户，其中城镇 30 户。累计排查非经营性自建房 78730 户，其中城镇 1307 户，存在安全隐患 253 户，整改完成 1 户，受环境影响的安全隐患 252 户，正在多渠道争取项目，分年度批次进行安置。推进向阳路拓宽片区、宁张公路沿线、矿山东路等区域拆除工作，征拆房屋面积 5.1 万平方米。

**【房屋征收】** 一号桥至三号桥城市更新项目涉及拆迁安置成套房 240 户，房屋征收建筑面积约 4.4 万平方米。安全拆除被征收建筑物 2.2 万平方米。完成青海省大通县重点采煤沉陷区基础设施建设项目——矿山东路建设项目房屋征收拆除面积约 0.65 万平方米，零散性无产权房屋拆除 43 户。完成零散性人居环境综合整治滨河路等项目 6 处，面积约 4100 平方米。

**【工程质量监督】** 全年受监督在建项目 70 项，总建筑面积 243.86 万平方米，总投资 53.24 亿元，质量安全监督覆盖率 100%，工程竣工备案 9 项。节能分部验收 11 项，建筑面积 19.79 万平方米。竣工验收 26 项，面积 28.08 万平方米。在工程质量安全监督技术服务工作中，推进施工质量安全标准化管理，落实工程质量“两书一牌”制度和住宅分户验收制度与工程建设五方质量安全主体责任，下发限期整改通知书 15 份。落实扬尘污染“十个 100%”防控措施，执行“红黑榜”通报制度，发现扬尘治理和围挡设置等方面问题 5 条，并按要求完成整改。

【不动产登记】 全年全县受理各类登记业务6138件，颁发不动产权证书5576本、不动产登记证明2849本。农村房地一体宅基地使用权累计登记发证5.9万余件。“互联网+不动产登记”正式上线，银行和房地产企业可在线申请办理预告登记、预抵押登记等业务。通过与县林草局对接，林权数据入库工作全面展开，完成国有林权数据整合952宗，档案扫描4780页；集体林权数据整合3077宗，档案扫描31600页；退耕还林数据整合630宗，档案扫描2550页。成功化解通运小区等5个小区（项目）不动产登记难问题。深化“放管服”改革，缩减不动产登记办理时间，优化办事流程，建设“一窗受理”平台，基本实现与税务、住建等部门数据互联互通。

（撰稿人：郑永仓）

## 市政管理

【市政设施组建】 维修城区破损病害路面4958平方米，疏通城区内排水主管网42千米、支管9.6千米，清理沉淀池3座、涵洞1处，更换维修排水窨井230座、雨水箅子290座，清理雨水箅子1700座，维修破损人行道9600平方米，安装路缘石1200平方米，维修休闲凳椅30处、绿化池300平方米、破损台阶980平方米、广场破损市政设施800平方米，加装阻车桩60处，更换维护各类灯具1452个。维修楼体亮化15栋，更换电缆线375米。利用可视化管道机器人对县城雨水、污水及雨污合流管网进行管道探伤工作。实施桥头桥污水管网抢修项目，清理转运垃圾4008立方米，设置DN600HDPE双壁波纹管14.6米，检查井1座，解决一号桥污水管网直排北川河问题。规范县城区域内停车泊位管理，取缔人行道设置不规范临时停车位；规范行政审批程序，办理审批门头牌匾266个、户外广告2处、临时宣传活动35场次。定期开展户外广告、门头牌匾设施安全隐患排查。

【城乡环境治理】 深化“全时段、全方位、全覆盖”的“人工+机械”深度保洁机制，开展城市清洁清洗、垃圾收运工作。清理死角垃圾196处、“牛皮癣”2845处、积雪44立方米、淤泥317立方米，清运垃圾5.47万立方米，洒水1.9万立方米，喷雾2.32万立方米，洗扫面积9004.8万平方米，清洗人行道、建筑物立面、台阶等33万平方米，清洗道路护栏32.4万米、人行道9万平方米，清洗下水井盖、箅子表面油渍污渍876处，更换和维修果皮箱205个。打造“居家式”品牌公厕，依照制度按时免费开放，按照随脏随保保洁机制每日对公厕内及周边环境卫生进行清扫保洁，更新公厕破损老旧隔板、水龙头、便池、墙砖、各类指示牌300余个。公开招聘适龄人员，优化管护队伍。建立“村收集、乡运输、县处理”的生活垃圾处理机制，4座生活垃圾填埋场处置生活垃圾18.66万立方米。其中，县城生活垃圾填埋场处置11.95万立方米，无害处理率93%；农村生活垃圾处置6.71万立方米，无害化处理率86%。渗滤液日均处理约50立方米。全县20个乡镇修建垃圾中转站36座，购置压缩式垃圾运输车（12吨）20辆、可卸式压缩机39台。签订餐厨垃圾收运合同393家，餐厨垃圾收运由青海洁神环境能源产业有限公司收运，县住建局负责日常监督管理。规范建筑渣土运输管理，加大县城各工地、主次干道巡查和监管力度，渣土车定位管理全覆盖，确保车辆按照规定时间、地点和线路行驶。加强建筑渣土企业管理，核发准运证440本。发放人行道售卖鲜奶制品商贩进小区通知24份，引导人行道鲜奶零售摊贩进指定场所规范经营；督促沿街门店履行“门前六包”责任，维护店前卫生环境；开展辖区内河道及周边环境排查整治，重点排查河道内乱倒垃圾、河道沿线围栏破损情况，优化河道沿线环境。

【环境卫生综合整治专项行动】 2022年3月30日，大通县开展环境卫生综合整治专项行动。大通县制定《环境卫生综合整治专项行动方案》，成立全县环境卫生综合整治专项行动工作小组，分设综合协调、动员宣传、城乡环境卫生整治、河道污染排查纠治、环保反馈问题整改、纪法执行保障6个工作组。截至3月28日，出动人员23723人次，动用车辆1432台，清理河道1452.77千米，治理“六乱”（乱搭乱建、乱堆乱放、乱设摊点、乱拉乱挂、乱贴乱写乱画、乱扔乱吐）1384处，收运垃圾3887.06吨。

【城镇供水】 润通自来水有限责任公司有一水厂、二水厂及矿山区加压泵站，最大日供水量1.1万立方米，日平均供水量1万立方米，水源地分别为园林片区水源地和东部新城水源地，其中园林片区水源地有6眼水源井、东部新城水源地有4眼水源井。城市供水基本形成覆盖桥头地区“五纵三横”环状供水管网（南至水洞浪处，西至安门滩村、矿山西路、过莽台，北至四号桥，东至李家堡安置房、东部新城公租房），总长度92千米，覆盖率达98%。每月对各水源井、供水管网进行安全巡视，按照规定开展定期水质化验，确保水质达标率100%，保证城镇居民的用水安全。

【县城污水处理】 县城污水处理厂（一、二期）工程集中处理县城的生活污水，设计日处理污水量为3万立方米，根据华北设计院重新测算论证的水质浓度，县城污水处理厂日处理污水量可达3.6万立方米，服务人口约14万人。县城污水处理厂占地面积3.29公顷，全年总进水量1227.97万吨，日平均进水量3.36万吨；总出水量1166.93万吨，日平均出水量为3.20万吨；污水处理率92.83%，年污泥产生量1.06万吨，COD（化学需氧量）年削减量841.71吨、氨氮削减量86.68吨、总磷削减量22.45吨、总氮削减量145.43吨。污泥全部运输至新型建材工贸有限公司作为水泥的原材料进行综合利用，处置率100%，达到资源化、无害化、零排放的处置要求，设备运转率达95%以上，出水水质稳定达城镇污水污染物排放一级A标准。同时定期进行维修保养，全年无安全事故发生。

【小区管理】 对地下停车位只售不租、擅自提高停车位租赁费和服务费、超出合同约定或公示收费项目收取费用、未按合同约定内容提供物业服务、未按规定公示服务和收费标准、不公示业主共有部分经营收益收支等问题进行整治，查出问题15项，全部整改完毕。结合保安服务市场秩序清理整治工作，重点整治物业服务小区保安着装乱、形象差、执勤点脏乱、执勤不规范等乱象，达到“五个规范”和“一个健全”。开展电梯安全运行专项整治，按照物业服务小区电梯安全运行专项整治方案，明确治理内容、责任主体、阶段目标和完成时间节点。全县住宅小区有电梯635台，其中电梯使用年限在5年以内的有313台，5—10年的有302台，10—15年的有13台；配置电梯安全管理人员59人。督导物业企业对应急处置能力不强、专业技术力量薄弱、主动服务意识不够、日常管理不严、维护不到位的56项服务类问题进行整治，全部整改完成。针对物业服务小区存在的“三个不及时”“五个乱”制定物业服务小区环境综合整治专项方案，检查督查116个物业小区，查出问题293项，其中清理楼道乱堆乱放146处，拆除乱搭建12处，清洁卫生死角3处，清理楼体小广告、乱写乱画132处。联合公安、消防、城管、林业重点对物业服务小区乱停车、乱晾晒、乱扔垃圾、乱搭乱建、毁绿种菜、私拉乱接电线、占堵消防通道、不规范养犬等影响小区环境，危及公共安全和影响相邻业主正常生活秩序的不文明行为进行整治，查出问题460项，整改460项，施划消防通道标识线171处。

【物业服务管理】 联系司法部门以设置物业法律咨询点等方式提升行业监管能力。组建行业培训讲师队伍，开展讲师进企业、集中讲等形式的职业技能培训。指导新宇物业企业开展岗位技能竞赛，选树一批行业技术能手，学习典型、宣传典型，增强人员职业荣誉感、归属感。建立业主委员会委员培训制度，制定年度培训计划和方案，全年已开展培训4次。在县城区域内培养1家骨干企业，组建应急服务队伍，依托骨干企业和专业技术队伍，定期开展演练训练、专家查隐患等活动，全面提升物业服务企业应急处置能力。督促乡镇人民政府健全小区协商议事制度，鼓励休息日召开议事会议。指导乡镇、社区和物业服务企业健全投诉处理制度，规范物业投诉受理、处理、回访流程，并在小区醒目位置公示，提高处理质量和实效，确保处理在小区，稳定在社区。全年调处投诉673件。

（撰稿人：郑永仓）

DATONG

# 交通　通信

YEARBOOK

# 交通运输

【概况】 2022年，大通县公路总里程2680.33千米，其中高速公路65千米、国道143.74千米、省道74.12千米、县道501.82千米、乡道396.66千米、村道1080.57千米、专用公路419千米，公路密度86.8千米/百平方千米、58.3千米/万人。全县289个行政村村道硬化里程3600余千米，村道硬化覆盖率100%，全县建制村公路通畅率100%，524个自然村通畅率100%。有客运车辆616辆（包括出租车428辆），开通城乡公交线路52条、城际公交线路1条、县内公交线路23条、高速专线1条、客运班线3条。有汽车客运站14个，其中一级站1个、四级站7个、五级站6个；乡镇综合服务站3个。乡镇、村客车通车率均达100%，基本形成以国、省、县道为骨干，县际公路、县乡公路、乡村公路为脉络的“四纵三横”交通网络。健全县、乡、村三级公路养护管理网络，农村公路列养率100%，县道、乡道经常性养护率100%，农村公路建设县级完成率100%，县、乡、村三级“路长制”覆盖率100%，实施养护工程比例为6.2%。完成固定资产投资1.5亿元，争取专项资金9411.28万元，县、乡、村公路优良路率分别为63%、58%、59%。县交通运输局内设办公室1个科室，下属交通运输综合行政执法大队、农村公路养护中心、公路工程质量监督站3个事业单位，与汽车客运有限责任公司1家交通运输企业。全系统有工作人员178人，其中公务员8人、行政工勤1人、事业编制128人、企业员工33人、原汽车站安置人员8人。

【交通项目建设】 实施交通建设项目13项，总投资2.85亿元。其中，续建项目1项，完成投资1706万元的斜沟公路旧油路改造工程。新建项目12项，完成投资1.5亿元。其中，完成宁张公路5个乡镇16个村道路巩固提升项目；良教乡下甘沟村至桥头镇红河限大桥道路拓宽改造项目旧桥加固、拓宽桥梁桩基、盖梁施工及梁板预制工程全部完工，完成总投资70%；开工建设矿山东路路基土方地下管网及桥涵工程项目。建设绿色交通，投资2744万元更新纯电动公交车28辆、纯电动巡游出租汽车196辆，建设配套充电桩30个，完成城关镇、东峡镇2处充电站可研批复工作。

【农村公路养护】 推进“四好农村路”建设，强化养护管理措施，结合路域环境综合整治，开展公路病害整治工作，整治农村公路病害路段和危桥，及时处理塌方、路面沉陷、漫冰、积雪等安全隐患。列养道路里程1730.3千米，其中国道45.74千米、省道48.72千米、县道501.82千米、乡道396.66千米、村道737.37千米。全县农村公路列养率100%，县、乡道经常性养护率均达100%，村道达70%。全年巡查农村公路里程5265千米，县、乡、村道路优良率分别达63%、58%、59%。完成农村公路病害整治养护工程106.48千米，投资468万元，养护工程实施比例达6.2%。开展农村公路汛期安全隐患排查整治工作，排查公路9条，发现地质灾害隐患10处。抢修保通因水毁、泥石流、塌方等造成的公路中断47处，抢修涵洞18道、清理塌方12040立方米。

【运输服务监管】 加强一级客运站建设，完善基础设施建设，加快客运车辆更新，组织开展“用心服务、畅享交通”主题文明创建活动，强化场站服务管理。全年累计发送旅客13.42万人次，旅客周转量577.09万人千米。巩固和深化交通运输综合行政执法领域突出问题专项整治行动成果，落实行政执法三项制度，提升交通运输综合行政执法人员素质能力，确保交通运输综合执法工作程序合法、执法行为规范。

【行业治理】 强化平安建设及市域社会治理现代化试点工作，完善交通运输领域社会治安防控体系，以巩固“平安交通”建设成果为主线，做好交通运输行业冬春维稳、禁毒、反邪教、反恐怖、常态化扫黑除恶斗争，预防打击整治电信网络诈骗、防范养老诈骗、中共二十大期间维稳安保、专项综合整治、安全生产等工作。加强交通运输行业监管，在县域范围内开展打击非法从事道路旅客运输经营、危化品运输车辆、超限超载运输等专项整治行动，规范全县驾培、维修、客（货）运市场。全年开展路警联合执法4次，检查客运车辆300余辆次、货运车辆540余辆次、危化品运输车辆60辆次，查处超限车辆10辆，卸载货物200吨，查扣非法营运车辆53辆。4月，县治超办被西宁市治超工作领导小组办公室评为“2021年度全市治超工作优秀治超办”；县交通运输综合行政执法大队被西宁市治超工作领导小组办公室评为“2021年度全市治超工作先进单位”。

【道路运输安全】 开展安全生产专项整治三年行动“集中攻坚年”活动，落实安全生产主体责任和“三关一监督”“四不进站，六不出站”等制度，强化客运市场管理，及时防范化解安全生产重大风险。排查整治各类安全隐患25条，检查客运企业84家，检查交通建设项目12项。提升公路安防水平，整治农村公路病害路段和危桥，争取危旧桥改造、农村公路生命安全防护等专项资金384.8万元，实施安保项目14项。完善各类应急预案，建立应急工作机制，加强应急队伍建设，开展应急演练，提高应急处置能力，确保道路交通运输安全。

【乡村交通振兴】 加强与县乡村振兴局、发改局、财政局等单位的沟通联系，多渠道整合各类涉农资金，建设乡村产业路、旅游路、资源路、美丽农村路，优化完善农村公路路网结构。全年争取各类涉农资金2699万元，其中乡村振兴资金1169万元、少数民族发展资金1530万元。推进农村公路管理养护体制改革，建立完善“路长制”工作机制，成立县乡公路养护管理机构，设立县、乡（镇）、村三级路长312人，各村成立农村公路管理小组，设护路员2人，“路长制”构建率100%。推进城乡交通运输一体化示范县创建和农村客货邮融合发展工作，按照“资源共享、多站合一、功能集约、便利高效”思路，开创交邮融合发展模式，完成长宁镇、多林镇等9个乡镇公交枢纽站改造为交邮融合发展站点初步规划，开通桥头—青林、多林和桥头—景阳2条交邮合作线路，代送邮件1.05万余件。开展结对帮扶工作，各单位全年开展各类帮扶均在4次以上，帮扶各类物资、修建村内基础设施折合资金32.4万元。其中，投资16万元为下治泉村修建涵洞1道、边沟300米，投资15万元为青山乡生地村安装村道安全防护栏700米。

【公共交通建设】 完善公共交通基础设施，投入15万元，安装公交车报站器163台；投入2.8万余元，制作安装乘车通道护栏4处55.5米、喷刷标识、标线4组。通过车体公益广告、动态监控平台播报、悬挂宣传横幅等多种形式宣传创城工作，制作各类宣传标语600余条，在公交车内张贴监督服务电话标识100条，更换汽车站站前广场公益广告牌1块。结合交通运输工作实际和“我为群众办实事”活动，整治联点共建村红河限村道路破损路面，铺筑沥青混凝土路面350米、混凝土路面210米。

【“8·18”山洪灾害交通保障】

大通县“8·18”山洪灾害发生后，组织应急抢险队伍抢修水毁道路桥涵，有序疏导现场交通，安全转移受灾群众，清理灾区淤泥垃圾。投入干部职工280余人次，组织统筹挖掘机、装载机、渣土车等工程机械2224台次，清理淤泥23.1万

立方米，疏通河道7千米、抢修保通公路7.9千米，埋设波纹管涵9道，抢修涵洞1道、小桥2座，疏通堵塞桥涵13道，组织客运车辆352台次，安全转移受灾群众1.1万人次。实施“8·18”山洪灾害应急抢险救灾公路保通项目56项，累计完成管涵21道、挡墙1395立方米、水渠120立方米、护坡15.13立方米、小桥2座、路基换填500立方米，累计投资1680万元。

（撰稿人：张庆霞）

## 邮　政

【概况】　2022年，大通县邮政分公司下设长宁、黎明、园林路、城关、八一路5个营业所（综合网点）；人民路、铝厂、景阳、东峡、塔尔邮政所与电厂邮政支局6个纯邮务网点；黄家寨、石山、青山、青林、多林、逊让、朔北、向化、良教、斜沟、新庄、极乐、桦林、宝库14个乡镇邮政所；县城、城关、电厂3个营业部。有员工114人，其中合同制员工39人、劳务工45人、代办人员30人。全年分公司完成收入1799.29万元。

【邮政经营】　邮政金融业务完成1176.37万元，其中储蓄收入964.88万元、汇兑收入0.24万元、保险收入211.25万元。截至年底，余额规模70499万元，活期存款规模21834万元，活期存款占比30.97%。保险销售911万元，非货币基金销售714.7万元，快捷绑卡新增1478户，有效客户新增1613户。其他邮务类业务收入49.22万元，其中增值业务收入1.68万元、分销业务收入8.87万元。全年包裹快递收入298.87万元。文化传媒收入274.83万元，其中函件业务收入30.01万元、集邮业务收入93.13万元、报刊业务收入151.69万元。

【乡镇网点经营】　按市分公司对农村乡镇网点建设标准及运营管理要求，做好空白乡镇网点的建设及运营工作，实行以邮政普遍服务为主，其他经营为辅的“邮政+”运营模式，利用乡镇网点经营发展，打通邮政助力扶贫农产品进城的渠道，为当地群众提供综合便民服务。

（撰稿人：张文娟）

## 电　信

【概况】　中国电信大通分公司隶属于中国电信股份有限公司西宁分公司，是中国电信集团有限公司青海分公司的电信运营企业，担负全县电信通信任务。2022年，将原来的4个支局划分为9个支局（长宁、东峡、城关、塔尔、黄家寨、三号桥、园林路、解放路、人民路支局），4个自营厅更改为1个自有营业厅（人民路自办营业厅），实现厅店终端连锁化运营。9个支局下设21个营销网格。有员工142人，其中合同制员工33人、派遣制员工2人、外包人员107人。2022年，电信完成收入6950.89万元，同比增长5.7%。移动业务发展1.84万户，宽带业务发展7586户。

【通信设施建设】　完成县局、东柳、煤矿、铝厂、城关等5个模块局11台XG-PON（一种基于波分复用的光纤网络技术）的割接替换工作；完成7台OLT（光线路终端）设备直挂bras（宽带远程接入服务器）链路改造，完成政企专线直挂S9306交换机改造92条，完成22个5G站点的中继跳纤、光缆建设工作入网投入，拆闲补忙LTE（长期演进技术）站点17个。更换16处老化电缆，提升网络稳定性。开展2022年标准示范区整治工作，完成水泥厂、青山2个模块机房标准化机房整治工作，现场整治率100%，资源整治率80%。完成标准化小区整治2个。完成修复局间中继主干光缆4条；提升人井脖子（学名井颈，井下为电缆、光缆等设施）9处；更换井盖19处；配合市政施工桥头镇、城关镇开挖雨污分流自来水地下管网4处；叫停开挖路面22次；配合完成县创城办城市线路整治工作；整治地下人井31处，清理淤泥、绑扎管道缆线50人次；更换井盖14只；“三盯”桥头镇、城关镇市政建设44次；张贴护线宣传单、悬挂宣传横幅52张（条）；设置地下警示标桩7处；完成线路抢修迁改224次。

【通信服务】 根据《关于修订西宁分公司服务监督管理办法的通知》成立县公司监督小组，落实“服务质量升级年”六大行动，落实总经理客户接待日、总经理讲服务、爱心驿站、服务例会、光衰整治、维护指标和申诉指标等活动及举措。全年出动移动通信保障车3辆次，各类保障车辆79辆次，保障人员140人次。完成中高考、中共二十大、国庆节等重要节点通信保障工作。县融媒体直播各种会议、活动，开通临时专线58次，通信保障车现场保障3次。完成“8·18”洪水灾害抢险工作，出动260人次，到青山乡现场抢修，恢复通信。

（撰稿人：杨玉琴）

## 联 通

【概况】 中国联通大通县分公司隶属中国联合网络通信有限公司西宁市分公司，下设城关网格、景阳网格、桥头一网格、桥头二网格、新庄网格、塔尔网格、长宁网格7个网格，有桥头自有营业厅、八一路自有营业厅、铝厂自有营业厅、城关自有营业厅4个自有营业厅，员工82人。2022年，联通收入5191.23万元，同比增长6.9%。发展移动业务用户1.5万户，宽带用户0.47万户，IPTV（交互式网络电视）高清用户0.4万户。完成中共二十大、全国两会、“8·18”洪灾等重要活动的通信保障任务。

【通信网络建设】 “创城”工作中配合政府进行线路隐患整治30处，老旧小区线缆整治15个，光交箱迁移1座；“美丽乡村”建设中配合各乡镇进行光缆线路迁改7处，园林路等县城主次干道光缆迁改5处；“8·18”洪灾后，重建基站4座，光缆线路30千米，安置区迁移光缆线路11千米，抢修恢复5个行政村宽带网络运行，恢复灾区网络。承接国家电信普遍服务试点项目八期工程，投资60万元，10月完成工程项目实施，新增建设自然村级通信基站4座，解决覆盖4G网络需求用户280户。响应集团5G共建共享要求，统筹规划共享需求，尝试在技术等新领域共建共享，实现5G网络高效覆盖，建成5G运行共享站点173个。

【宽带建设】 根据宽带网络覆盖存在的问题，及时调整建设方案，提升网络渗透覆盖效果。按照用户对网络的需求，在第二、三批普遍服务建设覆盖289个行政村的基础上，进行宽带PON（无源光纤网络）资源扩容962个，投资60万元，完成县城全域小区及28个行政村的千兆宽带端口升级。

（撰稿人：康延清）

## 移 动

【概况】 中国移动通信集团大通分公司隶属于中国移动通信集团青海有限公司，有自办营业厅1个、网格厅7个、指定专营店55个、便民服务点4个，员工65人。2022年，移动大通分公司收入16553.45万元，同比增长7.1%，累计发展移动用户26510户、宽带用户10569户、魔百盒用户8724户。

【通信网络建设】 继续进行移动网络优化和资源深挖，重点扩容和优化话务量集中地区。网络无线接通率100%，短信接通率100%，在全球200多个国家和地区提供漫游服务。新增网络通信基站85处，其中5G基站80处，全县村级网络覆盖率100%。组织互联互通法律法规宣传，组织处理基站故障2000余次，处理专线故障1600起。

【客户服务】 对原有主营业厅

进行整体改造升级，实行物联网+服务。建国西路主营业厅设置客户书写休息桌椅、自助缴费机、业务资费宣传栏、用户意见箱、客户指示牌、便民服务箱等。每天由专人负责营业厅客户接待工作，实行“迎导服务”和“迎候服务”，主动引导客户办理各种业务，处理客户遇到的困难和问题，监督检查营业员的日常服务行为。开展优质服务活动，创建“青年文明号”和“工人先锋号”。制定各项工作流程和优化服务考核细则，以顾客满意度作为营业员服务态度的重要考核指标。

（撰稿人：王　浩）

DATONG

# 生态环境

YEARBOOK

## 综 述

【生态文明示范县创建】 开展生态文明建设示范县创建工作。选定第三方机构对全县土地资源、林木资源、水资源、矿产资源以及生态资产价值进行评估，为大通县生态文明制度创新和绿色发展转型提供科学依据和技术支撑。编制完成《大通回族土族自治县国家级生态文明示范区创建规划》并开展专家评议。完成年度祁连山南麓青海片区生态环境综合整治任务。强化“三线一单”分区管控成果落实，累计审批“三线一单”符合性建设项目环评59个；落实环评文件及批复要求，累计检查企业30家，审批环境影响报告书（表）19个，告知承诺制报告表5个。大通县生态环境局内设局办公室、水生态环境室、大气环境室、土壤与固废管理室、环境影响评价与排放管理室、督查室6个职能部门，下设综合行政执法大队、生态环境监测站2个直属单位，有在职职工36人、生态环境局4人、生态环境监测站23人、执法大队9人。

【生态修复】 投资1672.78万元，实施完成双拥园周边景观提升改造项目、宁大高速四号桥出口西侧环境提升项目、大通县宁张公路沿线两侧林地退化林修复项目。做好城市生态修复和景观提升，新增县城公共绿地面积528平方米，景观改造提升1970平方米，彩化二号桥分车带，修复核心区绿化断档2880平方米。“8·18”洪水灾害发生后，组织党员、护林员和志愿者对贺家庄村主街道进行清理；安排专业技术人员到灾区现场进行林草损失评估。计划投资1604.2万元，对青山乡、青林乡实施灾后林草生态修复项目。完成安置区内苗圃地3.18公顷17.6万株。对田家沟村受汛情影响损毁乔木、植被进行清理，清理主干道行道树200余株，修整村委会广场植被800余平方米。

【大气污染防治】 2022年环境空气质量优良率93%，与2021年同期相比上升2.4个百分点。重视大气污染防治工作，推进“煤改气”治理和燃气锅炉低氮改造治理。累计完成“煤改气”锅炉改造703蒸吨，燃气锅炉低氮改造58蒸吨；重点推进行业工业炉窑综合整治，完成3家企业工业炉窑治理项目；推进挥发性有机物（VOCs）治理，定期开展涉VOCs行业专项检查，按时完成VOCs排查调度申报，监督新建涉VOCs排放企业安装治理设施；强化建筑工地和道路扬尘管控，采取工地喷雾降尘、道路清扫洒水和渣土车密闭运输等措施，督促落实“十个100%”扬尘防控措施。

【水污染防治】 北川河主要地表水监测断面和润泽桥出境断面水质均达到Ⅲ类及以上标准，水质状况良好；各饮用水水源地水质监测指标均满足或优于相关标准要求。水污染防治工作落实河湖长制，每月开展北川河河道及北川河支流黑林河、宝库河、东峡河敏感段河道排污口巡查；做好入河排污口排查溯源，完成全县362个北川流域入河排污口的排查、溯源和监测，申请县级专项资金对符合条件的133个排口设置标识牌；开展水源地保护区内排污企业整改专项行动并督促相关排污企业尽快关停搬迁。落实排污许可管理制度，市局对大通县核发排污许可证87家，登记管理690家。督促2021年排污许可登记管理质量抽查中存在问题的170家企业进行问题整改，对110家企业开展排污许可质量核查，对70家排污许可重点及简化管理企业进行抽查。

【土壤污染防治】 土壤环境状况保持良好。强化企业监督，督促19家重点监管企业开展土壤隐患点整治，与20家土壤环境重点监管企业签订自行监测目标责任书并督促企业完成。严格控制有毒有害物质排放，完成42家企业的管理计划和年报审核；完成30家危险废物产生和经营单位规范化环境管理评估，企业达标率100%，危险废物处置利用率100%；配合上级部门开展涉危险废物企业排查。完成整改并销号全省危险废物核查涉及大通的5项问题。开展涉镉等重金属重点行业企业排查，未发现县内存在涉镉等重金属行业；制定《大通县“十四五”时期“无废城市”建设实施方案》，推进全县“无废城市”创建工作。

【环境监测】 强化生态环境监测，完成国家重点生态功能区县域环境监测、农村“千吨万人”集中式饮用水源地监测、重点企业污染源监督性监测、农村环境质量监测、机动车尾气遥感监测等重点监测任务。加强质量体系控制，保障监测数据和监测报告真实、可靠，为各项环境保护业务提供数据支撑。

【环境执法】 落实环境执法监管，打击生态环境违法行为。累计开展现场监督检查2679人次，检查环保设施952台（套）。“双随机、一公开”抽查检查企业92家。开展各类环境专项执法行动6次。受理群众来信来访案件47件，办结率100%。立案处罚环境违法行为8起，处罚金额44.45万元。“8·18”特大山洪灾害发生后，组织人员开展水质监测和环境安全隐患排查，保障汛期全县工业企业生态环境安全。

【环保督察问题整改】 第一轮中央生态环境保护督察反馈意见涉及大通问题8项，完成整改并销号7项，挂账销号1项。第二轮中央生态环境保护督察反馈意见涉及大通县问题6项，完成整改并销号4项，正在销号1项，剩余1项问题按时序要求推进。两轮中央生态环境保护督察转办大通县的群众信访举报件277件全部办理完成并销号。省级生态环境保护专项督察期间转办大通县问题3项，完成整改2项，有序推进1项。黄河流域生态环境警示片反映“举一反三”问题8项，完成整改4项，有序推进4项。

【农村环境综合整治】 完成农村黑臭水体排查11处，编制《农村黑臭水体治理工作方案》并纳入常态化管理，做到“长治久清”；完成塔尔镇河州庄等7个村生活污水治理项目，全县289个行政村完成49个村的污水治理项目，污水治理率16.96%。

【公共机构节能】 引导机关干部将“绿色低碳”理念融入24小时工作圈、生活圈，优化办公设备，配备节能办公耗材，强化机关及所属单位办公资源消耗管理，推动形成人人节能、人人惜能的局面。联合相关单位成立评审组，对县审计局等10家单位“节约型机关”创建工作开展初审。全县党政机关参与创建“节约型机关”单位与县发展和改革局、县财政局相关人员组成检查组，督促检查县住房和城乡建设局等6家生活垃圾示范单位，提出整改措施，明确完成时限，持续推进生活垃圾示范点创建工作。开展以“绿色低碳，节能先行”和“落实‘双碳’行动，共建美丽家园”为主题的第32个节能宣传周活动，组织190家公共机构开展多形式宣传。2022年人均综合能耗指标同比下降5.19%，单位建筑面积能耗同比下降2.94%，人均用水同比下降3.10%。

（撰稿人：丁艳丽）

## 自然保护区管理

【概况】 青海大通北川河源区国家级自然保护区位于大通县境内，湟水河一级支流北川河源头，位于北纬37°03′~37°28′、东经100°52′~101°47′，涉及大通县宝库、青林、青山、向化、桦林等5个乡镇，保护区总面积107870公顷，占大通县总面积的34.91%，其中核心区面积40156.6公顷、缓冲区面积38447.4公顷、实验区面积29266公顷。该保护区是以保护森林生态系统及其生物多样性，集物种与生态保护、水源涵养、科普宣传、科学研究、自然资源可持续发展等多功能于一体的森林生态系统类型自然保护区。2022年，在中央广播电视总台综合频道《秘境之眼》与国家林业和草原局共同发起《秘境之眼》精彩影像点赞活动中，大通县选送的“赤狐那么漂亮就餐时竟然忘了餐桌礼仪”获优秀奖。大通北川河源区国家级自然保护区管理局为县人民政府管理的副县级事业单位，内设办公室、资源保护部、规划财务部3个职能科室，宝库、东峡、青林、牛场4个管护中心，核定全额拨款事业编制30人，有专业技术人员23人、管理人员6人、工勤人员1人，有党员18人、预备党员3人。

【重点项目】 做好项目推进工作，争取项目资金858万元，实施《2022年第一批林业改革发展资金大通北川河源区国家级自然保护区及其周边湿地保护与恢复、野生动物疫源疫病检测设备购置项目》《2022年第二批林业改革发展资金大通北川河源区国家级自然保护区补助资金等项目》，涉及对保护区内湿地植物群落、土壤养分及微生物群落进行监测分析，开展湿地植物群落物种多样性形成机制研究。

【野生动物监测】 建成保护区手机App智慧巡护系统、无人机监测巡护、红外相机监测和9处视频监控相结合的资源管控网络体系，初步建成“保护区地理信息和大数据平台”。完善《保护区突发陆生野生动物疫病应急预案》，做好各种兽类、鸟类监测工作，布设红外相机20台，回收红外相机12台，在回收的红外相机中发现国家一级重点保护野生动物雪豹、白臀鹿、荒漠猫，国家二级重点保护野生动物岩羊、狼、赤狐、藏雪鸡等的影像资料，把整理的优质视频材料推送至央视《秘境之眼》栏目组。11月初，在宝库乡巴彦村区域日常巡护中发现国家一级重点保护野生动物黑鹳活动轨迹，黑鹳在保护区被发现尚属首次。开展重点区域红外相机网格化布设工作，累计布设相机200余台次，新监测到国家重点保护野生动物黑颈鹤、黑鹳、豹猫3种，国家一级重点保护野生动物上升到12种。

【巡护执法】 强化在建工程监督检查，联合林草等部门加强加西公路、青山乡蓄水式水源建设工程、大河滩水库的监督执法检查，督促各工程责任单位按照行政许可要求进行施工，落实生态环境保护措施。落实属地责任，要求各管护中心发挥湿地管护员作用，开展日常巡护350余次。10月，联合县林业和草原局、县市场监督管理局、县公安局森林警察大队组成联合检查组，对全县部分商超、药店、物流公司、餐饮、土特产店等场所进行监督执法检查，督促各经营主体落实野生动植物保护责任，杜绝非法收购、加工、出售、运输、食用野生动物及其制品的违法行为。检查组向商户及群众发放野生动植物保护及野生动物疫源疫病防控宣传资料，宣传普及“一法两决定”。建立长效共管机制，与周边5个乡、3个单位、2个行政村签订共管协议，实现资源共享共管。每年同县公安局、县林业和草原局、县市场监督管理局开展春秋两季联合巡护执法、禁止采挖冬虫夏草、野生动物市场及其制品等专项执法工作，打击乱采滥挖、乱搭乱建、乱捕滥猎、交易野生动植物及其制品等破坏自然资源的违法违规行为。依托项目带动，加强湿地保护，落实湿地管护员12人。

【宣传教育】 联合青海省环境教育协会在大通县青林乡中心学校挂牌成立保护区第一所自然教育学校，保护区被认定为第一批国家公园示范省自然教育基地。央视综合频道《秘境之眼》栏目播出雪豹、白臀鹿、岩羊、狼等专辑14期。

（撰稿人：东文山）

DATONG

# 教育　卫生健康

YEARBOOK

## 教　育

【概况】　2022年，大通县教育局内设办公室、教育工作室2个科室，下属青少年活动中心、学生营养改善服务中心、教育考试服务中心、教育教学研究室4个事业单位。局机关有工作人员83人，其中公务员8人、事业编制75人。直管学校36所，其中十二年一贯制学校1所（民中）、完全中学2所（一中、三中）、高级中学2所（二中、朔山）、九年一贯制学校20所（除城关、东峡外的18个乡镇中心校及五中和七中）、初级中学2所（六中、八中）、完全小学6所（一小、二小、四小、园林、南小、城关）、特殊教育学校1所、中心幼儿园1所、职业技术学校1所。乡镇中心管理的学校52所（含教学点），其中九年一贯制学校5所（润泽、下鲍、岗冲、药草、西山）、小学18所、教学点29个。在校学生62395人，其中小学生34058人、初中生16177人、高中生9445人、职校学生2580人、特教学生135人。全县中小学住校生11602人（小学3366人、初中3397人、高中4839人）。各类幼儿园118所，在园幼儿11730人。教职工3911人，专任教师3897人。学前三年教育毛入园率102.19%，中等职业学校招生1804人，九年义务巩固率初步预测98.16%，残疾儿童入学率初步预测98.97%，高中阶段毛入学率初步预测100.76%。年内组织各级各类教师培训4920人次，开展校长、书记培训71人次，轮岗交流教师51人，评选县级优秀教育人才206名，补充校级干部16人，调整23人。

【教学教研】　印发《大通县教育局关于提升教育教学质量的相关措施》，与各学校签订2022年教育教学质量目标责任书。组织“大通好课堂”教学大赛和“中小学作业设计大赛”。调整5个教研联盟和25个中心教研组，推进义务教育集团化办学工作。年内完成各类教学调研13次，开展各类送教、送培活动34次，受益师生1400余人次。439项教研课题立项，结题350项。开展工作室主持人大讲堂活动17场次。启动高考综合改革，印发《大通县中小学心理健康教师职后培养实施方案》，组织40名专兼职心理健康教师参加培训4次。落实“双减”“五项管理”和课后服务改革任务，对全县33所学校进行“双减”“五项管理”专项督导，在线听课132节，电话访谈家长273人次，督评幼儿园40所。参加青海省中小学教师作业设计大赛，获特等奖8项、一等奖20项、二等奖14项，合计42项，成为全省获奖人数最多的县。完成全县中小学和幼儿园语言文字达标校建设。发挥职业教育职能作用，设置传统手工艺术品制作、旅游服务课程，培训人员59人。

【招生考试】　全县中考成绩优秀率比2021年提高4个百分点，及格率比2021年提高6个百分点；各科均分合计381.6分，比2021年提高28.9分。全省（除西宁市四区外）中考状元出自大通六中，总分774.3分，大通进入全省前100名学生达35人。2022年高考上线率100%，本科率73.8%，进入全省前十名2人，达到北大清华录取分数线10人，北大录取3人，清华录取2人。

【控辍保学】　落实控辍保学“四方”责任，开展线上报到，重点聚焦小学招生和小升初报到情况，实行校际互动，信息共享，跟踪督促，确保户籍学龄人口100%入学，小学毕业生100%升入初中。开展元旦、八一建军节慰问活动2次，解决军队子女入学问题80余人次。

【学生资助】　落实全县各学段家庭经济困难学生教育资助45772人次，资金2811.842万元，贫困学生资助覆盖率100%。春季落实全县各学段家庭经济困难学生教育资助28456人

1503.09万元。受疫情影响，秋季学期学生资助工作落实义务教育家庭经济困难非寄宿生生活补助3266人88.94万元，寄宿生生活补助6311人387.83万元。落实普通高中国家助学金2722人283.1万元，贫困学生免费教育778人31.12万元。帮扶十三类重点学生627人次。对接相关部门，争取社会力量资助“8·18”山洪灾害造成家庭经济困难学生232人，捐助金额50.8万元。受理助学贷款申请7646人，贷款金额5599.6万元，贷款受理人数及金额均居全省首位。

【基础设施建设】　争取省、市专项资金22404万元，招商引资506万元，固定资产投资3223万元。教育经费“两个只增不减”，一般公共预算教育经费102050万元，比2021年101684万元增长0.03%。一般公共预算教育经费执行7.40亿元，按照财政一体化系统核算办法，执行9.29亿元，比2021年101684万元减少8.65%。实施教育建设项目22项，总投资15957万元，累计完成固定资产投资3223万元。实施2021年下达项目13项，其中竣工3项（二中水厕、景阳综合楼、桦林运动场建设项目）、完工4项（逊让运动场、桥小水厕、桦林希望食堂、五中食堂建设项目）、主体施工1项（代同庄综合楼项目）、基础施工3项（良教综合楼、麻什藏幼儿园、下治泉幼儿园建设项目）、完成招投标1项（大通一中运动场项目）。实施2022年下达项目9项，其中开工建设3项（23所学校浴室改造、青山乡等7所学校锅炉改造、长效机制校舍维修项目）。完成34个自建房单体整改销号工作，对22个自建房单体委托专业机构开展房屋安全鉴定，10个单体鉴定为A级，12个单体鉴定为B级，达到安全使用条件；拆除9个安全隐患较大自建房单体；1个单体经核实，该房屋为农业农村局建设的非自建房屋，自查不存在安全隐患；2个单体进行维修整改，达到安全使用条件。承接完成深化改革任务9项，自主创新改革任务1项，并建立长效机制。制定“8·18”山洪灾害灾后学校恢复重建方案，重点从灾后重建、异地新建等方面谋划建设项目6项，计划总投资14639.3万元。

【校园安全管理】　成立安全生产和维护稳定工作领导小组，建立局领导班子和科室联点学校制度，组织召开安全专题会议10次。落实“1530”安全教育提示警示机制，发放安全教育宣传材料15万余份，推送安全教育视频、短片50期。制定突发事件应急处置机制及应急预案，常态化开展应急演练。全面排查校园安全隐患，完成隐患整改135条。会同相关部门开展专项整治2次，净化校园周边环境。加强师生心理健康教育，线上线下相结合开展生命教育、中高考前心理减压、防疫心理等讲座89场次。开展普法学法教育，规范办学治校行为。创建省级平安校园24所、市级24所、县级41所。

【学校选介】　大通县第二中学。大通二中位于西宁市大通县园林北路53号，创办于1958年8月，是一所设施完善，环境优雅的高级中学，2021年9月，因学校布局调整，大通二中初中部整体剥离至大通县第八中学，学校由大通县第二完全中学变为大通县第二中学，成为一所高级中学。学校占地5.8公顷，设56个教学班，学生共2974人，共有教职工241人。

大通县朔山中学。大通县朔山中学是县教育局直属的一所高级中学，位于桥头镇红河路16号。学校从2009年列入政府教育布局调整规划，2012年开始筹备项目落实工作。2017年9月大通六中高中部整体搬迁至新学校，并正式命名为“大通县朔山中学”。学校布局分教学区、运动区和生活区，其中教学区建筑面积26876平方米，生活区建筑面积12330平方米。学校建成15个实验室、1个图

书室、3 个计算机室，配备 52 套班班通设备，204 台（件）食堂设备，可容纳学生 3000 人，建成并完成学校绿化和环境创设，开通校园网络、广播等中控系统，配备数字实验室和音体美室。全校设有 58 个教学班，学生 2826 人，住宿生 1266 人，教职工 243 人。

大通县第六中学。大通县第六中学位于桥头镇解放南路 103 号，始成立于 1968 年春，2018 年 3 月更名为“大通回族土族自治县第六中学”，为一所初级中学。学校校舍建筑总面积 20417 平方米，占地面积 32000 平方米，绿化用地面积 1185 平方米，运动场地面积 16923 平方米。有教职工 176 人，其中专任教师 175 人，保安 1 人，县级以上骨干教师 12 人。在校学生 2215 人，其中 7 年级招生 707 人，已毕业的 9 年级学生 792 人，残疾学生 3 人，共有 45 个教学班。

大通县第七完全中学。大通县第七完全中学位于桥头镇解放北路 79 号，创办于 1950 年 5 月，学校前身为“青海省大通矿务局子弟学校”，2003 年 11 月更名为“大通回族土族自治县第七完全中学”。2021 年 9 月，学校布局调整，高中部整体剥离，高中教师和学生并入到大通二中，大通县桥头第三完全小学一部分教师和学生并入，变更为九年一贯制学校，校名为“大通回族土族自治县第七中学”。有在校学生 1173 人，其中初中生 582 人、小学生 591 人，教师 81 人。校舍建筑面积 13919 平方米，固定资产 3560 万元。

大通县第八中学。大通县第八中学由大通二中初中部整体剥离而成，性质为县城初级公办中学。学校位于桥头镇宝林路和多林路的交会处。学校设音乐教室、美术教室、仪器室、阶梯教室、藏书室、阅览室、风雨操场、理化生实验室、音美教室、机器人科技教室、计算机教室等设施设备。于 2021 年 9 月 1 日正式投入使用，有 47 个教学班，学生 2351 人，教职工 176 人。

大通县园林小学。大通县园林小学成立于 1980 年 9 月，2002 年 6 月原大通县师范附属小学变更为现大通县园林小学。学校设有校长室、教务处、政务处、总务处及 6 个年级组、英语组和综合组，设有 11 个功能室。

大通县桥头第一小学。桥头第一小学创建于 1949 年，位于香山西南（原香山公园旧址，现桥头镇向阳路南端），2000 年 3 月更名为“大通县桥头第一小学”。截至 2021 年 9 月，学校占地面积 20506 平方米，建筑面积 11983 平方米，运动场地面积 9024.3 平方米，有 43 个教学班，共有数字终端 480 台，在校学生 2295 人，专任教师 113 人。

桥头第二完全小学。1986 年初建桥头小学，2013 年更名为大通县第二完全中学。学校占地面积 24694.1 平方米，建筑面积增至 11792.8 平方米，拥有 5 人制足球场 1 所，学生运动场地达到 7256 平方米。至 2021 学年初，桥头第四完全小学启用，桥头第二完全小学学生降至 2077 人，教学班降至 42 个，有效解决大班额问题和学校超量问题。

大通县桥头第四完全小学。大通县桥头第四完全小学始建于 2020 年 3 月，是一所六年制完全小学。于 2021 年 9 月投入使用。学校占地 62700 平方米，有教学班 44 个，学生 2150 人，教职工 109 人；校舍建筑面积 19642.7 平方米，其中教学楼 14277.58 平方米、综合楼 2914.89 平方米，风雨操场 1668.96 平方米，有设备用房 405.02 平方米、门卫室 57.87 平方米。学校大门 2 个，围墙 1093 米。运动场 2 块，总面积 12171 平方米，含 300 米跑道 3218 平方米、足球场 5258 平方米，篮球场 3695 平方米，看台主席台 318.4 平方米（座位 616 个）。中心绿地 2200 平方米，绿化 3500 平方米。

大通县閪门滩学校。大通县閪门滩学校是县教育局直属的一所全日制完全小学，位于桥头镇车站路 60 号，成立于

1978年，2017年9月撤销初中部，转型为完全小学。学校占地面积10026.8平方米，建筑面积8624平方米。在校生1766人，32个教学班。现有教职工80人，其中市级教育新秀2人、县级骨干教师8人。

大通职业技术学校。西宁市大通职业技术学校始建于1983年，2011年被确定为青海省重点中等职业学校，2016年成为首批青海省中等职业教育综合能力提升示范学校。学校占地面积77263平方米，建筑面积23043.35平方米，固定资产达8146万元。现有教职工165人，其中在编教职工82人、借调10人、外聘教师41人。在册学生2942人，全日制学生1817人，非全日制学生1125人。开设汽修工程、现代服务等6个专业群13个专业，建成2个实训基地，55个实训室，实训工位1615个。学校还兼容成人本、专科学历教育、短期技能培训，是一所集中职教育、成人教育、短期培训、技能鉴定于一体的综合性职业技术学校。

大通县中心幼儿园。大通县中心幼儿园创办于1992年3月，是大通县教育局主管的公办幼儿园，开设大、中、小三个年龄段，共20个教学班，在园幼儿696人，教职工100人。幼儿园以“养成教育”为教育教学特色、以“6S管理”为幼儿园精细化管理特色，逐渐发展成为大通县学前教育龙头单位。幼儿园注重五大领域之间的相互渗透，坚持课程游戏化、生活化，以单元主题活动为主线，整合各学科、区域、一日生活、本土资源、特色活动等各方面内容，坚持以游戏为基本活动，以直接经验为基础，通过游戏直接感知、探究、体验、创造，促进每个幼儿全面发展。

（撰稿人：黄斌杰）

## 卫生健康

【概况】　大通县卫生健康局内设办公室、医政医管室，有公务员9人。2022年，大通县有各类医疗卫生机构459家，其中县级医院3家、疾病预防控制中心1家、妇幼保健院1家、民营医院8家、乡镇卫生院27家、村卫生室289家、社区卫生服务中心3家、个体诊所及门诊部122家、医务室5家。全县各类卫生机构有从业人员3370人，卫生专业技术人员2794人，其他从业人员576人。全县各类卫生机构核定床位1754张，实际开放病床1923张。每千人拥有卫生专业技术人员6.93人，每千人拥有病床4.77张。县卫生健康局被省卫生健康委员会授予“全省卫生健康单项工作成绩突出单位”称号；县妇幼保健院在全省县级妇幼机构中创成二级甲等妇幼保健院，入选第二批国家级“婴幼儿照护指导中心规范化建设单位”；全县20个乡镇完成省级卫生乡镇创建工作，在全省率先实现省级卫生乡镇创建全覆盖。

【公共卫生服务】　全县居民建立电子档案40.34万人，建档率96.46%；65岁及以上老年人体检3.04万人，体检率93%；高血压、糖尿病等慢性病管理4.2万余人，管理率99%以上。利用“5·19”世界家庭医生日和“七进四送”活动营造宣传氛围，全县服务40.34万人，全人群签约率72%，重点人群签约履约率100%。开展“优质服务基层行”工作，景阳、长宁、黄家寨等7家卫生院符合标准，通过市级复核。

【新冠疫情防控】　2022年，全县新冠疫情防控工作建立“1+26+7+N”战时指挥体系，细化工作流程。统筹调配、运输、发放，保障防疫医疗物资供应，并实时补充更新，确保防疫物资储备充足。结合疫情形势新特点和防控工作新要求，开展全链条培训，提升全县各级干部及专业技术人员防控能力。开展疫情防控宣传，利用官方新媒体、电视台、电台等发布规范个人防护信息，增强群众自我防护意识。

防控体系建设。根据“乙

类乙管”防控要求，围绕“防重症，保健康”，结合重症患者救治、医疗资源储备、重点人群分类管理及农村地区疫情防控等新阶段重点防控任务，构建“6项便民措施、6项重症患者救治及重点人群管理服务措施和1个便民服务平台”协同发力“6+6+1”工作布局，做好健康服务和重症救治工作。

物资保障。制定大通县新冠疫情防控物资自行采购管理流程图、上级调拨管理流程图等，明确疫情防控物资调拨、采购、储备、发放等流程，储备防护类、消杀类、核酸检测（提取）试剂等物资。按照应设尽设、应开尽开的要求，规范设置发热门诊、发热诊室，并实行24小时开诊服务。设有定点医院、亚定点医院各1所。由350名医护人员组成7支医疗救治梯队，配备儿科、老年病科、重症科医护人员，定期到基层指导重症预防和早期识别，畅通重症救治渠道。

复工复产。实行“街长制”，助力市场经营主体复工复产。在桥头镇主城区35个驻点路段、6个大型商超和市场中安排落实59个责任单位、54名责任领导、320名守街人员，下沉到街面，驻守到经营店铺，抓好驻点值守各项工作，督促市场经营主体落实疫情防控和复工复产主体责任。各行业部门及项目主管单位制定“一企一策”防控方案，平稳有序推进复工复产。

群众诉求回应。发挥指挥部热线专班作用，坚持24小时值班值守制度，做好政策解答，及时上报处置各类民生诉求信息，按照《大通县疫情防控处置工作指挥部关于成立疫情防控期间民生诉求工作专班的通知》要求，及时协调解决，回应全县居民群众民生诉求。县委组织部、县纪委监委加大对各级政策解答热线畅通及回应处置情况的督察力度，做好疫情防控政策解答各项工作。

防疫宣传。利用村头“小喇叭”、宣传车和“大通融媒”各单位微信公众号等线上+线下多种形式，开展疫情防控政策宣传和健康宣教，引导群众配合做好防控措施，养成良好卫生习惯，增强全民防控意识。

【传染病预防】　落实《重大传染病报告制度》和《青海省鼠疫疫情报告制度》，与各成员单位和乡镇签订鼠疫防控目标责任书。1—11月上报（乙、丙类）法定传染病1210例，发病率299.98/10万，管理艾滋病存活人数187人，发现结核病73例。发放传染病预防宣传资料6500份，处理预警信息93条，检测学生和孕妇家中食用盐300份。累计发现棘球蚴病患者77人，其中治愈19人、死亡13人、免费药物治疗44人。发现阳性布病患者93人，按要求进行布鲁氏杆菌流行病学调查、棘球蚴病B超检测和相关样本采集治疗工作。

【妇幼保健】　全县孕产妇系统管理2260人，系统管理率91.77%，高危孕产妇管理率100%；产妇住院分娩率99.97%。完成产妇“艾梅乙”检测3031人，检测率100%，对阳性病例及时给予规范预防和辅助治疗。全县7岁以下儿童健康管理率93.76%；3岁以下儿童系统管理率93.40%。完成新生儿“两病”筛查2987人，筛查率98.10%，听力筛查2959人，筛查率97.18%。先天性心脏病筛查2534人，筛查率100%。组织开展早教机构督导检查，培训全县托幼机构的73名卫生保健人员并颁发结业证书。

【中医药发展】　加强基层中医药全科骨干人才培养，拓展基层中医药卫生人员全科服务能力，从乡镇卫生院、社区卫生服务机构选派3名中医类别执业医师，参加全省汉藏医全科医师转岗培训班。选派29名基层医疗卫生机构中医骨干人员，参加省汉藏医管理局组织的中医适宜技术集中理论和现场操作培训，提高基层医务人员中医药专业技术水平。发挥中医药在传染病防治中的作用，累计发放中药汤剂1.67万服、中成药 16.4 万盒、香囊 1700 个、中药颗粒剂 4.96 万服、艾灸条 242 个。发挥中医特色，利用中医药技术参与新冠疫情预防和治疗工作。

【医疗质量管理】　建立和完善适合县内医疗质量管理与控制体系，成立大通县医疗质量控制管理领导小组，全面开展医疗机构管理、督导、考核工作。督导检查县域内个体诊所疫情防控常态化、卫生技术人员资质、医疗质量、医疗文书等工作，根据检查结果下发督导检查通报，督促整改落实。申报各医疗机构 2022 年“三新”项目 26 项，申报县级科研 1 项、市级科研 4 项，研究课题 1 项。县人民医院完成基层办胸痛中心建设，县第二人民医院完成胸痛救治单元建设。

【爱国卫生运动】　组织各乡镇、各部门开展辖区内环境卫生整治工作，针对村庄卫生死角、城乡接合部、居民小区等重点区域，及时清理、消毒、洗消，改善村道沿线及村容村貌“脏、乱、差”现象。开展“爱国卫生月”“世界无烟日”宣传活动和病媒生物防制工作，切断疾病传染途径。明确省级卫生乡镇、村创建重点任务，大通二中、石山乡、景阳镇金冲村等 37 个单位、乡镇和村通过省级复审，完成省级卫生乡镇全覆盖。

【健康扶贫】　救治在管 35 种大病脱贫患者 1459 人，救治率 100%，救治在管慢病脱贫患者 4571 人，签约率 100%。救治在管重病脱贫患者 71 人，救治率 100%。脱贫人口家庭医生签约服务“应签尽签”“应访尽访”，脱贫人口签约 2.8 万人，签约率 100%。医疗机构“一免十减”优惠政策减免 1.98 万人次，减免费用 16.88 万元。全县医保定点医疗机构继续设立“贫困人口优先窗口”“助困病床”，开通就医“绿色通道”，落实脱贫人口“先诊疗后付费”和“一站式”即时结算政策。

【医联体改革】　制定印发《大通县 2022 年综合医改重点工作任务》《大通县关于深入推广福建省三明市医改经验的实施方案》等文件，明确责任人及完成时限，签订目标责任书，进行目标考核管理。落实公立医院综合改革补助资金，3 家县级公立医院院长核定年薪 168 万元，将书记、院长年薪全部纳入财政预算。开展单病种付费和 DRG 付费试点及临床路径管理工作，全县公立医院药占比下降到 22.6%；百元医疗收入消耗的卫生材料费下降到 28.31 元；医疗服务收入占比达 35.62%，全县门急诊和住院人次分别为 55.97 万人次和 3.59 万人次，县域内就诊率 90.52%。

【卫生执法】　全年检查公共场所 446 家、医疗机构 409 家、学校 89 所、托幼机构 105 所、餐饮具集中消毒服务单位 3 家、放射诊疗机构 9 家，监督检查 65 家用人单位职业卫生工作，限期整改职业卫生相关问题。检查公共场所 446 户次、医疗机构 444 户次，监督医疗机构落实预检分诊制度，加强医疗废物管理检查。专项检查理疗场所、两会期间住宿场所、中高考考点学校、诊疗行为，针对存在的问题下达卫生监督意见书，责令限期整改，保障相关场所卫生及诊疗就医安全，卫生监督覆盖率 100%。

【老龄工作】　协调办理老年优待证。开展以“改善老年营养，促进老年健康”为主题的老年健康宣传周系列活动和“反诈防骗、敬老助老”“敬老月”宣传义诊活动。开展老年节慰问活动，送去慰问金、慰问品等价值 4.3 万元，落实老年人关心关爱政策。

【健康教育】　组织医疗机构开展职业病、结核病等宣传活动，制作宣传栏 2233 期次，发放宣传资料 15215 份，开展健康知识咨询 161 场次。成立县“8·18”灾后心理援助小组，组织 9 名具备心理咨询资质和能力的专业技术人员，为受灾群众提供心理援助，累计开展心理辅导 932

人次。制定下发《关于成立大通县健康教育讲师团的实施方案》，聘任35名讲师重点开展传染病防治、地方病防治、心理健康知识等18项内容的宣讲活动。

**【人才交流培养】** 加强与省内外三甲医院的长期合作联系，省人民医院等三级医院选派妇产科、心血管科、ICU等方面的专家到县级医院进行查房、手术示教等帮扶活动。柔性引进7名南京雨花台区专家到县内各医疗机构开展技术指导，选派25名医疗、护理等专业技术人员到南京进修学习，提升基层医疗机构卫生服务能力。申报“智汇三江源·助力新青海”人才需求7人，申报并实施第五批西宁市“引才聚才555计划”3人，做好“传帮带”工作。

（撰稿人：沙存玲、朱　越）

DATONG

# 文化 体育 旅游

YEARBOOK

## 文化事业

2022 年 2 月 9 日，朔北乡马场村社火队在桦林乡台子村表演社火（桦林乡供图）

【概况】 县文体旅游局挂牌县文物局，内设办公室、综合室 2 个科室，下辖县文化市场综合执法大队、县文化馆、县图书馆、县博物馆、县群众体育指导服务中心、县旅游服务中心、县老爷山景区管理服务中心、德艺文化有限责任公司（自负盈亏企业）8 个事业（企业）单位；全局有工作人员 151 人，其中公务员 8 人，事业专业技术人员、管理人员和工勤技能人员 91 人，文化人才专项临聘人员 52 人。大通县累计建成设施较为齐备、覆盖城乡的各类公共文化设施，包括博物馆 1 个，图书馆总馆 1 个、图书分馆 13 个、流动图书室 40 个、农家书屋 289 个，文化馆 1 个、文化分馆 5 个、乡镇综合文化站 20 个、村级综合性文化服务中心 289 个，科普教育馆 1 个，非遗传播中心 1 个、民族特色非遗工坊 1 个；全县有非物质文化遗产 104 项，其中国家级 2 项、省级 7 项、市级 9 项、县级 86 项，有非物质文化遗产传承人 227 人，其中国家级 3 人、省级 9 人、市级 14 人、县级 201 人。年内推进第五届青海省工艺美术大师、民间工艺师评选工作。

【群众文化】 举办 2022 年“三节”群众文化活动、元宵节花灯展、“四季之歌”花儿会专场、大通县第十三届老爷山花儿会系列活动、“戏曲进乡村”、大美青海文艺轻骑兵演出等文化惠民活动 210 场次。开展“4·23”世界读书日系列活动、“翰墨传经典、童心筑未来”书画比赛、“书香大通·快乐阅读”等全民阅读活动 44 场次。县图书馆接待到馆读者 20743 人次，外借图书 29788 册次，新增读者证 163 张。争取“两馆一站”免费开放资金和农村文化专项资金 301.84 万元，为乡镇（村）文化站（室）免费开放提供资金保障，为文化馆分馆和村级服务点演出团队提供演出服装、乐器等。推进文化馆、图书馆总分馆制建设，建成村级基层综合性文化服务中心 214 个，建立 11 个图书馆分馆、5 个文化馆分馆、21 个村级服务点、38 个流动服务点。争取文化人才服务支持艰苦边远地区和基层一线专项、政府购买村级综合性文化服务中心公益岗位试点专项资金 122 万元，为乡镇文化站配备专项文化工作者 52 人、村级文化管理员 40 人。结合乡村振兴等主题创作一系列文艺作品，推动农村“精神脱贫”。优选抗疫美术摄影作品参加虎啸祥瑞·福虎迎春美术作品展暨众志成城·“艺”起抗疫美术摄影作品展活动，其中《“艺”起抗疫》等 4 幅作品获奖，县文化馆获优秀组织奖。举办“新生活·新风尚·新年画”——我们的小康生活云上美术作品展。

【非遗文化活动】 组织开展老爷山花儿会系列文化活动，在六月六期间举办多项非物质文化遗产展演、展示、展销和非遗进景区活动，打造大通非遗品牌，大通县文化馆在青海省文化和旅游厅帮助下创编“四季之歌”老爷山花儿音乐会，并在全省开展巡演活动，整台演出以大通特有曲令和经典花儿曲令组成，由大通籍花儿歌手演绎，以春夏秋冬四季为4个篇章进行演出，并完成“四季之歌”老爷山花儿会音乐会全省巡演23场，出版发行“四季之歌”音乐专辑工作也在推进中；完成“河湟皮影戏”全省巡演15场。

【文物管理】 巡查文物单位122处，其他不可移动文物（文物点）84处，文物收藏单位1处，保护长城本体环境，确保长城文物安全。调查文物保护点自然灾害受损情况，协调苏家堡故城项目土地租赁事宜。

【文化项目建设】 总投资2500万元的青海省长城（大通段）国家文化公园科普馆建设项目，完成主场馆和附属用房的内外装修、广场、停车场等功能设施，完成投资1750万元。总投资2500万元的青海省长城（大通段）国家文化公园基础设施建设项目，完成上庙村停车场、游客中心主体施工，完成投资700万元。总投资1亿元的青海省长城（大通段）国家文化公园文化旅游复合廊道项目，市发展和改革委拨付前期费90万元。争取省市文化旅游体育专项资金858万元，落实10个乡镇灯光篮球场、3个笼式足球场、2个乡镇文化舞台建设，3个乡镇6个村的乡村公共服务设施（文化舞台）灾后重建，2个公共卫生厕所、田家沟村旅游设施改造。争取大通体育公园建设项目。总投资1500万元的大通县河湟皮影戏传承展示中心与大通民俗博物馆展陈项目，通过设计施工一体化招标开工建设。“8·18”山洪灾害后，排查县域内重点旅游景区潜在风险隐患。向市文化旅游广电局申请拨付192万元，重建部分镇、村文化舞台。争取项目资金650万元，用于受灾乡镇文化广场、文化活动室、文化舞台、篮球场及附属设施的重建、修缮等。

【文化场馆】 大通县博物馆。占地面积2.2公顷，建筑面积4579.15平方米，陈列面积3475.27平方米，其他功能空间面积1103.88平方米，配有文物库房、文物修复室、文创研发室等多个功能场所。馆内现有馆藏文物453套1200件，其中一级文物1件、二级文物2件，是大通县第一座集收藏、展览、研究考古、公共教育、文化交流于一体的综合性博物馆。截至年底，尚未开馆。

大通县文化馆。争取国家级非物质文化遗产三年保护经费267万元，用于老爷山花儿会、河湟皮影戏的保护传承工作。争取“青绣”专项资金40万元，为大通县5家青绣合作社提供资金支持，主要用于“青绣”产品研发制作、培训和产品的展示展销；争取省市“非遗”传承扶持资金，为大通生兰手工艺术专业合作社、大通县极乐众发民间手工业培训加工基地争取青海省加工生产扶贫基地经费2万元。争取专项经费10万元，用于大通县省级非物质文化遗产项目“牛羊毛纺织技艺”的保护。争取专项经费12万元，用于青海省“文化记忆工程”大通农民画的保护项目。新成功申报金冲村高台为省级非物质文化遗产保护项目，大通老酸奶制作技艺、大通陈家村藜麦青稞酒酿造技艺、大通古建彩画艺术、回族宴席曲、牛九牌等五项为市级非物质文化遗产保护项目。申报老爷山花儿会国家级非物质文化遗产传承人1名。普查汇总境内黄河流域非物质文化遗产，调查核实86项县级非物质文化遗产保护情况，新增项目21项。继续搜集大通县优秀非物质文化遗产项目和优秀传承人资料，为大通县第三批非物质文化遗产保护项目的确定夯实基础。对大通县国家级、省级传承人传承保护工作进行评估，评选优秀传承人，并上报青海省文化和旅游厅。

青海省明长城（大通段）国家文化公园文化科普教育馆。该科普教育馆是国家长城文化公园建设的标志性展示内容之一，是党中央为了弘扬中华民族精神，让文物和历史说话，树立民族文化自信，提出的建设“长城、长征和大运河”三大国家文化公园的任务之一。科普馆外观通过高低错落的结构造型、与高原夯土长城同色系的配色等建筑风格来唤醒人们对长城的记忆；内部将设计长城沙盘，挂图等文化展示区，VR 体验、长城影院、数字音像、长城模型等互动体验区，多功能学术交流报告厅、彩色积木、书画培训等兴趣培养教育区等。通过对国内外各类长城的知识讲解、青海长城的雄伟风貌、历史沿革、长城的建筑艺术价值、军事价值、文化价值、精神价值的再现，实现科普教育的功能。截至年底，尚未建成交付使用，未开馆。

【“非遗”技艺培训】 举办青绣培训班，对大通县 30 名绣娘进行以挑绣为主的定向培训，培训完成后可直接从事相关订单制作。发挥手工艺术专业合作社、民族手工业培训加工基地等平台优势，利用农闲时间召集刺绣爱好者进行现场教学培训，带动农村闲置劳动力增加收入。

【文旅市场执法】 加强涉旅企业疫情防控及景区防火、防汛安全生产等工作督导与检查，联合消防、市场监督、公安等部门做好旅游旺季服务保障联合大检查工作，确保旅游市场规范有序。执行便民服务政策和文化市场“管办”分离审批制度，强化行政审批规范化建设，开展演出场所专项整治活动，依法整治辖区内未经审批私自安装点歌系统的经营单位，优化文旅市场营商环境。全年出动执法人员 252 人次，开展市场检查 65 次，检查经营单位 729 家，延续、办理、备案、变更、注销文艺团体演出许可证等 26 家。

（撰稿人：张小兰）

## 广播电视

【概况】 2022 年，大通县广播、电视综合人口覆盖率分别为 99.49% 和 99.68%。全年在广播、电视及各新媒体平台发布信息稿件 7 万余条，阅读量 1120 万余人次，各媒体平台粉丝数突破 21 万人。县广播电视局和县融媒体中心为两块牌子、一套人马。县融媒体中心有“大通融媒”App、电视台、调频广播、微信公众号、微信视频号、新华现场云、今日头条号、微博号、抖音号、快手号及《大通宣传》内刊 13 个媒体发布平台，有老爷山、向化、宝库 3 座电视转播台，17 个乡镇补点（站）。为正科级公益二类事业单位，内设办公室、技术部、新闻采访部、编辑制作部、技术服务部、广告运营部 7 个部室；有工作人员 52 人，其中公务员 1 人、机关工勤 1 人、事业编制 43 人、临时聘用 4 人、编外 2 人、政府雇员 1 人。全年在央视《新闻联播》播出《走进县城看发展 · 大通篇》特别节目，展示大通县“一城山水大境通达”新画卷。作品《大通非遗“火老虎”舞动美好生活》获省委宣传部和省广播电视局联合举办的“逐梦新征程，一起向未来”短视频大赛优秀视频奖；短视频《大通：百位的哥、的姐清理河道垃圾助力河道“呼吸”》获全国县级融媒体中心综合影响力优秀案例奖。县融媒体中心网上咨询平台创新做法《网络问政，听“民声”解“民忧”》在《青海日报》专栏《二十大精神在基层》头版刊登。12 月，县广播电视局被西宁市委宣传部评为“2021—2022 年度对外宣传西宁好新闻奖先进集体”。

【主题宣传】 推进各项重大主题宣传教育任务。在新冠疫情防控宣传中，引导社会各界正确认识、科学防范。开设《奋进新征程建功新时代非凡十年》《擘画新蓝图奋进新征程》等专栏，反映中共十八大以来大通县经济社会发展取得的成就。聚焦中共二十大、全国两会、省第十四次党代会等重要时间节点，策划开设《聚焦二十大》《喜迎省第十四次党代会》《走向乡村振兴》等专栏专题25个，发布相关信息260余条，阅读量150余万人次。制播《主播带你学报告》系列视频，策划拍摄《方言说唱二十大》情景剧，营造学习宣传贯彻中共二十大精神的氛围。策划开展线上文化旅游活动，分别在老爷山、边麻沟、察汗河等地举办“迎国庆、赏秋景，喜迎二十大”农文旅线上直播宣传活动，展示宣传大通农文旅资源。开展“一城齐心可撼山”“健康大讲堂”等网络直播活动56场次，参与直播互动80万人次。策划“奋进新征程建功新时代”“全民健身冰雪游我在大通迎冬奥”等系列报道16场次。聚焦“8·18”山洪灾害，推出防汛救灾新闻信息。

【媒体融合发展】 深化广播电视和网络视听媒体“首页首屏首条”建设，发挥“大通融媒”App自主可控优势，实现从资讯类转化为“资讯+服务类”App。全年办理群众网络咨询1300余件。“大通融媒”App在全省县级融媒体中心移动客户端月度业务指标综合影响力评比中名列前茅。借助与中央电视总台青海总站、新华社青海分社结对联建以及东西部协作、腾讯云战略合作等契机，从资源对接、人才培养、技术指导、参与建设等层面拟定合作协议，宣传推介大通。策划外宣与创优工作，打通与“学习强国”“《人民日报》全国党媒平台”“大美青海”客户端等中央、省级平台的互通互联渠道，同步上传稿件2435条，中央及省级采用稿件361条。

【安全播出】 执行新闻信息“三审制”，统一导向要求、内容标准和纪律约束，提升新闻生产质量、生产效率。围绕播出、传输、覆盖等关键环节，执行播控机房、电视转播台24小时值班制度及定期巡查、巡检制度，排查风险隐患，完善应急预案，加强应急演练，构建全方位、立体化安全播出保障体系，提升监测监管能力。开展中共二十大会前、会期及会后安全播出专项行动。联合公安、文化等部门，开展非法卫星电视广播地面接收设施专项整治工作，规范传播秩序，提升广播电视治理能力。

【应急广播体系建设】 做好应急广播体系建设项目实施工作，完成1个县级管理平台，20个乡镇、286个村级插播平台建设，发挥应急广播系统时效性强、覆盖范围广、收听方便的优势，及时传递相关信息、知识和动态。

（撰稿人：冯广萍）

## 广电网络

【概况】 2022年，中国广电青海网络股份有限公司大通县分公司围绕省公司发展战略及重点目标任务，延伸转型升级，推进内部管理、安全播出、5G建设、市场开拓、渠道创新等方面工作。分公司内设综合部、工程部、维护部、用户服务部；有职工21人。全年完成经济收入306.15万元，新增数字电视家客户2334户、交互式有线电视用户240户、宽带用户359户。

【网络建设】 正式启动5G网络服务，组建市场运营职能部门和专业营销团队，高频次宣传和推送各时段产品资费、选号开卡、限时福利等营销内容，确保192号卡在青海地区的整体活跃度。加大新建小区的网络布线和信号开通工作，新开通县域内星级酒店2家353户，开通北川方舱医院428户，开通驻军部队营区560户。争取政企、集客业务，签订大通县应急广播系统建设安装施工项目、大通县融媒体中心调频广播第三路备份信源专线业务及专线维护项目，敷设光缆12350米，架设光交接箱8个、分纤箱78个。全年受理报修电话2830次，用户满意度98%以上。

【安全生产和安全播出】 全年召开安全生产、安全播出专题会8次，开展安全播出、安全生产应急模拟演练12次，成立中共二十大安全播出保障领导小组，制定相关应急预案，自查落实，及时整改检查出的隐患。确保元旦、春节、北京冬奥会、两会、中共二十大、世界杯等重大时段的安全播出工作。加大省级巡查力度，组织专人巡查机房设备、光交箱、发电机电源运行检测。开展除尘作业、线路整理、张贴警示封条等工作，全年未发生断缆、停播等播出事故。

（撰稿人：李启明）

## 档案

【概况】 县档案局在县委办公室挂牌，为县委办公室管理的公益一类事业单位，有在岗工作人员16人，其中七级职员2人、八级职员1人、管理九级1人、管理十级1人；副研究馆员1人、馆员3人、助理馆员1人、管理员5人、新招录人员1人。2022年，大通县档案馆接收全县47个机关单位2021年度现行文件3000余件，鉴定开放30个机关单位167件档案；整理发文汇集396册、资料书籍155册。开放50个369卷全宗到期单位档案。开展数字化扫描工作，完成县委办公室、县政府办公室等10个全宗单位长期文书档案2395卷、12142件、486973页。年内接待查档干部群众249人次，628卷467件；查阅资料89人次，411册，复印1961页，上报典型事例2篇，编撰完成《中国共产党大通回族土族自治县历次代表大会资料汇编》《大通县档案馆2021年工作剪影》。年内县财政局、县建行、中国水电四局西干渠第一项目部组织30余名党员干部、群众到县档案馆参观学习。

【档案接收】 全年接收县委办公室、县政府办公室等8个单位文书档案13999件，党史学习教育档案328件28盒，全部移交进馆；接收精准扶贫档案（原县扶贫开发局）及20个乡镇扶贫档案116120件，扶贫项目档案2870卷，并全部进行数字化扫描。接收重大活动照片176张；接收征集和捐赠图书25册、字画1幅、家谱1册，实物2件。

【档案监督管理】 加强疫情防控档案监督管理，整理完成2021年疫情防控档案1140件、照片档案97件、实物档案50件，包括抗疫过程中形成的照片、音视频资料，医疗救助类、信息核查类、锦旗等各种档案；对12个县属机关单位，6个撤并乡镇原后子河乡、原元朔乡等乡镇的档案从移交范围、移交时间、移交流程、工作要求等方面作出具体规定，完成自然资源局等7个机关单位档案移交进馆，原后子河、原西山乡、原药草乡、原元朔乡、原新城乡、原岗冲乡6个撤并乡镇及县供销联社、县民宗局、县委统战部、县委组织部、县乡村振兴局5个机关单位档案整理工作全面完成。

【档案宣传】 学习贯彻习近平总书记重要指示批示精神，以“四好”（记录好、留存好、保管好、利用好）为目标要求，在档案开发、利用、编研、展览等工作中贯穿档案工作宣传教育主线，开展内容丰富、形式多样的“国际档案日”宣传活动，组织以“喜迎二十大·档案颂辉煌”为主题的国际档案日宣传活动，利用档案再现党的伟大历程和辉煌成就，增强全社会档案意识。通过悬挂横幅、制作宣传展报、发放宣传资料，在线观看“构建新发展格局”专题讲座，开展线上答题活动，组织全体干部职工参与2022年国际档案日主题征文活动，滚动播放中国档案行业宣传片《逐梦兰台》和相关档案宣传视频。年内撰写信息17篇，在中国档案网以及“青海档案”“大通融媒”App发表信息7篇；《档案见证美丽大通新发展》一文获市档案学会2021—2022年度学术研究评选活动优秀论文一等奖。

【档案指导与培训】 加大对“两类档案”脱贫攻坚档案和疫情防控档案及党史学习教育档案的指导力度，做好大通“8·18”灾后重建档案收集整理工作。规范各乡镇、机关、企事业单位档案工作，重点指导20个乡镇，县乡村振兴局、发展和改革局等50个机关单位及22个社区的婚姻、文书、科技、会计等各门类档案。分期分片地组织机关单位、乡镇参加专题培训，重点加强乡镇婚姻档案监督指导，与民政部门联合举办培训班，现场“一对一”指导，确保婚姻档案整理规范，更好地服务民生。开展授课培训，围绕文书档案整理的具体流程进行讲解，通过理论与实际操作相结合的方式就撤并乡镇档案接收进馆标准、质量等进行详细指导，确保档案整理质量和移交工作顺利开展。选派档案局（馆）3名工作人员参加档案业务知识、保密及工会工作等培训。

（撰稿人：余 洁）

## 党史研究

【概况】 中共大通回族土族自治县委党史研究室编辑出版《中国共产党大通回族土族自治县历届党代会资料汇编》；联系中共党史出版社出版《中国共产党大通县历史》（1949年9月—1978年12月）事宜，并根据出版社的审定要求对有关内容进行修改；为准备续写1979—2012年中国共产党大通县历史，在县档案馆查阅搜集整理有关党史资料，整理出上千万字的电子文稿，为续写大通县党史储备资料；协助县退役军人事务局编写《大通县烈士陵园展陈大纲》；向省党史研究室上报《解放大通实录》。

【《中国共产党大通回族土族自治县历史代表大会资料汇编》编辑出版】 10月，编辑出版《中国共产党大通回族土族自治县历史代表大会资料汇编》（简称《汇编》），《汇编》由刘波任编委会主任，马明旭、王卫平、宋仁杰任副主任。宋仁杰任主编，刘积顺、侯维生、施忠、张国龙、赵元奎、苏贤梅、王香玲等参与编纂工作，全书44万字，汇集1954年2月至2021年7月中国共产党第一次至第十六次代表大会的重要文献资料。包括历次党代会县委工作报告、纪律检查委员会工作报告，大会关于县委、纪委工作报告的决议，大会开幕词、闭幕词、领导讲话，大会选举产生的县委、县纪委组成人员名单、大通代表各单位等原始资料具有较高的史料价值。

【《大通党史》资料整理】 在县档案馆密切配合下，党史研究室编纂工作人员汇集整理1978年12月十一届三中全会至2012年11月党的十八大召开前、改革开放和社会主义现代化建设新时期党史资料200余万字电子文稿，为《大通党史》改革开放篇的编纂工作奠定资料基础。

【党史学习教育】 县委宣传部制定印发《大通县推动党史学习教育常态化长效化的若干措施》，构建党史学习教育长效机制。制定《深入开展“我为群众办实事”活动工作方案》，逐级建立细化“我为群众办实事”实践活动重点项目清单，立足

2022年1月14日，大通县召开党史学习教育总结会议（县融媒体中心供图）

群众急难愁盼问题，确定10个方面26项重点民生实事项目。落实省、市“暖企稳商纾困”政策，推进助企纾困十大行动，梳理难点堵点，想方设法帮助企业解决在用工、物流、水电等方面的实际困难。

（撰稿人：柳　静）

## 地方志工作

**【概况】** 2022年，大通县地方志办公室以巩固志鉴工作“两全目标”成果为主线，强化理论武装，组织编纂人员系统学习《地方志工作条例》《青海省地方志工作规定》等业务法规，定期召开编纂研讨会5次，在疫情防控居家办公期间，加强编纂人员的网络学习和个人自学，提升全体编纂人员志鉴编纂工作的基础能力和业务水平。完成《大通年鉴（2022）》《青海省牦牛繁育推广服务中心志》出版工作，《大通县全面建成小康社会大事记（1978—2020）》被推荐为全市典型材料。县地方志办公室有编纂人员7人，其中在职1人、聘用6人。

**【志书与年鉴编纂】** 加强对行业志书的编纂指导工作，牵头完成《青海省牦牛繁育推广服务中心志》编纂工作，探索总结县级地方志部门在驻县单位中指导开展志书编纂的方法路径和工作经验，为全县地情资料收集补充许多有价值的专题文史资料。3—8月，组织编纂人员完成《大通年鉴（2022）》编纂工作。9月，完成年鉴县级复审。10月初，完成西宁市地方志办公室终审修改。10—11月，完成青海人民出版社审校修改。12月，按时完成综合年鉴“一年一鉴、公开出版”各项准备工作。

**【地情资料编纂服务】** 西宁市志办将县志办编纂的《大通县全面建成小康社会大事记（1978—2020）》推荐为全市典型材料，省电视台到大通县开展“记录小康工程”拍摄工作，县志办通过提供材料，开展实地拍摄，较为全面地展示大通县全面建成小康社会的生动轨迹。在“8·18”洪涝灾害发生后，县志办及时根据县委办工作安排，组织人员查阅文史资料，编写完成《大通县自然灾害大事记》，为全面掌握县域自然灾害情况、聚力开展减灾防灾工作提供文史资料依据。组织编辑参与县文体旅游局《大通县博物馆展陈大纲》的初、终评审会；协助县政协办完成《大通县脱贫攻坚纪实》编写计划。开展地情资料查阅服务工作，及时为县级领导、各部门发放《大通县志》《大通年鉴》等各类志书年鉴资料758册，接待县内外方志资料查阅单位12个、人员46人次。

**【方志资料上报】** 按时撰写上报《青海年鉴（2022）》《西宁年鉴（2022）》的大通县资料；从3月开始，按省、市志办要求开展二轮志书和特色志书质量自查工作，按照自查工作中“10个是否”要求，逐一梳理发现的问题，形成《大通县二轮〈大通县志〉质量自查报告》；根据省志办《关于征集地方志成果的通知》要求，及时向省志办报送大通县地方志成果，按参评要求报送《大通县志》（一轮、二轮）和历年《大通年鉴》《大通大事记》《广惠寺志》《可爱的大通》等志书年鉴91册、光盘7套，完成全县志书年鉴纸质、电子资料成果目录在省方志馆的完整存档；定期上报全县“两全目标”工作进度表11期。

**【文史研究】** 县志办编辑张旻牵头撰写完成西宁市社科联的项目“青海明长城历史研究”，并在报刊发表史志文章7篇，在《中国绿色时报》发表《虎年话虎》，挖掘历史文献中河湟地区有关对老虎的记载和传说；在《青年文学》发表《草木稗官》，编辑韩福良在《青海日报》发表《一境山水秀北川》《丙申大石头记》，张旻在《青海日报》发表《在下南关街，窥视青海饮食文化》，分别描绘大通生态优先、绿色发展的生动轨迹和青海饮食文化的历史变迁。以宣传县情历史、弘扬传统文化为主线，县志办灵活采用各种形式加强史志宣传教育工作，县志办总编辑张旻在《青海日报》客户端录制惊蛰、芒种、立冬等二十四节气的民俗节目4期，在《西海都市报》直播间讲述二十四节气与青海民俗；以县委宣传部“百姓话廊”为平台，组织2名编纂人员参与各类宣讲活动，引导广大党员干部增进了解县情、涵养家国情怀。

（撰稿人：蔡国栋）

2022年8月14日，青海省第十八届运动会马术比赛在大通县西沃瑞马术俱乐部开幕（县融媒体中心供图）

## 体　育

【概况】　争取2022年大通县体育场免费开放资金178.2万元，开展2022年“新浪三对三篮球黄金联赛”等群众体育赛事活动7次。承办青海省第十八届运动会青少年马术比赛，培训乡村社会体育指导员90人。投资17.86万元，安装全民健身信息服务平台，摸底、调查、规范全县体育类校外培训机构。推进全民健身计划、构建多元化体育服务体系，形成全民健身新格局。累计组织278名运动员参加青海省第十八届运动会、第四届全民健身大会，奖牌总数位居全省第四。获省第十八届运动会马术体育道德风尚奖。

【竞技体育】　组队参加青海省“高原人才开发计划”中长跑、竞走项目冬季训练营活动；组队参加2022年青海省竞技体育耐力项目“大心脏计划”训练营；组团参加青海省第十八届运动会，大通县体育代表团获得金牌12枚、银牌21枚、铜牌35枚，奖牌总数68枚，列全省第四名。

【群众体育】　举办2022年“新浪三对三篮球黄金联赛”大通站比赛、大通县第二届青少年足球联赛、“我在大通迎冬奥”大通县第十一届冰雪欢乐季活动、大通县太极拳表演赛、组队参加青海省第四届全民健身大会太极拳比赛，“奔跑吧·少年”大通县2022年武术锦标赛暨青海省第十八届省运会选拔赛、2022年大通县象棋比赛。

【体育设施建设】　县文体旅游局在景阳镇什家村、桥头镇毛家寨村和良教乡下冶泉村等10个村实施笼式灯光篮球场项目，建设桦林乡西沟村、桦林乡胜利村和桥头镇铝电社区盛锦华庭小区等3个村（社区）的笼式灯光足球场。

（撰稿人：张小兰）

## 旅游业

【概况】　2022年，大通县累计接待游客198.91万人次，实现旅游综合收入6.8亿元。边麻沟国家AAA级旅游景区成功升级为AAAA级旅游景区，尕漏景区成功创建国家AAA级旅游景区。年内配合腾讯云在大通的智慧化平台建设工作，合作推进旅游产业高质量发展，提高信息服务与智慧管理。与《青海日报》社对接，采访报道大通县冬季旅游、全域旅游发展，通过微信公众号、融媒体中心、抖音、快手等新媒体平台，宣传展示大通旅游资源和各类活动，打造“一城山水、大境通达”文化旅游品牌。引进团队和

文化 体育 旅游

相关人才，举办2022年旅游从业人员业务培训班1期300人次。

【旅游资源】 大通位于古丝绸之路南道上，北连河西走廊，直达敦煌，西接海北藏族自治州金银滩草原、原子城，可通青海湖，地处青海省重要的旅游线上，境内有高山、河流、峡谷、盆地、草甸、雪山、瀑布等自然景观，有古迹、寺庙、民俗、非遗等人文遗产。主要旅游景区有国家AAAA级旅游景区老爷山景区及鹞子沟景区、娘娘山景区、桥头公园、朔北藏族乡边麻沟村花海景区等，历史文化旅游资源有广惠寺、会宁寺、明长城等，非物质文化遗产有“六月六”花儿会、河湟皮影戏、老爷山朝山会、土族纳顿节等。2022年，结合大通文化、民俗特色打造文创产品5类30种，稳步推进大通非遗工坊建设，为展示大通农特产品和文创产品搭建发展平台。

【文旅融合】 编制完成《大通县农文旅融合发展工作方案》，推进文体活动进景区，以乡村旅游产业带为推手，推出民俗文化、生态采摘、生态休闲等休闲活动，延长产业链条，增加娱乐、购物内容，助力乡村振兴。加强与青海乡村数字平台合作，打造青海大通数字乡村农文旅全域品牌DT3090，东西部协作农文旅融合产业孵化示范园、城关“青海湖之夜”、

冬季边麻沟（麻雪瑞 摄）

斜沟树蛙基地等农文旅高端项目，树立大通全域旅游发展标杆，以品牌化运营服务为创新，优化大通县乃至西宁市文旅产业、民俗文化、夜经济、认养农业等生产结构和区域布局。

【旅游招商】 提供企业招商引资服务发挥市场化招商引资功能，引入国内顶级的文化、旅游、农业公司到大通投资兴业，为招商引资企业提供全方位服务，当好服务企业的“贴心人”。建设国际生态旅游目的地，制定《大通县落实青海省打造国际生态旅游目的地工作方案》，召开“争创国家生态旅游示范区”工作专题会，发挥生态资源优势，吸引民间资本发展乡村旅游、冰雪旅游。年初举办的十一届大通冰雪欢乐季被中央电视台新闻频道直播报道。全年争取财政专项资金3855.93万元，涉旅项目投资4.05亿元，固定资产投资4432万元，招商引资4000万元。

【乡村旅游推进】 以乡村旅游可持续发展带动群众稳定增收致富为目标，坚持“一沟一景、一村一品、一乡一业态”，逐步构建特色各异、互为补充、错位发展的乡村旅游新格局。开展西宁市乡村文化和旅游能人推荐工作，申报国家级重点村2个、省级旅游重点村4个、重点乡镇2个和星级乡村旅游接待点4家，打造旅游线路3条，创建申报东峡、朔北片区乡村旅游集聚区，朔北藏族乡被评为第二批全国乡村旅游重点镇（乡）。6月23日，老爷山国家AAAA级旅游景区面向全社会逐步免费开放。配合腾讯云在大通的考察调研工作，加强与青海乡村数字平台合作，打造青海大通数字乡村农文旅全域品牌DT3090。

（撰稿人：张小兰）

DATONG

# 社会生活

YEARBOOK

## 劳动就业

【概况】 劳动就业工作由大通县人力资源和社会保障局管理实施。2022年，县人力资源和社会保障局内设办公室、人事工资福利室、就业社保室3个科室，设县社会保险服务局、县就业服务局（挂人力资源服务中心牌子）2个二级局，下属县劳动保障监察大队、县劳动人事争议仲裁院2个事业单位。全局实有在岗工作人员75人，其中公务员29人、事业44人、行政工勤2人。全年全县农村劳动力转移就业14.5万人次，实现劳务收入8.9亿元，高校毕业生实名登记就业率87.5%。

【就业扶持与培训】 落实就业扶持政策，为429名公益岗位人员落实就业补助资金1006.7万元，其中岗位补贴769.63万元、社保补贴237.07万元。落实就业政策，稳定扩大就业创业，城镇新增就业2905人、就业困难人员就业416人、失业人员再就业1077人、城乡劳动力技能培训5601人，其中创业培训400人，“雨露计划”短期技能培训300人次。

【公共就业服务】 强化公共就业服务，利用手机短信平台、青海夏都人才网、微信群、QQ群、电子邮件等形式进行宣传，推送岗位信息2.5万条，印发就业创业政策、招聘岗位信息等宣传资料7.5万份。组织开展线上线下各类招聘活动25场次，其中线上“直播带岗”15场次，联系企业354家，提供就业岗位3076个，活动中投递简历2882份，达成就业意向1441人，实现就业556人，其中高校毕业生292人。开展劳务输出，向青海油田公司花土沟工区、海北州门源县、高景太阳能科技有限公司等“点对点”输送返岗复工和全国多个省份拉面经济从业人员455人。

【创新创业】 组织开展双创活动，开展第五届“中国创翼”创业创新大赛大通赛区选拔赛，吸引全县20个项目报名，5个项目进入市级选拔赛，“国家级河湟皮影戏及皮影雕刻工艺的应用与推广”和“青藏资源高值化创新和多媒体营销”项目分别获市级一等奖、二等奖，并晋级省级决赛。组织7个项目参加第八届“民生银行杯”青海省大学生创新创业大赛，“青海手工酸奶精深加工与推广”获省级大赛二等奖，并晋级第十一届中国创新创业大赛全国赛。孵化基地累计孵化企业42家，毕业企业7家，吸纳带动就业500余人。有在孵企业35家，其中园内孵化企业16家、园外孵化企业19家，吸纳带动就业308人。1200余名人才下乡和能人返乡创业，7家企业下乡创业兴业，新增新型经营主体10个。

【劳动关系】 注重人才市场日常监管，对县域内92家用人单位进行日常巡查，涉及劳动者1810人。审查116家用人单位劳动用工年度检查书面资料，涉及劳动者4960人，确保依法依规用工。落实工资保证金制度，57个工程项目缴纳农民工工资保证金1942.8万元，退还56家企业农民工工资保证金676.99万元；受理投诉举报案件，立案及协调处理欠薪案件126起，为647名劳动者追发工资741.08万元，办理“全国欠薪线索核处管理系统”370条线索，为578名劳动者追发工资665.36万元；协助居高专班解决历史遗留欠薪问题，为137名农民工追发工资298.73万元，维护农民工合法权益。处理劳动争议案件126起，立案审理92件，其中调解77件、裁决12件、按撤诉处理3件，调解率83.69%，结案率100%，结案案件涉及金额305.11万元。

（撰稿人：赵惠贤）

## 社会保险

【概况】 2022年，大通县机关事业单位参保0.81万人，城镇企业职工参保4.72万人，城乡居民参保25.46万人，工伤参保3.88万人，失业参保1.78万人。基本医疗保险参保428327人，其中职工医疗保险参保31443人、居民医疗保险参保396884人。

【工伤与失业保险】 新开工工程项目参加工伤保险达95%，新业态从业人员优先参加工伤保险6户66人。工伤保险调整固定待遇441人，调整补发金额48.87万元。疫情防控期间及“8·18”山洪灾害抢险救援处置工作中，发放工伤保险待遇570人2137.61万元、失业保险各项待遇1437.59万元。执行降费调待政策，阶段性降低工伤、失业保险费率1100.48万元，疫情防控期间养老、失业保险缓缴161户178.89万元

【养老保险】 不限户籍以灵活就业身份新参保企业职工养老保险12人。疫情防控期间及“8·18”山洪灾害抢险救援处置工作中，启动待遇保发放预案，发放机关事业单位养老保险待遇3865人2.26亿元、企业职工养老保险待遇18066人6.07亿元。落实企业职工退休提前3个月预审制度，审批退休501人。为18183名企业保退休职工每月增加养老金166.04元，补发6511.78万元。机关事业退休人员待遇调整3749人，补发537.87万元。为40878名城乡居民调待并补发养老金61.07万元。

（撰稿人：赵惠贤）

## 医疗保障

【概况】 2022年，大通县医疗保障局推进全县医疗保障各项工作。全年在岗人员19人，其中公务员编制5人、事业编制13人、政府雇员1人。基本医疗保险参保人数达到428327人，其中职工医疗保险参保31443人、居民医疗保险参保396884人。

【医保改革】 大通县人民医院作为第二批DRG付费改革试点单位，自2022年2月开始正式付费，DRG付费入组病例13859例，平均住院天数由8.4天下降至8.3天，职工和城乡居民就医负担同比分别下降14%和8%。医院通过控制费用，由DRG付费盈利234.93万元。2022年下半年，县第二人民医院和县民康骨科医院、博爱医院、妇产医院分别作为第三批和第四批DRG付费改革试点单位，县第二人民医院上传病例数据，开展实际模拟付费，其余3家医疗机构开展信息系统组建和人员培训工作，前期各项工作准备就绪。商业保险“夏都惠民保”在西宁市医疗保障局的指导下，于6月29日正式上线，截至10月底缴费期内，大通县参保11985人。

【医保扶贫】 落实参保资助政策，对17545名农村特困人员（包括孤儿）、低保对象、低收入家庭重度残疾人等医疗保险个人缴费部分给予资助，资助金额347.08万元。全县28026名脱贫人口100%参保。对“8·18”受灾的青山乡748名困难群众资助2023年参保金15.05万元；对青林乡509名困难群众资助2023年参保金9.98万元。落实大病保险倾斜政策，全县纳入乡村振兴部门监测的农村特困人员、农村低保对象等贫困人员住院9058人次，总费用8260.34万元，基本医保支付4315.66万元，大病保险支付1031.91万元，医疗救助2261.65万元。其中，“8·18”受灾乡镇群众住院2805人次，总费用2264.51万元，基本医保支出1166.93万元，医疗救助515.57万元，大病医疗保险支出156.65万元。落实健全重特大疾病医疗保险和救助制度，将事实无人抚养儿童、艾滋病病毒感染儿童等纳入医疗救助保障范围。医疗救助对象享受门诊特殊病慢性病、住院及重特大疾病医疗救助23023人次，支出医疗救助基金2959.36万元。制定《关于健全防止返贫致贫动态监测机制的实施方案》，纳入因病返贫监测范围1575人次，纳入因病致贫监测范围14171人次。其中，受灾区因病返贫监测数据25人，因病致贫98人。落实医保、民

政、乡村振兴等部门数据共享和转介机制，将因灾纳入的114名易返贫致贫监测户和14名低保人员纳入医疗救助范围内。落实过渡期内医疗费用报销政策，对9058名特困人员（含孤儿）、农村低保对象和乡村振兴局纳入监测范围的农村易返贫致贫人口，住院医疗费用按照90%予以报销，医疗总费用8260.34万元，报销金额7606.22万元，报销比例92.08%。2781名稳定脱贫人口按照80%予以报销，医疗总费用2007.91万元，报销金额1318.93万元，报销比65.69%。其中，按照青海省《2021年度国家巩固拓展脱贫攻坚成果同乡村振兴有效衔接考核评估反馈问题整改工作方案》要求，为4021人次补报496.86万元。

【医保政策宣传】 采取进村入户、发放资料、发送短信等方式，利用媒体播放宣传情景剧等形式，宣传城乡居民医疗保障政策。印制基本医疗政策问答宣传册及城乡居民参保缴费公告2万份，基本医疗保险政策问答宣传册1.1万份；制作《医保缴费放心上》宣传小视频，点击量7.86万人次；在“大通融媒”定期播放宣传医保政策40期。开展“织密基金监管网共筑医保防护线”医疗保障政策集中宣传月活动。利用线上线下多渠道组织动员全县166家医药“两定”机构开展医保政策集中宣传工作，向参保人及社区、“两定”机构发放宣传海报6000份，编发简报136期；各单位LED显示屏滚动播放医保政策法规宣传标语120条；“两定”医药机构微信群转发医保政策知识200条。

【“两定”医药机构监管】 加强“两定”医药机构协议管理，组织全县医药“两定”机构召开2022年医保政策集中宣传月启动仪式和2022年医保服务协议签订会议，并与全县468家医药定点单位签订2022年度医保服务协议。督促县域公立医疗机构开展常态化制度化药品集中招采、高值医用耗材集采工作，开展药品耗材价格常态化监管。加大“两定”医药机构日常监管力度，结合对2021年度考核工作，对县域468家“两定”医药机构进行全覆盖检查，根据末位淘汰机制，取消1家医疗机构2家零售药店的定点资格。

（撰稿人：刘　强）

## 民政事务

【概况】 2022年，大通县民政局围绕民生保障主线，依法管理社会事务，切实保障人民群众的基本生活权益和民主政治权利，维护社会公平、保持社会稳定，促进社会进步。县民政局下设县行政区域界线勘定领导小组办公室、县社区建设工作领导小组办公室2个县委、县政府设立的工作领导小组办公室，内设局办公室，下设救助服务站、县低收入居民家庭经济状况核对中心、县殡葬管理所、县老年福利院、县儿童福利院、县长宁农村中心敬老院、县新庄农村中心敬老院、县东峡农村中心敬老院、县城关农村中心敬老院9个事业单位；有工作人员48人，其中公务员6人、事业编制42人。3月，县民政局被西宁市精神文明建设指导委员会授予2020—2021年度文明单位荣誉称号。

【社会救助】 落实社会救助政策，做好困难群众基本生活保障，为8719户14747人城乡低保对象发放低保金、一次性生活补贴、临时价格补贴等各项补贴10025.74万元。为1020户1087人特困供养对象发放供养金、一次性生活补贴、临时价格补贴等各项补贴资金1766.00万元。为3408户13007人发放临时救助资金2308.69万元，实物救助68.54万元，其中“救急难”39户149人，发放“救急难”资金139.21万元。认定城乡低保边缘家庭447户1341人，城乡支出型贫困家庭98户394人。持续实施家庭困难学生资助政策，发放困难大学生补助资金197.2万元。落实“8·18”

山洪灾害救助工作，在20个乡镇中累计摸排群众5048户，其中受灾困难群众670户。根据困难群众受灾程度及时给予相应救助，为灾区17户31人遇难家庭发放“救急难”补助资金71.71万元；将遇难家庭中的老年人、未成年人、在校大学生等8户13人纳入低保，38户54人符合条件的受灾农户及时纳入农村低保；发放因灾致困的81户292人低保、特困、低保边缘家庭困难群众临时救助补助资金46.82万元；受理审批一般受灾家庭临时救助27户，发放资助金11.38万元。全年救助流浪乞讨人员59人次。落实“物质加服务”服务类社会救助试点工作。为各乡镇派遣社会救助村（社区）协理员311人。开展生活服务、医疗健康、社会融入、能力提升、助农、助急类服务，全县审批服务需求12853人，实际开展服务10075人，服务资金300.35万元。

【社会福利】　为全县25866名老人发放高龄津贴3406.61万元。30673名老人自愿参保意外伤害保险，参保金额100.1万元。为10.73万人次老人提供332.36万元政府购买养老服务，对80户有需求的60岁以上城乡低保、城乡特困、计划生育特殊困难家庭和低收入、支出贫困型家庭及中等偏下收入家庭中独居老人、失能半失能老人，进行适老化改造和居家上门服务。对纳入特困供养、最低生活保障、低收入范围的高龄、失能、残疾老年人家庭有需求的40户对象进行适老化改造。提升机构养老服务水平，依托智慧养老服务信息平台形成完整的智慧管理闭环，为有就餐需求老人提供助餐服务，打造“15分钟助餐送餐配餐的为老服务圈”。发挥农村老年之家作用，打造“离家不离亲、离村不离情”的家门口养老愿望。开展残疾人服务工作，建立贫困重度残疾人托养中心2所、托养站4所，入住贫困重度残疾人39人，享受贫困重度残疾人托养资金25人，发放托养服务资金40.72万元。落实残疾人“两项补贴”发放工作，发放困难残疾人生活补贴615.13万元、重度残疾人护理补贴506.78万元。将321名孤儿、事实无人抚养儿童及其他困境儿童纳入儿童福利保障范围，发放保障金198.7万元。

【基层政权建设】　加强城乡社区队伍建设，委托县人社局公开招聘社区工作人员40人。按照补选程序及时补齐配强村（居）委会班子，依法补选村委会主任4人、村委会其他成员80人。将10名社区副主任提任为社区主任候选人，12名后备干部提任为社区副主任候选人。规范村级组织运行，提升基层治理效能，规范村务公开事项和内容，推动村务公开规范化、制度化、程序化；发挥村务监督委员会作用，对村民会议决定、决议落实情况等情况进行有效监督。联合县依法治县办公室、县司法局开展优秀村规民约、居民公约征集活动，挖掘和宣传全县优秀村规民约，推进移风易俗。将黄家寨镇杨家寨、城关镇上毛佰胜村村规民约和桥头镇八一、人南社区居民公约推荐为优秀村规民约和居民公约。落实2个新增社区办公用房，落实牦牛山社区办公用房，投入运行。协调县政府为福园社区划拨办公用房，为每个新增社区配备社区委员各9人。配合第三方组织完成2020年度民政部门向社会组织购买社会工作和社区便民服务项目终期评估工作，依据评估结果拨付第三批资金47.90万元。将社区“石榴籽家园”建设列为重点改革创新试点工作，会同县委统战部（县民宗局）对符合创建条件的20个社区进行业务指导，对8个社区进行重点打造、12个社区进行一般打造。

【社会组织管理】　完成140家社会组织“中国社会组织公共服务平台”系统录入工作。新成立社会组织1家，办理变更登记10家，注销登记8家，包括按照“双减”政策要求注销的5

家校外文化培训机构。清理整顿11家“僵尸型”社会组织，完成246家社会组织年检工作，年检率92%。依法对6家社会组织进行客观、全面评估，给出AAA评估等级结论，并发放等级牌匾。引导参与乡村振兴，以大通县社会工作协会为依托，打造专业社工服务平台，成立县级社会工作服务中心1个，乡镇社会服务工作站20个。发动和整合多元化社会力量，以自愿组织、自主事务、自我管理、自我负责、自我发展的方式，为农村提供形式多样的公益服务。

【区划地名管理】　完成大通县与西宁市城北区第四轮县级行政区域界线联检工作。完成县域内12个乡镇20条行政区域界线联检任务，排查出界线矛盾隐患3起、调处界线纠纷1起。开展国家地名地质信息数据库质量建设行动，按国家审核标准完成10大类2806条地名信息录入审核上报工作。做好地名公共服务，累计办理各类门牌业务5208件。学习宣传贯彻新修订《地名管理条例》，推进“高原洁净城市”三年行动创建工作。推进全国第二次地名普查成果转化，完成大通县20个乡镇标准地名图的修改、审核、图号申请及印刷工作，对《大通县地名志》正文内容不足部分进行资料收集和修改完善。

【婚姻登记和殡葬管理】　开展婚姻登记管理工作，办理结婚登记2309对，办理离婚登记425对，补办结婚登记855对，补办离婚登记25对，离婚登记申请753对，补录历史婚姻档案62924份。强化殡葬管理，推进惠民殡葬，下发宣传册200份，宣传节地生态安葬奖补惠民政策，有17户享受5.1万元节地生态安葬奖补政策。

【民生项目建设】　规范实施民生保障项目建设，组织实施2021年12个农村老年之家建设项目，完成竣工预验收。投资950万元实施新庄敬老院建设项目，完成竣工验收。投资6425万元实施老年养护院建设项目，完成主体竣工验收，进行室内消防管网及部分装饰装修。

（撰稿人：索南才让）

## 民族宗教事务

【概况】　2022年，县民族宗教事务局与县委统战部合署办公，实行一套工作机制、两个机关名称。内设办公室、综合业务室2个科室，有工作人员19人，其中行政编制10人、事业编制9人。大通县常住人口约40.53万人，有汉族、回族、土族、藏族、蒙古族等31个民族，常住少数民族人口24.89万人，占全县总人口的53.15%。有佛教（藏传佛教和汉传佛教）、道教、伊斯兰教、天主教、基督教5个宗教。有依法批准登记的宗教活动场所131处，其中汉传佛教寺院及活动点3处、藏传佛教寺院3座、道观2座、清真寺121座、天主教活动点1处、基督教1座；登记备案宗教教职人员406人，其中汉传佛教2人、藏传佛教25人、道教62人、伊斯兰教316人、基督教1人。有佛教协会、道教协会、伊斯兰教协会3个宗教团体。

【民族工作】　在全县范围内开展《中华人民共和国民族区域自治法》学习宣传，推进民族政策贯彻落实情况自查督查工作。推进乡村振兴，落实少数民族发展项目资金2570万元，涉及10个乡镇15个村，其中基础设施类5项2110万元、生产发展类1项460万元。开展“健康饮茶”“送茶入户”工作，购买价值30万元的低氟边销茶，发放至全县困难群众。加强清真食品监督管理工作，统一规范“清真”标识，办理清真许可证25家。按照《中国公民民族成份变更管理办法》规定，做好民族成份变更工作，办理民族变更13人。强化少数民族发展项目与乡村振兴有效衔接，落实少数民族发展项目资金2570万元。

【宗教事务】　在全县宗教领域

学习宣传习近平法治思想和《中华人民共和国宪法》《中华人民共和国民法典》《青海省宗教事务条例》等法律法规。举办大通县《互联网宗教信息服务管理办法》培训宣讲活动。在东峡镇、城关镇等重点乡镇宗教活动场所开展学习宣传培训，全县14个乡镇举办培训班21次、召开座谈会15次。以“四进”“六个一”“尊法学法守法用法寺观教堂”和民族团结“进寺院”等创建活动为载体，开展法律“进寺院”法治宣传月活动，提升寺院管理法治化水平。

（撰稿人：李转巧）

## 退役军人事务

【概况】 2022年，大通县完成移交接收退役士兵工作，安置率100%；接受安置逐月领取退役金干部1人。大通县退役军人事务局（以下简称县退役军人事务局）被中共西宁市退役军人事务局党组评为退役军人服务保障先进单位，被西宁市精神文明建设指导委员会授予文明单位；被县委、县政府评为双拥工作先进集体，被大通县精神文明建设指导委员会授予文明单位。

【退役军人培训和就业】 2022年，县退役军人事务局组织多名退役士兵参加职业教育和技能培训，取得培训证书。拓宽退役军人就业渠道，在2019—2022年自主就业退役士兵中开展从教意愿调查摸底工作。

【退役军人优抚保障】 2022年，县退役军人事务局组织实行优抚资金“一卡通”系统发放，发放优抚对象各类补助资金。慰问各类优抚对象，发放慰问金。推动县、乡、村（社区）退役军人服务保障机构“退役军人之家”创建和“星级评定”工作，完成7家“星级”晋升和8家创建工作，待省市考评验收。在全县范围内推荐“百名优秀主任（站长）”2人；协调县疫情防控指挥部办公室做好退役士兵转运工作。协调县财政局将乡镇、村（社区）退役军人服务站工作经费纳入财政预算；完成多个退役军人服务保障机构百度、高德地图位置录入工作。投资为全县20个乡镇配备便携式信息采集数据核查终端20台，常态化推进退役军人建档立卡、数据核查、身份核验等工作。

【拥军优属】 2022年，县退役军人事务局与48个双拥工作领导小组成员单位签订双拥工作目标责任书。春节和八一建军节期间，县领导和相关部门负责人走访慰问驻军部队，送去价值12万元的慰问物资。在中共二十大召开之际，慰问全县军队复员干部、企业军转干部和困难退役军人，发放慰问礼包。疫情防控期间，慰问困难退役军人，发放慰问资金。开展“情系边海防官兵”拥军优属活动，为驻扎边疆的某部官兵送去价值9.36万元的新年大礼包，寄去慰问信。联合县司法局到96742部队开展“法律进军营·共筑强军梦”活动，并赠送《中华人民共和国民法

2022年7月29日，大通县2022年双拥工作表彰会召开（县退役军人事务局供图）

2022 年 9 月 30 日，大通县举行保善德烈士光荣证颁授仪式（县退役军人事务局供图）

典》等法律宣传册。举行大通县 2022 年春季和秋季新兵入伍欢送仪式，欢送青年入伍。为荣立三等功的现役军人家庭送去喜报，发放奖金。组织退役军人代表举行退役军人、其他优抚对象优待证发放仪式。组织召开 2022 年双拥工作表彰大会，对 15 个“全县双拥先进集体”和 15 名“全县双拥先进个人”进行表彰。协调大通县嘉宝家具装饰材料有限公司为县武警中队捐赠米、面、油和蔬菜等生活物资，价值 8000 元。“8·18”山洪灾害发生后，协调部队官兵、退役军人开展抗洪救灾、清淤和隐患排查工作；协调部分退役老兵在大通一中受灾群众安置点设“老兵”食堂，为受灾群众提供爱心餐。

【烈士褒扬纪念】 2022 年，县退役军人事务局组织开展“2022 奋进·清明祭英烈”活动，现场接待群众祭扫 55 场次 1000 余人，烈士亲属 7 批 51 人，擦拭烈士墓碑 253 座，代献鲜花 253 束。网上祭扫为烈士献花 15420 人次，弹幕留言 3478 人次。举行保善德烈士光荣证颁授仪式。实施大通县烈士陵园纪念设施提升改造项目，总投资 1400 万元，完成文物修缮、电教室装修、广场硬化、卫生和厕所设施改造等建设内容，完成工程量的 85%。

（撰稿人：周丽萍）

## 安全应急管理

【概况】 2022 年，大通县应急管理局以强化和完善应急管理体系为工作核心，有效防范重大自然灾害风险，为全县经济社会发展提供有力安全保障。县应急管理局内设办公室、安全生产基础办公室、应急指挥室 3 个机构，分别承担局机关、安全生产、应急指挥、市政府 12345 市长热线转办、县政府总值班及县安全生产委员会办公室、县减灾委员会办公室、县防汛抗旱指挥部办公室、县森林草原防灭火指挥部办公室、县防震减灾工作领导小组办公室 5 个县政府议事机构各项工作，下属安全生产监察执法大队和地震监测中心 2 个事业单位。局内有编制 37 人，其中机关行政编制 12 人，事业编制 25 人；实有工作人员 49 人，其中公务员 11 人、局属事业编 22 人、转隶事业编 16 人。

【应急处突能力提升】 制定印发《落实大通县应急处突战备实训工程重点任务分工方案》，成立应急处突战备实训工程工作推进领导小组，推进各项工作。以大通县地形地貌为基础，结合各级政府部门、各领域风险点、应急避难场所、消防救援队伍等单位场所分布展示制作应急指挥工作沙盘。按照“1+14+N”工作机制，配备成立应急指挥车及无人机队伍，与 3 家社会救援力量达成协议，与国家矿山应急救援青海队、环球救援队等多家社会救援力量签订应急处突合作协议。构建覆盖全县各级、各部门及重点企事业单位值班工作网络，完善应急值班、信息报送、责任追究等各项规章制度。加强应急消防救援综合仓储建设项目，完成物流中心基础挡土墙框架砼浇筑、附属用房基础框梁钢筋绑扎、物流中心回填土土方压实、外网暖气沟底砼浇筑、物资储备库基础回填土压实等工程进度。与3家企业签订物资储备协议，确保灾害应急期间物资充足。组织各级领导干部参加线上应急干部网络培训；邀请行业部门专家对应急干部开展应急能力提升培训班，聘请专家开展灾害信息员、企业监管人员培训。组织开展地震疏散、山洪灾害抢险演练等应急抢险救援演练，提升应急处突能力。

2022年8月3日，县委副书记、县长马明（中）到桥头等镇调研安全生产工作（县融媒体中心供图）

【安全生产专项整治】　组织各领域、各重点时段开展安全生产专项整治，确保全县安全生产形势平稳。召开安全生产各类会议14次；组建由县级领导带队的督导检查组，采取“四不两直”方式开展安全生产督导检查；推进安全生产专项整治三年行动；对县域内烟花爆竹零售点开展检查95家次，现场核查烟花爆竹申请经营店56家，准予经营39家，依法行政拘留26人，查获假冒伪劣烟花爆竹500箱。成立燃气领域安全排查整治工作专班，开展燃气领域安全排查整治和城镇燃气安全整治“百日行动”，约谈燃气经营企业2家，举办燃气知识及应急处置培训班培训环卫工人126名。成立城乡自建房屋安全隐患排查整治工作领导小组，设立4个工作组对20个乡镇自建房安全进行摸底核查并建立台账。排查农村住房13102户234.4万平方米，存在隐患经营性房屋27户（暂停经营），下达告知书27份，督促存在隐患的27户房屋产权人委托第三方进行房屋安全等级鉴定，整改落实。多次召开安全生产专题会议，制定印发《大通县安全生产大排查大整治工作方案》，各乡镇、各部门累计出动大排查大整治工作组2468个、暗访组126个、检查人员8554人次、安全专家69人次，对县域内危化品、交通运输、建筑施工、城镇燃气等重点行业领域场所、单位进行检查，累计检查企业4892家次，发现隐患1025条，整改1024条，开展执法检查519次，下达执法文书84份，停产整顿28家，警示约谈27次，通报27次，行政处罚20万元。

【“8·18”山洪灾害应对】　2022年8月18日，大通县青山乡、青林乡遭受百年不遇的山洪灾害，造成27人死亡、4人失联，部分农作物、农村住房、乡村道路、供水管道严重受损，县启动防汛Ⅳ级应急响应，并根据省级应急响应及时调整为Ⅰ级应急响应。灾情发生后，县应急管理局综合协调相关乡镇、部门开展各项工作，组织干部职工及各应急救援队伍赶到灾区开展人员搜救、应急救援、清淤除障、物资配发等工作，调拨帐篷100顶、棉衣棉裤2500套、被褥2500套用于受灾人员转移安置。抚慰27名遇难人员家属，发放抚慰金27万元。督促保险公司开展农户保险赔付，理赔农户205户，赔款36.5万元。

【防汛抗旱】　印发《大通县对照河南郑州“7·20”特大暴雨灾害查摆问题负面清单》，梳理县乡党委政府6个方面32项对

照查摆问题和部门35项对照查摆问题。组织召开防汛工作安排部署会议12次，签订防汛抗旱目标责任书40份，设立责任人公示牌7个，调整山洪灾害防御责任人370人。下发防汛各类文件、提醒函、督办等50余份，召开汛期自然灾害分析研判会商会议6次，开展市、县联合督导检查78次；修订完善《大通县防汛抗洪应急预案》各项应急预案，开展县级防汛应急演练1次，乡镇、部门开展防汛应急演练20余次；巡检自动雨量监测站61处、水库13处，站点信息上报率均达100%。发布预警信息177次，向1332名山洪灾害防汛责任人发送预警短信16241条；发布防御信息提醒103次，发送提醒短信134876条。发布气象灾害预警144期，与县水利局联合发布山洪灾害气象风险预警25期，建立汛期地质灾害防范叫应叫醒机制，与自然资源局联合发布地质灾害气象风险预警36期。发放防灾避险等明白卡2412份、防汛宣传材料1万余份、山洪灾害防御宣传知识手册300份；汛期出动隐患排查人员2.14万人次，出动车辆6020台次，对县域内7座水库、48座中型以上淤地坝、3座涝池、14座水电站、5条重要中小河流、7个在建工程、28条街道开展排查，排查隐患7500余处，除险676处，清理沉淀池4座、涵洞1座、雨水箅子2000个，清理淤泥310立方米，清运垃圾270立方米，更换破损井盖40个，加装阻车桩20个；督促指导行业部门开展春灌准备工作，疏通渠道83.9千米，清淤量2240立方米；抢抓灌溉时机，完成农田灌溉面积5266.67公顷、林草灌溉面积2866.67公顷。

【森林草原防灭火】 召开全县森林草原防灭火会议8次，与各乡镇及有关单位签订防灭火目标责任书24份，修改完善全县森林草原火灾处置应急预案；以林（草）长制为抓手，在全县289个行政村431个自然村实行网格化管理；督促各乡镇、有林（草）单位完成可燃物清理1032.4公顷，开设防火隔离带2.73万米，修复防火通道2.05万米，参与清理6000余人；防火高危期、重点时段在进山入林的主要路口增设临时检查站点700余个，开通全县26个单位“防火码”，并布设防火扫码355处。在全县范围内设立419面固定永久森林（草原）防火宣传牌，张贴西宁市封山禁火通告1750余份、森林草原防火宣传年画1万余份，悬挂防火宣传横幅180余条，利用各村广播在重要时段向群众通读防火通告，向各类媒体发送防火信息2000余条，每天出动防火宣传车开展防火宣传；向全县各乡镇及各有林单位下拨森林草原防火经费24万元。购置灭火弹750枚、防火扫把1000把、无人机12架、对讲机210部，将对讲机配发至县森防指各成员及乡镇。督促各乡镇、有林（草）单位建立义务森林草原防火队伍，配发扑火工具及个人防护装备。组织开展森林草原防灭火知识培训4次，组织开展全县防火应急演练1次、乡（镇）防灭火应急演练20余次。

【减灾救灾】 争取中央自然灾害生活补助资金230万元，县财政配套资金19.85万元，向2021年遭受自然灾害的5个乡镇18个村3329户14234人发放自然灾害生活补助资金249.85万元；因灾紧急转移安置受灾人口3346人、需过渡期生活救助人口863人、需紧急生活救助人口315人，发放因灾亡故人员家属抚慰金27万元，紧急转移安置生活救助资金73.09万元，过渡期生活救助资金194.18万元，需紧急生活救助资金9.45万元，实施因灾损毁农房恢复重建（维修）4户15间，发放灾后重建（维修）补助资金2.87万元。对县、乡、村三级663名灾害信息员基础信息进行采集，组织乡、村两级灾害信息员开展灾害信息员培训班；利用“5·12”“10·13”宣传日到乡镇、村（社区）开展防灾减灾宣传教育活动，悬挂横幅4条，设立咨询服务台2处，摆放展板20块，发放《防震减灾知识读本》2000册、宣传折页6000余份，接待咨询群众100余人次。

【地震监测】 开展防震减灾科普知识进学校、进企业、进社区、进乡镇宣传，邀请省地震局专家组织300余名师生开展防震减灾科普知识专题讲座，现场进行知识竞答及地震应急避险、疏散演练。播放避震宣传片，开展校园地震应急疏散演练10余次，参加西宁市抗震救灾桌面推演1次，督促指导各乡镇修订地震应急预案；完成4所学校地震预警信息发布终端安装、大通测震台数据采集器更新改造等工作，并为测震台加装加速度计、安监环设备等专用设备，各设备运转正常；门源地震发生后，编辑地震应急管理专报1期、应急快报2期，召开全县防震减灾专题工作会议1次，各乡镇、各部门出动排查人员3158人次开展震后隐患排查，排查学校、工业企业、水库等重点场所1189家次，桥梁200座、涵洞64处、房屋7926户，巡查公路里程1240千米；办理全县建设工程抗震设防要求确定审批9件，影响地震观测环境的新建、改建、扩建工程网上预审136件。

【消防救援】 大通县消防救援大队下辖解放南路消防救援站和城关镇消防救援站2个消防站，其中城关镇消防救援站在建，为政府专职消防队。营区占地面积1.13公顷。有工作人员61人，其中消防员27人、消防文员10人、干部9人、政府专职消防员15人。有消防执勤车6辆、消防行政车4辆；消防装备14大类120种2397件（套），其中个人基本装备1558件（套）、特种装备385件（套）、灭火类283件（套）、抢险救援装备171件（套）。全年接警出动289起，同比下降4.3%，出动车辆696辆次、人员3466人次。其中，火警153起，同比下降30.77%，直接财产损失159.42万元，同比上升301.6%；应急救援65起，同比上升22.64%；社会救助15起，同比上升7.1%；疏散被困群众50人次。未发生亡人和有较大影响的火灾事故。全年检查单位1032家次，同比上升91.47%；督促整改火灾隐患721处，下发整改通知书463份，罚款7.04万元，同比下降69.35%。受理群众举报投诉22起，均及时回复，妥善办结。在220个旅游景点和农家院开展消防宣传培训，参加活动1500人次。在高速收费站设置消防安全提示牌，发放“消防安全小卡片”等宣传资料1万份；利用“3·15”“防灾减灾日”“安全生产月”“119宣传月”等时机，集中开展消防宣传活动，发放宣传资料2万份，播放公益广告200次，悬挂横幅100条。在“8·18”特大山洪抢险救援过程中，连续奋战近20天，营救疏散被困群众100余人，获应急管理部消防救援局集体三等功，指战员立功受奖13人。在抗疫工作中，指战员获赠锦旗10人，指战员立功或受奖3人；受到西宁市消防

2022年8月19日，“8·18”山洪灾害搜救现场（县应急管理局供图）

救援支队嘉奖13人。在支队夏训考核中获初战快速出水控火操单项第一、春季体能比武竞赛团体第三，消防员基本体能合格率100%，优秀率90%以上。

【应急值守】 2022年，市政府“12345”市长热线转办中心受理转办事项7888件，办结率100%，做到“事事有回应、件件有答复”。县政府总值班室接听群众来电来访电话860余次，全部按要求进行答复，答复率100%。

（撰稿人：祁文韬、杨生霞）

## 气象服务

【概况】 2022年，大通县平均气温5.2℃，与历年平均持平。年极端最高气温32.5℃，出现在7月7日，年极端最低气温-21.2℃，出现在12月30日。年总降水量559.3毫米，与历年平均值相比偏多4%。5—9月强对流天气较频繁，主汛期6—8月总降水量375.4毫米，与历年同期相比偏多25%。6—8月本站出现≥25.0毫米以上的日降水天气过程4次，最大日降水量43.6毫米，出现日期为8月18日。6—8月平均气温16.5℃，与历年同期值相比偏高1.3℃。是年，大通县气象局发挥防灾减灾第一道防线作用，完成汛期和“8·18”大通山洪灾害等各项气象服务任务。在西宁市气象局举办的2022年气象科普精品课程评比大赛中，获二等奖1人、获三等奖1人，大通县气象局获优秀组织奖。全局有职工11人，其中参公人员4人，事业编制7人。

【气象灾害监测】 全年发生风雹灾害1起、洪涝灾害2起、滑坡灾害1起。7月26日18时10分至18时20分，受强对流天气影响，宝库乡、东峡镇、新庄镇、塔尔镇、桦林乡、向化乡、朔北乡、城关镇8个乡镇遭受风雹灾害。8月17日22时25分，西宁市气象局、大通县气象局发布暴雨红色预警；23时48分，青林乡、青山乡降雨量突增；18日0时许，强降雨后引发山洪灾害。8月28日8时41分，东峡镇麻其村五村养殖场附近因强降雨引发山体滑坡。灾情涉及全县20个乡镇165个村，受灾人口19216户79934人，因灾损毁农村住房1526户7834间。农作物受灾面积7166.33公顷，农作物成灾面积6552.31公顷，预计减产粮食4260.9吨、油料1829.1吨、马铃薯7121.8吨。因灾造成全县农林牧业、商贸业、房屋、基础设施以及公共服务不同程度受损，因灾造成直接经济损失60827.19万元。

【气象服务】 1月，县人民政府办公室印发《关于推进大通气象事业高质量发展的实施方案》，健全预警与应急响应联动机制。4月15日更新完成气象灾害预警信息服务对象库。通过青海省突发事件预警信息发布平台，及时向县委、县政府领导，各部门、单位负责人，各乡镇党政领导、村“两委”班子成员等1000余人发送气象灾害预警信息。3月，制定《大通县气象局决策服务周年方案》并开始实施。建立通畅的公众气象服务信息发布渠道（包括电视、电话、短信、微信等），提供公众气象服务信息。每月初按时完成气象灾情收集上报工作。开展直通式气象服务，更新新型农牧业经营主体747家。4月上旬，县气象局成立汛期气象服务领导小组，建立健全领导带班、值班制度和业务岗位职责等工作制度。多次组织学习县级气象灾害应急预案，明确汛期气象服务值班守班、信息报送及应急处置相关流程，分解落实责任。汛期发布暴雨、雷电、冰雹等预警信号144期，与水利局联合发布山洪灾害气象风险预警25期，与自然资源局联合发布地质灾害气象风险预警36期。编发《重要天气报告》13期、《气候趋势预测》5期、《雨情公报》56期、《中期天气预报》13期、《一周天气展望》20期。

【人工影响天气作业】 根据入冬以来气候特征及春季气候趋势预测，根据西宁市气象局的安排和县委、县政府对人工增雨工作的要求，把春季人工增雨作业作为头等大事来抓，及时拉运储备增雨火箭弹，组织炮点民兵举办火箭发射操作、安全等方面培训。年内实施人工火箭增雨作业14次，发射火箭弹49枚，发布《增雨信息》8期184份。配合县委、县政府进行人影安全和业务管理工作，年初配送弹药5398发（其中2021年结余2398发）。防雹工作全年开展安全作业175次，消耗弹药4040发，全县47973.33公顷农作物中，高炮覆盖47493.33公顷，覆盖率99%。2月，县人民政府办公室印发《大通县推进人工影响天气高质量发展实施方案》，为开展人工影响天气工作提供政策支持。

【气象基础设施建设】 依托2021年、2022年补短板工程项目，对区域气象监测设施进行加密和升级。将宝库乡巴音村、宝库乡种牛场、城关镇、多林镇、长宁镇、黄家寨镇、斜沟乡、景阳镇小寨村8个二要素区域站升级为六要素区域站，将西宁北收费站、城关镇、青山乡3个翻斗式雨量传感器升级为称重式雨量传感器，新建桦林乡峡口村、逊让乡塘坊村、娘娘山景区、青林乡柳林滩村等4个六要素区域自动站；全县有30个自动气象观测站、3个土壤水分（墒情观测）自动观测站。

【气象安全生产】 按照青海省气象局办公室关于印发《2022年全省气象部门安全生产暨汛期大检查督察工作方案》《青海省气象局落实安全生产“15条硬措施”责任清单》通知，成立安全生产暨汛期气象服务领导小组，完善安全生产制度流程、人员和岗位职责，加强对重要业务、重点部位、重要场所存在的风险隐患和薄弱环节开展检查，重点围绕汛期气象服务组织管理、综合观测业务、天气预报及气象预警预报业务、装备技术、应急处置、人工影响天气安全管理等进行全面自查自检，对存在问题即查即改，做好安全生产和汛前检查工作。

（撰稿人：姚海俊）

DATONG

# 乡镇

YEARBOOK

## 桥头镇

【概况】　桥头镇地处大通县东南部，东与朔北藏族乡毗邻，北与良教乡相交，南与黄家寨镇相连，西隔娘娘山与湟中区相接，辖区面积120.15平方千米，总人口4.35万户，户籍人口20万人，常住人口13.29万人，其中城镇人口10.39万人、农村人口2.9万人，城镇化率65.8%，有汉族、回族、土族、藏族等11个民族，其中少数民族3.32万人，占全县常住人口的25%。平均海拔2445米，属大陆性气候，年平均气温2.8℃，年降水总量548.2毫米，年平均风速2.1米每秒。全年无霜期110天左右，作物生长期较长。北川河由北向南穿境而过，灌溉条件较好，适宜种植小麦、蚕豆、马铃薯、油菜籽等作物。辖大煤洞、小煤洞、安门滩、元树尔、胡基沟、向阳堡、红河限、上庙、下庙、新城、古城、贺家寨、大湾、水泉湾、老营庄、上关、南关、后庄、窑庄、后子沟、毛家沟、毛家寨22个村民委员会，人民路南、人民路北、解放路南、解放路北、园林路南、园林路北、八一、元朔、矿山、小石山、铝电、牦牛山、福园13个社区居民委员会。镇政府机关在册工作人员72人，其中公务员28人、事业编制44人。2022年，全镇农村居民人均可支配收入同比增长7%，畜牧业产值同比增长2%，农业增加值同比增长4%，农村劳动力转移就业1.5万人次，实现劳务收入8343.3万元。

【人大与政协工作】　召开桥头镇第五届人民代表大会第二次会议，依法补选产生县、镇人大代表各1人。创建市级小石山社区人大代表活动示范点和老营庄村县级人大代表活动示范点。组织代表集中视察老营庄、大湾、水泉湾村美丽乡村建设、国道227线建设遗留问题、小区物业管理情况。开展政协委员进基层活动，组织政协委员到各村、社区，实地了解群众的意见和愿望，为委员提出提案打好基础。

【群团工作】　建立健全“职工之家”“群众之家”，开展“金秋助学”“夏送清凉”活动，慰问生病住院职工和近亲属去世职工18人，缴纳互保金8.6万元，投入10万元为114名工会会员购买生日蛋糕、蔬菜包、消费卡、防疫物资，帮助困难职工解决实际困难。利用青年大学习平台做好青年思想引领工作，将党的理论精神转化为广大青年的实际行动。发挥群团带动作用，1500名志愿者投身到环境卫生整治、疫情防控等重点工作中。组织干部职工开展“凝聚奋进力量　展现巾帼风采”、“三八”妇女节徒步活动。开展“最美家庭”“平安家庭”“文明家庭”等特色家庭创建活动，补选老营庄、小煤洞村妇联主席，持续巩固妇联换届成果。参与“基层妇联领头雁培训计划”，提升执委履职尽责能力和妇女干部工作能力。落实党委议军制度，研究解决武装工作中存在的问题。

【民主法治】　做好矛盾纠纷排查工作，下访5212次，排查3544次，宣传教育5246次，受教育18563人，受理信访事项15件，调处矛盾纠纷65件，电话网络渠道投诉件720件，办结率100%。组织开展法治宣传活动6次，发放《中华人民共和国宪法》《中华人民共和国民法典》《信访工作条例》等法律法规宣传单4500余份，张贴宣传画报165幅。开展电信诈骗宣传，线上发送反诈信息620条次，受教育群众2.5万余人。研究制定《桥头镇开展打击整治养老诈骗专项行动实施方案》，发放打击整治养老诈骗宣传彩页2000份，走访入户60岁以上老年人1.2万人，降低养老诈骗风险。采取政府、社会、家庭“三位一体”帮教机制，每月回访社区矫正人员、刑满释放人员、易肇事肇祸精神病患者等，开展帮扶教育，消除不安定因素。开展禁毒宣传教育，组织人员开展毒品原植物踏查，出动人员330人次，开展集中宣传活动2场次，发放宣传彩页300份，提高群众知晓率和参与率。做好中共二十大期间安保维稳工作，强化信息搜集研判、矛盾纠纷排查化解和社会面整体防控，组织“蓝马甲”“红袖标”义务巡逻队在人员密集场所和重点要害部位巡逻防范，出动巡逻队56支6592人次。解决建房、商铺、项目建设、工人工资和物业管理等问题，接待信访群众1500余人次，处置群体性信访事件35次，发放钥匙645户，办理入住手续550户，开通天然气489户，分配商铺2322.74平方米。创建国家级民主法治示范村1个、省级民主法治示范社区1个、市级民主法治示范村（社区）16个。

【民族宗教工作】 贯彻落实党的宗教工作基本方针，增强各族群众“三个离不开”“五个认同”思想，铸牢中华民族共同体意识。加大民族团结宣传引导，各村（社区）发放民族团结宣传海报1500余张，挂历330册。通过微信群广泛宣传民族团结条例等内容，宣传民族政策、相关法律法规。开展“十星寺院”“平安寺院”“美丽寺院”创建活动8次，搭建服务各族群众的载体平台，开展“法律进宗教活动场所”活动6场。巩固八一、小石山、矿山3个社区“石榴籽”社区创建，创建园北、园南等8个社区为“石榴籽”社区。

【精神文明建设】 创新制作《谁说站在光里的才算英雄》《抗疫有你感谢有你》等抖音、美篇、简报信息等200期，拍摄《全国文明村镇创建巡礼》短视频，处理舆情2起，做好重要时间节点和重要时期的舆论宣传引导。开展“文明家庭”“文明村（社区）”评选活动，年内评选出“五星级文明户”260户、“文明家庭”3户、“文明村（社区）”27个。发挥新时代文明实践站作用，开展各类主题活动，打造解放路北社区等6个村（社区）新时代文明实践站县级示范点、小石山社区新时代文明实践站市级示范点，注册志愿者2.3万人。宣扬移风易俗做法，小煤洞、老营庄村“四碗吃包子”做法在全县范围内得到宣传与推介。铝电社区打造社区科普教育基地和基层科技馆，带动社区居民参与到社区治理中，提升全民科学素质，助推精神文明成果在全镇落地见效。

【农业农村经济】 推广实施化肥农药减量增效行动项目346.67公顷，实施全膜马铃薯栽培技术推广项目146.67公顷、全膜马铃薯秋覆膜项目213.33公顷；马铃薯良种繁育基地建设项目16.67公顷，发放耕地保护补贴300万余元。发展和培育农民专业合作社，申报市级家庭农牧场和油菜优势特色产业集群项目实施主体各1家，通过示范带动作用，促进农民增产增收。排查“非粮化”耕地84.66公顷，完成整治42.72公顷，完成率50.45%。全年培育新型经济主体10家，吸引能人回乡创业3人，吸纳就业120人。做好春季动物疫病防治工作，与各村签订春季动物疫病防治目标责任书，并督促各村配合各兽医站完成防疫预防工作。按照“村不漏组、组不漏户、户不漏畜、畜不漏针”要求，防疫生猪6416头、牛4790头、羊10434只、鸡17402羽，确保全年蓝耳病、猪瘟、口蹄疫、禽流感的防疫密度达到规定要求，促进全镇畜牧业健康发展。

【新农村建设】 筹备组织召开桥头镇创建全国文明城市工作安排部署会、桥头镇创建全国文明城市工作推进会8次。悬挂横幅1764条、LED宣传投放3.12万次、黑板报304块，督促各社区制作、更换社会主义核心价值观和未成年人思想道德建设宣传栏23块，制作发放给全镇居民群众的一封信和《社会主义核心价值观宣传手册》宣传品4.2万份。按照

《全国县级文明城市测评体系》要求，完成县级测评，群众满意度等各项测评指数名列前茅。投资8万余元，在辖区无人管理小区增设停车位1500个；投资15万元，维修县水泥厂、大菜市等无人管理墙体、地面；投资5万元，整治庙沟路口环境卫生，改善脏乱差现象。推进美丽村庄建设行动，出动大型机械150余台次，投入人力3500余人次，清理垃圾400余立方米，拆除违建10座，拆除残垣断壁8处。推进宁张公路沿线整治拆除工作，拆除违建房屋3000平方米，扭转残破废旧房屋形象，助推辖区人居环境实现整洁转变。投资200余万元，将13个社区环境卫生整治及日常保洁全部委托第三方保洁、管护，解决集中整治难度大的问题，实现由突击整治向日常保洁推进的转变。在全镇范围内开展房屋建筑安全隐患排查整治工作，召开房屋建筑安全隐患排查工作安排部署会，镇、村两级主要负责人带队开展地毯式排查。排查出集体土地经营性自建房503户、面积13.56万平方米，初步判断不存在安全隐患；集体土地非经营性自建房9961户，面积89.65万平方米。排查经营性自建房701户，面积22.6万平方米，存在安全隐患30户，非经营性自建房8户，全部完成整改。完成全镇经营性安全自建房排查整治工作和系统录入工作。排查交通安全隐患42次（包括红河限村、窑庄村、后子沟村等道路安全隐患问题），开展“六清行动”，加大行业清源力度。开展车辆带泥上路整治6次、道路扬尘整治5次、车辆乱停乱放整治17次、车辆超载超限整治13次，保障路面畅通。

【乡村振兴】 全镇22个村集体经济“破零”，村集体经济累计收益238.92万元；6个脱贫村光伏收益60.12万元。投资390万元，贺家寨商贸综合服务中心建成投用，总收益33.4万元，可扶持带动农户645户2864人，其中建档立卡户13户38人实现增产增收。毛家寨综合市场（两年期）项目总投资560.4万元，于6月底完成资金支付率100%，优先吸纳5户低收入家庭就近就业增收。将涉及基础设施建设、产业发展等124个项目纳入2021—2025年项目库，并对现有的村集体资产进行确权，建立完善管理制度。实施胡基沟村114户厕改项目，完成窑庄村296户厕所革命验收工作。完成2013年开始的各类财政资金支持建设农村问题厕所摸排工作，摸排3288座，立行立改107座，上报问题厕所844座。做好明长城保护工作，投资2500万元的明长城开发旅游项目开工建设，挖掘农民农村文化，打响镇村旅游品牌。实施完成胡基沟至向阳堡通村主干道2千米、胡基沟村通村35米、红河限村主干道450米道路维修。排查上报道路维修2.68千米，护栏护坡维修7处、桥梁2座、管涵24处。

【生态环境】 清理上庙、下庙、红河限等重点区域可燃物22公顷，对毛家寨、老营庄、红河限等6个村87公顷天保工程区进行森林抚育。组织镇、村（社区）干部、党员、群众867人次，出动机械42台次，清理河段30千米、垃圾49立方米，治理“四乱”13处，拆除违建7处，封堵私设排污口3处。健全完善《桥头镇河湖长巡河制度》，在河道显要位置设置“河湖长公示牌”18块。各级河湖长利用“智慧水利云”App巡河提升河湖巡查工作效率，探索河道村管新模式，构筑水资源安全屏障。

【社会事业】 开展“控辍保学”工程，健全义务教育阶段学生控辍保学长效机制，动员辍学学生7人，九年义务教育巩固率100%，初中毕业生升学率100%。发放贫困大学生“雨露计划”补助13.2万元。组织开展6期培训班，为脱贫人口提升技能，拓宽就业渠道，完成短期技能250人，其中窑庄村50人、后庄村50人、向阳堡村75人、红河限村25人、大煤洞村

50人。开展定期监测、动态管理，重点监测收入支出状况，坚持“四个不摘”原则，持续巩固“两不愁三保障”及饮水安全状况。通过夏都人才网直播带岗活动，动员参与专场招聘会7期、现场招聘活动2次；完成短期技能250人，提升脱贫人口劳动技能。利用辖区企业辐射带动作用，持续引导周边群众就业务工1.49万人次。

【民生保障】　做好重度残疾人托养，做到“应保尽保”。落实民政救助农村低保580户1041人，农村特困65户68人，其中新纳特困供养户11户11人，审批通过115户161人，享受“雨露计划”27人、“公益性岗位”179人（新调整16人，因疫情、防汛、防火应急工作新增公益性岗位14人）等各项农村民生保障等政策补助补贴。建立脱贫人口和低收入人口住房安全动态监测，开展农村自建房脱贫人口和低收入人口住房安全动态监测与城乡自建房安全隐患排查整治工作，排查农村经营性自建房屋503户，完成危房改造9户（后子沟4户、向阳堡1户、窑庄2户、毛家寨1户、胡基沟1户）。做好慢性病脱贫患者家庭医生签约，提供公共卫生、慢性病管理。开展大病集中救治，做到“应治尽治”，全镇脱贫人口家庭医生均实现签约服务、健康随访。全年发放临时救助资金223.44万元，低保金、取暖费和生活补贴1614.63万元，疫情防控期间困难群众生活防疫物资5.34万元，残疾人生活补贴、护理补贴95万元。争取1800万元，改造园林新村等15个老旧小区。为98户居民办理公租房入住及后续服务工作。巩固农村供水保障工程项目实施，贺家寨村人畜饮水提升改造工程项目埋设管道11.4千米，新建供水管道3.36千米，支管道0.68千米，入户管道7.36千米，阀门井、分水井30座，硬化路拆除及恢复4.88千米。年内开展“西宁评议”公共服务评议系统评议工作，“好差评”5561条，投资30万元改善便民服务大厅基础设施。

（撰稿人：赵　云）

## 城关镇

【概况】　城关镇位于大通县西北部，G227线53千米处，面积43.6平方千米，全镇总户数6049户，总人口25357人，有汉族、回族、土族、藏族、蒙古族等民族聚居，少数民族人口占总人口的60%。全镇辖上毛佰胜、下毛佰胜、东门、好来、城关、西门、西关、龙曲、塔哇、贝寺、张家庄、大庄、阳坡、上寺咀、下寺咀、柳树庄、李家磨、铁家庄、沙巴图、林家台20个村民委员会和佰胜社区居民委员会，有76个自然村。全镇有在编工作人员42人，其中公务员16人、事业编制人员26人。2022年，全镇农村经济总收入39077万元，农业总产值1.19亿元，实现农民人均可支配收入15425元，同比增长4%；全年转移就业9146人，劳务收入32178.5万元。获评“2020—2021年度市级文明村镇”。

【党建工作】　学习贯彻中共十九届历次全会和二十大精神，中心组理论学习14次、干部晨读会28次。通过晨读会领学、分享心得、讲党课等方式集体学习，利用“学习强国”“信仰的力量”手机App、“阳光村务”“掌上微课堂、随时随地学”等网络学习平台，以视频会议、推送学习内容、交流学习体会等形式开展自学。签订党建责任清单22份。创新“1543”党建工作模式，创建“红动全城　鼎盛驿关”党建品牌，严肃党内政治生活，抓好支部建设，持续锤炼政治担当。落实“三会一课”制度、“115+N”主题党日，开展“年初相约话党建”“年中观摩看党建”活动，开展党支部“堡垒指数”和党员“先锋指数”考评工作，举办党员培训班2期，组织39名村（社区）干部和驻村工作队员参加省、市、县培训班。推进干部日常考核，统筹用好

职务、职级两个通道，年内得到职级晋升干部8人，储备后备干部184人、特色人才92人，发展党员26人。以会代训开展“廉政党课”、廉政警示教育大会3次，在春节等重要节假日前编发廉政短信6次，开展谈心谈话48人次，任前谈话8人，节前谈话22人，通报批评4人，提醒谈话4人，责令检讨2人，筑牢党员干部拒腐防变的思想防线。建立“三资”台账，清查固定资产，签订提级监督承诺书22份，开展提级监督检查7次，推动建立健全制度8项，提升基层治理效能。推行网上作风建设评价体系，监督各中心、站（室）日常工作7次，提出意见建议5条，并及时督促整改销号。整改县委第二巡察组反馈的4个方面10个问题，召开专题党委会研究整改措施。推进领导干部上讲台“万场党课万人讲、人人争当主讲人”活动，镇领导干部、党支部书记、第一书记讲党课150余次。

【人大与政协工作】 组织召开城关镇第十九届人民代表大会第三次会议，听取并审议《镇人民政府工作报告》《人大工作报告》，依法选举新一届人大主席1人、副镇长2人，选举县人大代表1人，并转办答复代表建议。深入学习贯彻习近平总书记在中央人大工作会议上的重要讲话精神，打造“两室”示范点，提档升级镇人大代表履职中心、3个村级人大代表联络站，提升人大代表履职能力，发挥人大监督作用。学习习近平总书记在庆祝中国人民政治协商会议成立70周年大会上的重要讲话精神，建立政协联络站，设置联络办公室，完善各项制度，加强政协委员间的联系，提高参政议政能力。

【群团工作】 发挥党建带群建的政治优势，根据党群共建工作机制，汇聚工会会员、共青团员、广大妇女等群团力量参与城关建设。把武装工作与党务、政务、经济工作放在同等重要的位置。履行党管武装职责，落实党政议军会议制度，将《中华人民共和国兵役法》《中华人民共和国国防动员法》《中华人民共和国民兵工作条例》等列入党委中心组学习内容，开展民兵学习宣传教育2次。

【民主法治】 镇党委将民主法治工作纳入党委、政府中心工作，研究制订年度工作计划，并与21个村（社区）签订目标责任书。定期听取工作情况汇报，督促检查各村综治工作，完善镇、村两级矛盾纠纷排查化解体系，建立“1496”矛盾调处红色驿站，打造“枫桥经验”城关化工作四法，持续推进镇村综治中心规范化建设和运行。强化宣传教育引导，增强干部群众维护民族团结、维护社会稳定的自觉性，把矛盾隐患、风险隐患排查化解摆在突出位置，健全工作机制。全年排查调处矛盾纠纷45起，预防因各类矛盾纠纷引发的重大治安案等事件。加强对重点人员管理，走访并登记造册全镇刑事解教人员、社区矫正人员、精神病人员，实行镇政府、派出所、司法所人员联系、家长监护、村干部直管，采取回访、慰问、医疗救治等措施。持续开展常态化扫黑除恶，通过集中宣讲、横幅、永久标语、“阳光村务”平台等方式拓宽宣传渠道，宣传扫黑除恶、禁种铲毒、反邪教、防网络电信诈骗、依法信访、法治社会、综治维稳等内容，扩大宣传覆盖面，提高群众知晓率和参与率，引导广大干部群众自觉抵制有害思想的影响。通过走访村（居）民、沿街店铺进行线索摸排，完善台账。推进一村（社区）一法律顾问，提升群众法律服务获得感，实现村（居）法律顾问服务全覆盖，开展与群众生产生活相关的法律法规宣传教育和服务活动，加强农村法治宣传教育。推进“民主法治示范村（社区）”创建工作，全镇创建民主法治示范村11个。

【民族宗教工作】 坚持宗教中国化方向，推进“民族团结进步+”创建工作，开展民族宗教法律法规知识进乡村、进校园、进企业活动，强化宗教政策宣传。加强宗教及民间信仰场所管理，开展整治非法宗教活动，召开打击非法宣教活动的推进会。开展“尊法学法守法用法寺院创建活动”。

【精神文明建设】 编写“村规民约”顺口溜，发挥“四会”成员作用。组织志愿者400余名投身抗疫抗洪一线，持续开展创建日等志愿服务。参与文明村镇创评工作，城关镇和李家磨村等3个村（社区）被评为西宁市“文明村镇（社区）”。在春节、端午等传统节日，组织开展文化活动30场次，集中开展清除“牛皮癣”“爱国卫生运动”“清洁家园”等主题活动7个、“创建日”活动7次，促进群众对创城工作普遍知晓、积极参与，改善城乡面貌和生态环境，提高群众文明素质。

【农业农村经济】 落实粮食生产责任，加强“三产”发展，总耕地面积2424.77公顷，播种面积2747.43公顷。粮食作物种植1242.17公顷，其中小麦种植844.97公顷、马铃薯367.27公顷、蚕豆29.93公顷；油料作物种植740.2公顷；蔬菜种植536.13公顷（其中蔬菜复种面积322.67公顷）；种植汉藏药材87.6公顷；玉米、燕麦饲草料97.67公顷；苗木等43.67公顷。全镇种植全膜覆盖马铃薯426.67公顷；化肥农药减量增效行动试点项目1000公顷，建立马铃薯繁育基地43.33公顷；机械托管项目433.33公顷，增产增收效果明显。清理“8·18”山洪灾害造成的淤泥土地100公顷，向县农业农村局上报修复项目，通过修复设施、托管深翻等措施，确保2023年春耕进行。镇与18个村（社区）、村与居住在河道两岸的195户农户签订村管河护河承诺书，制定村（社区）河道管护公示及村河道责任分工图。落实辖区森林管护责任制度，镇政府与各村签订城关镇树木管护责任书，落实村主任为各村管理负责人。管护现有林木资源，落实树木砍伐审批制度，加强木材加工场所的经常性检查，禁止偷、盗运木材行为。与各村签订耕地保护责任书，落实耕地保护责任。设施农用地现备案9份，下发设施备案批复4份。实地查看全镇9个耕地“非农化”及55个设施农用地图斑，并上传系统进行整改。

【新农村建设】 成立双组长领导小组，下设6个职能工作组，为推进全镇人居环境建设行动提供组织保障。制定《城关镇人居环境建设行动方案》、城关镇人居环境建设“三包五不准”协议等，确保责任落实到位、工作措施到位。建立“一户一档”整治表，将“三清一改治六乱”行动落实到户，根治农户房前屋后、河道沟渠“脏乱差”现象，取缔乱堆乱放及私搭乱建“圈舍棚”问题。出动党员干部群众3638人次、机械166台次；清理河道、沟渠55.5千米，垃圾160余立方米；拆除违建173处。落实“河湖长制”，组建河道管护队伍，开展垃圾清理、隐患排查等工作。组织镇村干部，各村人居环境建设进行评比，借鉴好做法好经验，督促工作滞后村，打造干净整洁优美舒适的人居环境。投资300万元，实施龙曲村、下毛佰胜村高原美丽乡村建设项目。

【乡村振兴】 落实“四个不摘”要求，建立健全防返贫机制，定期开展排查整治，通过实施个性化帮扶措施，消除困难群众返贫致贫风险。推进控辍保学行动，消除失学辍学问题；落实分类资助参保政策，实现脱贫人口参保率100%；建立脱贫人口住房安全动态监测机制，提升农户住房安全。完善扶贫项目资产管理，制定《城关镇关于推进扶贫项目资产管理工作的实施方案》，盘活经营性资产，使用各级各类财政专项和财政涉农资金4586.7万元，实施项目三大类40项，制定完善后续管护方案和联农带农机制，产生收益280万元，维护资产所有者、经营者和受益者的合法权益。发挥企业、合作社、在建项目优势，为54户160人提供就业岗位，人均增收6000元；设置村级公益性岗位10类，拓宽脱贫人口就业渠道。实施“三乡工程”，与青海傲雪医药科技开发有限公司等优秀企业签订“三乡工程”招商引资协议书，丰富“三乡工程”内涵。建立“能人”台账，挖掘致富带头人42人，带动农户607人。

【社会事业】　坚持教育优先发展战略，全镇义务教育阶段入学率100%。高中阶段入学率90%，大通一中高考上线率100%，本科上线率53.3%。组织驻村第一书记、村“两委”干部及学校教师进村入户，对全镇各村内义务教育阶段辍学生开展入户劝返工作，对品学兼优学生进行捐资助学活动。落实就业优惠政策，设置公益性岗位，实现高质量就业。宣传大通县“百日千万网络招聘专项行动”直播带岗，增强农民务工积极性。培育新型职业农民，开办中式面点、农家乐、舞蹈等技能培训3场，参训150人，增强农民就业“底气”。推进就业失业登记工作，建立就业数据信息库，实现动态化管理。全镇外出务工人员9146人，人均收入1.67万元，发放外出务工交通补助9.87万元。

【民生保障】　落实各项惠民政策，城关镇有农村低保对象391户583人，城镇低保对象88户103人，发放保障金352.92万元。有特困分散供养对象53户62人，发放基本生活金82.56万元，发放分散供养护理金5.71万元。救急难申报8户，发放资金24.52万元。现有认定的低收入家庭64户191人，为疫情影响的低收入家庭发放临时价格补贴0.99万元，住院的低收入家庭医药费报销率85%。按照上级民政部门要求，利用“阳光村务”平台，以张贴、分发宣传单、开展政策咨询活动等形式，宣传社会救助政策，并将低保、临时救助、特困供养、低收入家庭认定审批条件和程序等内容向群众公布。困难对象在申请时和批准后，按照省、市、县要求进行公示，自觉接受群众监督。实行无条件申请、有条件审批，完善制度、规范管理，坚持公正、公平、公开原则，做到应保尽保、应补尽补、应退尽退。每月开展线上线下社会救助工作培训会12次，有21名村级协理员和民政工作人员参加学习，会议中讲解社会救助申请条件和受理过程，村级协理员明确社会救助的操作规范和流程。7月和8月，分别开展为期1天的社会救助政策宣传活动，其间，发放宣传册560份，政策宣传覆盖3000余人，排查出困难群众3户。

【“8·18”山洪灾害救灾】

8月18日，大通县青山乡突降暴雨，位于黑林河下游的城关镇张家庄村、大庄村、阳坡村、李家磨村、上寺咀村、下寺咀村6个村遭受山洪灾害，受灾502户2401人。灾害发生后，成立工作专班统计受灾群众及房屋受损信息，组织干部、群众开展救灾工作，转移、安置受灾群众。救灾过程中，城关镇受灾村收到县物资调拨、各爱心人士及机构捐赠的食物、救灾物资等，缓解救灾压力，镇中心学校支持救灾工作，接纳、安置受灾群众104户。“8·18”期间，全镇6个村受灾，各支部通过“1+2”结对救援方式开展自救行动，增强受灾村自救能力，保护人民群众生命财产安全、降低灾害损失。

（撰稿人：侯统堂）

## 长宁镇

【概况】　长宁镇位于大通县南部，宁张公路20千米处，海拔2333~2799米，东靠虎头山、大墩岭山与互助县分界，西与景阳镇相接，北与黄家寨镇毗邻。总面积96.65平方千米，辖长宁、王家庄、新寨、下严家庄、甘沟门、宋家庄、韩家山、东村、西村、尕庄、中嘴山、上孙家寨、陈家庄、戴家庄、河滩庄、红崖、康家、汪家、田家、殷家、双庙、新添堡、鲍家寨东村、鲍家寨西村、上鲍堡25个村民委员会和长宁社区居民委员会。全镇有工作人员81人，其中公务员26人，事业编制人员32人、编外人员2人，“三支一扶”、公益性岗位、后勤等临聘人员21人。全镇总人口10065户40377人，耕地面积2259.01公顷，有汉族、回族、土族、藏族、蒙古族等5个民族聚居，少数民族占10.4%。有党支部30个，其中非公有制企业党组织2个、机关支部2个；有党员1276人，其中女党员332人，少数民族党员78人。长宁镇历史悠久，文化厚重，有出土于上孙家寨的马家窑文化珍宝（舞蹈纹饰彩陶盆），民族风情浓郁（后子河餐饮城），人文景观独特（上孙菩提寺），工业发展强劲（北川工业园驻地）。区位优势突出，交通便利，境内国道227线、宁大铁路、宁大高速公路、双新公路、大湟公路纵横交错。2022年，全镇农村居民人均可支配收入16437.37元，农村劳动力转移就业14965人，完成全年任务的101.12%，实现工资性收入11972万元。

【党建工作】 利用党委中心组学习、周一晨读会、支部书记讲党课等形式落实党建学习制度。组织28个党支部1000余名党员干部和学校师生、社会各界人士收看中共二十大开幕会；举办党委书记讲党课、“百姓话廊”宣讲会，组建由驻村干部、党员志愿者组成的“送学上门”小分队，结合人居环境建设、创城等工作入户宣讲中共二十大精神。利用“学习强国”“西宁党建”“大通融媒”“大通党建”和青海干部网络学院等信息化平台将学习资料及时推送，通过条幅宣传、LED屏滚动播放方式宣传党的好声音、好政策；部分党支部通过开展“帐篷党课”为战疫一线党员志愿者宣讲中共二十大报告。全年组织召开党委中心组学习14次、镇干部晨读会12次，廉政警示教育2次、党委书记讲党课1次，党员干部撰写学习心得300余篇。执行“三会一课”报备联审观察制，落实“115+N主题党日”活动制度。按照发展党员“三联审三公开三票决”制度，发展新党员25人。全年收缴党费6.76万元。开展“党课开讲啦”“能力提升大讲堂”等活动，举办农村党员冬春训、入党积极分子培训班、乡村振兴专题培训、支部书记讲党课等教育培训活动，提高党员教育质量，覆盖党员1100余人次。利用元旦、春节、“七一”等节点慰问老党员、困难党员、优秀党员32人，为10名党员颁发“光荣在党50年”纪念章。推进“党建引领基层治理三年”行动，在全镇划分29个村级网格，配备网格员139人，构建基层党建、综治维稳、疫情防控、政策宣讲等网格化服务管理体系。建立“三级导师帮带”机制，提升年轻干部综合素质。开展“换位体悟”专项活动，填写“换位体悟”专项活动纪实表49份，发现基层群众急难愁盼的问题42条。全年召开党风廉政建设专题会议3次，学习中央、省、市、县纪委全会精神3次，撰写心得体会62篇。开展党委书记率先讲、班子成员跟进讲廉政党课活动25次。举办廉政文化活动，打造申报戴家村廉政文化示范点；镇党委书记与班子成员开展廉政谈话11人次、谈心谈话10人次；全年办理信访件3起，诫勉谈话4人，开展提醒谈话22人次、批评教育3人。签订党员领导干部家属倡廉助廉承诺书，拒绝赌博、酒后驾车承诺书，细化县委第一轮对长宁镇巡察中发现的4个方面10类问题为36项整改任务并落实整改。镇纪委开展政治督查12次，围绕疫情防控、实现脱贫攻坚与乡村振兴有效衔接、人居环境整治、驻村干部到岗等重点工作开展监督检查11次；与党支部书记开展谈心谈话6次，村“两委”干部提醒谈话15人；利用元旦、春节等时间节点，开展作风督查9次。

【人大与政协工作】 召开长宁镇第五届人民代表大会第二次会议、第三次会议和第四次会

议，听取并审议人民政府工作报告、大会主席团工作报告和“八五”普法规划，选举副镇长2人，收集整理代表意见建议26条，交办相关站室协调办理；补选县人大代表1人，镇人大代表1人。落实“三联系”制度，集中组织人大代表视察疫情防控蔬菜销售和国道227线建设影响农田灌溉情况，开展代表慰问活动，鼓励代表联系选民，提出意见建议。“8·18”山洪灾害发生后，发动人大代表和群众捐款5400元。向县人大申请6.5万元，在新寨村人大代表活动室打造“一届代表一生荣誉，一任代表一生责任”特色品牌，创造“6+1”工作机制。将政协工作列入重要议事日程，补选政协委员1人，利用政协委员联络组，做实做活基层参政议政，组织委员深入基层、走进社区、贴近群众，了解实际情况，丰富政治协商、民主监督、参政议政的新形式新内容，为长宁镇经济社会建设和发展建言献策。

【群团武装】 组织各团支部开展“学雷锋树新风、弘扬雷锋精神”主题志愿服务活动和“清廉·青年”线上主题团日活动，加强青年干部、团员青年思想政治引领，组织团员青年学习中共二十大精神，维护社会稳定、加强民族团结。开展以“巾帼心向党　奋进新征程——走基层　传家风”为主题的庆“三八”妇女节文艺会演活动，弘扬家庭美德。开展“绿色家庭”“最美家庭”“勤俭助廉家庭”创建评选表彰工作，评选出县级“最美家庭”4户、“绿色幸福家庭”11户、“勤俭助廉”家庭1户、“民族团结进步”家庭1户。申报戴家村“群众之家”，推行平等协商、集体合同以及职代会制度和送温暖活动，维护职工合法权益，调动职工积极性。抓好民兵预备役人员集训等活动，加强民兵预备役人员国防知识教育。选派武装部部长参加省军区培训，武装部副部长参加市警备区比武大赛，提高全镇武装工作水平。全年落实武装工作经费，保障集训工作的正常开展和阵地设备规范化建设。抓好民兵军事训练和征兵工作，开展民兵训练，完成规范化训练。大通“8·18”山洪后，集结民兵组建志愿者队伍到青山乡开展灾后清淤工作，面对汛期强降雨天气，参加网格化防汛工作，配合各村排查安全隐患，执行24小时值班制度，发挥民兵应急作用。

【民主法治】 落实“谁执法谁普法”普法责任，推行“一村(社区)一法律顾问”制度，实现26个村（社区）法律顾问覆盖。按照谁服务谁负责原则，将每起纠纷具体落实到每个包案责任人身上，提升群众法治意识。落实综治维稳，围绕“两节”、两会和中共二十大等重要时段，启动维稳工作机制，开展风险隐患排查，做好防风险、保安全、护稳定各项工作。调解各类纠纷80余起，答复市政府公开电话“12345”转办件467期、网络问政41期、市长信箱3期，完成上级转办信访5件。加强网格化管理，划分村级网格29个，成立治安巡逻队26个，开展疫情防控、森林防火、治安巡逻工作。在全镇范围内对社区矫正20人、刑满释放149人、入赘家庭280户、精神障碍患者等重点特殊人群进行定期跟踪随访24人，易肇事肇祸精神病人送往青海省第三人民医院进行住院治疗1人，走访存在纠纷入赘家庭，化解3户，并分类建立台账，加强日常管控。推进市域社会治理，依托“雪亮工程”“天翼看家”加速形成网上网下融合、人防物防技防“三位一体”的立体化治安防控体系，促进政治、自治、法治、德治、智治“五治”融合。开展平安建设宣传和法治宣传，发放综治平安建设宣传册5800余份，借助村广播、LED显示屏、微信群以及入户向村民宣传市域社会治理、防拐、邪教、禁毒、铁路护路、扫黑除恶、电信诈骗（养老）、宗教领域等法治知识，在长宁卫生院、后子河卫生院向村民发放《中华人民共和国宪法》《中华人民共和国民法典》《中华人民共和国国家安全法》等资料，并督促甘沟门、西村清真寺更换破损、陈旧国旗。联合镇派出所、社区进行电信诈骗（养老）、非法集资专题宣讲活动，动员群众安装反电信诈骗App，组织全镇网格员进行“防范电信网络诈骗犯罪宣传”培训1次，提升群众对平安建设的知晓率、参与度和满意率。

【民族宗教工作】 加强民族团结进步工作与惠民政策、民族政策和法律法规宣传教育融合发展，加强感恩教育，树立“三个离不开”“五个认同”思想，结合“尊法学法守法用法寺观教堂”创建、法治宣传月、“法律进寺院”等活动，组织宗教界人士政策法规培训班1期，参训50人次，举办镇村干部民族宗教政策法规培训班1期，参训150人次，学习《中华人民共和国民族区域自治法》《青海省宗教事务条例》《宗教活动场所财务管理办法》等有关法律法规，发放各类宣传资料100份，出板报、墙报5期。落实寺院维稳工作措施，排查化解矛盾安全隐患，建立情报信息网络，与各寺院签订宗教活动场所安全工作目标责任书。排查了解寺院动态情况10次，综合分析出现的苗头性、倾向性问题，及时施策解决，上报有关情况，防止意外事故发生，确保宗教领域安全稳定。完成甘沟门清真寺、西村清真寺2座清真寺整改工作和县级验收，各项整改档案已装订成册。

【精神文明建设】 开展精神文明创建，戴家庄村、陈家庄村、长宁社区被命名为2020—2021年度市级文明村（社区），推荐申报陈家庄村、戴家庄村等4个村（社区）为2019—2021年度省级文明单位。制定下发《长宁镇2022年深入推进移风易俗工作实施方案》，疫情防控期间，宣传疫情防控政策，倡导婚事延办不办、丧事简办快办，全镇丧事简办10户、婚嫁简办13户。将移风易俗纳入“五星级文明户”评选标准，通过宣传、群众自评、审核等程序评选“五星级文明户”170户。开展“我们的节日”系列活动，举办春节、元宵节书法比赛，清明节网上祭英烈活动，七夕节手工品征集及志愿服务活动，中秋节关爱失独家庭，线上寄语等活动，丰富群众的精神文化生活。依托镇、村新时代文明实践所（站），镇、村两级志愿者结合“创建日”活动，重点围绕环境卫生整治、疫情防控、森林防灭火宣传等开展各类志愿服务活动8次，出动志愿者900人次。年内被“学习强国”学习平台报道1期、中国农网报道1期、中国文明网报道1期、《农民日报》报道1期、《青海日报》宣传报道2期、夏都西宁报道1期、《西海都市报》报道1期、大通融媒宣传报道15期、大通文明报道2期、大通创城宣传报道1期，上报信息简报153篇。

【农业农村经济】 做好耕地“非农化”工作，防止耕地“非

2022年，春耕备播储备肥料（长宁镇供图）

粮化”倾向，利用秋收后农闲时间，抢抓进度，整治土地例行督查卫片图斑 21 处，恢复耕地 10.84 公顷，年内完成撂荒地复垦 10.33 公顷，清理耕地内种植苗木、中药材等 114.38 公顷。抓好农畜产品稳产保供，指导养殖大户、家庭农场及合作社做好产销对接，扩大出栏，全年牛存栏 2458 头、羊存栏 9325 只。发挥城郊区位优势，发展露地蔬菜种植，马铃薯 369.13 公顷、油菜 1367.54 公顷、蔬菜 522.33 公顷（含复种面积）。指导农户依托电商等平台订单销售，拓宽农产品销售渠道，实现种植业收入稳定增长。疫情防控期间，多方协调解决东风、陈家等村蔬菜滞销问题，销售蔬菜 2350 吨，增加农户收入 200 余万元；强化新型农业经营主体管理培育，规范管理全镇种植养殖合作社 67 个，推荐禾丰粮油、润桑田合作社为企业兴乡、能人回乡示范合作社，为兴农助农提供产业支撑。实施退耕还林工程、天然林保护工程、三北防护林工程，建立健全林长制目标体系，与护林员签订集体管护协议，重点时间段对重点林区进行巡查并做好记录，发放森林生态效益农户补偿 2066.67 公顷 24.4 万元。做好国土资源保护、地质灾害群防群测工作，排查地质灾害隐患点 12 处，核查土地违建省级图斑 202 个。

【新农村建设】　总投资 300 万元，实施长宁村、韩家山村高原美丽乡村建设项目；专项补助资金 299.4 万元，完成长宁村、新寨村 998 户农户“小煤炉改造”项目；实施西村、上孙家寨、韩家山、汪家、康家等村 1261 户农户“小煤炉改造”项目。联系县水管站进行水利设施维修，处理解决好人畜饮水举报事件。健全完善人居环境卫生整治机制，与农户签订整洁庭院承诺书和“门前三包”协议，开展美丽庭院创建行动，优化镇区环境；持续推进“厕所革命”，修建上鲍村双坑交替式旱厕 388 座，改善人居环境。综合整治宁张公路（长宁段）沿线上孙家寨路口、长宁镇后子河餐饮城、长宁路口、长宁镇新桥路口 4 处重点建设区块；破碎清理混凝土路面 60 条 1.72 万平方米，开挖砂土路 2 条 0.59 万平方米，拆除建筑物 31 处 0.47 万平方米，清运渣土 2.9 万立方米，清理林带垃圾 62 处 3.6 万平方米，出动挖掘机等机械 119 台次、双桥车 132 车次、人力 468 人次；整治“散、乱、污”企业 37 家，检查商铺 132 家，整治沿街商铺随意张贴喷绘门头 52 处、私设广告牌 48 处、拆除不规范门头 40 处，粉饰有碍观瞻墙面 16 处 1.4 万平方米。粉刷双新公路沿线两侧 8 千米墙体，路边绿化种植约 1200 棵树，改善城乡环境面貌。采取“谁搭建谁整治、谁堆放谁清理”工作原则，开展铁路沿线环境整治工作，明确以村委会负责人为第一责任人，私搭乱建农户为主体责任人的工作机制，督促村委会、农户自行开展轻漂浮物及乱堆乱放、乱搭乱建整治工作。历时 60 余天集中整治后，全镇 64 处 355 个隐患点位整治完毕并销号，保障路域环境安全。

【乡村振兴】　坚持做好防贫动态监测，做到防返贫排查不漏户、不漏人，对列入的韩家山村 1 户脱贫不稳定户制定帮扶计划，通过低保等渠道增加收入。实施下严村人畜饮水提升工程，确保农户饮水安全。为 47 人申报“雨露计划”补助，做好教育帮扶；为 3 户建档立卡脱贫户申请危旧房改造指标，发放补助资金 9.5 万元；落实医疗保障，脱贫人口缴纳城乡居民基本医疗保险参保率 100%，双签约服务全覆盖。利用靠近城郊的区位优势和农产品加工贸易的传统优势，培育扶持新型经营主体，戴家村等 4 村与天麒置业等民营企业结为“百企兴百村”村企结对，为兴农助农注入动能。探索发展养殖项目，投入乡村振兴资金 600 万元，实施青海大通鲈鱼循环水陆基养殖项目，发展壮大村集体经济，完成 95% 的工程量，资金支出率 95%。发展仓储项目，投入中央扶持壮大村集体经济资金150万元，在双庙村新建仓库一座，用于韩家山、红崖、双庙三村捆绑壮大村集体经济，共同受益。发展文旅项目，在戴家村投入乡村振兴战略示范试点村专项资金400万元，实施文化产业提升项目。

【生态环境】　清理林区及周边防火通道的可燃物及垃圾20余公顷。落实“水清、河畅、岸绿、景美”目标，推进水环境治理工作，落实长效机制，加强监管，加大治水护河知识宣传力度，开展河湖道环境卫生整治20余次，清理河道垃圾20立方米，整治河道50处，清理村内沟渠648千米。结合创建全国文明城市工作，组织村庄开展综合环境卫生整治1120余次，出动人员1万余人次、大型机械559台次、农用车920辆次，清理农村生活垃圾4190立方米，清理乱搭乱建及残垣断壁775处。

【安全生产】　构建“五户联保、百户联防、十级管理”的防汛管理体系，吸取“8·18”山洪教训，排摸受损房屋、损毁道路及农作物等受灾情况，出动镇村干部438人、车辆144辆，检查河道18处，巡河110千米，沟道45处，淤地坝11座清理淤堵12处，防汛隐患点18处，存在隐患点居住涉险群众采取“敲门行动”，转移安置235户1025人。加强风险隐患排查整治，遏制安全生产事故发生。在重要时间节点，开展危险化学品、小微企业、“九小场所”、废弃矿山、燃气、自建户、林草等领域安全大检查20余次，发现一般隐患75条，立即整改49条，限期整改26条，隐患整改率100%，全年未发生重大安全事故。出动人员394人次，排查农村自建房9356户159.8万平方米，其中经营性自建房473户5.67万平方米，存在安全隐患的4户下发整改通知书并关停整改。

【社会事业】　义务教育阶段学生巩固率99.8%，无因贫失学学生，无失学入寺学经现象。为25个村农家书屋配发图书1775册，丰富群众业余文化生活；省、市、县文化馆“戏曲进乡村”及“文艺轻骑兵”惠民演出36场，放映电影50余场。打造涉及餐饮经营、管理、服务全过程及餐饮配套产业链上的“后子河餐饮”劳务品牌，带动周边劳动力就业，实现劳动力由体力型向技能型转变。

【民生保障】　完成辖区内常住人口和暂（临）居人口养老保险享受待遇人员的生存认证工作，死亡注销96人，登记新生儿和新参保医疗保险352人，完成城乡居民医疗保险缴费工作，完成率98.6%。落实政策补贴发放，做好各类救助工作，农村低保新申请审批通过121户139人，发放低保金634户1133人815.48元；特困户各类补助金82户82人122.29万元；临时救助金审批通过335户1239人，发放救助金207.86万元；发放高龄补贴2185人261.04万元，优抚对象生活补贴72.35万元，办理优待证395本；转介5名残疾儿童到康复机构进行康复训练，完成941名残疾人基本服务状况和需求信息数据动态更新等工作，为辖区内符合条件的13名贫困重度残疾人家庭实施残疾人无障碍改造项目，发放残疾人补助66.09万元；疫情防控期间对困难群众进行摸排，为153户特殊困难家庭发放生活和防疫物资。实施危旧房改造项目35户，补助资金87.7万元。抓好劳动力就业保障，导入劳动力转移信息1.5万条，解决劳务纠纷3起，为建档立卡户发放跨省务工交通补贴2.5万元，申报就业联络经费3.75万元。

（撰稿人：秦　倩）

## 黄家寨镇

【概况】　黄家寨镇位于大通县南部，距县城桥头镇10千米，东与桥头镇贺家寨村隔河相望，南连长宁镇，西与景阳镇接壤，北与桥头镇古城村相连。全镇行政区域面积61.78平方千米，

辖黄家寨东村、黄家寨西村、东柳、上陶家寨、下陶家寨、上赵家磨、下赵家磨、杨家寨、许家寨、索家、平乐、阿家、下柴家堡、上柴家堡、大哈门、兴太、平地庄、寺尔、台台、陈家村20个村民委员会和95个自然村；黄东社区、青铝社区2个居民委员会。镇政府在岗职工85人，其中公务员25人、事业编制人员30人、编外人员1人、民政购买服务人员5人、“三支一扶”1人、公益性岗位8人、西部计划1人、农经站见习大学生2人、综合执法大队12人。有汉族、土族、蒙古族、回族、藏族5个民族，居民人口12511户37955人。2022年，全镇脱贫户和监测户634人实现就业，公益性岗位171人发放工资35.4万元，各类项目联农带农525户1620人，发放务工交通补贴58人3.94万元。人均可支配收入25455元，农业总收入20103万元。

【党建工作】 学习贯彻中共二十大和省第十四次党代会精神，通过专题研讨、书记讲党课等开展理论学习544次。推进村级活动场所“美化、亮化、规范化”和“危旧狭小”建设项目。持续巩固“组织体系建设三年行动”成果，开展软弱涣散村党组织排查整顿，促进基层党组织全面过硬。全年开展各类培训50余次，培训党员干部2700余人，新发展党员27人，培养入党积极分子65人，储备村级后备干部173人。落实“一岗双责”，推动党风廉政建设“四责”贯通联动、一体落实。开展提级监督试点工作，做到监督检查持续从严从紧。运用监督执纪“四种形态”，严肃监督执纪。落实巡察整改主体责任，整改完成7个，正在整改的问题3个。

【人大与政协工作】 健全和完善人大代表工作制度，提高代表履职素质，发挥人大代表在联系群众中的桥梁纽带作用，依法依规召开乡镇人民代表大会3次，提出意见和建议11件，召开人大主席团会议4次，围绕群众反映的热点、难点问题开展调研视察活动5次，开展代表述职评议12次，推进实施“两室一平台”提档升级，在规范建设4个村级联络点的基础上，打造杨家寨村人大联络示范点，落实人大工作，体现人大作用，实现人大监督。加强政协组织建设，完善片区政协联络点基础设施建设，参加政协调研培训活动，提升政协委员参政议政水平。

【群团武装】 按照“党建带团建、团建促党建”工作思路，完成乡镇团委、妇联组织换届工作。发挥团干部的先锋带头作用，组织开展“节前送温暖 真情暖人心 志愿者在行动”等活动12次，引导广大青年团员增强政治责任感和为民服务的使命感。开展“学习二十大 青年善作为”主题活动，组织青年团员研读中共二十大报告。开展“巾帼心向党 喜迎二十大”系列主题活动，评选“最美家庭”6户、“绿色家庭”10户、“勤俭助廉家庭”1户、“省级文明家庭”1户、“民族团结进步示范家庭”3户、“美丽庭院”16户和“美丽庭院示范户”1户，表彰“好婆婆”“好媳妇”22人，赵瑾被评为“全国妇联系统先进工作者”。落实党管武装工作制度，坚持将武装工作列入年度工作绩效目标，定期召开议军会议安排部署相关工作，组织开展国防教育，加强国防后备力量建设，增强做好武装工作的政治责任感和时代使命感。完成辖区年满18周岁的青年兵役登记工作。投入经费5万余元，推进武装部规范化建设。结合基干民兵特长，组建成基干民兵队伍，与景阳镇联合组建桥梁抢修排，在上半年召开的民兵点验大会上到点率100%。做好灾后保障工作，组织镇村党员干部30余人，到青山乡开展“8·18”灾后“清淤”工作，帮助受灾群众恢复家园。

【民主法治】 做好全民预防、打击电信网络违法犯罪和整治养老诈骗专项行动。落实行政综合执法改革工作要求，强化执法队伍建设，提升执法人员综合素质，提高乡镇综合行政执法能力水平。整治辖区内占道经营、乱摆摊设点、不按规定停放车辆等行为1052起；调解各类纠纷41起；联合市场监管所对7家疫情防控落实不到位经营业主给予黄牌停业整改；开展道路交通专项整治行动，保障人民群众生命财产安全。在中共二十大召开、疫情防控关键时期，依托网格员、志愿者、村警等加强社会面巡逻防控，加强重点人员排查管控，增强忧患意识和底线思维，持续巩固和谐稳定的社会局面。全年排查化解各类矛盾纠纷，化解7起。

【民族团结进步创建】 贯彻落实中央和省委、市委、县委民族工作会议精神，贯彻落实《青海省促进民族团结进步条例》等法律法规，确保党的民族政策落地落细落实。结合“创建日”“民族团结进步宣传月”等开展“感恩党、感恩新时代”“中华民族一家亲，同心共筑中国梦”等主题活动，持续深化民族团结宣传教育，增进认知认同。指导2个社区创建“石榴籽社区”，推动“手拉手”“心连心”“一家亲”等结亲互助活动，引导各族群众铸牢中华民族共同体意识，开创民族团结工作新局面。

【精神文明建设】 抓好阵地建设，日常监管快手、抖音、微信公众号等平台，坚持党员干部学网、懂网、用网，提高运用互联网组织群众、宣传群众、引导群众、服务群众的本领。贯彻《党委（党组）意识形态工作责任制实施办法》《青海省贯彻〈党委（党组）意识形态工作责任制实施办法〉的实施细则》、西宁市意识形态“1+8”工作制度，每季度开展意识形态分析研判会，查问题、找对策、强措施，增强意识形态工作责任意识和使命担当。引导各级党组织坚持把培育和弘扬社会主义核心价值观融入精神文明建设的各方面各环节，指导各村（社区）开展文明评选活动，评选五星级文明户170户，黄家寨镇被评为2019—2021年县级文明乡镇，黄东村等18个村（社区）被评为2019—2021年县级文明村（社区），平乐村刘元姐家庭被评为县级文明家庭；黄东社区被评为2019—2021年省市级文明单位，阿家村评为2019—2021年省市级文明村镇。

【农业农村经济】 科学规划作物种植，种植小麦768.67公顷、马铃薯313.33公顷、油菜828.13公顷、蔬菜939.4公顷、蚕豆9.27公顷。落实涉农补贴，核对19个村耕地地力保护补贴面积2048.1公顷，发放实际种粮农民一次性补贴307.2万元。落实全膜马铃薯栽培技术项目313.33公顷，发放地膜4700卷；化肥农药减量增效项目958公顷，发放有机肥2179.9吨。开展耕地“非粮化”“非农化”整治工作，落实耕地保护制度。非粮化整治135.16公顷、复耕撂荒地44.74公顷，耕地保有量面积3225.68公顷，基本农田保护面积2189.64公顷。

【新农村建设】 完成宁张公路沿线（黄家寨段）环境综合整治。开展村庄清洁行动，发动人员500人次，治理“六乱”400处、清理沟渠180余千米。实施农村厕所革命建设项目，阿家村152户、寺尔村81户，已全部完成。完成危旧房改造户21户，提升人居环境。完成东柳村高原美丽乡村建设项目，平地村、索家村补短板项目，兴太村、上赵村农村居民居住条件改善项目，改善人居环境。做好盛强市场征地协调工作和上赵村拆迁动员工作。持续提升镇、村两级河长“夏都河长”App日常巡查次数，实施“一村一牌”“一牌一人”管理模式，更换工作管理制度牌31块。建立河道监督、举报、受理工作体系，调处生活用水纠纷10余起。聘请河道义务监督员12名，开展经常性打捞保洁，确

保河流水面洁净。

【乡村振兴】 传达学习巩固拓展脱贫攻坚成果同乡村振兴有效衔接政策及文件精神12次，召开各类工作推进会37次，压实干部责任，推进工作落实。结合部门反馈和自主排查的方式，定期开展摸排，建立防返贫排查台账，对监测对象精准落实就业、低保等综合性帮扶措施。全镇排查各类人员1981户7132人。生猪养殖项目正在组织验收，索家村生猪养殖场建设项目进度95%，上柴村、阿家村、索家村壮大村集体经济项目完成验收。实地考察兴太村、上陶村2023年拟建设产业项目，做好项目前期准备工作，确保项目落地落实。

【社会事业】 组织开展“高原美丽乡村百佳绣娘”等评选活动，开展群众性文体活动87场次，满足城乡群众的文化生活。落实控辍保学机制，全年义务阶段学生入学率100%，无建档立卡户辍学学生。开展健康扶贫双签约工作。完成国家免费婚前健康检查131对，孕前优生健康检查188对，早孕随访完成180例。

【民生保障】 落实各项惠民政策，城乡低保、特困供养、临时救助扩面提标，发放特困供养人员基本生活金80.7万元、低保金532.1万元、临时救助资金61.8万元、高龄补贴发放资金294万元，优抚资金49.3万元，残疾人补贴61.5万元，物质加服务554次。督促各村按时缴纳城乡居民医疗保险费用和城乡居民养老保险。

（撰稿人：谢贤明）

## 景阳镇

【概况】 景阳镇地处县城西南，东连长宁镇，南与湟中区接壤，西北接斜沟乡、桥头镇，北邻黄家寨镇。总面积106.4平方千米，距县城30千米，属半浅山半脑山地区，居住着汉族、回族、土族、藏族、蒙古族等5个民族。全镇下辖苏家堡、小寨、大寨、山城、小寺、大寺、寺沟、什家、土关、后山、甘树湾、哈门、金冲、兰冲、龙泉、泉头、上岗冲、下岗冲、中岭19个村民委员会和景阳社区居民委员会。全镇有工作人员57人，其中公务员18人、事业编制人员23人，政府雇员、公益性岗位、大学生志愿者等编外人员16人。总户数7032户、总人口2.63万人。2022年，全镇农业总产值8713.1万元，农民人均可支配收入13863元，劳务输出13321人次，劳务收入3996.3万元。

【党建工作】 健全党委书记、党委班子成员、党支部书记三级责任落实体系，年内召开党委会14次、镇村干部工作例会11次、党建专题会3次、党建推进会10次。坚持党委中心组学习和每周一干部晨读学习制度、班子成员联点包村制度并参加党支部组织生活会、讲党课等活动；开展支部“堡垒指数”和“党员先锋指数”考评、村党组织“跨村联建”试点工作，落实强村带弱村“导师帮带”机制，排查整顿软弱涣散党组织1个；落实“三会一课”报备联审观察制和“115+N”主题党日等制度；落实党务公开、按期换届、重大事项请示报告等制度。开展“城乡支部结对助推乡村振兴”活动，建立结对帮扶工作台账，督促23名在职党员进社区服务。坚持党支部书记党建述职、“话看评”党建责任机制，加强村级后备干部队伍建设，储备后备干部178名，挖掘优秀本土企业家、致富能手充实人才储备库。依托党员干部能力提升工程，组织全镇90名镇村干部参加省、市、县培训。加强驻村第一书记和工作队员管理，开展App签到考勤措施。所有党员每月按时足额交纳党费，动员全镇党员干部群众为“8·18”受灾地区捐款18.93万元。召开专题会3次，制定《景阳镇党风廉政建设和反腐败工作要点》《主体责任清单》等，层层签订目标责任书，班子成员落实“一岗双责”。开展党章党规党纪学习教育，通过召开警示教育大会、签订廉政承诺书、发送廉洁信息等方式，筑牢“不敢腐、不能腐、不想腐”的思想自觉和行动自觉；以哈门村刺绣、小寨村剪纸、平弦为资源优势，打造景阳镇廉洁文化示范点，推进清廉景阳廉洁文化建设。针对重点岗位在权力运行中存在的廉政风险和管理中的薄弱环节，排查廉政风险点30条，制定防控措施30条。开展谈心谈话280人次、廉政谈话220人次、集体约谈20人次，提醒谈话22人次，批评教育19人次。结合乡村振兴、人居环境整治、常态化疫情防控等工作落实情况，开展监督检查130余次，填写监督检查台账440份，发现问题80条，提出意见建议80条。推行“问、审、告、评、常、开”六字工作法，利用民主监督日、村（居）务公开日，开展按月问政，加大“三务”公开力度。召开全镇作风建设专项行动动员大会，制定“三张清单”，完成问题整改；加强对重点领域、重点岗位监督检查，督促镇村干部遵纪守法，确保中央八项规定精神落到实处，开展镇村党员干部严禁酒驾警示教育大会并签订拒绝酒驾承诺书100余份。

【人大与政协工作】 坚持党对人大工作的领导，定期向党委汇报人大工作，在乡村振兴、项目建设、疫情防控、社会救助等工作中明确调研、监督重点，使人大工作与镇党委中心工作目标一致、协调发展。利用“两室一平台”，组织开展“乡镇人大建设年”、“人大代表活动月”、人大代表中的领导干部进“两室”等活动，通过述职评议、视察观摩、座谈交流等形式，拓宽人大代表联系选民渠道，发挥人大代表的监督评议作用，进一步加强人大队伍建设、制度建设、平台建设，推动人大工作发展。

【群团武装】 把群团建设纳入党建工作总体部署，研究群团建设的对策和措施，提出指导性意见，帮助群团组织解决工作中遇到的问题和困难，成功创建景阳镇大寨村为大通县“群众之家”示范点。依托新时代文明实践所、站，开展“庆丰收·迎国庆”等一系列活动，组织广大职工、青年、妇女、残疾人开展理想信念、爱国主义和形势政策教育活动。围绕新时期乡镇党管武装工作要求，坚持党管武装原则，落实党管武装制度。开展国防教育，结合中央1号文件宣讲、党训班时机等宣传《中华人民共和国国防法》《中华人民共和国兵役法》，开展国防潜力调查，做到辖区国防潜力底数清、情况明。完成适龄应征人员入伍任务。开展基层武装部规范化建设，完成镇武装部“三室一库”建设；结合民兵组织整顿，完成基干民兵和普通民兵编组工作，对全镇基干民兵和信息员进行点验，对新入队基干民兵进行军事训练；发动基干民兵和普通民兵配合村“两委”进行巡逻执勤、值班值守、参加疫情防控、人居环境整治、突发事件应急等急难险重工作。

【民主法治】 研究部署区域社会治理现代化试点工作，强化重大决策、重大工程和重大活动的社会稳定风险评估，落实周研判、日报告制度，做到突发事件和群体性事件及时预警、上报、化解和处理。开展非法集资重大隐患排查，建立健全反邪防邪工作机制和维稳责任追究制度。全镇125户入赘家庭进行矛盾隐患排查，建立婚姻家庭纠纷调处台账。开展“六清行动”，联合长宁片区综合执法中心，针对店外延伸、未成年人驾驶电动车、乱停乱放整治5次。强化网格员日常巡逻，依法严厉打击违法犯罪行为，做好矛盾纠纷摸排调处工作和扫黑除恶斗争入户宣传动员工作。化解矛盾纠纷60起，答复各类信访案件96起，网络舆情2件，矛盾纠纷排查、化解率100%。

【民族宗教工作】 结合“民族

宗教政策宣传月”活动，开展法律知识和宗教政策宣传。设立民族团结示范墙、制作大型宣传牌，将民族团结进步主题贯穿到文体活动中，开展志愿服务活动。在各族群众重大节日期间，慰问关爱各族群众。开展民族团结示范镇、示范村、示范院创建，巩固民族团结进步示范镇、示范村、示范寺院的建设成果；落实中岭村基础设施建设项目和岗冲清真寺民族团结进步提质增效项目；申报岗冲清真寺为市级法制寺院，中岭清真寺为县级法制寺院。坚持党对宗教工作的领导，贯彻落实党的宗教工作基本方针，开展“四史”学习教育，教育引导宗教界人士、广大信教群众树立正确的国家观、历史观、民族观、文化观、宗教观。围绕“法律进宗教活动场所”“平安寺院”“尊法学法守法用法寺观教堂”创建，组织学习全国宗教工作会议精神和新修订的《宗教事务条例》，完善管理方式，提高宗教工作法治化水平。年内各村（社区）配备民族宗教联络员20人。

【精神文明建设】　依托学习型党组织建设平台，培育和践行社会主义核心价值观，抓好党员群众思想教育和理论学习工作。制定党委理论学习中心组学习计划、党史学习教育实施方案和工作要点，进一步规范和完善学习制度。开展中心组学习11次，晨读学习30次，集中研讨9次，撰写学习心得150余篇，定期通报“学习强国”和“干部网络学院”学习情况。推进新时代文明实践示范点建设工作，申报打造土关村、寺沟村、哈门村3个新时代文明实践站示范点，构建“实践所—实践示范点—实践站”三级组织体系。结合“七一”、国庆、中秋、重阳等重要节日，开展“庆丰收·迎国庆”“我为群众办实事”等活动，为民办实事做好事。开展“五星级文明户”创建和道德模范评选工作，评定五星级文明户1106户，申报文明村镇15个。

【农业农村经济】　实施化肥农药减量增效试点行动项目2000公顷；旱作节水农业技术推广项目893.33公顷；全膜马铃薯覆盖栽培技术项目566.67公顷；马铃薯种薯扩繁补贴项目26.67公顷；耕地质量提升与保护配方肥推广项目933.33公顷。成功打造露地蔬菜标准化种植基地、马铃薯全膜覆盖种植基地、油菜种植基地。完成土地流转3910户1400公顷，农户收益928.7万元，为规模化、集约化现代农业经营模式奠定基础。完成公益林病虫害防治555.87公顷；生态公益林补偿5269户2600公顷，补偿金额30.7万元；截至年底，退耕还林3030户866.67公顷，补助金额54.9万元。实行常年牲畜防疫与春、夏、秋三季普防相结合，推广耳标和防病二免工作，挂标率和应防率100%。开展兽医门诊和畜禽驱虫保健工作，治疗畜禽260多只，驱虫保健2.1万只，治愈率90%以上。做好非洲猪瘟的防控工作，经排查未发现异常情况，未发生重大动物疫情。

【新农村建设】　按照“三清一改治六乱”总体要求，结合创城工作，研究制定《景阳镇农村人居环境整治工作实施方案》《景阳镇创建全国文明城市2022年度工作方案》，加大农村环境卫生综合整治力度。建立完善环境卫生联评机制，通过以评促改方式，推动农村人居环境改善。集中清理农村生活垃圾504立方米、河塘渠沟28千米、乱堆乱放194处、草垛126处。投资1453万元，推进实施苏家堡村、甘树湾村、上岗冲村居住条件改善项目。完成大寨、山城、土关等9个村天然气入户工程及大通四中煤改气项目；完成小寺等8个村人畜饮水提质工程。完成龙泉等8个村1547座无害化卫生厕所修建任务，持续改善人居环境。投资711万元，实施大寨村、山城村、甘树湾村高原美丽乡村建设项目。投资5500万元，完成美丽城镇建设项目，实施广场提升、环境卫生整治、镇区道路改造、外墙面整治等四大类建设项目。争取整合各类涉农资金，加强和完善辖区基础设施和公共服务设施建设，发展旅游业、农畜产品深加工业和第三产业，将资源优势转化为发展优势和经济优势，推动景阳高质量发展。推进林（草）长制工作，研究制定工作措施，细化镇村两级林（草）长职责分工，确定镇村两级林（草）长38人，聘用护林员54人，开展巡山活动6次。做好森林草原防灭火工作，加大对重点部位、重点时间、重点人群的监管力度，组织全体镇村干部、护林员严防死守，加强网格化巡护，把各类火灾隐患遏制在萌芽状态。加强预警预报、火情监测，及时准确上报情况，做到防范在先、发现及时、处置有力，确保森林草原防灭火工作不断档、任务不落空。落实“河（湖）长制”，修订完善《景阳镇2022年防汛抢险应急预案》，组织应急抢险队伍开展防汛应急演练和业务技能培训。加强安全检查，在辖区4座水库、3座涝池、6个骨干坝、13个中型坝及部分小型淤地坝周围安装网围栏，在主要地质灾害点、滑坡隐患点设立安全警示牌和河湖长制责任牌，发放地质灾害两卡150份。落实24小时值班值守、巡河监测、防汛值班“零报告”等工作机制，保障群众生命财产安全。加强食品药品安全法律法规宣传教育，开展农产品、食品、药品、餐饮消费专项治理，组织商品经营户召开食品药品安全推进会2次，开展整治行动6次，联合长宁片区综合执法中心和20个执法站，执法检查镇区及学校、幼儿园周边15次。

【乡村振兴】 投资2154万元，实施甘树湾村乡村振兴示范村项目、产业发展示范村项目。投资468万元，实施龙泉村村集体经济发展粮油加工厂建设项目。投资590万元，实施什家村养殖场建设项目。投资380万元，实施哈门村面粉加工厂项目，提升群众增收致富水平；完成大通县第一、二、三产业融合示范园和西宁市蔬菜科技园建设项目征地183户、32.94公顷，发放征地补偿款1703万元。发放三李公路项目征地款37万元。实施新型职业农民培育工程，举办短期技能培训5期，组织参加专项招聘会5场次，公开务工信息200余次。动员脱贫户务工423人，设置公益性岗位142人，进一步助力群众增收致富。组织农村劳动力、脱贫户、毕业大学生参加专项招聘会2次，参与招聘150人次。举办农村劳动力短期技能培训2次，参加培训100人次。实现劳动力流动就业1.3万人次，劳务收入3996.3万元。

【社会事业】 加强基础教育控辍保学工作领导，完善学生“一人一表”台账。持续开展《中华人民共和国义务教育法》宣传140次，进一步巩固控辍保学成果，控辍保学率100%，升学率60.3%。提升妇幼健康服务水平，宣传落实全面三孩政策。开展“两癌”筛查宣传工作，完成孕前优生健康检查181例。落实党委安全生产主体责任，组织各村（社区）“两委”召开安全生产专题会议，安排部署安全生产工作，与20个村（居）委会、17个小微企业及合作社签订安全生产目标责任书，与5个建筑施工场所签订施工安全协议书，督促建立健全安全管理规章制度，完善安全生产工作台账，做到安全生产工作有人管、有人抓。持续开展“安全生产专项整治三年行动”，排查安全维稳、消防、道路交通、非煤矿山、地质灾害等隐患，开展各类安全隐患排查106次，检查各类场所253家，发现安全隐患120条，要求立即整改86条，限期整改34条。创建成立景阳镇退役军人服务站，完成各项资料的分类整理归档工作，组织全镇退役军人通过“志愿服务队”“模范示范岗”等形式，在应急抢险、国防教育、疫情防控等方面发挥示范带动作用。完善公共文化服务，实施文化惠民工程，为全镇各村农家书屋配备图书

1900 册，建立完善文化体育活动场所台账。

【民生保障】 开展农村低保专项治理，建立一户一策台账，做到“应保尽保、应退尽退”，发放低保金 27.1 万元。加大临时救助力度，救助 145 户 612 人，发放救助资金 55.1 万元。建立特困群众台账，发放生活护理补贴 45.22 万元。关爱关心困境儿童、孤儿、事实无人抚养儿童 23 人，发放救助金 6.32 万元。救助低保户大学生 6 人。加大医疗报销救助、慢性病救助等政策宣传，新生儿参保医疗保险 299 人。宣传动员收缴医疗养老保险金，资格认证 3756 人。组织开展老年人慰问等服务活动，发放高龄补贴 131.9 万元，办理老年卡 20 人。成立 20 个村（社区）基层残疾人协会，为重度残疾人发放残疾生活补贴 414 人 40.68 万元。发放村级宣传员补助 1.9 万元。申报 39 户农户危旧房改造，发放补助款 82.3 万元。协调治理地质灾害，解决后山村山体滑坡隐患，争取受灾资金 4.41 万元，重建兰冲村农户坍塌房屋。

（撰稿人：马丽娜）

## 新庄镇

【概况】 新庄镇地处大通县西北部，总面积 54.5 平方千米，北至宝库乡，南邻塔尔镇，东南与城关镇隔河相望。镇人民政府驻地新庄村距县城桥头镇 18 千米，全镇耕地面积 2631.06 公顷，人均耕地面积 0.14 公顷。全镇总户数 4166 户，总人口 19232 人，有回族、汉族、蒙古族等 6 个民族，回族占人口总数的 97%。辖吉仓、尕庄、中滩、兰龙、台其庄、红石崖、新庄、李家山、硖门、申哇、上山、下山 12 个村民委员会和新庄社区居民委员会，有 36 个自然村。镇政府有工作人员 32 人，其中公务员 18 人，事业编制人员 14 人；有村干部 55 人。2022 年，全镇农村居民人均可支配收入 17104.5 元，村集体经济收入超过 10 万元的村有 8 个，农村劳动力转移就业 5344 人次。

【党建工作】 年内组织召开中心组理论学习 20 次、周一晨读学习会 24 次，利用线下会议和线上平台，深入学习中共十九大及十九届历次全会、省十四次党代会、中共二十大精神、新修订的《党章》等精神。落实“三会一课”、民主生活会和组织生活会、“115+N”主题党日活动等党的组织生活制度，开展谈心谈话、批评与自我批评。镇党委召开 4 次党委会议和党的建设工作专题会议，专题研究组织建设工作。巩固“组织体系建设三年行动”成果，开展台其庄村党支部软弱涣散村党组织整顿工作。谋划开展庆祝中国共产党成立 101 周年系列活动、“年初相约话党建，年中观摩看党建”、“党支部书记大比武”等活动。推出 7 项“微举措”学习宣传中共二十大精神，录制“老爷山下花儿红”乡镇组织委员能力大赛等。2022 年入党申请 19 人，入党积极分子 9 人，预备党员 11 人，转为正式党员 2 人。实施“墩苗工程”，安排 15 名 35 岁以下年轻干部包村、驻村，县直部门下派墩苗干部 1 人，培养村集体经济发展顾问 12 人。开展在职党员进社区活动，引导机关 21 名在职党员到基层。签订“五个承诺”事项表，规范驻村第一书记和驻村工作队员管理工作。开展村（社区）后备干部储备工作，储备后备干部 110 人。组织各村支部开展“一村一亮点”党建品牌创建活动，创建“红色领航、绿色新庄”党建品牌。

【人大与政协工作】 修改完善“关于办理人大代表建议工作办法”等 10 余项规章制度。完善“六有”“五簿四册二记录一图一栏”，充实代表活动档案，规范台账资料。坚持“三联系”制度，加强代表联络小组建设，开展“人大代表活动月”“送温暖、献爱心”“履职谱新篇，寄语二十大”等活动。加强代表培训，线上培训 1 期，集中学习 1 次，提升代表履职能力。组织人大代表视察检查乡村振兴、厕所革命、疫情防控等重点工作，发挥人大监督作用，助推各项工作完成。配备工作人员，规范化布置政协工作联络组办公室。年内组织5名县政协委员围绕乡村振兴开展调研1次，视察农村人居环境整治、软弱涣散党组织整顿、现代设施农业蔬菜种植等工作3次，围绕镇中心工作提出意见建议6条，为政协全会准备提案3件。

【群团武装】　开展职工慰问活动和职工互助保险工作，举办“读党史，唱红歌”比赛，提升职工幸福感。组织、参与留守儿童结对帮扶活动，引导动员20多名团员青年开展疫情防控、防汛等志愿服务。开展“主动担当作为，挺起巾帼之肩”巾帼志愿主题活动和“建设法治新庄·巾帼在行动”主题活动，“把爱带回家，送法送到家”、“三八”维权周关爱、平安家庭创建活动等系列活动，设立妇女维权服务热线，确保妇联工作高质量发展。强化党管武装工作，坚持党委领导主抓，优化武装部配置，逐步完善健全“三室一库”和各类资料、图板等基础设施，对镇武装部、基干民兵及各村普通民兵连达标情况督导检查，统一配发服装，配齐各种应急器材，配备专职武装干部，提升规范化建设水平。整顿民兵，兵役登记完成率100%。

【民主法治】　在重要时间节点开展维稳工作，落实24小时值班备勤、重大情况请示报告及维稳信息零报告制度。调整村（社区）网格13个，配备网格员48人。开展治安巡逻600余次，处理“多发性”矛盾隐患41起，全镇13个村（社区）成立综合行政执法服务站，推进“雪亮工程”。召开全镇矛盾纠纷排查化解研判会3次，综治维稳、信访联席会议1次，分析研判全镇涉稳风险，调处矛盾纠纷6件，投诉件3件，到期办结率100%。开展电信诈骗宣传，线上发送线上反诈信息260条次，受教育群众1万余人次。开展打击整治养老诈骗专项行动。发放打击整治养老诈骗宣传彩页1000份，走访入户60岁以上老年人1500人，降低养老诈骗风险。开展禁毒宣传教育，出动人员210人次开展毒品原植物种植清除，集中宣传活动2场，发放宣传彩页200余份。对精神病患者、精神偏执和精神病人等有危害倾向人员，逐一进行风险评估，实行“一对一、多对一、人盯人”的帮教管控责任。

【民族宗教工作】　利用多种形式，在各宗教活动场所内宣传《中华人民共和国宪法修正案》《宗教事务条例》等，召开宗教教职人员、民管会成员会议7次，召开座谈会4次，广播宣传246次，微信群推送宣传内容64期，办黑板报36期，开展“十星寺院”、反邪教警示教育等各类活动。组织民管会成员、宗教教职人员系统学习民族宗教政策理论知识，举办宗教政策法律法规培训班、学习班4期，打击和防范非法宗教活动。完成民族团结进步提质增效项目。推荐申报尕庄村、新庄村2座清真寺为市级“尊法学法守法用法示范寺观教堂”；申报台其庄、兰龙下寺等4座清真寺为西宁市铸牢中华民族共同体意识暨民族团结进步示范寺院；在辖区中小学校建立民族政策、民族团结学习教育制度。

【精神文明建设】　邀请县委党校讲师开展中央1号文件、党史学习教育等宣讲，组织镇村干部入户宣传复工复产等政策。针对疫情防控期间表现突出的个人进行表彰，选树先进事迹、典型人物发挥榜样引领作用。组建民兵志愿服务队伍，开展中共二十大理论宣讲。依托新时代文明实践所（站），结合“我们的节日”开展爱国卫生、技能培训、防灾减灾宣传等各类志愿服务活动12次。完善修订村规民约，落实“一约四会”制度，围绕婚丧嫁娶、薄养厚葬、大操大办，推进移风易俗，减轻群众人情负担。开展文明先进典型评选，全年评选“五星级文明户”170户、推荐“新时代好少年”1人，

创建市级文明镇1个、县级文明村9个。

【农业农村经济】 推进供给侧结构性改革，加快培育现代农业，实施化肥农药减量增效项目860公顷；实施全膜马铃薯栽培技术273.33公顷，促进农业生产提质增效。粮食作物产量1.46万吨，其中小麦产量0.21万吨、马铃薯产量1.25万吨，油料作物0.2万吨，蔬菜2.57万吨。鼓励发挥农民养殖合作社、家庭牧场示范作用，新申报市级合作社5个、家庭农场2个。整合土地、资金资源，启动一批设施农业项目，争取资金540万元，实施2022年新庄镇吉仓村设施农业基地旧棚改造三期项目，改造日光温室21栋（自然栋），新建蔬菜保鲜库一栋；争取资金1600万元，在新庄村、尕庄村、台其庄村实施西宁河湟田园绿色蔬菜基地新庄镇提升改造项目，总建筑面积达64681平方米（自然栋111栋）；争取资金1000万元，在新庄村实施青海大通蔬菜智能育苗研发实践中心建设项目，释放资源潜能，提振特色产业。抓好耕地保护硬措施，发放宣传彩印5000份，签订承诺书1200份，整改耕地“非粮化”12.05公顷，整治耕地“非粮化”及“撂荒地”工作取得阶段性成果。全面盘点2016年以来实施的扶贫项目，建立镇村两级项目资产台账，做好确权登记和后续监管工作。成立新庄镇科学技术协会，开展3期农业科技知识讲座，申报温棚蔬菜种植科技项目。采取“合作社+农户”形式，用好用活镇内示范合作社，全镇有14家种植养殖合作社。

【新农村建设】 强化农村基础设施建设，投入资金61万元，实施中滩村村级道路硬化项目。争取资金419.28万元，实施尕庄村、新庄村人畜饮水项目。争取资金123.48万元，实施申哇、硖门等6个村343户“厕所革命”项目，摸排1883座厕所，上报问题厕所461座，其中立行立改380座；申报新庄文化广场升级改造项目和2个村篮球场提档升级项目。强化镇村两级河（湖）长常态化巡河制，加强第六水源地日常监管管护，整治销号水源地排污企业2个。落实林（草）长制，全镇12个村设立村级林（草）长和林区网格管护员，36名生态护林员划分巡护区域，开展今冬明春森林防火工作，主动履职成效明显。制作公示牌、制度牌8块，加大林草资源保护宣传力度。发放退耕还林等各类补助资金19.6万元。在兰龙村主干道沿路进行国土绿化暨义务植树活动，栽种松树700余株。围绕“一拆二改三清四化”目标，推进农村人居环境卫生整治。出动3500人次、机械设备5台，清理垃圾64立方米，拉设网围栏100米。争取项目资金5346万元，实施新庄村“美丽城镇”建设项目，抓好拆违治乱，拆除占道经营违建玻璃房80平方米、违建彩钢顶8处、门头牌匾125处，清运各类生活垃圾及杂物1116立方米，清理占道占渠漫坡13处，美丽宜居乡村呈现新风貌。

【安全生产】 开展食品药品和农产品质量安全监管工作，联合市场监督管理所等部门开展检查20余次，检查经营个体300余家，确保群众“舌尖上的安全”。开展灾害隐患排查，围绕住房、饮水、道路交通等各类灾害隐患点“拉网式”排查出动810余人次，排查安全隐患点47处、经营性自建房102户，确保群众生命财产安全。汛期征用镇中心学校集中转移安置重点村风险较高地点514户2079人员。组建村级抢险救灾队伍13支600余人，争取10万元资金用于购置卫星电话、储备防灾物资。做深防灾、转移安置工作，动员全镇兰龙、台其庄等6个村地质灾害隐患203户1005人开展避灾搬迁。组织开展防洪防汛、防火、防灾演练，遏制重特大安全事故的发生。

【社会事业】 开展控辍保学工作，落实“双减”政策，协助开展中小学心理健康与家庭教育，促进辖区中小学生心理健康和全面发展。年内落实“雨露计划”25 人，发放补助 10.8 万元，按时发放各类惠农补贴 259.22 万元。完成国家免费婚前医学检查、孕前优生健康检查 357 对。落实“奖励扶助”102 人。落实独生子女、双女户养老保险对象 276 人，养老保险金 2.7 万元，补助独生子女死亡家庭 2 人，资金 1.6 万元，发放村级宣传津贴及孕检补助 1.8 万元。发挥新媒体宣传作用，利用微信群推送就业务工信息 500 余条，组织各村劳动力 290 人次参加线上、线下招聘会，开展技能培训 2 期，完善联农带农富农机制，吸纳脱贫户就近务工就业 108 户 360 人，增设临时公益性岗位 12 个，吸纳弱劳力、半劳力务工增收。对 81 名省内外务工脱贫户给予交通、生活补贴 4300 元。

【民生保障】 以“敲门行动”，开展防返贫动态监测大排查工作 2 次。落实“四个不摘”，全镇 373 户脱贫户、15 户监测户“不愁吃不愁穿”目标均实现，脱贫人口医疗保障覆盖，义务教育阶段无因贫辍学，享有安全住房、生活供水保障。全年解决民生实事 120 余件，纳入最低生活保障 578 户 1428 人，发放保障金 580.07 万元，临时救助 276 户，发放资金 149.39 万元，特困供养 19 人，发放资金 29.09 万元。加强社会福利服务体系建设，高龄补贴 677 人，发放资金 91.52 万元，孤儿 4 人，发放资金 6 万元，困境儿童 10 人，发放资金 1.84 万元，事实无人抚养儿童 5 人，发放资金 1.9 万元；落实困难残疾人生活补贴 242 人，发放资金 23.77 万元，重度残疾人护理补贴 152 人，发放资金 18.18 万元。完成 56 户一般户农村危旧房改造，发放资金 140 万元。推进“两金”收缴工作，社保、医保缴费人数达标，完成 6 个村委会办公场所、23 户农房、7 个村农作物强降雨受灾救灾申报工作。

（撰稿人：马富兰）

## 多林镇

【概况】 多林镇地处大通县西部的脑山、半脑山地区，东西长约 15 千米，南北宽 3.5 千米，总面积 48 平方千米，距县城 27 千米，东与城关镇接壤，西北接青林乡，西南靠逊让乡，西部毗邻海晏牧区。全镇地势西北高，东南低，海拔 2658~4128 米。全镇辖哈州、上宽、下宽、上浪加、下浪加、石头滩、口子庄、马场庄、吴什庄、藏龙庄 10 个村民委员会和哈州社区居民委员会，有 32 个自然村。镇政府有工作人员 49 人，其中行政编制 19 人、事业编制 17 人、“三支一扶”3 人、西部计划志愿者 1 人、其他 9 人。总户数 2297 户、总人口 10145 人，有土族、汉族、藏族、蒙古族等 4 个民族，土族占人口总数的 74%。2022 年，全镇农村经济总收入 16129.89 万元。农村劳动力转移 4926 人，劳务收入 2463 万元，全镇农村人均可支配收入 15990.77 元。

【党建工作】 开展自学和集中学习，召开党委会 23 次，党委理论学习中心组学习 25 次，晨读学习 45 次，发挥“关键少数”示范作用。通过“一会两中三讲四学”措施，深化学习模式，创新学习方式。引导党员干部坚定理想信念，增强发展信心，为高质量经济社会发展注入红色基因、内生动力。强化新时期党组织制度建设，在落实“三会一课”、民主评议党员和党建工作“述考评”等基本制度的基础上，围绕组织生活、发展党员等重点基层党建制度体系，补短板、筑堤坝，确保基层党建工作有章可循、有规可依。推进“233”干部培养计划，储备村级后备干部 159 人。组织 19 名村（社区）“两委”及后备干部报读大专（中专）班，优化村（社区）干部知识结构。探索“党建+”工作模式，将基层党建融入社会治理、环境整治、疫情防控等中心工作，打造“七彩土乡·党

2022年10月16日，多林镇党员干部及群众聚集在电视机前聚精会神收看收听中共二十大开幕会（多林镇供图）

建领航乡村治理”“红色乡道”“七彩议事室”“指尖服务·数字乡村”“服务群众e平台”等特色党建品牌，推动乡村治理提档升级。

【人大与政协工作】 规范布置村人大代表联络站，按照“六有五簿四册二记录一图一栏”标准管理日常档案，组织开展各类培训10次，设立每月25日为人大代表接访日，做好群众信访接待工作。组织代表参加低保、临时救助评审会，发挥人大监督作用，助推各项工作完成。履行政治协商、民主监督、参政议政职能，围绕乡村建设、村集体经济发展、疫情防控、乡村振兴、乡村治理等重点工作和群众最关心的热点、难点问题，寻找政协建言献策的着力点。年内向镇党委、政府就道路交通、人居环境、人畜饮水等方面建言献策，提出意见建议16条。

【群团武装】 加强团组织阵地建设，落实三会两制一课制度，抓好团干部队伍建设，提高基层团支部工作水平，发挥镇团委作用，转接毕业生团员50人次。组织团员青年在“3·5”雷锋日、“6·5”环境日、爱国卫生月等重要时段开展青年志愿服务活动6次。开展“三八”维权周、“不让毒品进我家”、反家暴等活动，向广大妇女宣传《中华人民共和国妇女权益保障法》《中华人民共和国民法典》等法律法规知识，增强妇女维权意识。组织100名妇女参加裁缝培训，提高妇女群众就业技能。优化武装部配置，按照“四本”“五表”“六册”要求对各类文件资料进行合理分类、装订存档、统一管理。补充物资器材，投入2万元，配备民兵迷彩服、专用灭火器、战备背囊等应急物资装备。整组民兵连，组建基干民兵应急队伍、工程抢修抢建队伍，壮大基层武装队伍。组织开展民兵集中教育活动2场、大型防汛演练1次，完成基干民兵为期12天的集中训练，全部合格达标，提高民兵队伍思想政治素质及实战能力。完成春秋季征兵工作，开展拥军优属及退伍军人创业帮扶，为退伍军人申报项目，申请帮扶资金。

【民主法治】 开展防电信诈骗、防养老诈骗、食品药品安全等志愿服务宣传活动26次，发放宣传资料3000余份，标语宣传100多条，广播宣传200多次。调整应急队伍，配备应急装备，规范建设“一站式”矛盾纠纷调解中心，建立“数字乡村”平台，安装视频监控平台1处，在重要场所、重点地段、重点路口安装监控摄像头。加强矛盾纠纷化解，排查各类矛盾纠纷62起，调处62起，调解率100%。4起可能“民转刑”的矛盾纠纷进行研判、调解和持续关注，防止发生民转刑事件。围绕全国两会、元旦、春节、中共二十大等重点时段，启动安全巡逻工作机制，实行24小时维稳巡逻值班，加大毒品犯罪打击力度。加强对种植毒品原植物的铲除工作，“禁种铲毒”工作成效明显。加强信访处置工作，化解社会矛盾，解决群众矛盾。

【民族团结进步创建】 学习贯

彻落实习近平总书记关于民族工作的重要论述和指示批示精神，围绕“共同团结奋斗，共同繁荣发展”民族工作主题，牢固树立“三个离不开”，坚持“五个认同”，调整民族团结进步创建活动领导小组，制定实施方案，开展民族团结进步创建工作。以民族团结进步宣传月活动为契机，开展土族家风家训宣传活动，建立以下浪加村土族民俗博物馆为载体的多林镇民族团结进步先进区教育基地，编撰出版《下浪加村志》《土族族训》《耀祖诗文集》等著作。

【精神文明建设】 开展典型选树活动，年内评选出“五星级文明户”202户、“最美家庭”1户、“民族团结进步模范家庭”1户、“绿色幸福家庭”10户，引导广大群众带动家庭成员建设好家庭、涵养好家教、培育好家风。推行“一约四会”，做实村规民约，规范村民行为，突出红白理事会作用，实行红白喜事备案制，引导农民群众自觉反对和抵制高价彩礼、铺张攀比等陋习。围绕春节、“三八”妇女节、端午节、建党节、国庆节等“节庆”，开展文化娱乐活动，丰富广大农民群众的精神文化生活。摸排清查全镇各级各类新媒体平台及互联网群组，排查微信公众号1个、微信群14个，合并解散微信群3个，要求所有群组进行实名制管理，按照“上网信息不涉密、涉密信息不上网”原则对群内信息进行监督检查。开展土族家风家训宣传活动，建立多林镇民族团结进步先进区教育基地，编撰出版《下浪加村志》《土族族训》《耀祖诗文集》等著作。

【农业农村经济】 全镇耕地面积2018.07公顷、草地面积11117.33公顷、林地面积1455.67公顷，有种植养殖合作社38家，其中运行较好的种植合作社9家、养殖合作社23家，省级示范社1家，市级示范社4家，种植规模超千亩的1家。肉类产量1416吨、蛋产量30吨、奶产量3735吨，种植小麦564.33公顷、青稞20公顷、马铃薯320公顷、油料作物782.53公顷、蔬菜93.2公顷、燕麦191.4公顷、药材46.67公顷。全镇有农产品初加工企业（作坊）5家，其中油料加工3家、面粉加工2家，年油料加工量1000余吨、面粉加工量5000余吨。化肥减量增效行动试点项目440公顷，其中油菜206.67公顷、马铃薯233.33公顷，全膜马铃薯种植技术推广项目233.33公顷。全镇马存栏441匹、牛存栏13396头、羊存栏18835只、猪存栏3465头、家禽存栏647羽。

【新农村建设】 加快推进高原美丽乡村、居住条件改善、乡村振兴示范村、垃圾中转站、美丽城镇建设等项目工作，投资424万元实施下浪加村示范村建设项目，投资674万元实施上宽村污水管网建设项目，投资20万元东西部协作资金实施石头滩村幸福食堂改建项目、吴什庄村美丽乡村建设项目。加快补齐农村人居环境短板，发动党员干部群众参与农村人居环境建设，总结好思路、好方法，提升村庄整体环境。完善农村环境卫生整治长效机制，将集中整治与建立长效机制结合起来，细化任务，明确奖惩措施，执行落实建立“一周一整治、一月一评比”制度。对接相关职能部门争取政策，统筹资金，实现乡村文明、村庄整洁。

【乡村振兴】 成立10个镇、村两级乡村振兴工作领导小组，排查反馈人员、慢性病患者、残疾人、低保户、“五保”户等特殊群体家庭，经村级排查上报、镇级审核、县级审定，将2户9人纳入全国防返贫监测信息系统进行监测，落实相关帮扶政策，筑牢返贫防线。推动“双增行动”联农带户工作，年内合作社带动农户20人、在建项目带动农户12人、县域企业带动农户9人、种植增量补贴82户。投资20万元，新建大通

藏龙庄服装有限公司，项目覆盖带动3个脱贫村，带动就业10余人；上宽村绿农宝食品加工厂全年吸纳15名脱贫户、残疾人、低收入人员务工就业。集体经济运行良好，收益稳定。其中，10个村光伏发电集体经济发展项目收益349.31万元；上浪加、口子庄等4个村商铺收益36万元；上宽村农家院收益2万元，合计387.31万元。全年发放借款181户227.9万元，其中脱贫户45户51.22万元，一般户136户176.68万元。实施“三乡”工程，吸引能人返乡、培育新的集体经济增长点，创办上宽村绿农宝食品加工厂，藏龙庄村服装厂，申报藏龙庄村养殖基地项目，打造集体经济多极发展格局。利用300多台挖掘机、轧路机、装载机等机械设备打造“朔山挖掘”劳务品牌，带动周边村输出劳务240人，工程机械劳务收入3300万元。

【社会事业】 继续巩固义务教育普及成果，持续开展“控辍保学”工程。九年义务教育巩固率100%，初中毕业生升学率100%。开展“雨露计划”补助申报工作，54名贫困大学生享受“雨露计划”补助24.5万元。推进计生工作，开展国家免费孕前优生健康检查和婚前检查工作。推进卫生健康工作，广泛宣传最新生育政策，完成孕前优生健康检查61对待孕夫妇，奖励扶助对象86人，落实2021年双女户独生子女户家庭养老保险缴费补助603人6.03万元，核实上报2022年双女户独生子女户养老保险缴费补助对象593人，完善利益导向机制，落实“奖励扶助”“特别扶助”“独生子女、双女户伤残补助”等政策。全年落实奖励扶助金86人9.98万元。其中2022年调查核实上报新增奖励扶助对象22人。落实双女户、独生子女户家庭养老保险缴费补助595人5.95万元。组织群众参加线上线下各类招聘3次，提供招聘岗位信息150余条，开展技能培训班次4次，培训420人次，其中脱贫户参加技能培训120人次。邀请西宁大河学校开展“雨露计划”技能培训，培训28人次。

【民生保障】 健全救助体系，做到应保尽保。提高农村养老保险、城乡居民医疗保险、农房保险和老年人保险的收缴水平，完善社保体系，年内为7名孤困儿童发放基本生活保障资金3.34万元，为389名70岁以上高龄老人发放补贴23.76万元，全镇有低保户213户，低保保障人口329人，特困供养25户27人，发放特困供养金22.9万元。镇民政、残联、医保等部门兜底保障困难群众生活，足额发放各类救助资金，筑牢民生底线。全镇有低保户213户329人，新纳入60户76人，发放低保金163.13万元，其中脱贫户70户128人、发放46.32万元。发放一、二级残疾人生活补贴118人14.16万元，一、二级残疾人护理补贴121人14.52万元，三、四级残疾人生活补贴94人5.64万元，实现应保尽保、应补尽补。鼓励农民群众外出务工，落实脱贫人口省外务工人员交通补贴政策，做优“朔山挖掘”特色劳务品牌，精准对接需求，加强农民工就业培训工作，开发保洁员、护林员、河道管护员等公益岗位，设置村级保洁员、农作物管护员等公益性岗位94人。开展送文化下乡、送戏曲下乡、送电影下乡等活动，开展群众文化生活，落实文化惠民工程，丰富人民群众文化生活。

【“8·18”山洪灾害救灾】

“8·18”灾情发生后，镇包村领导、驻村队员及“两委”干部到潜在风险户当中，采取“一对一”“多对一”模式，明确避险转移重点人员责任人，转移可能受灾的群众，当晚，38户95人安全转移至村养老之家、村委会或者亲属家。暴雨后，辖区堤坝、田间道路等水利构筑物存在不同程度的损毁，镇村干部开展全面排查，经查，房屋损坏3户，严重损坏1户，一般损坏2户，无人员伤亡情况。因强降雨损毁道路路基200米、河道坝墙7080米、便桥5座、田间路7260米、道路排水渠1700米，组织“两委”干部和群众、协调本村挖掘机等机械开展清淤工作，保证河道沟渠水路畅通，全镇出动人员300人次、大型机械21辆，清理河道3千米、淤泥5立方米、垃圾7立方米。多林镇发出防汛救灾募捐倡议书，镇村干部、第一书记、驻村队员、党员群众及爱心企业响应，募捐3万余元；全镇人大代表募捐3110元。镇人武部组织精干民兵到青山乡贺家庄村和沙岱村开展清淤工作。

（撰稿人：马秀芳）

## 东峡镇

【概况】 东峡镇位于县城东北部，距县城17千米，东与海东市互助土族自治县相邻，南接朔北藏族乡，西与桦林乡接壤，北与向化乡毗邻。辖区总面积94.4平方千米，海拔2570～3585米。耕地面积2846.1公顷，人均耕地面积0.19公顷，主要农作物有油菜、小麦、蚕豆、马铃薯、蔬菜等，适宜种植当归、黄芪、党参、柴胡、板蓝根、大黄等药材。鹞子沟景区风景宜人，是省内著名旅游、度假区。辖内主要有汉族、藏族、蒙古族等民族聚居，总人口4443户16401人，辖衙门庄、克麻尔、南滩、麻其、田家沟、仙米、杏花庄、尔麻、康乐、老虎沟、刘家庄、多隆、元墩子13个村委会和衙门庄社区居民委员会。镇政府在岗工作人员35人，其中公务员19人、事业编制人员10人。2022年，全镇农村经济总收入19115.9万元，农民人均纯收入16110元；农村劳务输出6056人，完成劳务收入4905.4万元。

【党建工作】 通过党委会、党委中心组学习、周一晨读、党员干部自学等形式，开展中共二十大精神及省十四次党代会精神学习宣传。完成“全市能力建设网络课堂”学习10期，开展“党课开讲啦”“领导上讲台”两会知识测试和纪检知识测试等活动19次，撰写心得60篇。开展党务干部、财务管理各类培训8次，培训1500人次，执行《中国共产党廉洁自律准则》各项规定，落实中央八项规定及其实施细则精神和省、市、县若干措施。将党风廉政建设列入重要议事日程，制定《2022年度东峡镇党风廉政建设和反腐败工作要点》，明确全年党风廉政建设重点工作。健全“集体决策、正职监管、副职分管、程序规范、风险防控”的权力结构和运行机制。加大警示教育力度，通过典型问题通报、观看警示教育片开展警示教育，建立廉政档案，做到廉洁警钟长鸣。对照县委第四巡察组巡察东峡镇党委反馈的4个方面12条问题完成整改。规范化布置镇社发中心和衙门庄社区大厅，通过开展“换位体悟”等系列活动，引导党员领导干部在换位体悟中提升能力、转变作风。开展“转作风、补短板、提能力”专项行动，镇机关干部开展政策集中宣讲4次，科级领导为民办实事86件。开展集中自查自纠，查摆出问题59条，制定整改措施93条。履行党建主体责任，制定印发《东峡镇2022年党建工作要点》等，执行党委定期研究基层组织建设工作制度，召开镇党委会21次、27项议题研究部署党建工作。推行党委书记、支部书记党建责任清单、“话看评”、“述评考”制度，督促各支部落实“三会一课”、组织生活会、民主评议党员等制度。开展庆“七一”主题活动，组织开展“能力大提升 喜迎二十大”知识竞赛等活动，为全镇5名老党员颁发“光荣在党50年”纪念章。落实党员预警机制，加强流动党员管理，发放流动党员证68本，督促流动党员按时交纳党费、参加组织生活。实施村（社区）干部学历素质提升、党支部书记能力提升、党员进党校集中轮训等工程，开展第一书记及驻村工作队员座谈会、学习会、慰问等活动，调动第一书记及驻村工作队员的工作积极性。落实班子成员包片、镇干部驻村制度，遵守中央八项规定和省、市、县若干措施。领导班子带头示范引领，统筹推进乡村振兴、人居环境整治、疫情防控及防震减灾等各项工作。

【人大与政协工作】 组织召开东峡镇第六届人民代表大会第二次会议，听取审议东峡镇政府工作报告、人大工作报告，征集意见建议21件。进一步完善监督方式，综合运用视察调研、监督检查、工作评议、代表意见建议督办等监督方式开展经常性监督。巩固乡镇人大建设年工作成果，推进“两室”建设提档升级。完成政协委员补选工作，开展政协联络组人居环境专题调研。

【群团武装】 开展“夏日送清凉”“东峡镇趣味运动会”等活动，加强工会建设。组织开展“三八节”“母亲活动”等活动3次，评选“最美家庭”15户、“美丽庭院”5户。落实党管武装，规范队伍建设，依法开展征兵工作，按要求完成新兵征集任务。利用八一建军节，开展全民国防教育。每月按时足额发放重点优抚对象和一般优抚对象生活补贴，慰问优抚对象18人。

【民主法治】 成立由政法委员、派出所、司法所、法庭、法律顾问和镇综治中心干部组成的法治宣传志愿服务队，不定期开展普法宣传，开展普法宣传12次，受教育群众5000人次。推广“新枫桥经验”，健全化解矛盾、零距离服务群众新机制，村（社区）每周一排查，每月一汇报，重大节日、重要期随时查，排查出的矛盾纠纷及时化解。全年排查出矛盾纠纷17起，调解率100%。开展打击整治电信养老诈骗专项行动，逐户发放打击整治电信网络及养老诈骗宣传册、手提袋、口罩等物品，涉电涉老反诈宣传进村入户。宣传期间，发放宣传资料4000多份，微信群宣传100多次，村广播宣传30多次，悬挂横幅5条，公布宣传案例80多个。中共二十大召开期间，制定《东峡镇党的二十大维稳安保处置突发事件应急预案》，各村相应成立维稳安保工作领导小组，确定信息联络员，及时了解和上报各村社会治安动态。推进镇容镇貌整治工作常态化，依法清理各类占道经营行为、店外延伸、流动摊贩、乱堆乱放等违法行为，整治片区街道各类违法行为620起。加强辖区内食品经营商铺进行日常监督巡查，重点监督检查学校食堂、餐馆等场所，检查学校食堂32家，食品销售经营户600余户，烟花爆竹销售点3家，餐饮店230家，加油站1家。加强对安全生产经营单位的安全检查工作，消除各类安全隐患，检查经营单位153家，督促整改落实。查处自然资源违建2起、乱采乱挖1起，调解宅基地矛盾纠纷2起。开展屠宰活畜及销售经营整治行动，打击私屠滥宰行为14起，检查肉制品经营单位9家。

【民族宗教工作】 加强寺院日常巡查和驻寺工作，严查重要时期信息台账，落实清单管理。民主选举广惠寺民主管理委员会，直接管理寺院各项事务。进一步细化宗教场所社会管理工作目标责任，使寺院社会管理工作形成上下联动、齐抓共管的局面。

【精神文明建设】 依托新时代文明实践所（站）开展习近平新时代中国特色社会主义思想宣传，组织志愿服务队开展宣讲中共二十大精神、人居环境整治、疫情防控、绿化造林、关心关爱等志愿服务活动61次。2022年，东峡镇新时代文明实践所获西宁市“喜迎二十大 奋进新征程”基层理论宣讲大赛理论+文艺式宣讲优秀奖。开展“我们的节日”主题活动，发挥民族传统节日思想熏陶和文化教育功能，通过“翰墨丹青·辞牛迎虎”春节文化乐民志愿服务活动、清明网上祭英烈等活动弘扬中华优秀传统文化，践行社会主义核心价值观。开展全国文明城市创建工

2022 年 1 月 14 日，大通县新时代文明实践中心在东峡镇田家沟村举行大通县 2022 年度文化科技卫生“三下乡”暨新时代文明实践“公益集市”一小时志愿服务系列活动启动仪式（县融媒体中心供图）

作，开展文明劝导活动 6 次。推进移风易俗，进一步强化“四会”组织，修改完善“村规民约”，逐步改变薄养厚葬、天价彩礼、喜事丧事大操大办、讲排场、比阔气等不良风气。

【农业农村经济】　持续推进稳粮保供，整治“非农化”“非粮化”，整治“非粮化”29 公顷，复耕复种撂荒地 49.6 公顷。推进农作物产业增效，鼓励全镇露天蔬菜、土豆种植户规模化发展，推进品种培优、品质提升、品牌打造等，注册“松涛八院”“幽旦久美”“乡隐东峡”等品牌。实施化肥农药减量增效项目，推广马铃薯全膜覆盖栽培技术维护项目，发放地膜 5000 卷，分配有机肥 900 吨。种植小麦 1126.67 公顷，产量 4165 吨，种植马铃薯 360 公顷，产量 12876 吨。加强动物疫病防疫工作，畜禽疫苗接种率 100%。推进林（草）长制，开展低效林改造 66.67 公顷，天保工程森林抚育 67.13 公顷，种植祁连圆柏 11080 株，抚育林木 63.13 公顷，补植青海云杉 22525 株，松土除草 30.27 公顷。

【新农村建设】　推进美丽乡村建设，年内完成康乐等 5 个村高原美丽乡村建设、田家沟村 228 户农牧民居住条件改善项目和田家沟、元墩子 2 个村天然气入户工程。投资 150 万元，实施康乐、多隆、刘家庄 3 个村集体经济壮大项目，进一步补齐村集体经济实力弱的短板。科学谋划全镇旅游产业布局，提前做好 2023 年项目储备，通过村级申报、镇级审议后确定上报基础设施类项目 5 个、产业发展类项目 6 个，预算投入资金 4500 万元。完成田家沟、衙门庄 2 个村人畜饮水管网改造项目和田家沟村湟水北干渠扶贫灌溉一期工程城镇供水工程。东峡镇全域污水处理示范镇一期项目、田家沟村、仙米村实施道路黑色化改造提升项目正在实施。50 户农村问题厕所整改完成。

【乡村振兴】　成立巩固拓展脱贫攻坚成果同乡村振兴有效衔接领导小组和东峡镇推进乡村振兴“八大行动”暨“三乡工程”9 个专项工作组，落实常态化防返贫监测和帮扶机制，全年召开防返贫监测工作安排部署 10 次，识别纳入监测户 1 户，落实帮扶措施。投资 2912.9 万元，实施田家沟村乡村振兴试点村建设项目，完成“大板驿站”美丽花田等 11 个项目；剩余的污水管网建设等 8 个项目正在推进，确保年内全部完工。发挥东峡镇旅游党建联盟和餐饮旅游工会作用，依托全镇 41 家农家乐、20 家林下休闲茶园、6 家星级旅游接待点开展餐饮大赛，吸引市民下乡体验消费，接待游客 9 万人次，实现旅游综合收入 450 万元。借助中央、省、市、县各大主流媒体和推介平台，宣传东峡镇乡村生态旅游，通过中央电视台新闻频道《走进县城看发展》栏目、新华社、《青海新闻联播》等推介 20 余次。召开东峡镇“土专家”、“田秀才”、毕业大学生、退转军人座谈会，进一步激发

“田秀才”“土专家”的底气和勇气，引导毕业大学生、退转军人为家乡建设助力。推动“双增”行动向“多增”发展，与6家带动企业签订帮扶协议，通过镇级主导、村级落实、社会参与的方式拓展帮扶覆盖面，持续增加脱贫户收入。

【农村生态环境】 落实河湖管护主体责任，成立“河湖长”制工作领导小组，与各村签订河湖长制目标责任书，建立乡镇综合执法联防联控机制，进一步完善管理机制。各级河长及巡河员利用“智慧水利云”在线巡河App，及时上报发现的问题。加大执法检查力度，以检查促整治，排查河道及两岸生产生活垃圾堆存点5处，开展辖区河道和两岸环境卫生整治6次，出动人员280人次，清理河道8.5千米，清理各类垃圾20立方米，推进生态保护，优化人居环境。制定秸秆禁烧工作方案，并开展巡查，秸秆综合利用机械打捆233.33公顷，回收残膜18吨。推进环境整治工作，开展环境卫生整治活动，发动动员群众开展农村环境卫生集中大整治活动。入户宣传545次，开展环境卫生集中整治112次，出动人力5324人次，动用挖掘机等设备243台(辆)，清理垃圾808.5立方米，拆除乱搭乱建及残垣断壁263处，清理沟渠226.8千米。整治店外延伸及机动车乱停乱放等违法行为86起。实行环境卫生月联评制度，由县、镇人大代表、政协委员、村“两委”成员组成联评小组，对各村人居环境进行月联评、月通报、实行红黑榜公示，激励村干部、村民自觉维护人居环境。

【安全应急管理】 组织开展林缘、林间空地、林间坟地及重点部位的杂草、可燃物清理、设置防火隔离带，减少火灾隐患。全镇13个村配备祭祀炉49座，配备防火扫把36把、防火服60套、风力灭火器4台、割灌机3台。宣传森林草原防灭火知识，利用大喇叭播放防火安全知识，出动宣传车18次，悬挂横幅46条，发放温馨提示2000余份。及时制定应急预案、成立应急分队，召开专题会议，修编应急预案2次，召开防汛抗旱专题工作会5次，发布预警信息120条，下发防汛工作通知12次。健全完善14个村（社区）应急预案、叫应叫醒机制，在麻其村滑坡、南滩村险情处置工作中，成立应急处置工作领导小组以及专项工作组10个，设置紧急避险点13个，设置转移安置房屋93间，帐篷40顶，转移安置床位372张，转移安置317户1601人，其中，集中转移82户345人、分散转移235户1256人。落实防灾减灾措施，采取大小喇叭不间断广播、微信群实时发布、张贴公告、发放致放牧户的一封信、录制普通话版及方言版的温馨提示等形式，加强防汛宣传教育。按照“五户联保、十户联防”原则，驻村干部、村“两委”干部、网格员包户防汛工作包保责任制，把保障人民群众生命财产安全放在第一位。经排查，全镇有地质灾害隐患点13处。

【民生保障】 强化民生保障政策落实，解决群众急难愁盼，排查纳入民政低保365户、特困户15人、临时救助203户，发放各类保障金额548.59万元。申报贫困大学生“雨露计划”补助75人，发放资金35.3万元。扶贫小额信贷发放27笔122.6万元。城乡居民养老、医疗保险参保率95%以上，建档立卡人员参保率100%。制定2022年为民办实事计划清单，“我为群众办实事”实践活动台账，梳理出为民办实事重点项目6件，完成5件。全年开办就业招聘会3次，推送就业相关信息50次，实现脱贫户务工就业557人。其中通过在建项目“以工代赈”方式带动脱贫劳力17人。

（撰稿人：刘延军）

## 塔尔镇

【概况】 塔尔镇位于大通县城东北部，北至新庄镇，西与良教乡、斜沟乡隔河相望，东连桦林乡，南通桥头镇。总面积76.8平方千米，耕地面积4117.99公顷，人均耕地0.11公顷。属半浅山半川水地区。海拔2471～3656米，年平均气温3.7℃，年降雨量451毫米，年日照时数2685小时，无霜期97天，各村灌溉条件较便利，适宜种植小麦、蚕豆、油菜、马铃薯、反季节蔬菜等作物。辖东庄、西庄、格达庄、王庄、塔尔沟、半沟、石家庄、上旧庄、下旧庄、奔康滩、塔尔湾、中庄、凉州庄、韭菜沟、泉沟、河州庄16个村民委员会委会和塔尔社区居民委员会，有65个自然村。有8313户、37902人，主要聚居着回族、汉族、藏族、蒙古族4个民族，其中回族人口占总人口的99%。镇政府有工作人员51人，其中公务员21人、事业编制21人、其他人员9人。全镇有村干部80人。全年农村经济总收入5.2亿元，农民人均可支配收入15441.32元。开展劳动技能培训5期，385人次，输出劳动力11740人次，实现劳务收入2879.82万元。

【党建工作】 领导班子将中共二十大精神、习近平总书记重要讲话精神等纳入必学内容，开展晨读集中学习21次，党委中心组理论学习21次。落实党员冬春训、专题党员培训班，参与培训200余人次，班子成员讲党课11次、微党课60人次，邀请“党课讲师团”“百姓话廊”讲师讲授专题党课11次，机关干部撰写学习心得120篇。党委书记带头履行党建工作“第一责任人”职责，统筹安排全镇党建工作。各党支部落实“三会一课”等制度，开展形式多样的主题党日活动，根据支部书记抓基层党建工作责任清单，筹划召开镇领导班子民主生活会、党支部组织生活会和党建工作述职评议等。建立健全村干部考核办法、“三会一课”联审报备、“四议两公开”、村干部坐班制和村级事务代办制等制度，将贯彻落实情况纳入村级年度考核。按照“223”模式储备后备干部119人、乡村振兴人才21人，发展新党员21人。开展党员干部“换位体悟”“党支部书记讲党课”“岗位大练兵”“蹲苗”等活动，“换位体悟”活动参与63人次。到基层走访群众300余人次，排查解决群众急难愁盼等民生难题75个。党委书记专题安排党风廉政建设工作4次，听取镇纪委工作汇报5次，与班子成员、党支部书记开展谈心谈话20人次，开展集体廉政谈话1次，听取“一岗双责”责任落实情况汇报9人次。班子成员对分管干部监督检查20次、谈心谈话35人次，开展警示教育6次。围绕常态化疫情防控、脱贫攻坚同乡村振兴有效衔接、生态环境保护以及落实民生事业等重点工作，开展监督检查107次，发现问题97条，提出整改建议21条，全部完成整改。运用“第一种形态”提醒谈话16人次，批评教育3人次，廉政谈话45人次、日常谈心谈话89人次，查办案件2件。综合运用作风督查等方式，开展监督检查8次。在上旧庄、凉州庄村开展提级监督试点工作，以“123456+N”工作法，重点围绕党务、村务、财务“三资”管理、“小微权力”监督制约、村（居）务公开、村集体经济发展等问题，细化6项重点监督内容和4项监督方式，盯重点人员、重大事项、关键环节，强化清单式管理、靶向式监督。

【人大与政协工作】 召开塔尔镇第五届人民代表大会第二、第三次会议，听取和审议政府工作报告、人大主席团工作报告，选举产生副镇长1人。依据代表履职活动“4114”模式，在开展环境卫生整治检查、安全生产、项目建设、产业发展等方面听取镇政府专项工作报告，以评议、视察、调研、检查等方式提出建议，梳理后交至镇政府承办，并持续跟踪督办。组织人大代表在助力创城、人居环境卫生整治、疫情防控、防汛、防地质灾害等方面，发挥人大代表示范带头作用，扛起人大代表的职责和使命。支持所在村群防群治工作，带头捐款捐物，以实际行动贡献代表力量。政协联络工作组围绕镇党委、政府中心工作，发挥政协职能作用，搭建委员参政议政平台，立足塔尔镇发展实际，调研人居环境整治、乡村振兴、地质灾害搬迁等重点工作，为塔尔镇经济社会各项事业发展建言献策。

【群团武装】 组织村（社区）团支部开展“清廉青年”主题活动，慰问困境儿童23人。在疫情防控期间，招募532名青年志愿者，发挥群团组织先锋模范作用。防汛期间，组织党员志愿者服务队、应急民兵排、青年志愿服务队50人到青山乡参与清淤救援工作，全镇党员干部、团员青年为抗洪救灾募捐52798元。工会探索组织建设，创新工作思路，服务职工群体，保障职工合法权益。全年为60名干部职工发放福利近5万元，配合上级工会完成互助保障工作。妇联组织带动全镇17个村（社区）开展美食比赛、徒步健身、健康讲座等活动，年内组织妇女“两癌”知识宣传2次，发放宣传单页300份；开展留守儿童关心关爱活动2次；利用“百千万巾帼大宣讲”活动，组织30名妇女代表开展“喜迎二十大 巾帼建新功”宣传中共二十大和省十四次党代会精神。塔尔沟村妇女乔富莲获县级“民族团结模范家庭”、马金成等10户被评选为县级“绿色幸福家庭”。抓好国防动员、双拥共建等重点工作，组织民兵队伍投身维护稳定、疫情防控、抢险救援等急难险重任务，强化国防动员和后备力量建设，用实际行动为建设强大国防作出贡献。全年召开党委会议4次，专题研究关于应急物资库和退役军人服务站建设工作等内容，补充战备物资器材库，6月，开展2022年度民兵点验大会，由西宁警备区、县人武部指导，点验率83%。7月，派出基干民兵参加东峡专业分队训练。

【民主法治】 制定完善《塔尔镇平安建设工作方案》，执行矛盾纠纷排查调处报告制度，完善网格化管理制度，落实“横向到边、纵向到底”要求，发挥塔尔片区乡镇综合行政执法中心职能，整治交通运输、重点领域存在的占道经营、乱停乱放等现象。联合镇司法所开展电信诈骗以及诈骗防范宣传工作，增强群众自我防范意识。

【民族宗教工作】 围绕“民族团结进步+”融合发展行动，将民族团结进步与基层党建、社会治理等工作紧密结合、有机衔接、融合推进。引导全镇各族干部群众参与创建工作，创建“十进”村级责任，推动基层创建活动提质增效，挖掘辖区民俗特色和辖区优势资源，选树打造塔尔社区“石榴籽家园”示范典型。根据全国宗教工作会议，提高宗教工作法治化水平，引导宗教与社会主义相适应。落实宗教教职人员审核报备、宗教活动场所维修审批报告、宗教活动场所巡查等制度，建立健全宗教活动场所管理机制，提升宗教活动场所管理规范化水平，加强对宗教活动场所安全隐患的排查，开工复工在建项目安全核查督促工作。利用宗教场所，宣传党的惠民政策和县委、县政府、镇党委、镇政府的决策部署，发挥宗教在推进全镇环境卫生整治、控辍保学、精神文明、安全生产、网络诈骗等方面的宣传作用，提高宗教教职人员和管理人员依法管理宗教事务能力。

【精神文明建设】 以志愿服务“点线面”相结合的方式，落实落细“四方”责任，组织开展文明创建主题宣讲活动，发挥新时代文明实践站及志愿者力量，以多种方式宣讲中共二十大等重要会议精神和最新政策理论，讲解村庄环境卫生、厕所革命和“四害”防治等重点内容。开展“五星级文明户”创建、移风易俗宣传教育等活动，制作移风易俗文化墙17块，发放宣传读物679份，教育干部群众在传承文明、弘扬美德、促进社会和谐进步中增强文明意识、规矩意识和防范意识。落实网络信息发布机制，加强对微信群、抖音、快手等平台监管，维护网络安全。落实村（社区）“四务”公开制度，夯实监督责任，各村（社区）运用宣传栏、公示栏和微信群在每月15日对村务、财务、党务等内容公开公示。

【农业农村经济】 落实粮食安全和耕地保护党政同责，压实粮食安全属地责任，守住全镇4120公顷耕地（3600公顷基本农田）红线，推进“非粮化”、“非农化”、土地流转工作，排查出耕地违规种植苗木116.67公顷、违规圈养0.17公顷、违规种植中藏药18公顷、撂荒地18公顷。撂荒地全部翻耕种植小麦、油菜等农作物，整改违规苗木种植63.33公顷。流转奔康滩村等5个村合作社土地545.57公顷，协调解决并发放15个设施农业园区2021年拖欠的土地流转费357.57万元。完成西庄等3个村高标准农田建设884.13公顷、森林质量提升建设113.33公顷，森林抚育建设126.67公顷。实现化肥农药减量增效行动，项目涉及16个村、11个种植大户和专业合作社，发放化肥350吨，落实小麦面积233.33公顷、1936户、8214人。推广并全覆盖马铃薯全膜覆培技术总面积393.33公顷，发放白地膜5600卷，降解膜300卷。发放一次性种粮补贴26.83元，面积1361.33公顷，提高农业综合效益。

【新农村建设】 开展双新公路沿线整治工作，完成8处老旧大棚拆除，10处大型广告牌、彩钢房拆除，完成塔尔煤炭交易市场拆除工作，清理沿线垃圾堆、土堆、石头堆20余处，持续改善双新路环境卫生状况。拆除四六水源地排污企业1家，取缔排污作坊3家，封堵北川河沿线排污口13处。推进“厕所革命”，探索粪污无害化新模式，完成石家庄、中庄、格达庄水冲式厕所项目验收工作及韭菜沟、王庄双坑交替厕所项目验收工作。全镇配备4台抽粪车，做好无害化厕所推广使用。

【乡村振兴】 持续改善全镇16个村水、电、住房、道路交通等。11个非贫困村集体经济年收益6万元以上，5个脱贫村集体经济光伏项目分红71万元。完成凉州庄村、中庄村、塔尔湾村等3个村35户到户产业变更项目。下旧庄村、泉沟村壮大村集体经济项目运行稳定，年收益均达到2万元。全年发放小额金融贷款46笔221.19万元。动员有能力脱贫户劳动力务工就业，县域企业带动脱贫户1户，合作社带动58户，在建项目带动71户，6户脱贫户领取新增养殖补贴资金0.94万元。省内外务工100人领取交通补贴10.17万元。设置生态管护员、村级保洁员、疫情防控员、防火宣传员等村级公益性岗位203人。交付运行投资1815万元的兴平设施农业园区改造项目。创新自主经营模式，年助力村集体增收20余万元。推进塔尔湾村数字商业综合体、王庄村壮大村集体经济温室大棚建设等产业发展项目；完成王庄、韭菜沟村等3个村厕所革命683座；完成格达庄村、塔尔湾村污水管网改造，中庄村、塔尔湾村等3个村美丽乡村建设，格达庄村人畜饮水工程等项目。

【农村生态环境】 镇党委、村党支部落实第一责任人制度，组织党员群众集中整治环境卫生90余次，出动人员3000余人次，清理垃圾1000余立方米，清理河塘沟渠30千米，出动大小型机械58台次，改善农村人居环境面貌。完成省环保督察和黄河流域督察交办的问题整改，落实整改发现的大气污染问题。加大农村人居环境整治及秸秆焚烧巡查力度，加大双新路、药草路段整治力度。完成塔尔湾村“煤改气”项目验收工作，做好“煤改气”“煤改电”项目申报工作，解决好煤炭燃烧污染问题。加快畜禽废物及生活垃圾清理，完成3处垃

圾中转站建设项目，配发封闭式蓝色垃圾斗20个，申报堆粪场建设项目5处，加快环卫基础设施建设，减少农村生活垃圾、养殖粪污影响。

【安全应急管理】 在元旦、春节等重要节点，排查农业园区、生产经营单位等安全隐患。加大加西公路建设、水源地污水管网建设等项目安全生产检查，督促落实企业安全生产主体责任。以农村自建房、在建工程项目、道路交通等为重点，开展安全生产隐患排查，查封4处存在较大安全隐患的经营性住房，下发安全告知书4份，并责令限期整改，与自建房签订安全承诺（告知）书29份。联合镇监管所、塔尔片区综合执法中心开展镇域餐厅、商场、超市和学校食堂等食品药品专项检查工作，检查食品经营店276家，出动执法50人次。落实“横向到边、纵向到底”要求，整治全镇交通运输、重点领域存在的占道经营、乱停乱放等问题。完善《塔尔镇地质灾害避险处置应急预案》，组织开展汛前河道疏通整治，巡查全镇29处重大地质灾害隐患点、防汛险工线段，发放“明白卡”420余份，处置泉沟村、奔康滩村等地质滑坡险情，整修泉沟、塔尔沟村内地质灾害隐患点道路塌方、小型滑坡等11处。巡查全镇重大地质灾害隐患点、防汛险工线段29处，发放“明白卡”420余份，落实“叫醒”“叫应”机制，处置泉沟、奔康滩等村地质滑坡险情，转移安置泉沟村等地质灾害危险区域群众58862人次，整修泉沟、塔尔沟村地质灾害隐患点道路塌方、小型滑坡等11处。在全镇范围内开展安全生产排查工作，整改安全隐患，建立安全生产台账，年内无安全事故发生。

【社会民生】 开展各类文化体育活动，坚持文化活动中心和农家书屋免费开放，提升改造文化体育场地基础设施建设，开展体育场地普查系统录入，挖掘民族特色文化，组建非遗文化传承表演团体。排查脱贫户、农村低保户等9类人群，强化监测预警重点监测对象，纳入监测3户6人。巩固“两不愁三保障”成果，全镇九年义务教育阶段学生控辍率100%、健康扶贫“双签约”履约率100%。按照农村社会救助体系运行，实行分类施保、动态管理。开展挖掘机、家政服务、电子商务、养殖技术等培训班7期，培训人次350人。落实残疾人“两项补贴”发放工作，对在册的893名残疾人发放“两项补贴”49万元。引导辖区人口外出务工、创业，落实各项就业补贴政策，确保人人享受政策红利。全年新纳入最低生活保障122户199人，动态调整取消35户116人，发放最低生活保障金583万元；临时救助235户1001人，发放救助金199万元；特困供养34户37人，发放救助金28万元。医疗保障参保率97.06%，特殊人群参保率100%。养老保险参保人数23928人，到龄领取养老金4251人。转移劳动力11740人，省外输出6638人次，实现劳务收入2880万元。

（撰稿人：赵　娜）

## 青山乡

【概况】 青山乡位于大通县西北部，东邻新庄镇，西接青林乡，南通城关镇及多林镇，北连宝库乡。乡政府所在地贺家庄距县城28千米，属半浅半脑山地区。全乡东西狭长，辖区面积147.15平方千米，海拔在2645~4189米，年降雨量550~600毫米，年平均气温1.6℃，无霜期70天。总耕地面积3534.27公顷，人均耕地0.21公顷。主要种植小麦、青稞、豌豆、蚕豆、洋芋、燕麦、油菜等农作物，收入来源主要依靠农业和劳务输出。全乡辖贺家庄、佐士图、龙卧、聂家沟、利顺、红泉、沙岱、青山、沙尕图、生地乙卡、西北岔、古娄马场、西山、官巴、多兰、东山16个村民委员会，总户数3968户、总人数16550人，少数民族占 46.2%。乡政府有工作人员 53 人，其中公务员 22 人、事业编制人员 20 人、下派人员 11 人。2022 年，全镇农民人均纯收入 1.59 万元，同比增长 7%。劳务输出 6798 人次、实现劳务收入 2039.40 万元；转移脱贫户劳动力 750 人次，其中省外务工 20 人。开展短期技能培训 4 期、215 人次。

【党建工作】 以党建引领乡村治理，各村以 10~15 户不等为一单元，以家庭“最小细胞”为中心化解问题，排查梳理各类矛盾纠纷。采取“党支部+合作社+农户”的生产经营模式，调整产业结构，连片种植千亩青油 15 号，实现党建引领和产业富民深度融合、同步发展。发挥农村基层党组织的组织优势和服务功能，实现快递服务“村村通”，设代投点 18 个。落实“115+N”主题党日、“三会一课”等制度，开展专题讲党课 29 次，召开专题党建工作党委会 4 次，安排部署党建工作会议 17 次。组织开展“换位体悟”“假如我是服务对象”等活动及培训 10 余次。根据项目和资金监督风险隐患，坚持日常监督和专项督查相结合，为乡村振兴、营商环境提供纪律保障。组织乡村干部观看警示教育片 4 次 412 人次，传达学习省、市、县纪委关于党风廉政建设会议精神 4 次，撰写心得体会 3 次，开展廉政谈话 85 人次。围绕乡村干部及驻村工作队员坐班、廉洁自律、服务群众满意度等情况开展监督检查 318 人次，专项清查民政惠民资金、一卡通等问题，明确整改期限。受理上级转办信访举报件 2 件，办结 2 件。乡纪委运用接访、走访、带案下访等方式，将漠视侵害群众利益以及涉黑涉恶腐败问题解决在“家门口”。针对疫情防控、落实营商环境、全乡惠民惠农财政补贴资金“一卡通”等问题，围绕处置乱占耕地、环境保护、违反中央八项规定精神、巩固拓展脱贫攻坚成果同乡村振兴有效衔接等重点工作，开展专项监督检查 118 次，发现问题 24 个，提出整改意见建议 14 条，落实台账式跟踪管理，办结 2021 年上级转办件 4 件。

【人大与政协工作】 参与党委、政府各项工作，提出合理化建议，保障党委、政府重点工作的推进，促进重大事项的贯彻落实。增强乡人大抓大事、议大事的意识，提高定大事、办大事的能力。全年解决群众关心的难点、热点问题 8 件，为党委、政府工作排忧解难。

【群团武装】 发挥妇女“半边天”作用，动员广大妇女投入乡村环境整治工作中，引导村民树立科学、文明的卫生习惯，不乱堆、乱放、乱倒。“8·18”山洪发生后，乡村妇联组织第一时间行动起来，开展查验灾情、清理淤泥、灾民转移安置、安抚、慰问、统计妇女儿童受灾情况，将捐赠的物资 500 件母亲邮包、300 套四件套送到受灾村妇女群众手中。开展“会员评家”自评工作，关心关爱会员生活，解决会员存在的困难和问题。抓好基层民兵整合，紧贴保障、抢险救灾等任务实际，突出骨干队伍，采取有效措施，调整和改进民兵组织建设。提早安排征兵宣传工作，按指标完成年度征兵任务。

【民主法治】 加强村级事务程序化管理，使村务管理由事后控制转变为全过程控制。农村资产、资金、资源实行制度化管理，约束和规范干部行政行为。围绕中央惠农惠民政策、农村低保、土地使用和农资补贴发放等政策落实情况开展专项督查检查，明确督查中发现问题的整改时限和纪律要求，确保整改工作落到实处。实施阳光政务监督，要求各村每季度公开村级财务 1 次，并围绕群众关心的热点、焦点问题公开村务，自觉接受群众监督和社会监督，增强干部工作的透明度。强化干部监督管理，完善干部管理监督制度体系，制定《青山乡首问负责制》等制度，建立领导班子和干部监督“正

面清单”和“负面清单”，将考核结果与干部选拔任用、评优评先、问责纠错等挂钩。吸收“两代表、一委员”50余人参与到化解各类社会矛盾纠纷中，全乡有16个网格61名网格员。建立以人民调解为基础，行政调解和司法调解有机结合的联动矛盾纠纷排查调处机制，年内有效化解信访案件34件，成功调处矛盾纠纷18起。加大对电信、养老诈骗的宣传和防范工作，微信推送11次，发放宣传彩页5000份。抓好特殊人群帮教管理，针对刑释解教人员、社区矫正人员、易肇事肇祸精神障碍人员及207户入赘家庭，乡综治办、乡司法所、各村进一步加强对特殊人群管控工作，重点人员管理进一步制度化、规范化。

【民族宗教工作】　完善民族宗教组织机构，成立由乡党委主要领导任组长的民族宗教工作领导小组，形成四级联动工作管理机制，加强对日常宗教事务的管理。乡党委采取多种形式和方法进行宣传，以村级活动场所为依托宣讲党的宗教政策。根据辖区内宗教工作情况和实际需要，宣传党的宗教政策法规16次。将宗教人士践行社会主义核心价值观、遵守寺规僧约作为年度考核依据，引导教职人员倡导文明新风。利用板报、悬挂横幅、张贴标语、举办知识讲座等形式，发放宣传单1000余份，出板报16期，悬挂横幅18条。

【精神文明建设】　以习近平新时代中国特色社会主义思想为引领，组织开展党委中心组学习12次、撰写学习心得200余篇。督促党员干部使用“学习强国”“干部网络学院”手机App。加强新时代文明实践所（站）建设，根据县新时代文明实践所（站）工作要求，青山乡志愿服务队有100余名志愿者，各村也相继配备志愿服务分队，有乡、村两级志愿队伍17支380余名志愿者，借助主题党日、我们的节日、疫情防控等节点开展各项志愿服务活动。

【农业农村经济】　发放农药减量增效行动试点项目商品有机肥680公顷，2192吨；实施马铃薯良种繁育基地建设项目17.33公顷，10.5吨；发放全膜覆盖栽培技术推广项目地膜7200卷。播种小麦1747.33公顷、青稞53.33公顷、马铃薯484.66公顷、油菜636.73公顷、蚕豆10.67公顷。组织科技培训，为农户从选种育苗、田间管理、病虫害防治到产后服务等方面做好全方位服务工作。盘活农村土地资源，遏制耕地“非农化”，防止耕地“非粮化”，排查“非粮化”面积50.33公顷，排查撂荒地面积7.8公顷，于6月整改完毕。农业保险总面积2727.53公顷，保险总额98.76万元。加大畜种改良力度，畜牧业收入占农民收入比重增加，年初猪存栏4580头、牛存栏20588头、羊存栏21085只。引进牦牛良种补贴项目种公牛68头，全部投放入户，依托县草原站高标准饲草种植基地种植饲草601.5公顷。落实“分山到人、专业管护”森林管护机制，有森林管护人员77名，形成专职护林员按区域巡护的网格化管理体系，开展巡林工作，落实乡级林草长每月不少于1次巡林工作，村级林草长每月不少于2次巡林工作任务；完成补植补栽20公顷，植树造林700棵。发放公益林直补资金70.10万元，退耕还林2笔资金分别为21.23万元和22.90万元。落实森林防火和病虫害防治工作，各村组建防火应急队伍，有防火队伍232人，加大对野外用火的隐患排查和防火宣传力度，增强防火一线的宣传和警示作用。加强林草地巡查，村道两侧、小游亭四周栽种松树，对村庄进行生态绿化，改善村容村貌。通过排查河流基本情况和存在问题，建立健全管理制度，定期公布考核结果，实现辖区河（湖）长制管理全覆盖，推动河（湖）长制工作贯彻落实到位。

【乡村振兴】　完成西山村、西

北岔村等5个村666.67公顷高标准农田建设。实施龙卧村、西北岔村、马场村、西山村、聂家沟村917座农村“厕所革命”项目，排查厕所1511座，其中问题厕所696座，立行立改75座，其余问题厕所将按照上级部门要求整改。根据县乡村振兴局关于项目库储备工作安排，做好2023年项目储备、上报工作。实施沙岱村、青山村等6个村人畜饮水管网维修、重建项目。受“8·18”山洪灾害影响，部分农户住房存在安全隐患，已通过邻里互助、集中安置等方式解决；对接县水利局实施沙岱村、青山村等6个村人畜饮水管网改造工程。统筹推进2021年度中央财政扶持壮大村集体经济项目（利顺村服装加工设备购置项目），因疫情和场地原因，部分设备未完成安装、调试以及操作培训；聂家沟村、佐士图村、西山村、沙尕图村4个村抱团争取2022年度中央财政扶持壮大村集体经济项目资金，谋划实施农副产品加工服务项目，该项目前期进场准备工作完成。

【农村环境】 完成生地村小流域河道治理0.5千米；加强环保知识宣传教育，开展秸秆禁烧和水污染治理，实施并完成东山村煤改气项目，加强养殖业污染治理，落实环境保护网格化监管职责，推进人居环境整治三年行动，实行定人、定时、定路段、定任务责任制，村干部、党员、村民代表带头示范，组织党员、群众3500余人次对辖区公共区域、河道垃圾以及卫生死角进行大扫除、大清理，清理垃圾2000吨，清理河塘河渠500千米，整治乱堆乱放400余处。

【安全生产】 开展安全生产大排查大整治专项行动，其间出动400余人次检查乡政府办公楼、村委会办公楼17处、村民住房3672户、地质灾害隐患点28处、建筑工地1处、桥梁涵洞23处、电网11处、公路2条、水库1处、淤地坝4处、涝池1处、学校2处、卫生院2处及畜舍、农资农畜产品加工点等重点场所，以及辖区内小作坊、餐饮业、零售业的安全生产工作，提前研判存在的安全风险，排查易发事故的重点部位，完成日常“两单四表”更新报送，防止各类安全事故发生。

【社会事业】 持续推进脱贫人口稳岗就业工作，通过微信群、村广播等途径，动员有劳动能力的群众参加2022年春风行动招聘活动，提供务工信息，拓宽脱贫户就业渠道。临时性公益岗位16人。以公司、项目、合作社+农户方式带动农户发展种植养殖业、向农户提供技术指导和后期服务；提供就业岗位，拓宽脱贫劳动力就业渠道，增加脱贫家庭的经济收入。带动脱贫户47户188人，其中合作社带动22户93人，在建项目带动25户95人。推进卫生健康工作，完成孕前检查104对，新生儿出生29人，女性初婚38人，新婚知识宣传率100%，登记生育服务证85人次。发放计划生育全面两孩政策和“康福

2022年8月5日，青山乡开展应急演练（青山乡供图）

家行动”“关爱女孩”等宣传资料100余份。

【民生保障】 结合防返贫监测集中大排查、部门反馈数据、自主排查和“8·18”山洪灾害排查等，重点排查有大病重病和负担较重的慢性病患者等特殊群体家庭和受灾严重群众，累计排查纳入监测户35户112人，其中突发严重困难户34户110人，易返贫致贫户1户2人，确定帮扶责任人、制定帮扶计划，落实就业、低保、临时救助、公益岗位、“雨露计划”等综合性帮扶措施。推行脱贫户家庭子女九年免费教育机制，全乡义务教育阶段无辍学学生；年度享受“雨露计划”教育补助95人、45.70万元。继续实施医保扶贫工作，做到摘帽不摘政策，确保所有脱贫户、边缘易致贫人口100%参保，100%享受待遇；全年发放低保金364.87万元、特困金45.72万元、高龄补贴84.44万元、临时救助金198.95万元。发放残疾人生活、护理补贴4872人43.29万元。危房改造上报22户，完成16户。聘用民政协理员16人，解决农村剩余劳动力就业问题。落实残疾人生活救助补贴政策，发放各类补贴3242人49.25万元。加大惠农扶持力度，发放粮食直补475.66万元，农机具购置补贴56.49万元。利用宣传标语、大喇叭、滚动屏、微信群、上门入户等“线上+线下”宣传方式，提高群众对政策的知晓率和参保积极性。引导群众自觉、自愿参与新型农村合作医疗和居民养老保险，“两金”收缴率分别为98.70%、93.85%。

【“8·18”山洪灾害救援】

8月18日0时，青山乡遭受瞬间强降雨引发山洪，全乡16个村3574户15075人受灾。全县因灾死亡27人，失联4人（其中青山乡因灾死亡21人，失联4人），紧急转移安置群众3012人，其中集中安置2112人，分散安置900人。临时过渡安置群众270户1215人，需紧急生活救助315人。因灾死亡牲畜2051头（只），其中大牲畜309头（只）、小牲畜1742头（只）；倒塌或损毁圈舍面积70500平方米，饲草料损失17625吨。农作物受灾面积2226.67公顷；农房损坏778户4737间（其中倒塌17户99间、严重损坏561户3417间、一般损坏200户1221间）。损毁小轿车67辆、拖拉机60台、各种农机具153台（辆）。沙岱、青山村和生地村（1户）共459户实施搬迁安置小区项目，统一安置在城关镇柳树庄村，2村群众搬迁面积意愿分别为80平方米58户、100平方米119户、120平方米282户，配套新建沙岱、青山村委会各1处；利顺、龙卧、贺家庄村284户采取本村宅基地安置，其中一层需求235户，二层需求49户，征地14.33公顷。辖区藏传佛教格鲁派寺院祁家寺受损严重，计划选址修建。实地核查全乡地质灾害隐患点，需搬迁321户，其中城关镇柳树庄村集中安置256户，其余65户安置在本村。

（撰稿人：黄春辉）

## 极乐乡

【概况】 极乐乡位于县城桥头镇西北部，东与新庄镇、塔尔镇隔河相望，北与城关镇、逊让乡相邻，南与斜沟乡接壤，西逾娘娘山与湟中区为界。全乡总面积54.58平方千米，海拔2540~4132米。有耕地2099.63公顷，草场310.75公顷，林地822.65公顷，总户数3123户，总人口14306人，有汉族、回族、土族、藏族、蒙古族5个民族，少数民族人口11243人，占全乡总人口的78.60%。辖极拉下庄、吉拉口、上和衷、下和衷、宗阳沟、阳坡、极拉上庄、极拉后庄、崖湾、深沟、岔水坝11个村民委员会，有53个自然村。乡政府有工作人员30人，其中公务员16人、事业编制人员14人，有村干部54人。2022年，全乡农村经济总收入15234.75万元；畜牧业总产值6726.8万元，农民人均可支配收入14523.54元。

【党建工作】 全年中心组学习27次，党委会传达学习议题113项。学习中共十九届六中全会、中共二十大及省十四次党代会精神，全乡党员干部撰写心得200篇。开展“能力大提升 喜迎二十大”知识竞赛、“换位体悟”等活动34次，开展党务、农经、民政、财务等各类培训7次，组织党支部书记培训1次，村“两委”成员培训4次，选派2名村“两委”成员报读大专学历。落实各支部党内民主制度，建立流动党员“1+X”联系机制。落实“三会一课”联审报备制度，结合组织生活会，开展党支部“堡垒指数”和“党员先锋指数”考评，评选先进党支部3个、先锋党员72人。督促驻村工作队员参与帮扶村党支部各项工作，建立日常督查制度，开展在岗履职情况督查6次，评选优秀10人次，合格50人次。通过加强村党组织组织生活、跟班学习、“强村带弱村”活动和乡纪委立案审查等措施，整顿摘掉软弱涣散村党组织帽子。乡党委落实主体责任，全年召开专题会议4次，听取工作汇报2次。开展“转作风、勇争先”作风建设行动问题整改工作，配合市委第一交叉巡察组开展常规巡察，开展专项监督检查10次、谈心谈话35人次、党纪法规知识测试4次，组织党风廉政建设专题党课3次，召开警示教育大会2次，观看警示教育片2次，线上转发学习各类典型案例20次。加强干部日常教育管理，开展廉政提醒谈话5次。开展乡村振兴、涉农领域、疫情防控等专项督查37次，办理乡案县审信访件2件，立案审查调查并给予党纪处分2人。开展村级提级监督试点工作，遏制群众身边微腐败。

【人大与政协工作】 建立完善人民代表大会议事规则、人大主席团讨论决定重大事项等13项制度。投资3.7万元，提升改造人大代表之家、“人大代表联络站”。各代表联络站开展学习交流活动6次，接待选民30人次，征求意见建议7条，为群众解决实际困难10件，健全吸纳民意、汇集民智工作机制。乡政府办理代表意见建议11条。召开极乐乡第十八届人民代表大会第三次会议，支持人大代表依法行使职权。组织代表开展学习培训会1次，考察学习1次，集中视察1次，增强人大代表履职意识和责任。党委会研究政协工作4次。乡政协向党委汇报工作开展情况2次，委员给乡党委、政府反映交通、水利、教育等方面的意见建议5条、反映村情民意，形成提案1篇。

【群团武装】 深化工会、共青团、妇联等群团组织建设，通过慰问困难职工、志愿者、困境儿童等方式，发挥桥梁纽带作用。开展“清洁家园在行动，志愿服务我先行”“除四害除死角，改善良好环境”“我为党旗添光彩，党团共建示范林”等环保志愿服务活动。举办庆“六一”国际儿童节系列活动，慰问辖区困境儿童32人。领会和把握党管武装工作重要意义，召开党委会2次、专题会1次，研究部署武装工作。落实国防潜力调查、兵役登记、民兵整组、应征报名等重点工作。“8·18”强降雨灾害发生后，组织20名基干民兵行动，分组开展群众转移安置和河道疏通工作。在大通一中安置点，派出民兵参与物资转运、心理疏导等工作130人次。

【民主法治】 推进政务服务“一门式”改革和“互联网+政务服务”，做好行政许可事项清单和“好差评”工作。制定《极乐乡“八五”普法规划重点工作任务分工方案》，推进“八五”普法工作，开展《中华人民共和国民法典》学习宣传。加强村“两委”班子成员法治教育，加大“法律明白人”培训力度，发挥群众参与治理的主体作用。围绕“法律进乡村”工作，开展与群众生产生活密切相关法律法规的宣传。根据妇女、残疾人、老年人、农民工、流动人口等群体特点，开展法治宣传活动，增强依法维

护权益的意识和能力。鼓励和引导基层法律工作者、人民调解员开展普法活动。将市域社会治理现代化试点工作列入乡党委重要议事日程，召开专题会议进行安排部署，整合全乡综治、司法、民宗、交通、食药等资源力量，制定工作措施，形成问题联治、工作联动、平安联创的局面。完善矛盾纠纷多元化解机制，健全人民调解、行政调解、司法调解相结合的大调解格局，排查化解矛盾纠纷25起。制定印发《极乐乡党的二十大维稳安保突发事件应急预案》，通过义务巡逻、邻里守望等措施，做好消防、矛盾纠纷排查化解、维稳工作。坚持和发展新时代“枫桥经验”，坚持把社会治安评判权交给群众，建立社会治安分级评价机制，通过“邻里牵手”工程、农村治安大联防、“红袖标”、“蓝马甲”等群防群治工作模式，建立乡村综治中心与广大人民群众互动共治机制，向乡村综治中心回应相关问题，促进群众参与社会治理积极性。

【民族宗教工作】　将民族团结进步事业工作摆上乡党委重要议事日程，制定实施方案、工作计划和责任清单，提升创建“八进”成效，组织开展主题创建活动，推动全乡民族团结进步事业。创建民族团结示范点2处、民俗技能示范带头人3人。依法管理宗教事务，加强党对宗教工作的领导，引导宗教与社会主义社会相适应。开展“尊法学法守法用法示范寺院”创建活动，组织伊斯兰教教职人员资格考试申报，伊协换届人选推荐等工作。辖区宗教界人士参与社会事业，在疫情防控、抢险救灾时刻，累计捐款捐物折合3万元。

【精神文明建设】　组织多种形式的健康教育和健康促进活动，倡导健康文明的生活方式，加快推进乡村文明建设。把社会主义核心价值观教育纳入乡、村两级党组织理论学习重要内容，上和衷拱北以社会主义核心价值对教义教规作出符合时代要求的阐释做法得到省市领导的好评。拓展新时代文明实践站（所）建设，统筹推动文明培育、文明实践、文明创建，推进精神文明建设融合发展，开展各类文明实践及志愿服务活动10场次，创建县级文明村镇9个、文明家庭1户，创建市级文明村镇2个，创评“五星级文明户”120户，创评比例达到全乡家庭总数的56%。传播社会主义核心价值观，评选成绩突出村3个，优秀工作者21人，“学习强国”优秀学员3人，推荐大通县第五届“道德模范”初步人选5人，推动全乡干部群众见贤思齐、争做先锋。根据“我们的节日”等活动，将红白喜事操办标准纳入村规民约，推进移风易俗工作。

【农业农村经济】　打造绿色有机农产品输出地，开展化肥农药减量增效试点行动，落实面积460公顷。发展农业适度规模经营，实施马铃薯良种繁育基地建设项目，落实面积66.67公顷。实施马铃薯连片种植项目133.33公顷；实施马铃薯全膜覆盖栽培技术推广项目，落实面积300公顷。构建“种养结合、生态循环”发展模式，开展生态健康养殖，全乡羊存栏28420头，牛存栏13425头，奶牛养殖3930头。开展“两病”检测，建立奶牛档案，为335头牛发放西宁市第一张“奶牛健康证”。健全种粮农民收益保障机制，发放耕地补贴274万元。全年完成新育苗0.67公顷、防虫53.33公顷、防病26.67公顷、防鼠400公顷。

【新农村建设】　投资1332万元，完成宁极公路旧油路改造项目。如期完成极拉上庄村、极拉下庄村、宗阳村、后庄村人饮水源地建设补短板项目。发动护林员、乡村干部开展林带内环境卫生整治4次，出动人员80人次。发动宁张公路沿线农户参与集中整治，整治门前乱堆乱放19处，清理大型广告牌1处，并与沿线农户签订“门前三包”协议，建立长效机制。开展吉拉口林地水源地无序养殖清理整顿，清理养殖点13处（清退牦牛1800余头），恢复耕地1.13公顷。开展联合执法130余次，沿街道路违停占道行为治理50余次，依法拆除私搭乱建违章建筑25处，拆除私设煤场2处，制止占用耕地建房、建棚19起。开展沿街商铺店外延伸占道经营行为治理30余次。开展宁张公路沿线综合整治提升专项行动，拆除砂石路4条1054.5平方米，清理沙堆、土堆10处923立方米。全年修建桥涵10座。

【农村生态环境】 围绕全县“5带60村”发展布局，投入资金14万元，集中清理非正规垃圾堆放点30个，清运垃圾1300余立方米。出动2100余人次，出动车辆110辆次，清理卫生死角300多处，清除“牛皮癣”165个。开展美丽庭院创建行动，与农户签订“门前三包”责任书，与经营单位签订“门前六包”区域责任书，清理农户门前乱堆乱放，规范店面延伸经营行为。开展大气污染综合治理，建立分片责任制，制止焚烧秸秆行为，鼓励农户低茬收获、粉碎还田、捡拾打捆，做到饲料化、肥料化、燃料化。加快煤改气项目推进，推进水资源综合治理，发动党员干部群众开展极乐河、黑林河、宝库河清污行动7次，清理垃圾40余立方米，修缮河道5千米。加强土壤污染源头防控，回收废旧地膜124千克。督促整改“散乱污”企业5家，限期搬离1家。建立区域与流域相结合的乡、村二级“河湖长制”工作体系，设置河湖长14人，聘请义务河湖长及公益性岗位管护员22人，落实河道日常巡查和保洁工作。利用“智慧水利云”App，巡河670余次，发现和解决问题20余条。落实《村级管护责任实施方案》，签订村管河护河承诺书235份，明确群众参与村级河道日常管理的职责和义务。乡政府投入2万元聘请第三方对乡级管辖河道进行日常保洁。联合水行政部门查处牛粪排入河道案件4起。实施完成深沟村和岔水坝村沟道治理、极乐河上和衷村段紧急除险加固等工程。

【安全应急管理】 落实安全生产“党政同责、一岗双责、齐抓共管、失职追责”责任制，开展安全生产大检查、大排查、大整治121次，发现整改问题10条。开展自建房安全隐患排查、危险化学品安全检查、道路交通安全检查等工作。加强森林草原防火工作，提倡文明祭祀，实现鲜花祭祖，耕种不用火，消除祭祀、农耕生产等引发森林草原火灾的隐患。加强地质灾害隐患点检查和督查，成立应急抢险小分队，完善应急协调联动机制，提升应急处置能力。建立完善防汛五级管理制度，发布预警信息，启动叫应叫醒机制，按照应转尽转、应转必转、应转早转的原则，转移安置316户1231人，发放各类生活物资1000余件。利用乡文化活动中心和村级农家书屋，开展全民阅读活动，在元旦、春节、“三八”国际妇女节开展文艺演出、运动会等文化体育活动。组建防火巡逻队严格管控林缘地上坟烧纸、野外火源、秸秆焚烧等火灾隐患。组织护林员学习宣传森林草原防火条例10次。

【社会事业】 开展就业培训，加强困难群体就业兜底帮扶，加大富余劳动力转移就业，转移就业5742人，创造劳务收入2330万元。开展辖区建设项目治欠保支工作，农民工工资清欠率100%。落实控辍保学责任制，义务教育阶段适龄人口入学率100%，义务教育阶段无失学辍学学生。

【民生保障】 巩固拓展脱贫攻坚成果，强化防止返贫动态监测和后续扶持措施，对有返贫风险的2户8人按程序纳入监测，采取精准帮扶措施，消除返贫风险，实现动态清零。落实增量种植补贴面积21.87公顷4万元，增量养殖补贴38户4.9万元。脱贫户（监测户）跨县、跨省务工补贴98人7.5万元。

实施“三乡工程”，发挥企业的联农带户优势作用，带动脱贫群众就业增收，崖湾村人居环境改善项目带动群众就业6人，极乐众发民间手工业培训加工基地吸纳脱贫户就业18人。为295户最低生活保障户发放低保金300.65万元，发放取暖费等各类补贴61万元。为21名特困供养人员发放基本生活金及护理金33.31万元。为432人发放临时救助金84万元。发放事实无人抚养儿童生活费39528元。发放困境儿童生活费13350元。发放孤儿生活费52704元。为503名70岁以上老人，发放高龄补贴60万元。发放残疾人补贴36万元。医疗保险缴费13398人，参保率97.7%；养老保险缴费人数7122人，缴费率84%。全乡享受危旧房改造项目39户，发放补助资金95万元。

（撰稿人：马　峰）

## 逊让乡

【概况】　逊让乡地处县境西南部，乡政府驻地逊布村距县城桥头镇26千米，东连城关镇、极乐乡，南、西靠近娘娘山与湟中区毗邻，北接多林镇。总面积128平方千米，地处脑山，气候冷凉，年平均气温1℃。辖塘坊、尕漏、上后拉、后拉、逊布、逊布沟、古谷家、麻什藏、武胜沟、兰家、八里庄、安宁滩、庄头13个村民委员会。全乡总户数3052户，总人口12763人。镇政府有工作人员40人，其中公务员16人、事业编制人员14人、公益人员10人，有村干部63人。2022年，全乡完成农林牧总产值10039万元，农民人均可支配收入1.57万元，招商引资570万元，劳务输出收入2288万元，转移农村劳动力4777人次。

【党建工作】　实行党员“先锋指数”考评，落实发展党员工作机制，保证党员队伍的纯洁性和先进性，全年发展党员14人，培养积极分子40人。走访慰问老党员、困难党员、老干部47人，开展过集体“政治生日”“庆七一　喜迎二十大”活动，为6名老党员颁发“光荣在党50年”勋章等。成立党员先锋岗4个，组织党员参与入户排查、宣传防疫措施等工作。开展党员干部大培训大练兵，组织13个村党员、预备党员、积极分子召开为期3天的农村党员冬春训暨乡村振兴干部队伍轮训班。组织13个村党部书记、党务工作者、团支部书记和妇联主席开展专题培训班，针对村“两委”干部工作短板弱项，进行“订单式”培训。组织全乡40名干部参加“换位体悟”活动，领导干部带头参加“换角色”“换岗位”“明流程”和“提效能”体验活动。实施“墩苗”计划，统筹安排年轻干部参与乡村振兴、人居环境整治和疫情防控等重点工作。组织35岁以下8名年轻干部通过驻村、包村等形式开展“墩苗”工作、与单位党政“一把手”建立结对帮带关系。组织机关全体干部开展疫情防控、人居环境整治、困难群众慰问等志

2022年6月23日，省第十四次党代会精神宣讲活动在大通县逊让乡后拉村举行（逊让乡供图）

愿服务活动180余次，开展为民办实事活动120余次。年内召开党风廉政建设专题会议4次，制定《逊让乡党风廉政建设责任制工作2022年工作要点》，落实党风廉政建设责任制党委主体责任和纪委监督责任。采取层层签订党风廉政建设责任书的方式，形成党风廉政建设责任体系。落实巡察整改主体责任，配合县委的巡察工作，针对反馈问题，召开专题整改会和专题民主生活会，制定整改措施，明确责任人，组织整改工作，各班子成员逐个对照问题清单，查摆存在的问题，并剖析产生问题的原因。召开警示教育会6次，观看反腐倡廉警示教育片《铲除国企之蠹》《莫让酒驾毁前程》，签订拒绝酒驾承诺书105份。培育廉洁文化，打造市级廉政文化示范点1个，申报塘坊村“清风园”为市级廉洁文化示范点。建立健全10名领导干部、30名乡干部、65名村干部廉政档案。坚持领导干部重大事项报告制度，与重点人员开展谈心谈话13人次；做好乡村振兴专项监督，细化工作措施，明确7项具体工作重点，建立每月工作台账，清单式推进各项任务落实落地。围绕项目审批程序、资金管理、施工进度、工程质量等关键环节，开展监督21次。开展作风建设专项行动，严格自查自纠，领导班子查摆出3个问题，班子成员查摆出27个问题，全部整改完成。对苗头性、倾向性问题早提醒、早干预、早教育。责令书面作检查5人次，通报2人次，批评教育4人次，提醒谈话31人次，诫勉谈话1人次。收到问题线索3件，立案1件，办结2件。确定安宁滩村、兰家村为提级监督试点村，指导试点村建立“三资”台账、意见建议征集办理台账、信访台账等，并开展“双进”“三访”“四听”“五问”工作。

【人大与政协工作】　每年至少组织人大代表培训班2次两期，学习宪法、选举法等法律法规。投入资金2万多元，完成乡人大代表活动室和尕漏村、逊布村、兰家村3个人大代表联络站的规范化布置和更新。制定《逊让乡代表履职管理制度》《逊让乡人大代表联系和接待选民制度》等十项制度和《逊让乡人大代表活动室职责》《逊让乡人大工作人员职责》《逊让乡人民代表大会职责》《逊让乡人民代表大会主席工作职责》四项职责。组织县、乡人大代表集中视察检查塘坊村乡村振兴项目、污水管网项目、八里村乡村振兴项目、兰家村养殖场项目等重大建设项目；乡人大及时组织召开意见建议交办会，并将办理情况在人大代表活动月期间专门向代表作报告；召开座谈会、入户走访和接待代表等方式开展代表走访慰问活动，慰问家庭困难、病重或遇到重大变故等情况的6名人大代表。4月召开逊让乡第十九届人民代表大会第二次会议，10月召开逊让乡第十九届人民代表大会第三次会议，12月召开逊让乡第十九届人民代表大会第四次会议。发挥政协参政议政作用，组织县乡政协委员参与全乡中心工作，为逊让经济社会发展、构建美丽宜居的生态环境出谋划策。

【群团武装】　推动团员注册成为志愿者工作，年内发展新团员3人，组织团员慰问孤残、贫困儿童46人。开展“三八”节妇女维权宣传活动，维护妇女的合法权益。开展寻找“最美家庭”“绿色·幸福家庭”活动。蒲秀英等9户家庭被评为“绿色家庭示范户”。组织新当选妇联主席参加县妇联组织的妇女干部培训班，提升业务能力。加强基层民兵组织基础，开展调查摸底、出入转队、政治审查、造册登记和点验等基础性工作，组织全乡民兵参加为期12天的集训，提高基干民兵的战斗力和凝聚力。完成辖区内网上兵役登记，完成率100%；开展征兵宣传，完成征兵任务。落实民兵“战时应战，急时应急”要求，组织民兵在“8·18”抗洪救灾、疫情防控工作中发挥突击队作用。

【民主法治】 成立逊让乡平安建设工作领导小组，完善建立“数字”联防联控平台建设，关注网络社情民意，了解群众关切问题。制订“两节”期间安全维稳工作方案、逊让乡平安建设实施方案、逊让乡突发事件和重大矛盾纠纷应急处置预案等。在公路沿线主要路口增设“雪亮工程”监控设施，并接入县公安视频监控专网联网运行，实现全乡公共视频监控覆盖。划分网格，配备网格员，健全辖区民警—乡村巡逻队相结合的联动防线。调解排查矛盾纠纷 9 件，化解成功率 100%。开展打击电信网络新型违法犯罪专项行动，召开专项行动会议 4 次，就预防和打击电信网络新型违法犯罪工作进行分析、研判安排，遏制电信网络违法犯罪案件，减少人民群众财产损失。建立健全平安村群防群治和社会治安防控网格体系，打击涉赌涉毒违法犯罪活动和其他突出扰乱社会治安的行为。常态化开展扫黑除恶斗争，抓好抓实农村基层治理，净化社会环境，提高群众安全感，保障经济社会健康发展。健全完善公共突发事件预警和应急处理机制，提高应对突发事件和风险的能力。

【民族宗教工作】 调整民族团结稳定工作领导小组，实行领导和乡干部联系宗教活动场所制度。组织干部群众学习宗教政策、法规知识，开展民族团结教育。上报区内发生的各种宗教信息，做到信息共享。开展民族团结宣传活动，发放宣传资料、张贴书写宣传标语、接受民族政策咨询等，引导信教群众为维护民族团结和社会稳定贡献力量。

【精神文明建设】 依托新时代文明实践所（站），发动各站志愿者，宣传移风易俗，培育和践行社会主义核心价值观，发动群众参与文明乡村、绿色家庭创评等创建活动。开展“先锋党员”、“五星级”文明户评选活动、“我们的节日”主题实践活动和“文明旅游”“疫情防控”等文明劝导宣传等活动。发挥“一约四会”作用，发放“移风易俗”倡议书，倡导人民群众婚事新办、丧事简办，推进移风易俗乡村文明建设，发挥宣传引导作用；结合乡村旅游、“建党周年”、“我们的节日”、“农民丰收节”等系列活动，开展文艺会演、特色美食、书画刺绣展等活动，丰富群众精神文化生活。组织开展家庭议家风、谈家规、讲家庭和谐故事、晒家庭幸福生活、展家庭文明风采活动，申报市级美丽庭院家庭 21 户和美丽庭院示范户 13 户，五星级文明户 120 户。发挥“农家书屋”作用，举办读红色书籍悟思想活动，开展“三八妇女节秀才艺”等主题活动。建立健全逊让乡新时代文明实践所、站，全乡有志愿者 96 人，挖掘培育村志愿服务项目，创建每月 29 日为志愿服务日，组织开展各类志愿活动。

【农业农村经济】 落实化肥农药减量增效行动试点面积 2313.33 公顷，其中马铃薯 313.33 公顷、小麦 1000 公顷、油菜 1000 公

逊让乡色彩农业（逊让乡供图）

顷，实施旱作节水农业技术推广项目马铃薯全膜技术313.33公顷、马铃薯良种繁育基地建设项目86.67公顷、农业生产救灾（农作物病虫害防治）项目面积460公顷。采取措施防止耕地“非农化”“非粮化”，守住2837.33公顷基本农田红线。排查出12个村193户农户在耕地内种植苗木33.43公顷，清理复耕13.89公顷，整治完成率41.55%。第二次软件图斑排查，运用软件“国土调查云”App，7月初完成下发的耕地未耕图斑64块42.05公顷，恢复6.91公顷，排查非粮化图斑122块63.49公顷，恢复21.04公顷。开展农技推广培训5期，培训农户250人次；推荐申报2022年度市级示范性经营主体5个，上报23家家庭农牧场、合作社法人。完成造林苗木7000余株，完成青杨叶锈病防控131.32公顷。加强林地保护管理，实现公益林地29845公顷不减少、不流失，保证新造林地的保存率。

【乡村振兴】 召开逊让乡“双增行动”联农带户工作对接会议，与1个县域龙头企业、3个合作社、3个在建工程项目施工方签订联农带户协议书，推动村企联动帮扶脱贫户模式，助推64户脱贫户实现产业就业增收，44人就地就近就业增收。召开“三乡工程”恳谈会，麻什藏村和兰家村分别与青海海沃有限公司、好生长农牧有限公司签订村企结对协议书。开展线上带岗直播8期，线下招聘会2期，多渠道动态发布岗位信息约200条，外出脱贫人口务工237人，其中省外务工24人、省内县外务工69人、县内144人。全乡开发扶贫公益性岗位193个，其中脱贫户102人。支持引导扶贫车间、龙头企业等经营主体吸纳就业96人，其中长期务工人员66人，临时务工人员30人，脱贫户23人，促进脱贫人口就业增收。实施农产品加工，打造绿色有机“吐浑”“逊古”“花儿之乡”等农产品品牌。优化乡村旅游，按照“绿色农业+乡村旅游业”发展思路，开展逊让乡抖音直播暨文艺节目下乡慰问演出系列活动。申报逊让乡牦牛肉精深加工建设项目、逊布村大南滩牦牛产业园等项目，发展壮大村集体经济收益新路径。补齐农村基础设施和公共服务短板，争取资金500余万元，以塘坊村为试点，实施污水管网建设项目；投资600万元，在八里村新建676.3平方米的生态园一座以及基础设施建设。组织推进农村“厕所革命”，实施3个村559户农户新建卫生厕所。

【农村生态环境】 成立逊让乡人居环境整治工作领导小组，建立健全乡、村两级管理机制。组织农户签订“门前三包”责任书、管河护河承诺书等，划定农户责任范围，确保责任落实落地。建立健全农村人居环境综合整治工作奖评机制，落实“以奖促治”“以罚促改”，实行“红黑榜”制度，推进农村人居环境综合整治工作良性发展。清理主次干道沿线、村庄周边、村内巷道、房前屋后的垃圾杂物。组织村民集中开展清理行动70余次，参与村民0.7万人次，动用车辆机械300余台，清理生活垃圾、淤泥、建筑废料等800余立方米，拆除乱搭乱建6处、清理“牛皮癣”300余处，栽植苗木7000余株。组织推进农村“厕所革命”，指导农村户厕建设与管理，实施3个村559户农户厕所无害化改造。召开全乡人居环境整治宣传会议40余次，各村村民代表会议70余次，入户发放宣传单500余份，利用村广播播放2000余小时。采用“党建+人居环境整治”模式，利用主题党日活动，组织带动群众开展房前屋后、村庄、道路、河道等环境卫生整治。制定下发《逊让乡农村人居环境整治村庄清洁行动实施方案》《逊让乡河长制工作实施方案》等一系列规章制度。每月随机抽取部分村以拍照、现场检查等形式督查指导，其中主干公路沿线村每月巡查不少于2次。制定逊让乡推行河长制工作机制、巡查制度，组织相关人员及村级河段长多次开展巡河检查，形成巡河记录，做到发现问题及时汇报、处理。

【安全应急管理】　在安全生产宣传月期间，各村悬挂横幅13条，发放《中华人民共和国安全生产法》、应急安全知识宣传手册以及海报等资料1000余份，加大对安全生产法及安全生产常识的宣传教育力度。联合哈州派出所、多林片区乡镇执法中心和食品药品监督管理所开展专项安全生产检查5次。对道路交通、人员密集场所、建筑施工、中小学校、食品药品安全等领域检查35次。在排查中发现的安全隐患督促落实整改，将安全隐患消灭在萌芽状态。召开全乡森林草原防火工作安排会，与各村签订责任书，并安排各村负责人到林区，刷写标语，建立警示宣传牌，增强林区群众森林防火意识。加强防火、防汛工作，制定可行的防火、防汛工作预案，落实防火、防汛责任制，组建防火、防汛应急队，做好火情、汛情监测工作。购买防火、防汛物资，绘制森林防火分布图，做好应急准备工作。成立乡村两级扑火队，执行24小时值班制度和领导带班制度，排查火灾安全隐患，划分责任区，落实防火责任。春节、清明等火险高发期重要时段，发放张贴《森林草原防灭火通告》200余份。坚持月会制和巡山制度，定期传达文件精神和护林工作，开展公益性义务活动5次。定期、定人排查山洪灾害危险区、地质灾害点、河道周边住户、在建工程、旅游景区等重点部位、重点区域隐患。动用7台大型机械清理河道6千米，清理淤泥、建筑垃圾400余立方米，加固河堤7千米。完善乡、村、自然村、10户联防四级应急机制，建立以村广播、一个自然村1个小队长、十户1个移动喇叭、人对人打电话叫应、叫醒机制。汛期，全乡12户63人地质隐患风险点走访80余人次，出动组织部下派干部及全体乡、村两级干部1200余人次，转移安置群众352户1312人。

【社会事业】　宣传普及资源能源节约、生态环境保护、低碳生活、人与自然和谐相处等知识，开展学校科技节2次、科技创新大赛2次、学生课外实践学习技术3次，人数398人、建设科普阅览室1个、开展快乐阅读科普活动2次、开展创业教育活动5次。各学校举办各类主题科普宣传周和科技创新实践活动。开展科技下乡、人才下乡、企业下乡等活动，实施各类技能培训。拓宽农村劳动力转移就业市场，通过“雨露计划”等项目，开展农村劳动力转移培训，扩大转移就业。年内开展就业技能培训43次，参加2000余人；开展家政培训3次，受益150人次；开展农民工职业技能提升1次，培训69人。通过各种形式开展送科技下乡活动，发放科技资料300余册，宣传单200余份。建设一支28人的乡政府志愿者队伍、组织科普志愿者交流培训6次、注册在职科普志愿者2人、群众参与科普生活2000人次、群众参与党员教育10次、参与心理疏导2次。加强乡村医生队伍建设与管理。考核乡村医生，重新进行资格认定和注册，系统培训乡村医生，促进服务质量。利用“5·8”红十字日、“世界艾滋病日”开展各类疾病防治活动，印发各类宣传单、宣传册1000多份，接受群众健康咨询3000余人次。截至年底，全乡已婚育龄妇女2163人、新婚35对，免费孕前优生健康检查完成72对，完成率88%。早孕随访66%，妊娠随访68%。发放计划生育养老金7.18万元，发放奖励扶助金13.22万元，发放计划生育家庭子女死亡补助金2户1万元，办理计划生育服务证74份。

【民生保障】　成立逊让乡防返贫监测领导小组，制定《逊让乡防止返贫动态监测和帮扶机制实施方案》，落实“2411”防返贫动态监测帮扶机制。全乡新识别监测户2户9人，确定帮扶计划，采取纳入公益岗位和社会救助、务工介绍等措施进行综合帮扶。2022年新申请最低生活保障95户，符合条件纳入68户，依规取消低保24户。全乡有低保户258户、424人，发放最低保障金176.1万元。事实无人抚养儿童11人、孤儿3人、困境儿童4人、留守儿童25人。受理临时救助63户263人，发放救助资金25.52万元，申领县级临时救助9户36人，发放救助资金19.84万元，特困供养人员39户43人，发放供养金37.94万元。发放高龄补贴591人，发放资金6.59万元。优抚对象29人，发放每月生活补助金、物价补贴等8.44万元。申请新增残疾证办理12人，死亡7人。发放重度残疾人护理补贴和生活补贴153人30.32万元，发放三、四级生活补贴59人3.26万元。

（撰稿人：李旭业）

## 青林乡

【概况】 青林乡位于县城西北部，距县城35千米，东与多林镇相邻，西南连接海晏县，北与青山乡、宝库乡接壤，辖区面积296平方千米。平均海拔2730~4325米，属脑山地区，居住着汉族、土族、藏族、蒙古族，其中土族占46%。全乡有2728户11085人，辖上阳山、下阳山、棉格勒、麻哈、柳林滩、全家湾、白土垭豁、雪里河、卧马、毛合湾、生地、中庄沟12个村民委员会，39个自然村。全乡在岗工作人员37人，其中公务员17人、事业编制13人、其他人员7人。2022年，全乡经济总收入1.69亿元，畜牧业产值1.08亿元，农民人均可支配收入1.49万元，累计转移就业7893人，其中脱贫人口务工414人，劳务总收入1578.6万元。

【党建工作】 把党的政治建设摆在首位，开展党委中心组理论学习18次。开展中共二十大精神学习和宣传活动，组织开展党委中心组理论学习2次、专题学习4次、专题研讨3次、专题宣讲2次、推送“每日一学”44期、制作宣传视频5个、宣传小调1首。落实基层组织建设“话、看、评”机制和“三会一课”制度，定期召开党支部工作月例会，总结经验、创新思路。推进“手把手”指导党建和季度党建督查工作，开展村党建工作指导检查40次。督促班子成员履行分管基层党建责任，提高党建工作实效性。成立“8·18”山洪灾害灾后恢复重建领导小组及党小组，对接县各部门保障受灾群众民生需求。开展党建品牌创建活动，开展乡村换届“回头看”和软弱涣散党组织排查整顿工作，落实强村带弱村“导师帮带”机制，强化基层党组织整合与统筹功能。成立青海珍露源纯净水有限公司党支部，以“党支部+企业”模式促进村集体经济发展。组织开展年中观摩看党建活动和村党支部书记述职述廉会，提升党员党性修养和基层组织建设水平。落实民主集中制、“三重一大”和个人重大事项报告等制度，将党风廉政建设与分管业务工作同安排、同部署、同落实，全年召开党风廉政建设专题会议4次，召开严明党员干部作风纪律警示教育会10次，推动作风建设走深走实。“8·18”山洪灾害捐赠物资使用分配等工作开展情况监督检查89次。开展县委第四巡察组巡察反馈问题整改工作。

【人大与政协工作】 加强阵地建设，规范化布置“人大代表之家”“人大代表联络室”“政协工作联络室”，打造全家湾、中庄人大代表片区联络站，为广大代表开展活动及群众来访提供场所、搭建平台。围绕人大代表活动月，组织集中视察和述职评议各1次，举办代表履职能力提升培训班1期，参加培训52人，到外地观摩学习1次，慰问人大代表16人。深化“人大工作落实年”和“制度执行年”活动，青林乡第十二届人民代表大会第二次会议提出代表议案4件，完成办结2件，2件正在办理中。组织政协委员参加县级观摩学习活动。县乡

人大代表和政协委员参政议政，为乡、村两级发展出谋划策。

【群团武装】 党委定期听取群团工作汇报，研究部署具体工作，坚持将群团工作纳入党建整体格局，发挥团组织、工会和妇女联合会的桥梁纽带作用，加强群团组织建设。工会全年慰问职工35人。完成基干民兵出入队、政治审查和适龄青年兵役登记工作。做实做细思想动员和宣传引导，严把体检政审关，完成新兵应征任务。在“8·18”山洪灾害工作中征调普通民兵、基干民兵，配合乡村干部开展抢险救援工作。组织民兵参加全乡植树造林活动2天，工程抢修抢建排民兵参加省军区集中点验，征调工程机械7辆。春节、八一建军节期间，组织开展现役军人家庭及优抚对象座谈会2次，慰问退役军人，现役军人家庭。开展全民国防教育，持续营造拥军优属氛围。

【民主法治】 履行法治建设“第一责任人”职责，推进法治思想教育工作，助推“八五”普法宣传活动。利用村广播宣传26场次，悬挂横幅标语8条，发放宣传资料2000余份，在乡村、校园开展法律宣传讲座各1场次，受教育群众1500余人，组织60名志愿者加强法治宣传，提高全民法律意识和法治观念。设置12个网格74名先锋党员为网格员，在重要节假日、省第十四次党代会和中共二十大期间，坚持24小时值班值守和日常巡逻，形成联防联控格局。全年排查化解各类矛盾纠纷25起，化解率100%，受理市政府公开电话“12345”转办举报件45件，调查答复45件，调查办结率100%。

【民族团结进步创建】 开展铸牢中华民族共同体意识暨民族团结进步事业宣传教育活动，让铸牢中华民族共同体意识暨民族团结进步思想融入乡村治理、村规民约。加强民族团结进步、促进社会和谐发展新思路、新经验，利用中华民族传统节日，组织群众开展文体活动6次。借助广播、宣传栏微信群等平台，开展党的民族宗教政策和树立“两个共同”“三个离不开”等宣传教育活动，推进“民族团结进步+”创建工作，开展民族宗教政策进村庄、进校园、进企业等宣传活动，树立“各民族一律平等”的思想意识。

【精神文明建设】 培育和践行社会主义核心价值观，打造青林乡生地村为新时代文明实践站示范点。修改完善村规民约，调整成立“一约四会”组织机构，结合“三八”妇女节、春节、中秋节等我们的节日开展“好媳妇”“好婆婆”“最美庭院”等评选活动，通过“比、评、赶、超”的方式践行社会主义核心价值观，引导群众树立做文明人、办文明事新风尚，倡导红白事简办，大兴节俭之风。活动中悬挂横幅64条，张贴标语206条，宣传海报1000份，发放宣传卡片300份，受教育群众4500人次。

【农业农村经济】 全年农作物总播种面积2100公顷，经济作物占总播种面积比重为34.3%。经济作物产量260万千克，农业产值0.61亿元。全乡农作物机耕率92.1%，机收率88.1%，发放有机化肥26.8万千克，发放地膜2500卷，香酚2690套，含有机质叶面肥3125瓶，实施全膜覆盖栽培技术、大通县农药化肥减量增效等项目，提高农作物产量。全乡牲畜存栏数6.8万头，出栏数3.99万头，牧业产值1.08亿元。开展春、秋季畜禽集中防疫，免疫密度100%。落实“田长制”，成立专项整治行动领导小组，印发实施方案，制作作战督战任务清单，组织召开耕地“非粮化”、耕地撂荒整治专题会议，对耕地“非粮化”、耕地撂荒进行底数摸排工作，通过整治进度日通报制，督促各村完成耕地“非粮化”整治和撂荒地复耕复种。整治撂荒地完成率100%、“非粮化”51.12%。全年发放草原生态保护补助奖励（增量）资金 101.58 万元和 2000—2016 年退耕还林生态项目补助资金 23.42 万元。

【新农村建设】　争取资金 100.98 万元，完成麻哈等 2 个村厕所革命项目；争取资金 271.26 万元，实施棉格勒等 2 个村高原美丽乡村建设项目；争取资金 525.84 万元，实施卧马村安全饮水供水工程、沟道治理、桥涵工程等项目；争取资金 750 万元，实施下阳山村至全家湾村小流域治理项目；争取资金 150 万元，实施生地村道路巩固提升建设项目；争取资金 660 万元，落实上阳山、下阳山村道路黑化项目；争取资金 100 万元，完成卧马、柳林滩老年之家项目；争取资金 90 万元，实施柳林滩村村级活动场所修建项目。

【乡村振兴】　发展壮大村集体经济，实施 2022 年柳林滩村乡村旅游产业基础设施建设项目，扶持傲雪沙棘饮品、青海珍露源农牧开发有限公司，通过“公司+基地+农户”的运作模式，拓宽村集体及农民增收新渠道。组织召开“三乡工程增活力　产业就业增收入”专项行动工作安排会，实现企业联农带户 8 户、合作社联农带户 5 户、建设项目联农带户 11 户，国粹汉藏药材种植及傲雪沙棘饮品帮扶车间联农带户 180 人。落实危旧房改造 19 户，申报“雨露计划” 56 人。申报县级“能人回乡”典型 1 个、“企业兴乡”典型 1 个，市级家庭农牧场、合作社 5 个，帮扶车间 1 个。挖掘 21 名生产型、经营型、技能带动型、社会服务型人才，更新乡级“三乡工程”人才库，壮大农业农村人才队伍。压实各村第一书记和驻村工作队员责任落实，做到管理、考勤常态化，提高“双帮”工作质量。

【农村生态环境】　优化各村基础设施，提升群众幸福指数，按照“三清一改治七乱”要求，推进农村人居环境整治。联合多林片区综合执法中心对乱搭乱建问题开展综合执法，拆除城西公路沿线违建彩钢棚 4 处，规范治理沿街商铺 30 余家，规范化整治全乡 80 余家商场、超市，对农村主干街道、公共场所“牛皮癣”进行整治清理，排查煤炭交易二级市场，取缔无证经营、散乱露天售煤点 2 家，拆除无手续大型草棚 1 处。对乡域道路展开分段拉网式清洁，创新开展“月看、季评、年总”工作方式，巩固环境卫生整治成果。按照省、市、县河湖长制工作要求，配备村级河长，开展常态化巡河。更新县级“河长公示牌” 1 块、乡级“河长公示牌” 3 块、村级“河长公示牌” 7 块，持续开展“清四乱”专项整治工作，按照“有乱治乱”“无乱巡查”的工作模式，建立健全巡河日志和台账。制作林（草）长制公示牌，公开林（草）长名单、责任区域及工作职责，接受公众监督。

【安全生产】　开展抽查小卖店、零售药店、饭馆等开展汽油私卖、气瓶使用、食品药品、防火和烟花爆竹销售等问题，防范和遏制安全事故发生。落实防汛防火工作，落实主要领导和乡村两级干部 24 小时值班制度，在春分、省第十四次党代会、汛期、“五一”、国庆、中共二十大召开期间等重要节点对各村乡属中心学校、幼儿园、制药企业、加西高速公路三标段项目部、水电站及各村在建工程开展安全生产隐患排查，检查各类企业商铺及在建工程 90 余家，出动检查人员 72 人次，排查安全隐患问题 6 条，开展消防安全专项检查 8 次。

【民生保障】　继续巩固全乡 322 户 997 名脱贫人口及 3 户 6 人监测人口“两不愁三保障”目标，乡域内脱贫群众未出现返贫现象。落实中央“三农”政策，发放临时救助 117 户 474 人 90 万元，发放最低生活保障金 232 户 414 人 175.19 万元，发放特困供养人员基本生活保障金及特困失能人员照料护理金 16 户 16 人 20.44 万元，发放

70 岁及以上高龄老人补贴 552 人 57.42 万元。申报一次性养殖奖补 3 户 4500 元。脱贫户信贷 38 笔 184 万元，监测户信贷 2 户 100 万元。养老保险收缴率 95%，医疗保险收缴率 100%。全年劳务输出 6000 人，省外流动 957 人，省内跨地区流动 3265 人，脱贫户跨省外出务工人员 11 人，每人给予 1000 元一次性交通补贴，开展技能人才培训班 2 期。

【“8·18”灾后救助】 8 月 18 日 0 时，受强降雨影响，青林乡遭受特大山洪灾害，造成交通、水利、产业等受损。青林乡有 12 个村 300 户 1346 人受灾，其中死亡 4 人。农作物受灾 47.62 公顷（粮食作物 28.38 公顷、油料作物 13 公顷、马铃薯 6.23 公顷），死亡牲畜牛 77 头、马 11 匹、羊 177 只、猪 1 头，一般损坏房屋 23 户 71 间。损坏乡村公路 30.8 千米、桥梁 26 座、涵洞 14 座。组织动员党员群众、企业职工、志愿者 699 人次进行救援、转移，紧急转移安置 92 人。结合青林乡实际成立青林乡“8·18”山洪灾害灾后重建工作领导小组和工作小组，制定灾后重建方案，多次召开党委会、政策宣讲会、分析研判会及专班工作会议，专题研究部署灾后重建工作，一体化统筹抗洪救灾重建恢复工作。组织协助村民转移牛、马、羊等牲畜及拆迁简易房、牛圈、草垛等设施物资，出动抢险救灾人员 990 人次，机械 91 台次，拆除隐患点 7595 平方米，一个月内完成清场；主动争取、科学统筹，结合实际、遵照意愿，为受灾群众及时发放补助资金 20 余万元、捐赠煤 9480 千克、调拨牛精饲料 2000 千克，保障灾区群众生活水平。争取抢险救灾供水工程，应急修复卧马村人畜饮水工程，确保 236 户 986 人正常生活用水，提升灾区供水能力。对 8 个村 10 个地质隐患点 73 户需搬迁群众征求搬迁意愿，签订意向性协议。健全机制、压实责任，汛期紧急避险转移安置群众 4349 人次，提高应急防范处置能力，防止次生灾害发生。各专项工作组紧密配合，协调联动，落实工作任务，加快推进灾后重建工作。

2022 年 8 月 19 日，“8·18” 山洪灾害受灾群众转移现场（索南东智　摄）

（撰稿人：乔世梅）

## 石山乡

【概况】 大通县石山乡位于大通县东南侧，离县城 26 千米，全乡总面积 27.42 平方千米，平均海拔 3200 米，属半浅山半脑山地区。全乡辖铧尖、下丰积、上丰积、小沟、西坡、石板滩、冰沟、杂户、红垭豁 9 个村民委员会，总户数 2418 户、总人口 11229 人。乡政府有工作人员 40 人，其中公务员 13 人、事业编制 14 人、下派 2 人、西部志愿者、“三支一扶” 2 人、政府雇员 1 人、公益性岗位 7 人、编外人员 1 人。2022 年，全乡农村经济总收入 1.72 亿元，同比增长 9%，农民人均纯收入 1.5 万元，同比增长 8.5%。村集体经济收益 172 万元，同比增长 21.59%。

【党建工作】 年内开展党委中

心组学习25次、党委会学习15次、晨读会学习89次、撰写心得体会及研讨材料140余篇，开展各类知识竞赛、演讲比赛4次。落实“三会一课”报备联审制度、“115+N”主题党日和发展党员预警机制，加大年轻党员发展力度，储备培养后备干部65人。结合红垭豁村党支部软弱涣散整顿工作，全乡9个村“两委”班子运行情况进行调研摸底，提升村党支部凝聚力和战斗力。结合“党建引领基层治理三年行动”，打造具有石山特色的“五链一环，点石成金”党建品牌和9个子品牌，构建全乡“党建+乡村振兴”产业闭环。压实“第一责任人”职责，分类制定党风廉政建设责任清单，签订个性化目标责任书。党委会专题听取和研究党风廉政建设事项5次，党委书记与纪委书记面对面交流思想、汇报工作8次，听取重点工作请示汇报6次，开展谈心谈话20人次。结合实际完善制度28项，组织开展讲廉政党课活动9次，集体廉政谈话42人次。开展中共二十大精神、省第十四次党代会精神暨新党章党规知识竞赛活动2次。乡党委开展自查自纠，班子查摆问题2个，班子成员及党员干部查摆问题39条，全部整改完成。对标县委第三巡察组反馈问题，完成县委第三巡察组反馈13个方面13条边巡边改具体问题、4个方面4条立行立改问题整改工作及巡察石山乡党委反馈的4个方面11条具体问题。年内办理纪检信访1件，初核了结1件。

【人大与政协工作】　开展代表学习培训、人大代表进“两室”及述职民主评议活动，主动接受选民监督，提升自身职责意识，围绕重点工作，开展视察、学习、调研活动3次，规范化布置政协联络组办公室，提升代表依法履职的积极性和主动性。

【群团武装】　在“三八”妇女节、学雷锋日、“五四”青年节、重阳节等重要时间节点，开展关爱留守儿童、帮困助学、生态环保、敬老助老、助残助困等各类特色志愿活动30场次，服务青少年180人次。落实党委议军制度，研究解决武装工作中存在的问题，持续加强和完善武装“四室一库”建设，实现乡武装部人员有保证、物资有保证、战斗力有保证。落实民兵“平时训练、战时参战、应急救灾”要求，全年出动民兵开展疫情防控、综治维稳、安全生产、防汛防灾等中心工作。

【民主法治】　按照县委“党建引领基层治理三年行动”工作要求，推动群众诉求在网格发现、隐患在网格排查、矛盾在网格化解、服务在网格开展。各类矛盾风险隐患开展拉网式、地毯式大排查、大起底，坚持推进“五治融合”，强化矛盾纠纷多元化化解，联合派出所、司法所开展矛盾纠纷排查化解，预防和处理各类矛盾纠纷15起，处理督办电话信访件96起，落实领导干部接访下访工作制度，乡领导班子成员主动下沉开展接访下访，解决群众的合法诉求50件，持续做到群众“诉求合理的解决到位，诉求不合理的思想教育到位，生活困难的帮扶到位”。

【民族宗教工作】　定期召开专题会议研究部署民族团结进步工作，学习习近平总书记在中央民族工作会议、全国宗教工作会议上重要讲话精神及全省宗教工作精神，明确工作职责，强化工作措施，形成责任横向到人、纵向到村的工作网络体系。结合民族团结进步宣传月活动，通过发放宣传资料手册、制作宣传展板、线上答题、悬挂标语横幅等方式，开展主题宣传活动，受教育群众3000人次，引导干部群众增强“五个认同”“三个离不开”思想。做好宗教领域基础性工作，提高宗教界自我管理水平，把握好宗教管理工作重点，落实宗教活动场所疫情防控“双暂停”工作要求，督导检查全乡各宗教活动场所6次，构筑民族宗教领域安全防线。

【精神文明建设】 组织宣传，坚持讲在日常，利用“三会一课”、主题党日等形式，运用标语横幅、村级大喇叭等载体，采用集中辅导、送学上门等方式，持续开展系列宣讲活动，以“百姓化”语言、“拉家常”方式开展理论宣讲。累计召开各类宣讲会50次，张贴宣传标语、悬挂横幅100条，制作宣传展板27块，开展主题党日宣讲30次。组织各村通过召开村民代表大会、微信群转发等方式征求群众意见，修改完善村规民约，开展移风易俗宣传月活动。依托新时代文明实践所（站），组织志愿者开展创建日、主题月等系列主题志愿服务活动20次，开展“寻找身边的榜样”和各类文明创建活动，年内评选“五星级文明户”120户，提升群众文明素质。

【农业农村经济】 抓好农牧业发展，稳定粮食生产，农作物播种面积892.07公顷，协调配合开展化肥农药减量增效行动项目，多次召开耕地非粮化和撂荒地整治工作专题会议，明确整治重点，核查耕地非耕图斑101.13公顷，非粮化图斑1.62公顷。协调省供销社农资集团、县农业农村局为复耕复种农户提供燕麦种子5500千克、化肥30吨，做好耕地保护和利用。持续做好传统养殖业培育，开展“双基联动”工作，用好用活415万元扶贫互助资金，年内评定信用户200户，授信金额2570万元，发放各项贷款近1亿元，支持农户发展生产和开展经营，全乡牛羊养殖户701户，牲畜存栏19177头（只）。通过“拉面经济”、出租车运营及其他外出务工方式，实现劳动力流动就业3224人次，实现劳务收入4142万元。加强林草资源生态保护，年内栽种苗木2000余棵。

【乡村振兴】 利用现有产业优势，全年投入财政衔接资金800万元，实施农机具租赁维修服务中心项目和牛羊养殖繁育基地建设项目，年收益30万元。提前谋划产业发展项目，对接推进全乡牛羊肉屠宰及深加工项目落地，实行示范带动、连片发展，提升全乡产业规模化、标准化、品牌化程度。强化资产管理，推进扶贫项目资产确权登记和资产移交，摸底全乡项目资产，资产总量3690.48万元，经营性资产2810万元，到户类资产880.48万元。

【农村环境】 按照市、县环境综合整治提升专项行动决策部署，每月集中力量开展人居环境专项整治行动，出动党员干部群众3000人次，出动车辆246辆次，整治乱堆乱放86处，拆除乱搭乱建20余处，清理乱写乱画、小广告等84处，清理垃圾360立方米，清理沟道25千米，通过整治，提升村容村貌。建立健全长效机制，组织签订人居环境门前“三包”协议书和整洁庭院承诺书，加大村规民约约束力度和环境卫生整治“红黑榜”运用。2022年石山乡获省级卫生乡镇、4个村获省级卫生村荣誉。

【安全应急管理】 增强对森林草原保护的参与度和关注度，做好11名护林员及宣传、资金等方面的保障工作，每日开展巡逻巡查，做好今冬明春森林草原防灭火工作。按照“管行业必须管安全、管业务必须管安全、管生产必须管安全”要求，持续开展拉网式、起底式排查。开展检查17次，下发整改通知书3份，签订安全生产协议书2份，张贴宣传海报20余张、发放宣传手册300余册。落实汛前排查、汛中巡查和汛后复查的“汛期三查”工作制度，出动地质灾害巡查300人次，排查地质灾害隐患21处。对现场排查发现的地质灾害隐患，反馈上报，划定危险区域，动员转移，通过集中安置、投亲靠友等多种方式转移地质灾害隐患点群众303户1281人，做到“应转尽转、应转早转、应转必转”。按照“一患一策”治理方式，防汛期间，投入32万元，分主次拆除隐患区重点斜坡、主体结构受损房屋，道路地基沉陷、塌陷、部分滑坡进行封闭式临时排险专项治理。强化应急准备和协调联动，落实领导干部到岗带班和关键岗位24小时值班制度，确保一旦发生突发情况，及时报告、响应、应对处置。

【民生保障】 巩固全乡395户脱贫户“两不愁三保障”目标，义务教育阶段学生无因贫辍学现象，脱贫户人均纯收入1万元以上，住房均为B级以上。按照“2411”防止返贫监测机制，加强贫困人口监测动态管理，2022年纳入监测户2户8人，逐户落实帮扶措施。健全易返贫致贫人口风险监测和定期排查工作机制，分类建立帮扶台账，做到早发现、早干预、早帮扶，杜绝“应纳未纳”“体外循环”。落实大通县应对新冠疫情影响支持脱贫户（监测户）稳定增收十二条措施，为47户脱贫（监测）群众申请发放牛羊养殖增量补贴8.42万元；为35名脱贫群众申请发放县外省外务工就业交通补助3.35万元；利用村集体经济收益增加防疫消杀、安全巡逻等公益性岗位7人；以“以工代赈”方式吸纳17名脱贫群众务工；举办挖掘机技能培训班，培训60人次，其中脱贫户24人，通过村集体经济收益聘用108人担任村级公益性岗位人员，拓宽脱贫群众就业渠道。全年为45户临时求助人员发放救助金12.09万元；为204户334名低保家庭发放救助金180.37万元；为8户特困供养户发放补助金9.16万元；为2户重点优抚对象发放生活补贴1.67万元；为357名高龄老人发放补贴39.2万元。为21户农户申请危房改造项目，发放补助资金51.7万元。为217名残疾人发放生活和护理补贴26.3万元。

（撰稿人：冶占秀）

## 朔北藏族乡

【概况】 朔北藏族乡位于大通县城东北部，东邻互助土族自治县、西北与桦林乡接壤、南接桥头镇，北靠东峡镇，属半浅山半山水地区。乡人民政府驻阿家堡村，距离县城5千米处。朔北藏族乡因地处元朔山（老爷山）之北而得名，全乡总面积84平方千米，辖阿家堡、药匠台、小龙院、马场、代同庄、下吉哇、李家堡、永丰、菜籽口、郑家沟、拉浪台、旧拉浪、麻家庄、花科庄、东至沟、边麻沟、白崖沟、八寺崖18个村民委员会和县东社区居民委员会，总户数4456户、总人口17444人。主要聚居汉族、藏族、土族、蒙古族4个民族，少数民族占总人口的41%。乡政府在编工作人员40人，其中公务员1人、事业编制23人。有耕地3029.33公顷，草场1967.8公顷，林地2333.33公顷。主要农作物有油菜、小麦、蚕豆、马铃薯、蔬菜等。境内有国家AAAA级旅游景区老爷山风景名胜区，鸾沟边麻沟花海景区、东至沟自然风景宜人，是省内著名旅游、度假区。2022年，全乡农业生产总值1.3亿元，农民人均可支配收入1.59万元。

【党建工作】 持续加强党的理论武装，组织召开党委中心组理论学习会30次，干部晨读会23次，组建“送学上门”小分队，入户宣讲20余场次。落实“三会一课”、组织生活会、“115+N”主题党日活动等党的组织生活制度，利用远程教育平台、“信仰的力量”、“学习强国”App等平台，开展农村党员教育培训、一号文件宣讲等活动。严格入党程序，发展党员20人，储备村（社区）后备人才120人，鼓励符合条件的9名村干部进行学历提升。开展党员教育培训活动，全年培训覆盖党员1500余人次。推动党内关怀落到实处，全年慰问党员17人，为入党50年以上老党员颁发“光荣在党50年”纪念章5人。巩固鸾沟片区全域党建“红色走廊”创建成果，打造“‘党建红’引领‘生态绿’——建设全省生态旅游目的地”党建品牌，拓展“农文

2022年10月20日，边麻沟村村民登上央视《新闻联播》（朔北藏族乡供图）

旅”融合发展之路，带动群众致富增收。组织开展专业化大练兵、“换位体悟”等专题活动，召开作风建设推进会，改进工作作风。学习《中国共产党纪律检查委员会工作条例》等党内法律法规，运用监督执纪“四种形态”，开展提醒谈话29人。加强对乡村振兴、地质灾害隐患排查、疫情防控、人居环境整治等重点工作监督。推进廉洁文化建设，申报边麻沟村为西宁市第六批廉洁文化示范点，制作廉洁文化宣传墙15面。通过“红歌唱廉”“秦腔吟廉”“刺绣赏廉”等方式，宣传廉政文化，强化廉政文化辐射力。抓好提级监督，在试点村菜子口村开展党支部书记述责述廉及民主评议活动、乡纪委书记讲廉政党课、大走访等活动。注册“藏乡朔北”微信公众号，向社会公众展示朔北乡各项工作开展情况。运用“一约四会”“20户联防联保”等方式开展移风易俗，破除陈规陋习，倡导文明新风，助推乡村振兴。依托新时代文明实践所，开展政策宣讲、“美丽庭院”评选、治安巡逻、疫情防控、防灾减灾等志愿服务活动。

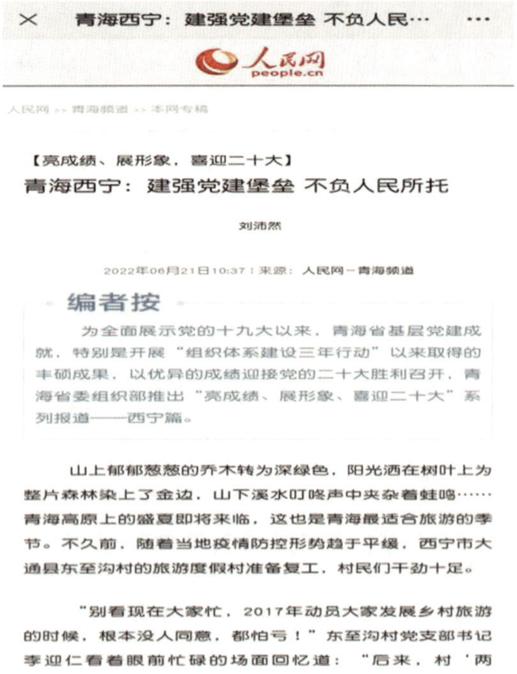
× 青海西宁：建强党建堡垒 不负人民… …

人民网 people.cn

人民网 >> 青海频道 >> 本网专稿

【亮成绩、展形象，喜迎二十大】

青海西宁：建强党建堡垒 不负人民所托

刘沛然

2022年06月21日10:37 | 来源：人民网－青海频道

编者按

为全面展示党的十九大以来，青海省基层党建成就，特别是开展“组织体系建设三年行动”以来取得的丰硕成果，以优异的成绩迎接党的二十大胜利召开，青海省委组织部推出“亮成绩、展形象、喜迎二十大”系列报道——西宁篇。

山上郁郁葱葱的乔木转为深绿色，阳光洒在树叶上为整片森林染上了金边，山下溪水叮咚声中夹杂着蛙鸣……青海高原上的盛夏即将来临，这也是青海最适合旅游的季节。不久前，随着当地疫情防控形势趋于平缓，西宁市大通县东至沟村的旅游度假村准备复工，村民们干劲十足。

“别看现在大家忙，2017年动员大家发展乡村旅游的时候，根本没人同意，都怕亏！”东至沟村党支部书记李迎仁看着眼前忙碌的场面回忆道：“后来，村‘两

2022年6月21日，人民网报道东至沟村党建工作（朔北藏族乡供图）

【人大与政协工作】　依法补选朔北藏族乡第十九届人民代表大会代表2人。全年召开人民代表大会2次，听取和审议乡人民政府工作报告和人大主席团工作报告，梳理受理代表意见建议7条，并组织召开代表建议交办会，落实领导包案办理制度，使代表建议办理做到目标明确，责任到人。申请专项资金3万元打造市人大常委会市级“两室”示范点，采取“124544”工作法，实现代表联络室建设制度化、规范化、标准化，推进代表联系群众工作，让人大代表依法履职有平台、有依托。到基层收集社情民意，通过收集整理群众意见，向县政协提交关于加大农村人居环境整治工作投入资金的提案，并被县政协采纳。完成工会主席改选，开展“春送岗位”“夏送清凉”“金秋助学”“冬送温暖”活动，年内组织开展关爱职工活动7次，慰问全乡环卫工人84人次；完善“职工之家”“群众之家”，丰富职工群众精神文化生活。

【群团武装】　发展壮大青年志愿服务队，发挥“妇女议事会”作用，服务疫情防控、乡村振

兴、社会治理等党委中心工作；利用学雷锋活动月、“清廉·青年”、“请党放心、强国有我”主题团日活动等，动员全乡开展青年志愿服务活动30余次，培育志愿服务文化，依托“三会两制一课”制度机制，通过举办主题团日活动、座谈交流、征文演讲、知识竞赛等形式，实现组织化学习覆盖。定期召开党委会议，听取武装工作汇报，把武装工作与经济工作同安排，落实兵役登记、民兵整组、应征报名等重点工作，确保党管武装各项工作落到实处。坚持把武装工作纳入党委年度工作计划和目标责任书，落实“兴武”举措。开展国防教育活动，悬挂横幅18条，开展爱国主义教育宣传活动20次，筑牢广大群众和民兵预备人员思想政治基础。抓好武装干部队伍建设，配齐配强武装干事，组织武装干部参加县武装部各类集训3次，提升武装干部各项技能素质。加强征兵工作，完成兵役登记，兵役登记率100%。引导组织广大民兵预备役人员参加维护社会稳定、森林草原防灭火、“8·18”防汛、人居环境整治等工作10多次，发挥民兵突击队和生力军作用。加强基干民兵队伍建设，配强民兵干部，投入经费加强乡村民兵营部规范化建设，购置配齐训练器材、维稳器材等。落实党管武装责任制，建立健全决策议事、经费保障、激励评价、督导问责等机制。足额发放抚恤金和生活补助，安排班子成员走访军属，发放慰问金、悬挂光荣之家牌，现役军人祁丙辉家属获“四有优秀士兵”称号。

【民主法治】 持续巩固全域党建品牌创建成果，谋划打造“美丽庭院”“20户联防”基层社会治理品牌，推动基层治理效能提升。结合“4·15”全民国家安全教育日、安全生产月、《中华人民共和国民法典》宣传月等时间节点，开展法治宣传活动。加强防范电信和养老诈骗宣传，帮助群众增强防骗意识，守好群众的“钱袋子”。加强乡镇执法工作，协调东峡执法大队处理信访件4起，拆除违章建筑23处。全乡组建巡防队伍，对乡域内网格责任区开展全天候、全方位的治安巡逻，完成冬春维稳、省第十四次党代会以及中共二十大期间维稳安保任务。排查化解矛盾纠纷14起，均调解完成，调解率100%，办理上级转送信访件1件，完成“12345”市民热线答复件123件，全乡未发生集体上访事件和重大刑事治安案件。实现农村“雪亮工程”覆盖，提升基层治安管理水平。县东社区发挥由片区长、网格长、楼栋长、单元长和信息员组成的五级管理服务机制作用，社区党支部书记担任网格长，形成“乡党委统筹、社区党支部落实、楼栋党小组兜底”的运行机制，畅通党建引领基层社会治理的“最后一百米”。年内注册“藏乡朔北”微信公众号，向社会公众展示朔北乡各项工作开展情况，全年群发消息420条，阅读量7.45万人次。开展软件正版化和校园周边环境“护苗”专项行动，营造健康、向上向好的社会环境。

【民族宗教工作】 组织召开全乡创建民族团结进步示范区推进会，调整创建民族团结进步先进区工作机构，制定下发实施方案、任务分工方案及实施细则。开展形式多样的创建活动，铸牢中华民族共同体意识。建立群防群治网络，排查影响稳定的突出问题，促进各民族团结和睦相处。成功创建省级民族团结示范乡镇，边麻沟村成功创建省级民族团结示范村。

【精神文明建设】 以党委中心组学习为龙头，全乡干部职工通过“学习强国”、青海省干部网络学院、法宣在线、信仰的力量手机App进行学习，用思想理论武装头脑；加大对学习的督查力度，乡党委定期检查干部读书笔记、学习心得，按时通报学习情况，强化学习效果。全年召开乡党委中心组理论学习会议30次，全乡干部职

工晨读学习会23次；“学习强国”20个党支部注册学员148人，覆盖率100%。疫情防控期间，及时转发省、市、县官方媒体权威信息，坚持唱响“主旋律”，把握意识形态工作领导权、话语权和主动权。注册“藏乡朔北”微信公众号，第一时间向社会公众展示朔北乡各项工作开展情况，全年累计群发消息420条，累计阅读量达7.45万人次。开展软件正版化和校园周边环境“护苗”专项行动，营造健康、向上向好的社会环境。

【农业农村经济】　落实耕地保护措施，全乡总耕地面积3029.33公顷，播种面积3029.33公顷，粮食作物种植1385公顷。其中，小麦种植1003.33公顷，单产224千克，总产量3371.2吨；马铃薯379.67公顷，单产2020千克，总产量11503.9吨；油料作物种植943.4公顷，单产202千克，总产2858.5吨；蔬菜种植630.6公顷，单产4500千克，总产量42565.5吨；其他种植72.33公顷，其中种植饲料26.67公顷，单产200千克，饲料总产量80吨、中藏药种植45.67公顷，单产480千克，总产328.8吨。各类惠农补贴资金375.03万元拨付到户。落实农业保险政策，全乡农业保险涉及4险种（均为种植类），完成投保4种，缴纳保险费用59.45万元，涉及油菜籽、小麦、洋芋、蔬菜，相关保单全部发放到户。截至年底，全乡有各类专业合作社36个，其中国家级专业示范社1个，省级专业示范社1个，市级专业示范社4个，县级专业示范社30个。家庭农场10个，其中市级家庭农场4个。全年完成土地流转260公顷，加快农业产业化经营步伐，提升农民组织化程度，为规模化、集约化、现代农业经营模式奠定基础。

【新农村建设】　按照“先地下再地上”原则，争取实施乡村基础设施项目，改善农村人居环境，提升农村居民生产生活质量，服务乡村旅游产业发展。实施下吉哇村和药匠台村“厕所革命”286个，累计实施13个村、2097户农户厕所改革项目，改善农户如厕条件。实施药匠台村污水管网、窎沟公路拓宽、拉浪台村外墙保温等项目，争取到窎沟片区10个村污水管网入户项目和朔北片区污水主管网建设项目；实施天然气改造项目。完成永丰、下吉哇等11个村、1858户天然气入户改造。统筹推进休闲娱乐设施建设，全乡各村均建设老年之家、文化广场、农家书屋等休闲娱乐文体设施，为村民提供休闲场所，让村民娱乐有处可寻。

【乡村振兴】　提升村集体经济实力和辐射带动能力，争取资金2340万元，实施青稞产业加工、奶牛养殖、绿色生态植物油加工、农机服务、特色民宿等5个项目，助力全乡12个村壮大村集体经济。组织召开“三乡工程”恳谈会暨招商引资项目推介会，邀请西部矿业集团有限公司、国梁蔬菜专业合作社、青海海鼎工贸集团有限公司、青海可可西里生物工程股份有限公司等13家企业参会，就射箭射击馆、高空娱乐、特色农副产品加工等项目与乡政府签订框架协议，签约金额3774.15万元。打造“老爷山”无公害露天蔬菜品牌，种植露天蔬菜630.6公顷，总产量44457吨。围绕产业发展，开展技能培训班6期，培育各类技能人员300人。组织输出剩余劳动力10700人，其中脱贫人口151人，江苏省南京市务工3人。完善基础设施，改善人居环境，实施完成拉浪台村外墙保温、药匠台村污水管网、窎沟公路拓宽、菜子口和代同庄人畜饮水安全巩固提升、菜子口村村道黑色化等项目，修建卫生厕所286座，天然气入户11个村、1858户，争取到2023年实施窎沟片区10个村污水管网入户项目和朔北片区污水主管网建设项目。

【安全生产】　落实应急管理工

2022 年 2 月，大通县在朔北藏族乡马场村开展“我们的节日·春节”主题活动（朔北藏族乡供图）

作职责，抓实防汛、防火、防震、消防、防灾减灾等重点工作，建立乡、村两级应急物资库。开展散乱污企业、排污口、建筑施工等领域安全生产等专项整治，定期对学校周边、餐饮农家院、建筑工地、危险化学品和烟花爆竹销售等重点环节的安全生产进行专项检查，年内未发生安全生产事故和重大森林火灾。

【社会事业】　开展控辍保学工作，全乡适龄儿童入园率和义务教育入学率 100%。乡图书室藏书 3400 余册，全年开放时间 200 天；各村建有农家书屋，开展读书活动 24 次。协办大通县图书馆开展“诵经典　享阅读”比赛活动，如期开展“三八”国际妇女节、中秋节、老年节等庆祝活动。

【民生保障】　落实“2411”防返贫动态监测机制，识别纳入监测户 2 户，落实相应的帮扶措施。提升“三保障”及饮水安全，实施菜子口、代同庄 2 个农村饮水安全巩固提升工程。规范民政工作，投资 10 万元改造便民服务大厅，便于服务群众。全乡有特困户 44 户 48 人，发放救助金 68.3 万元；低保户 203 户 262 人，发放低保金 186.97 万元；完善临时救助制度，申请临时救助 199 户 746 人、发放 144 户 483 人，发放救助金 85.6 万元，其中乡镇代发 122 户 394 人，发放救助金 46.74 万元，县级临时救助 22 户 89 人，发放救助金 38.86 万元；发放残疾人生活补助 40.92 万元；发放拥军优抚各类补助金 21.6 万元；全乡高龄老人 1997 人，发放救助金 122.7 万元。推进农村养老保险和医疗保险收缴工作。

（撰稿人：卓么措）

## 斜沟乡

【概况】　斜沟乡属半脑山半浅山地区，东与塔尔镇隔河相望，西与湟中区相连，北与极乐乡接壤，南与良教乡为邻，面积为 47.82 平方千米，海拔 2525～3991 米，距县城桥头镇 15 千米，辖上窑洞庄、下窑洞庄、河滩庄、斜沟、小业坝、大业坝、业坝台 7 个村民委员会，28 个自然村。全乡总户数 2046 户，总人口 8866 人。有回族、汉族、藏族、土族、蒙古族 5 个民族，少数民族人口 4698 人，占总人口的 53%。乡政府有工作人员 39 人，其中公务员 14 人、事业编制人员 15 人、其他人员 10 人，有村干部 34 人。2022 年，全乡农村经济总收入 1.38 亿元，农民人均可支配收入 1.53 万元。下窑洞庄村被青海省精神文明指导委员会评为省级文明村、上窑洞庄村被西宁市精神文明建设指导委员会评为市级文明村、河滩清真寺被西宁市委统战部评选为西宁市“民族团结进步”示范寺院和西宁市“尊法守法学法用法”示范寺院、斜沟乡被青海省爱国卫生运动委员会办公室评为“省级卫生乡镇”荣誉称号。

【党建工作】　全年召开党委会会议 18 次、党委中心组学习会议14次、晨读会22次。组织党员干部观看中共二十大和省第十四次党代会开幕式，学习研讨中共二十大和省十四次党代会等重点会议、重要讲话精神内涵。制定《斜沟乡2022年党委工作要点》《斜沟乡2022年组织工作要点》《各党支部党建工作责任清单》等内容，细化量化党建工作责任，推动落实党委主体责任、支部书记第一责任、班子成员分管责任和基层党组织直接责任，增强基层党组织的政治领导力和思想引领力。打造上窑洞庄村、下窑洞庄村2个党支部作为全县“老爷山下党旗红 一圈四带十先锋”党建品牌示范项目，结合斜沟乡红色教育基地建设规划，持续推动“党建引领聚民心，景区升级促共赢”党建品牌建设，促进柏木沟景区吸引力与党建品牌影响力“双提升”。细化分解党风廉政建设工作任务，健全领导体制和工作机制，运用“四种形态”，加强对分管领域党风廉政建设的督导，围绕重要时间节点，重点岗位干部和村党支部书记进行节前廉政谈话，违反值班纪律的乡村干部进行通报批评和提醒谈话，落实经常性与分管干部和包片村党支部书记进行谈心谈话机制，做到提醒在先，预防在前。召开乡村干部大会，传达中央和省、市、县通报违反中央八项规定精神典型案例，受教育党员干部170人次。

【人大与政协工作】 组织县、乡人大代表视察上窑洞庄村乡村振兴示范村建设项目（一期）、上窑洞庄村旅游配套设施建设项目（二期）、下窑洞庄村和业坝台村卫生厕所建设项目、下窑洞庄村和业坝台村污水管网铺设项目、小业坝村和业坝台村农户住房外墙保温项目。开展专项工作评议，拓宽人大代表知情问政和参与村级公共事务监督渠道。向乡政府反馈检查中发现的问题和存在的困难，加大跟踪督查力度，确保全乡重点项目建设推进。组织县、乡人大代表围绕乡村振兴工作，召开座谈会或走访代表联系户、脱贫户、残疾户、特困对象等开展民生保障专题调研和贯彻落实《中华人民共和国民法典》调研，收集资料，梳理存在的问题，编写《斜沟乡关于开展民生保障工作情况的报告》。结办代表意见建议，9月底，集中督办斜沟乡第十二届人民代表大会第二次会议期间代表意见建议，听取代表建议承办站室的工作汇报，召开座谈会与承办单位对接进行问题解答，推进代表建议办理工作。开展“人大代表活动月”系列活动，利用代表进“两室”活动向选民述职，通过召开座谈会、入户走访的形式开展代表走访慰问活动，慰问履职中表现突出的8名人大代表，激发代表履职热情。7月，组织各级人大代表参与全国文明城市创建工作，围绕文明交通、环境卫生整治等方面开展专题调研检查和志愿服务，改善乡村人居环境和村容村貌。发挥政协委员的作用，开展调研视察活动。听取委员提出的各种建议和意见，做到件件有回音、事事有着落，为斜沟乡的乡村振兴、生态文明建设和经济社会发展出谋划策，增强委员履职能力。

【群团武装】 履行工会职责，为职工申报医疗互助12人，补助1140元；春节慰问困难职工3人，送去慰问金900元；疫情防控期间为职工发放蔬菜大礼包，增强职工的归属感。对照《全省基层团组织规范化建设工作的实施方案》要求，坚持村团支部“六有”标准，选优配强村团组织班子。完成7个村的团支部书记换届选举工作，选举产生村团支部书记7人，团支部委员14人。开展以“巾帼建功展风采，共绘乡村振兴新蓝图”为主题的庆“三八”系列活动。组织开展“关爱困境妇女儿童”慰问活动，慰问“两癌”妇女2人、单亲困难家庭1人。开展“少年儿童心向党 用心用情伴成长”2022暑期儿童关爱服务活动，慰问困境、单亲、孤残等特殊儿童群体20

人。创建美丽庭院活动，全年上报“美丽庭院”、最美家庭、廉洁家庭等20户。开展以爱国主义为核心的全民国防教育和双拥工作，强化全民国防观念，加强对武装工作的领导，组织指导民兵预备役人员参加中共二十大精神、习近平总书记关于国防建设重要指示批示精神等专题学习4次。全年组织召开征兵专题会议2次，挑选政治合格、军事过硬、纪律严明、对党忠诚、热爱武装工作的工作人员担任武装干部，指导跟踪落实宣传发动、兵役登记到适龄青年进站体检等各阶段性工作。

【民主法治】 围绕疫情防控、防火防汛防灾等中心工作，建立义务巡防队伍7支，加大巡逻保障力度。按照“五级联防”工作制度，组织动员基层干部群众参与社会治理，划分网格28个，配备网格长28人，构建平安建设长效机制。常态化推进扫黑除恶、扫黄打非、电信网络诈骗等专项整治，摸排掌握的线索逐条建档、梳理汇总，进行精确打击。全年调处矛盾纠纷30起，回访全乡16名刑满释放人员教育工作。落实行政执法“三项制度”，发挥7个村级行政执法服务站执法联络作用，联合塔尔片区综合执法中心，开展法治宣传、参与综合行政执法违章建筑物拆除等工作。

【民族宗教工作】 组织民族团结进步知识学习及答题4次。开展尊法、守法、学法、用法示范寺院创建活动，在宗教界开展“双帮双联”活动，河滩清真寺被评为“西宁市尊法守法学法用法”示范寺院，小业坝清真寺被评为“大通县尊法守法学法用法”示范寺院。全乡5个清真寺和5户建档立卡贫困户建立双帮双联关系，在古尔邦节等重大节日送去米面油等生活必需品。

【精神文明建设】 开展移风易俗活动，组织开展法治宣传、志愿服务、技能培训等活动30余次，满足群众精神文化需求。加强未成年人思想道德建设，联合乡团委、妇联、司法等部门开展留守儿童关爱行动，法律、安全知识讲座进校园等活动。结合“双基联动”机制，加强个人诚信体系建设。发挥新时代文明实践所（站）和“一约四会”作用，依托乡、村两级8支志愿服务队，开展志愿服务，全乡261名志愿者在环境卫生整治、治安巡逻、宣传、矛盾纠纷调解、护林防火等方面发挥模范作用。开展文明村镇创建和“五星级文明户”创建活动，下窑洞庄村被评为省级文明村，上窑洞庄村被评为市级文明村，全乡评选“五星级文明户”120户。

【农业农村经济】 全年实施“旱作节水”农业技术推广项目200公顷，发放地膜3000卷。化肥农药减量增效行动试点项目300公顷，发放有机肥465吨、有机质叶面肥液体5625瓶。落实农业保险1200公顷，无人机防控农作物病虫害36公顷。开展秸秆禁焚宣传工作，发放宣传倡议书700份。借助乡村旅游资源，延伸农产品产销链条，

2022年3月31日，斜沟乡开展群众文化活动（斜沟乡供图）

发展特色农业，提升特色农产品附加值，形成粮食、饲料、蔬菜种植和规模化养殖协同发展新局面。推进农地“非农化”“非粮化”整治行动，遏制乱占耕地建房，落实永久基本农田保护制度，加大自建房排查整治力度，规范个人建房管理，遏制无序乱建行为，处理土地纠纷3起，制止滥采滥挖1起，排查乱占耕地建房1户，责令整改违法用地3起，清理耕地非农化建设问题4起、牛羊育肥大棚36处，完成“330千伏输电线路”“日月山双汇输电线路”土地征收工作，保障国家重点项目进行。全年绿化37.33公顷，有害生物防治200公顷，完成砍一栽三任务1500株；完成青海云杉抚育80公顷。发放1035户草原生态保护补助金4.85万元，发放公益林补助资金5.77万元、退耕还林补助资金6.32万元。

【新农村建设】　完成投资1850万元的宁小路面旧油路改造工程。争取交通局养护资金3.6万元，对斜沟村村口段水毁路面进行修复、修建29米挡墙。争取交通局水毁项目资金66.48万元，实施斜沟村、小业坝石崖合自然村路面及挡墙修建，其中斜沟村投资60.06万元实施水渠430立方米、挡墙453.92立方米，小业坝石崖合投资6.42万元实施248平方米路面、挡墙41.1立方米。争取实施下窑洞庄村人畜饮水项目，管网改造和蓄水池修建完工。完成大业坝村引水渠除险加固和部分溪流河床清淤工作，新建上窑洞庄村取水口1座。

【乡村振兴】　投资630万元续建上窑洞庄村乡村振兴示范村项目；投资1850万元，续建宁小公路项目；投资500万元，实施斜沟乡上窑洞庄村乡村旅游产业基础设施建设项目，该项目资金支出率88%；投资582.54万元，实施斜沟乡下窑洞庄村污水管网建设项目，该项目资金支出率88%；投资384.65万元，实施斜沟乡业坝台村污水管网建设项目，该项目资金支出率88%；投资719万元，实施斜沟乡业坝台村119户、小业坝村360户农民居住条件改善项目；投资97万元，实施下窑洞庄村153座、业坝台村119座卫生厕所项目，该项目资金支出率94%；投资1200万元，实施“花儿之乡”柏木沟树蛙部落民宿基础设施建设项目，新建树蛙民宿8栋，公共服务区1处；投资93万元，实施斜沟乡下窑洞庄村高原美丽乡村建设项目，该项目完成95%；投资179.01万元实施的下窑洞庄村人畜饮水项目。加快新型农民工队伍建设，举办各类技能培训班2期，协调组织种植养殖行业专家多次进行现场指导教学，壮大乡土人才队伍。

【农村生态环境】　落实“三线一单”生态环境分区管控制度，坚持实施农药化肥减量增效行动及“碧水工程”，分级分段设立河长，推动辖区内“河长制”管理覆盖，落实河湖长App巡河任务，推进“散乱污”治理和重点河段污染排查整治。建立完善乡、村二级林（草）长制组织架构及基层护林员组织体系，宣传森林草原火灾、毁林毁草等违法行为危害，从源头杜绝破坏森林草原资源行为，围绕增绿、管绿、护绿，提升林业治理水平。探索环境卫生综合治理体系，研究制定《斜沟乡环境卫生综合整治实施方案》《斜沟乡国道227沿线环境卫生专项整治工作方案》，坚持对照《斜沟乡环境卫生联评方案》贯彻环境卫生综合整治工作奖惩机制，组织实施环境卫生联评3次，开展全乡环境卫生综合整治工作及国道227沿线整体风貌提升专项行动，出动人工1300余人次、车辆75辆，清运垃圾150立方米、清理水沟河道约60千米，拆除林带道路及乱搭乱建面积1715立方米，整治道路两侧护坡2.16千米，硬化道路1050平方米，实施整治后覆土1764立方米，修建木质栅栏小花园8处，种植苗木780棵，种植草坪50平方米，整治乱堆乱放和拆除违建68处。

【安全应急管理】　实行乡、村

两级联动，按照行政村逐个明确责任人，组织开展地质灾害隐患排查防治工作。凡是有人居住、有工程活动的地段和区域逐点逐段排查，确保隐患排查无死角、无遗漏、全覆盖。落实24小时值班值守制，发布汛情和地质灾害预警信息，做好台账记录和信息上报，掌握地质灾害情况，做到底数清、情况明。汛期，避险转移248户地质灾害隐患户，保障汛期群众生命财产安全。

【社会事业】 继续巩固“两基”成果，整合各方力量降低义务教育阶段辍学率，小学阶段辍学0人，中学阶段辍学4人，动员返校就读。全乡出生87人，其中政策内86人，政策外1人，举办培训班3期，完成孕前检查82对，完成率80%，妊娠结束随访76例，婚前检查38对，完成率78%。组织高校毕业生、就业困难人员参加县级组织线下招聘会4次、280人次。全乡劳务输出2578人次，脱贫人员外出务工408人次，实现劳务收入644.5万元。举办技能培训班（刺绣培训班）1期，参加培训人员63人，其中脱贫户13人。申请贫困劳动力跨省外出务工交通补贴21人，补助资金2.1万元。跨县外出务工交通补贴13人，补助资金3900元。通过县域企业、合作社、在建项目、新增公益性岗位以及其他途径带动脱贫户49户120人增加收入，保障脱贫人口和监测对象实现稳定收入。

【民生保障】 对全乡脱贫户258户968人做好防返贫监测，对一般农户开展常态化监测预警。6月纳入监测户1户4人，动态实施临时救助、以工代赈、到户产业帮扶等相关帮扶机制，并逐步形成长效机制。发挥各村民政协理员作用，排查全乡符合救助条件的特困、低保、低收入、残疾人、妇女、儿童，受理临时救助187户809人，临时救助94户383人，发放金额60.1万元。审核最低生活保障户26户39人，发放保障资金158.3万元。审定特困供养人员2户2人，发放金额14.31万元。发放一次性生活补贴9.59万元，发放取暖补贴16.88万元。完成医疗养老参保任务，参保率99%以上，建档立卡人员参保率100%。全年完成危旧房改造14户（一般农户12户、脱贫户2户），发放危旧房改造资金40万元。全乡残疾人243人，其中重度残疾人93人，89名重度残疾人享受生活补贴每月100元，93名重度残疾人享受每月100元护理补贴，29名中轻度残疾人享受每月50元困难残疾人生活补贴。

（撰稿人：马杰俊）

## 良教乡

【概况】 良教乡位于县城桥头镇北部，距县政府驻地7.5千米，东临北川河，西、北与斜沟乡接壤，南邻桥头镇，属浅山半脑山地区，面积42.8平方千米，耕地面积1513.53公顷。全乡总户数4730户，总人口21235人，有回族、汉族、藏族、蒙古族等4个民族，回族占总人口的99.92%。辖石庄、上治泉、下治泉、桥尔沟、下甘沟、煤洞沟、白崖村、上甘沟、松林、沙布、前跃、良教沟12个村民委员会，有31个自然村。乡政府有工作人员51人，其中公务员19人、事业编制14人，政府雇员、公益性岗位、大学生志愿者等编外人员18人，有村干部58人。2022年，全乡村集体经济收益176.75万元，农民人均可支配收入16708.21元。

【党建工作】 制定乡党委理论学习中心组学习会及干部晨读会学习计划、党员教育培训计划，以专题讲座、党课辅导、理论研讨、撰写心得等形式组织党员干部学习党的创新理论、省第十四次党代会精神、中共二十大精神，强化党员干部党性锤炼，提升政治理论水平。落实党建工作责任，结合各支部实际细化、量化工作责任；

组织开展基层党组织书记述职评议和“擂台比武”活动，强化典型带动和示范引领；严把党员发展关，年内发展党员9人；实施煤洞沟村“危旧狭小”村级综合服务中心升级改造项目和良教沟村综合服务中心修缮项目，增强党支部服务功能；完成石庄村软弱涣散村党组织排查整顿转化工作。落实村“两委”后备人才“223”计划，储备后备干部120人，实施三乡工程，登记乡贤能人229人；加强对驻村第一书记、工作队和村“两委”干部的管理监督，组织村“两委”干部参加市县级培训班5期，第一书记参加县级培训5人；结合能力建设，轮训乡领导班子成员10人次，建立乡领导班子和站室主任帮带工作措施，安排10名35岁以下年轻干部在重点工作岗位“墩苗”；开展“换位体悟”活动，通过“转角色、换岗位”，发现问题4条，并全面整改。

【人大与政协工作】 发挥人大代表和政协委员参政议政作用，加强社会法律监督和民主监督，加强和改进新时代人大和政协工作。创新使用“112344”工作机制法和“2234”会议机制，规范“两室一平台”建设提档升级，调动人大代表履职尽责的积极性和主动性。按季度召开人大主席团会议，组织开展人大代表活动月，拓宽工作思路，压实代表责任。贯彻执行县政协全体会议、常务委员会议所作出的决议，推进乡政协委员联络组建设，制定联络组工作制度，定期召开联络组工作会议11次，发挥政协委员联络员的作用，了解民情，反映民意，履行联络员职责，年内上报社情民意提案5份。

【群团武装】 组织开展专题学习和主题团日活动8次，开展疫情防控、环境整治等志愿服务活动36次；通过政策指导、联合司法行政部门帮助来访妇女群众，化解矛盾2起；组织工会活动5次，慰问退休职工、困难职工和困难党员6人。完成全年兵役登记工作。开展基干民兵政治教育，完成民兵整组工作，基干民兵出（入）转队；完成应急排点验工作，参点率90%以上。

【民主法治】 统筹经济发展与安全稳定，开展各领域风险防范，推进市域社会治理现代化试点工作，深化平安乡村建设，提高网格化管理水平，维护乡村稳定。组织召开综治维稳工作专题会议10次，与各村、乡属各单位签订目标责任书。健全乡村安全防范体系，配备“网格员、治保员、调解员、巷道长”，实行“定区、定人、定责”防控措施，发挥联防、联动、联通的作用。配合相关部门完成8个村的“数字乡村”建设，提高乡村技防能力水平。规范建设“一站式矛盾纠纷调解中心”，落实“1496”工作机制，发挥“遇四说事”室和人民调解员作用，开展法治宣传和矛盾纠纷化解。各村利用广播、黑板报、宣传单、群众大会等方式，开展平安建设、维稳、禁毒、防范网络电信诈骗等宣传活动，常态化开展扫黑除恶，在公路沿线张贴“平安建设”、禁毒等宣传标语50余条，入户发放各类宣传资料400余份，提高广大人民群众对“平安建设”的知晓率和参与率。

【民族宗教工作】 加强党对民族工作的领导，统筹推进铸牢中华民族共同体意识和民族宗教工作。召开党委会专题研究民族团结进步工作，明确职责分工，强化工作举措，形成责任到人、责任到事的工作机制。通过发放宣传资料、电子显示屏滚动播放、开展知识测试等方式，组织宗教界学习中共二十大精神。以家庭、村级活动场所、学校和宗教活动场所为民族团结进步活动主阵地和主渠道，推进民族团结进步“十进”活动。开展“法律进宗教活动场所”“平安寺院”“尊法学法守法用法寺观教堂”创建。落实疫情防控期间宗教活动场所“双暂停”要求，做好消杀、登记、防疫物资储备等各项工作。

【精神文明建设】 组建新时代文明实践所（站）志愿服务分（支）队13支，注册登记志愿服务者155人，菜单式开展文明实践活动，创评“五星级文明户”120户。开展社会主义核心价值观、扫黑除恶、党风廉政建设、法治文化建设、疫情防控等知识宣传，健全各村“四会”组织，推进移风易俗，开展人居环境卫生整治等。开展“推进移风易俗”“清除‘牛皮癣’活动”“爱卫运动”等特色“创建日”活动5次，开展“我们的节日”“弘扬雷锋精神”“义务植树添新绿”等主题月活动11次。

【农业农村经济】 全乡耕地面积1513.53公顷，其中种植小麦652.26公顷、马铃薯227.4公顷（其中覆膜种植226.67公顷）、油菜430.13公顷、青饲料及燕麦37.3公顷、蔬菜166.53公顷；发放有机肥454.5吨；全乡牛存栏数7113头、羊存栏数25877只、鸡存栏数3102只。开展“撂荒地”、耕地“非粮化”“非农化”整治，排查出“撂荒地”14.15公顷，已完成整治；排查耕地“非粮化”5.07公顷，整治2.18公顷；排查耕地“非农化”4.37公顷，整治0.8公顷。全年审批采伐林木22.2立方米。通过退耕还林自查验收，保存率在70%以上的面积占全乡退耕面积的100%，未发生复耕现象。

【乡村振兴】 盘点2013—2020年实施的各类扶贫项目，建立乡村两级资产管理台账，做好确权登记和后续监管工作。针对壮大村集体经济项目，进行村集体固定资产移交，做好项目运行的日常管理和维护，保障项目资金正常发挥效益。协调县自然资源局、县交通运输局等相关部门争取项目资金315.63万元，硬化国道227线搬迁区7个村3.2千米村道；投资930万元，开展路域整治，黑化国道227线林带两边纵向路5.2千米，加宽下治泉路口到塔尔新桥1.4千米，完成塔尔桥、下治泉村入口处风貌提升项目；申报立项石庄村等5个村道路补短板项目；争取项目资金668万元，在白崖村、煤洞沟村、上甘沟村和桥尔沟村建设高原美丽乡村；争取资金680万元，修建下治泉村幼儿园建设项目，完成招投标；完成下甘沟村各巷道煤改气管道铺设项目。投资15万元，完成白崖村饮水工程改造项目；投资12万元，改造松林村涝池湾。

【农村生态环境】 制定印发《良教乡2022年河湖长制工作实施方案》《良教乡河湖长制责任分工方案》，联合生态环境部门对排污企业进行专项治理，查封整治排污口14处，出动人员623人次，集中整治河道沟渠34次，清理沟渠垃圾及河道漂浮物114立方米。完善环境卫生长效运行和督查机制，制定《良教乡人居环境卫生整治评比方案》；乡政府聘请保洁员10人、垃圾车专职司机2人，全乡12个村配备保洁人员17名，开展全乡农村人居环境卫生整治提升改造行动。拆除菜园地1049平方米、违法建筑2819.8平方米、地坪1290平方米、道路4895平方米、乱搭乱建1244平方米、恢复林带11860平方米，清理林带垃圾13244立方米、回填土方4320立方米，铺设黑化道路5.2千米。修建完成2021年农村“厕所革命”剩余户厕50座（其中前跃村43座，松林村7座）；开展2013—2021年农村问题户厕排查整改工作，总排查户厕1737座，其中排查出问题厕所940座，立行立改29座，复查率100%。

【安全应急管理】 联合文化、卫健、安监、塔尔综合执法大队、良教司法所、塔尔派出所、塔尔市场监管所等部门、单位综合检查辖区内各类经营场所及安全环境14次，反馈整改存在的问题，营造平稳健康的经济社会环境。修改完善防火预案、扑救措施及防火值班制度、进山检查制度、野外火源管理

制度等10种防火制度。开通防火隔离带14990余米，清理林下可燃物7.53公顷。开展排查地质灾害隐患点工作，排查出地质灾害隐患点10处，涉及农户304户1435人，完成隐患点农户地质灾害明白卡和地质灾害监测卡的发放。与各村签订地质灾害群防群治目标责任书、土地巡查工作目标责任书、耕地保护目标责任书，将自然资源工作落到实处。

【社会事业】　加强全乡人口出生监测，全年出生208人，建立“康福家”示范村1个、示范户30户；完成免费孕优检查190对；计划生育奖励扶助121人，奖励扶助政策落实率100%。宣传《中华人民共和国义务教育法》，适龄儿童入学率100%；2022年全乡考入高校本科生67人；申报“良教乡桥尔沟村笼式灯光球场”和“下治泉村广场舞台提升改造”项目；配合县图书馆为12个农家书屋发放图书936册、杂志48本。建立安全生产工作责任追究、安全生产事故应急救援预案、重特大安全事故应急处理预案等制度，加强安全生产隐患排查治理和食品药品安全专项整治，开展各类检查9次，与各村、乡属各单位、企业签订安全生产目标责任书35份；强化安全监管和执法，下发整改意见通知书10份，提出意见建议5条。建立“三级联动”、汛期“叫醒响应机制”、防汛减灾“五包”责任体系等机制，成立乡级抢险队1支30人、村级抢险队12支240人；吸取大通县“8·18”山洪灾害教训，向各村发放防汛物资，开展汛期安全检查34次，排除安全隐患17处，转移河道沟渠隐患点附近农户77户344人、崖体附近农户172户783人；协调县自然资源局确定搬迁地块5处，计划搬迁224户地质隐患点。

【民生保障】　入户排查全乡12个村群众收入情况，建立防返贫监测台账，动态监测易贫致贫家庭，新纳入监测户1户2人。组织挖掘机技能培训和缝纫工职业技能培训2期100人次，为实现就业奠定基础；以参加招聘会、劳务公司推荐等方式组织输出剩余劳动力8500人，其中脱贫人口307人，省外务工74人，实现贫困人口稳定就业。全年农村最低生活保障纳入396户643人，因死亡、生活条件改善等不符合救助标准取消38户38人；纳入特困分散供养25户29人；审核发放乡级临时救助317人32.99万元、申请县级大额临时救助92人35.88万元；发放残疾人“两项补贴”352人51.6万元；发放高龄生活补贴776人84.72万元；发放孤儿、事实无人抚养儿童、困境儿童生活补贴12.13万元；救助疫情防控期间生活困难群众85户296人，民政物资救助生活困难群众90户，救助残疾人监测户2户；养老保险参保6873人，参保率67%，医疗保险参保19558人，参保率95%；全年自建房安全隐患排查6812户，危房改造37户。

（撰稿人：马玉祥）

## 向化藏族乡

【概况】　向化藏族乡位于大通县东北部，东连互助县、南接东峡镇，西北与桦林乡、门源县毗邻，乡政府驻地流水口村距县城23千米。海拔2750～4284米，全乡总面积172平方千米，耕地面积2084.47公顷，人均耕地0.25公顷。全乡辖上滩、下滩、三角城、将军沟、达隆、驿卡、麻庄、流水口、立树尔9个村民委员会，全乡总户数2050户、总人口8066人，居住有藏族、汉族、土族、蒙古族4个民族。乡政府有工作人员43人，其中公务员15人、事业编制人员13人、工勤人员1人、其他人员14人。2022年，全乡农牧业总产值1.24亿元，人均可支配收入1.5万元，同比增长5%。完成劳务收入2824.50万元，同比增长33.5%。向化藏族乡获西宁市“文明村镇”称号，立树尔村、将军沟村获“省级文明村”称号。

【党建工作】 开展党员培训，提升党员学习实效，全年参训党员1200人次。落实“三会一课”制度，规范发展党员程序，落实发展党员流程纪实。巩固“组织体系建设三年行动”成果，推进党支部“堡垒指数”和党员“先锋指数”工作，提升基层党组织标准化规范化建设，2022年，向化藏族乡17所“农户小党校”围绕精准扶贫、产业发展、乡风文明、征地拆迁等工作，举办50多场次宣讲活动，推动基层党建工作的开展。用好“党建+”，按照“一单位一品牌”“一村一亮点”，打造“达坂乡韵党旗红”党建品牌和9个党建子品牌，以品牌创建提升基层党组织和基层干部的服务能力。制定《向化藏族乡2022年党风廉政建设工作要点》，签订目标责任书，召开党风廉政建设专题会3次，推进主体责任落实。运用“谈话谈心”警示制度，对乡村干部到岗情况、“三务”公开情况等方面开展监督检查60余次。注重抓早抓小，开展提醒谈话5人次、开展节前廉政谈话110人次、完成乡党委书记和纪委书记与下级党组织谈心谈话全覆盖工作，给予党纪政务处分1人。发掘本土廉洁文化新形式，挖掘民俗文化中的廉政素材，利用皮影戏“接地气”的优势，打造驿卡“廉政皮影”，创建“清廉驿卡十个一”清廉套餐，开展“清风润北川 喜迎二十大”廉政文化作品展活动。开展集中纠治提升，组织班子成员和机关干部开展自查自纠，制定“三张清单”，查摆出问题31条，制定整改措施55条；在乡政府便民服务中心设置“西宁评议”二维码，开展作风建设“西宁评议”活动，乡纪委督促整改关于县委作风办向向化藏族乡反馈的“西宁评议”群众不满意事项，提醒谈话3人，巩固拓展脱贫攻坚成果同乡村振兴有效衔接。

【人大与政协工作】 组织代表学习《中华人民共和国宪法》《中华人民共和国全国人民代表大会和地方各级人民代表大会代表法》《中华人民共和国民法典》及县人民代表大会会议精神。召开第十九届人民代表大会第二次、第三次会议，办理水利、道路、民生等方面意见建议10条。发挥乡“人大代表联络站”职能，协助县人大开展民生调研，组织开展高考生志愿填报咨询活动，为困难群众提供帮扶建议。开展“人大代表活动月”活动，组织代表视察上滩村锶之源饮用水厂和三角城村洋芋粉条加工厂，提出合理建议4条。慰问困难人大代表9人，举办人大代表履职培训班1期，提升代表履职能力。学习会议内容和讲话精神，要求各干部要对时事、民生给予关注，提高分析问题的能力，能够提前捕捉、及时解决、减少隐患。

【群团武装】 做好“群团服务站”工作，在“三八”妇女节、“3·5”雷锋日、“五四”青年节等重要时间节点，组织举办趣味运动会1次，开展志愿服务3次，慰问困难学生16人，联系爱心企业资助贫困大学生52人，组织开展廉政文化作品展1次。乡武装部投入经费2万元完成“三个一线”建设，用于乡武装部战备物资购置，购置夏季作训服（包括单衣、帽子、腰带、作训鞋）等。做到乡武装部人员有保证、物资有保证、战斗力有保证。进行出入队人员调整，编制民兵应急排和普通民兵连，加强民兵管理，落实民兵“平时训练、战时参战、应急救灾”要求，出动民兵开展维稳巡逻以及各项防控巡逻。发放征兵宣传单，悬挂宣传标语、横幅等15幅，加强对应征青年的宣传教育工作，完成兵役登记，并将合格优秀青年输送到部队，完成征兵工作。

【民主法治】 开展社会治安综合治理、普法宣传活动，举办法治培训班1期，执行“一周一排查，一周一上报”工作制度，加强村级调委会调解台账管理，掌握各类纠纷及不稳定因素，全年调解矛盾纠纷16起，调处率100%。组织开展“问题”和“苗头”的双重梳理和摸排，配合东峡派出所及司法所开展乱点乱象排查整治，从根源上杜绝黑恶势力的滋生和蔓延。坚持开展禁毒宣传和禁种铲毒工作，联合乡司法所开展电信诈骗以及诈骗防范宣传，增强群众自我防范意识。推动综治维稳工作落地落实，合理确定综合行政执法范围，实现网格化监管。

【民族团结进步创建】 开展民族团结创建活动，坚持运用“促、抓、助、强、保”五字诀工作法，将民族团结进步创建工作与全乡中心工作结合，创新宣传方式，线上线下利用微信公众号、微信工作群、宣传栏、LED电子屏、制作黑板报、乡村小喇叭等方式，创新宣传形式加大对党的民族政策法规、民族常识的宣传力度，结合“五星级文明户”评选、文明城市创建等活动，常态化开展民族政策法规及民族禁忌的宣传教育，增强辖区内“三个离不开”思想和“五个认同”“五个维护”意识。“民族团结进步+”融合发展，开展主题实践活动，促进各民族交流交融。年内组织开展主题活动10次，创建五星级文明户120户。

【精神文明建设】 线上组织各村通过LED显示屏滚动播放、微信群互动等形式宣传社会主义核心价值观、综治平安、全国文明城市创建等内容500次，线下组织包村干部开展移风易俗、安全生产、环境卫生整治等宣传覆盖人群700人。加强对微信群、短信平台、LED屏的管理运用，强化舆情监测。健全完善“一约四会”，推动移风易俗，破除天价彩礼等陋习。结合疫情防控，开展党建、精神文明建设、文化活动等重点工作和重要活动的主题宣传，开展“我们的节日”系列活动6场，组织群众开展环境卫生整治、禁毒知识讲座等活动20场次，推动道德理念入脑入心、外化于行。发挥新时代文明实践站的作用，组织志愿者队伍开展理论宣讲、服务群众等志愿服务活动，开展志愿活动20余次，增强群众参与文明行动的主动性和积极性。

【农业农村经济】 通过“合作社+农户”方式，实施化肥农药减量增效项目446.67公顷，种植双垄全膜洋芋382.67公顷、小麦336.47公顷、青稞327.07公顷、蔬菜27.8公顷、饲草料288.8公顷。完成大动物疫病防治任务，防疫牛9627头、羊9208只，猪2111头、鸡61只。村级71名护林员实现网格化管理，推进管护退耕还林402.67公顷。盘活撂荒地资源，推进撂荒地复耕复垦。实施120.6公顷“非粮化”耕地复耕复垦任务，完成整治84.3公顷，进度69.86%。完成驿卡、下滩2022年第一批中央林业改革发展资金森林抚育项目40公顷杂草铲除及施肥工作。

【乡村振兴】 2021年综合利用财政衔接推进乡村振兴补助资金500万元，县财政资金25万元，实施2022年将军沟村旅游产业及配套设施建设项目，提升景区功能性，引进青海绿域旅游开发有限公司进行承包经营。全年村集体经济收入38万元，景区营业期间安排村民就业24人，景区年接待游客1.65万人次，辐射带动周边群众增收，村民开办农家乐5家、小吃摊位8家。引进社会投资2806万元，联合青海锶之源饮用水有限公司推进上滩村锶之源天然饮用水建设项目。争取专项资金500万元，实施麻庄村道路硬化项目；南京雨花台东西部帮扶39万元，用于将军沟村基础设施补短板和乡卫生院地坪硬化和资助各村爱心超市；争取水利局资金439万元，实施驿卡7道管涵铺设和两段80米挡土墙修建项目、驿卡和下滩村人饮工程项目、麻庄村人畜饮水管网更换项目；争取交通局资金105万元，实施流水口至麻庄沥青路面铺设项目。

【农村生态环境】 设立河湖长

制工作标识牌，安排部署东峡河向化段河道卫生整治工作，配备河道管护员7人，定期处理河道垃圾，推动生态环境质量提升，完成收缴水费155191元。对全乡60多处（612座）坟地、13处俄博和林地边缘1800米地段进行药剂灭草，配合森林病虫害防治站完成流水口村青杨锈病防治。推行林草长制、河湖长制工作，乡领导干部、村“两委”、护林员、保洁员划分责任片区并落实到人，实现网格化管理，乡属各单位相互配合、共同推进森林草原管护、河道垃圾清理、安全生产等各项工作。森林覆盖率、森林保有量、森林蓄积量和林地面积逐年增加。抓好美丽乡村、改善人居环境、村容村貌综合治理工作，改善人居环境。投资26.7万元，推进人居环境整治，提高群众生活品质；投资11万元，维修全乡损坏路灯。组织开展乡村环境卫生大整治，组织2次“党员+干部+保洁+群众”齐发力的人居环境集中整治攻坚月行动，出动大小型机械130辆，清理垃圾700立方米，整治河道、沟渠80千米。

【社会事业】 围绕控辍保学工作，适龄儿童入学率、初中入学率均为100%。制定年度卫健工作方案和卫生计生工作联系制度，26对新婚夫妇进行婚前医学检查，完成35对育龄夫妻孕前优生健康检查；全年出生人口40人，出生人口符合政策计划生育率100%；举办新婚培训班1次，22对新婚夫妇参检，组织计生协会志愿者开展关爱计生贫困家庭、关爱孤寡老人服务活动2次；开展文化活动，挖掘传统节日的文化和精神内涵，弘扬中华优秀传统文化。

【民生保障】 组织开展入户调查，筛查识别出脱贫不稳定户3户7人，落实防返贫监测机制。巩固“两不愁三保障”成果，通过自查、核查，健康扶贫“双签约”履约率100%，水、电、住房均达标。按照低保申报程序，做到应保尽保、应退尽退，动态化管理。年内新纳入低保56人，为41户56人发放低保金19.51万元。完善临时救助制度，对因病、因残、因灾等各种特殊原因造成基本生活出现暂时困难的家庭给予非定期、非定量的临时救助，解决困难群众突发性、临时性生活困难。解决临时救助31户129人11.87万元。加强公众防灾减灾知识宣传，建立乡、村自然灾害应急体系，灾情报送体系和信息员队伍建设，加强老龄服务基础设施建设，建成并运行老年之家7个，1个建成待运行，发放高龄补贴415人44.68万元。关心关爱特困人员，发放特困供养补助38户39人52.39万元。加强退役军人和其他优抚对象管理工作，发放优抚对象补助9.7万元。加强残联组织规范化建设，发放残疾人生活补贴154人次116050元，护理补贴82人次81100元。保障事实无人抚养儿童生活，为8名儿童发放保障金9.22万元，为3名困境儿童发放保障金4950元。

（撰稿人：宋秀萍）

## 桦林乡

【概况】 桦林乡位于大通县东北部，距县城14千米，海拔2590~4295米，总面积208.8平方千米，耕地面积2483.2公顷，人均耕地面积0.18公顷。全乡总户数3765户，总人数16091人，辖台子、胜利、关巴、峡口、鄂博沟、贲哇沟、吕顺、兴隆、桦林庄、东庄、七棵树、阿家沟、西沟、瓜拉大庄14个村委会，有48个自然村，居住着汉族、回族、藏族等3个民族，少数民族占总人口的71%。全乡有脱贫户430户1620人，监测户7户33人。乡政府有工作人员43人，其中公务员17人、事业编制人员15人、“三支一扶”人员2人，公益性岗位、西部志愿者9人，有村干部70人。2022年，全乡14个村光伏产业、铺面租金、合作社分红等收益453.55万元。

【党建工作】 各党支部通过晨读会、“三会一课”等形式开展专题学习，组织党委（扩大）专题学习会议3次、各党支部开展专题学习24次，领导班子成员讲专题党课12次，撰写心得体会80余篇。坚持“第一议题”制度、理论学习中心组学习制度和周一会机制，运用“学习强国”“远程教育”“青海干部网络学院”等网络平台，强化党员领导干部政治理论学习。围绕县委边巡边改、立行立改反馈问题9条，制定整改措施18条，完成整改落实。健全完善乡、村两级宣讲体系，围绕学思践悟习近平新时代中国特色社会主义思想、中共二十大精神、中央重要会议精神、省第十四次党代会精神、省委、市委、县委全会精神以及乡村振兴、生态保护、疫情防控等内容，邀请县委党校教师、“百姓话廊”宣讲员等，开展宣讲活动10次，开展“党课开讲啦”活动2次。开展“稳定发展‘三农’工作喜迎二十大胜利召开”活动，将宣讲1号文件与群众精神文明活动结合起来，开展政策宣讲、关爱到家、环境整治、志愿服务等活动。贯彻新时代党的建设总要求，组织开展“党建引领基层社会治理三年行动”。开展乡、村换届“回头看”，调研14个村“两委”班子成员任职情况，新调整村干部14人，完成县级层面政审。落实“三会一课”报备联审观察制、“115+N”主题党日制度。推行基层党建重点任务清单化管理、强村带弱村制度，落实发展党员纪实制度，全年发展党员18人。开展支部书记抓基层党建工作述职评议考核，完成软弱涣散党组织排查整顿，严肃驻村工作队工作纪律，加强驻村干部在岗履职管理。落实村级后备干部培养晋级工作机制，更新村级后备干部人才库，建立村后备干部三级管理台账，培养村“两委”后备干部85人。推进“一村一品”党建品牌创建活动，引导各村党支部结合实际，创新工作思路、丰富品牌内涵。加大“党建带群团建设”工作力度，加大群团改革工作力度，发挥工青妇、科协的关爱、维权、培训等职能作用。

【人大与政协工作】 召开人民代表大会、举办人大代表履职培训班和晨读学习会等活动，利用“人大代表之家”“人大代表联络站”平台，开展“人大代表活动月”、乡人大片区交流活动。组织代表调研视察乡村振兴产业发展、人居环境综合整治等工作。贯彻执行县政协全体会议、常务委员会议所作出的决议，发挥委员联络员作用，了解民情，反映民意，围绕基础设施建设提交提案1件，履行委员职责。规范化布置全乡人大代表之家和人大代表工作联络站、政协工作联络组办公室，健全全乡政协工作联络组组织机构，为人大代表、政协委员学习交流、联系群众、履行职责搭建平台。

【群团武装】 开展工会工作，年内参加青海省职工医疗和生活互助保障计划24人，“两节”送温暖慰问职工5人，申报瓜拉大庄村群众之家示范点1处，“夏日送清凉”活动慰问职工20人，为职工发放各种节日福利，累计发放蛋糕卡1.38万元、节日福利消费券3.6万元、蔬菜大礼包4600元。加强团乡委工作，“寒冬送暖”活动慰问困境儿童34人，组织学习“青年大学习”24期，招募志愿者300余名，服务时长超260小时，发展团员1人，组织开展青年志愿服务活动10余次，组织14个村待业青年及重点帮扶对象75人参加由大通县就业服务局和青海夏都人才网开展的“春风送温暖 就业送真情”线上线下招聘活动，推选优秀共青团干部1人，优秀青年典型1人，“新时代好少年”28人。发挥妇联组织作用，推选优秀妇女代表2人，推选“最美家庭”2户、“绿色·幸福家庭”10户、“民族团结模范家庭”2户、“勤俭助廉家庭”1户、“五星级文明户”140户、“美丽庭院”15户、“美丽庭院示范户”1户，参加月嫂、家政

2022 年 3 月 31 日，桦林乡鄂博沟村开展“三八”妇女节庆祝活动（桦林乡供图）

培训 30 人次。抓好民兵政治教育和集训活动，组织民兵集中教育活动 2 次。制订“征兵计划”，发动各村利用 LED 显示屏、微信群、公告栏等宣传相关政策。完成兵役登记、征兵报名工作。开展双拥工作，办理优待证，核定优抚对象，发放家庭优待金 7 万元。

【民主法治】 开展矛盾纠纷排查化解工作，乡村工作人员到农户开展矛盾排查化解工作，全年排查矛盾纠纷 74 起，调解 74 起。做好信访工作，健全工作指导和检查机制，落实乡领导包村、驻村干部及村“两委”班子具体负责落实的工作机制，办理信访件，全年办理信访件 49 件，答复 49 件。建立“数字乡村”智慧治理服务运行新体系，运用“数字乡村”联防联控平台，助力乡村治理。

【民族宗教工作】 调整创建工作领导小组，建立健全创建工作联席会、监督检查等工作机制，开展调研和监督检查 2 次。利用群众性文化活动及创建日等活动，开展民族政策宣传 40 次，悬挂横幅 8 条。强化少数民族干部队伍建设，重视少数民族干部的培养和任用，推荐少数民族干部参加各类培训班 3 期。打造东庄村、瓜拉大庄村民族团结进步创建典型示范点，发挥典型引领作用，推广创建经验。坚持把宗教工作纳入乡党委重要议事日程，专题研究宗教工作 1 次，将宗教工作纳入各村年度考核目标，坚持每月召开 1 次宗教例会。开展“尊法学法守法用法示范寺观教堂”创建工作和“六个一”活动。围绕《中华人民共和国民法典》《互联网宗教信息服务管理办法》《宗教事务条例》《中华人民共和国宪法》等内容，开展法治讲座 1 期。

【精神文明建设】 依托村“四会”组织，完善村规民约，推进移风易俗、乡风文明建设，引导群众破除陈规陋习、向上向善。开展“五星文明户”创建活动，完成 2021 年 230 户“五星级文明户”挂牌、2022 年 140 户“五星级文明户”评选工作。把创建全国文明城市与环境卫生综合整治、爱国卫生运动、疫情防控结合起来，开展主题月、创建日等活动，创建省级文明村 2 个、市级文明村 1 个，县级文明村 14 个。围绕新时代文明实践站建设，组建桦林乡“王洪连志愿服务队”，注重发挥示范引领作用，推动全乡各村新时代文明实践站树立“一村一品”，规范开展疫情防控、慰老助残、纠纷调解等志愿服务活动。

【农业农村经济】 调整优化种植结构，有农业种植合作社 25 个，种植业家庭农场 17 个。农作物总播种面积 2483.3 公顷，其中种植粮食作物 1390.87 公顷，占总播种面积的 56%；露天蔬菜种植 210.67 公顷，年产量 1.56 万吨。稳定生猪产能，加快牛羊养殖产业发展，有养殖合作社 6 个，家庭农场 3 个，猪存栏 2705 头、马存栏 491 匹、黄牛存栏 7993 头、牦牛存栏 2943 头、羊存栏 12669 只、鸡存栏 38270 羽。在粮食作物和露天蔬菜种植领域实施化肥农药减量增效行动，全年储备各类化肥1900吨、农膜6000卷。开展耕地“非粮化”、“非农化”、撂荒地整治工作，“非粮化”面积55.27公顷，整改22.46公顷，整改进度41%；“非农化”涉及图斑3个，开展整治；整改撂荒地存量3.87公顷；落实“占补平衡”土地整治工作，整合兴隆、胜利2个村废弃地、边角地、荒草地14.13公顷。

【新农村建设】 谋划乡村振兴各类项目，储备2022—2025年各类项目175个，其中产业发展类20个，基础设施类80个，民生保障类31个，涉及资金144737.5万元。推进“我为群众办实事”实践活动重点项目建设，投资140万元实施桦林乡垃圾集中收集中转站建设项目，提升全乡垃圾处理能力；建设兴隆村至大庄村桥梁，方便群众出行；投资723万元，实施鄂博沟、阿家沟和峡口村482户农民居住条件改善工程项目，提升群众居住条件，改善村容村貌；投资78.88万元，实施台子村、阿家沟村“厕所革命”项目，修建改建厕所232个，改善群众生活质量；投资50万元，实施七棵树村主干道排水渠及涵洞项目，解决冬季路面结冰和群众出行安全问题；投资130万元，修建灯光篮球场1个、笼式足球场2个。

【乡村振兴】 强化扶贫资产后续管理，摸排2013年开始形成的扶贫项目资产，健全管理台账，做好确权工作，做到产权明晰、运营规范、合理分配、效益可持续。开展阿家沟村、鄂博沟村等6个村互助协会年审工作，监督协会正常运行。定期走访到户产业发展情况，确保到户产业持续产生效益。加大村集体经济资产收益监督管理工作，完善支出流程，加大支出监管。坚持问题导向、举一反三，制定整改方案，认领问题31条，制定整改措施78条，完成整改工作。抓住养殖和种植两大核心产业，指导金悦生态养殖专业合作社引进省级龙头企业青海青草源现代农牧业专业合作社联合社，整合现有资源，探索发展肉蛋品深加工、优质雏鸡育苗等生产和鸡粪有机肥流程化生产，促进“绿色生产+良性循环”发展。全乡14个村光伏产业、铺面租金、合作社分红等收益453.55万元。申请乡村振兴衔接资金525万元建设东庄村马铃薯加工车间，同步注册“大境朴食”商标，形成食品生产供应体系。

【安全应急管理】 压实各村安全生产主体责任，强化安全生产意识，全年召开安全生产相关会议5次。成立防汛抗旱工作领导小组、地质灾害应急工作领导小组，落实责任，明确分工，开展安全生产工作。联合综治中心、派出所、市场监督管理所、综合执法大队对辖区学校、校园周边小卖部、宗教活动场所等开展安全大检查18次。加强辖区施工单位安全生产管理工作，确保施工场地规范化、有序化。利用“安全生产月”，结合“安全生产咨询日”活动开展系列宣传活动，通过微信群、应急大喇叭、“敲门行动”等多途径开展防汛减灾宣传，张贴安全生产宣传海报20张、发放宣传手册150余册。加大防汛隐患排查整治力度，补充完善应急预案，落实叫应叫醒机制，制定危险区域人员、老弱病残等重点人群避险转移安置预案，科学做好转移安置工作。汛期转移安置群众362户1335人。

【民生保障】 组织开展防止返贫监测集中大排查工作2次，村级每月排查1次，排查18007人次，做到排查全覆盖。9月排查纳入突发严重困难户1户7人，并结合实际落实帮扶措施。巩固“两不愁三保障”成果，做好控辍保学、因病返贫致贫风险防范、脱贫人口住房安全动态监测、饮水安全巩固提升等各项工作。全乡义务教育阶段无辍学学生。落实基本医疗保险、大病保险、医疗救助“一站式”结算，脱贫户家庭医生签约全覆盖，方便群众就医。

落实农村住房安全动态监测机制，农村自建房排查全覆盖。常态化开展饮水保障工作，投资7.2万元，实施鄂博沟村饮水提升工程。做好脱贫人口和边缘易致贫人口稳岗就业工作，围绕全乡拉面经济、石油局、电子厂务工等就业渠道，组织开展短期实用技能和致富带头人培训，组织参加东西部劳务协作专场招聘会，以工代赈、吸收公益性岗位人员等，实现脱贫人口和易返贫致贫人口转移就业1130人次。落实新冠疫情影响脱贫户（监测户）务工补助82人，发放补助资金7.77万元。落实联点帮扶措施，全年帮扶33次，帮扶资金26.65万元。落实城乡居民养老保险和医疗保险制度，统筹推进城乡居民医疗保险、养老保险参保缴费工作，"两金"参保率83%。落实各类社会保障工作要求，年内审批纳入低保42户59人，动态调整增加9人，取消25人，整户注销21户21人，有低保户241户430人，发放资金199万元。为31户32人特困分散供养人员发放保障金45.35万元，与4户特困失能人员签订照料协议。159户664人享受临时救助96.31万元。发放高龄补贴资金82.01万元、755人次。为残疾人发放辅助器具，组织10人参加残疾人养殖技术培训班。发放实际种粮农民一次性补贴资金3次，发放资金31.83万元。办理养老待遇236人，办理养老死亡注销55人。完成生育登记单办理188例，孕前优生健康检查136例，计生家庭享受医疗、养老补助1779人次；开展国家基本公共卫生服务政策宣传及妇女、幼儿、老年人健康服务，推进健康机关创建和健康家庭建设。落实健康扶贫相关政策，建立乡村干部"双签约"台账，与脱贫户、监测户签订服务协议。

（撰稿人：李珍秀）

## 宝库乡

【概况】 宝库乡位于县域西北部，东与新庄镇、塔尔镇接壤，南靠青山乡，西与青林乡及海晏县毗邻，北靠达坂山与海北州的门源县相望，距大通县城28千米，总面积1174.85平方千米，总户数2314户、总人口9961人，有藏族、回族、土族、蒙古族等少数民族，占比86%。全乡辖油房卡、张家滩、俄博图、孔家梁、寺堂、五间房、纳塄沟、哈家嘴、水草滩、祁汉沟、巴彦11个村民委员会和牛场社区居民委员会，1个国有林场。全乡有工作人员47人，其中公务员17人、事业编制人员16人、工勤人员1人、招待所分流干部1人、西部计划1人、"三支一扶"1人、公益性岗位4人、第三方采编人员2人、政府雇员1人、文化志愿者1人、大学生服务村集体经济组织试点工作1人、社区委员1人。2022年，全乡农业产值2357.7万元，牧业产值13602.6万元，农民人均可支配收入1.15万元，劳务输出人数3252人。根据2022年收入监测统计，脱贫343户1344人和消除风险4户10人，人均可支配收入6700元。6月，宝库乡获省级"卫生乡镇"称号。

【党建工作】 全年开展党委中心学组学习12次、集中宣讲28次、党员培训班2次、读书分享会13次，政治理论测试6次、撰写心得364篇。开展红色教育主题活动12次、线上线下学习人数400人次。上报党建类学习信息30篇。创建"党建红、生态绿、河湖清"党建品牌，形成"1+5+1"布局（"1"即一条主线：以党的领导为主线，贯穿党建品牌发展始终；"5"即五支队伍：党员队伍、护林员队伍、巡河员队伍、保洁员队伍、青年志愿者队伍为主要力量；"1"即一套长效工作机制：结合各队伍主要工作机制形成一套完善的长效工作机制）。建立健全乡纪委工作职责和权限、议事规则、工作流程等工作制度，设立乡纪检监察办公室、群众来访接待室和谈话室，配备相应的办公设施。监督检查脱贫攻坚成果同乡村振兴有效衔接、冬春维稳、疫情防控、耕地非粮化、人居环境综合整治、森林草原防火等工作，对发现的问题要求及时整改，监督检查109次。通过乡、村干部大会学习及微信工作群转发相关链接方式，传达学习违反中央八项规定精神典型案例6次。组织全乡干部观看廉政警示教育片2次，受教育党员干部280人次，做到以案为鉴、警钟长鸣。开展节前廉政谈心谈话85人次、“一岗双责”谈心谈话12人次、提醒谈话31人、通报批评3人、批评教育1人、责令书面检查2人。整治党组织活动阵地5个。主持召开党委会议专题听取党建工作4次。选派乡村干部参加各类业务能力提升、乡村振兴等培训班8期。开展“换位体悟”活动27次，提升基层党组织管理和服务职能，在职党员进社区开展服务活动30次。推荐、评选13名在疫情防控工作中表现突出的优秀党员、优秀村干部。“选育管用”并重，加强村级后备干部队伍建设，完成116名农村干部三级管理台账。组织开展换届选举回头看，召开回访调研11次、座谈会1次，参与谈心谈话97人。

【人大与政协工作】 组织召开十九届二次、三次人民代表大会，听取人大工作报告和政府工作报告，完成12个村（社区）“两委”换届选举工作，选举产生新一届县人大代表6人、乡人大代表51人，进一步优化代表的年龄、性别、知识结构，补选政府副乡长1人。政协工作联络小组履行政治协商、民主监督、参政议政职能，响应政协大通回族土族自治县委员会办公室关于征集《大通脱贫纪事》文史资料稿件的通知。记录俄博图村脱贫户马如全代表的6个村6户脱贫群众，发挥自身动力摆脱贫困和发家致富的典型事例。

【群团武装】 开展“春送岗位”“夏送清凉”“金秋助学”“冬送温暖”工作。春季结合就业部门宣传，发布招工招聘就业信息30条；夏季给20名环卫工人送去解暑物品；慰问困难职工7人，每人发放价值300元的慰问物资。春节期间慰问全乡工会会员，并在疫情防控期间发放药品、防疫物资等。根据县总工会安排，发放2份蔬菜大礼包，帮助解决农户蔬菜滞销的问题。对职工大病住院或职工直系亲属去世等进行慰问，定期组织职工进行体检，确保职工身体健康。乡团委慰问辖区内60名孤儿、事实无人抚养儿童、监护缺失儿童、困境儿童，并为儿童送去学习大礼包。依托“我们的节日”“创建日”等时间节点，开展助力乡村振兴、促进民族团结进步、推动高质量发展、抗击新冠疫情等志愿服务活动。完成“智慧团建”系统中基本信息采集、审核、录入工作，党史学习教育录入率100%。成功发展新团员1名，并进行团前教育、团内管理。乡妇联慰问贫困母亲12户。组建民兵应急排，新组建隧道抢修排。完成辖区适龄兵员兵役登记工作。“8·18”山洪灾害发生后部署民兵参与抢险救援，组织演练，提升民兵应急救援能力。

【民主法治】 开展普法教育和法治宣传工作，加强矛盾纠纷排查调处工作，调处矛盾纠纷3起，并对全乡14名刑满释放人员、20名肇事肇祸等严重精神障碍患者通过回访教育工作，强化监管监护责任。整治以提供养老服务诱骗老年人“办卡、充值、投资”等涉诈行为，开展“护航夕阳红全民反诈”主题宣传活动，守护老年人的“钱袋子”。强化法治宣传，集中开展法治宣传活动5次，制作展板12块、横幅32条，张贴海报200张，“国家反诈中心”App安装356人，上门走访点对点宣传86人次，发放专项行动倡议书及宣传资料1000份。持续开展巡逻工作，治理沿街商铺侵占街道、车辆无序停放、环境污染等行为，督促个体商户在规定地点经营，杜绝占道经营行为发生。在重点时段内，疏导劝离违规无序停放车辆，处理发现污染环境的行为，立纠立改。

【民族宗教工作】 在第21个“全国安全生产月”，根据县民宗局安排，制定《宝库乡人民政府关于开展2022年宝库乡宗教活动场所“安全生产月”和“安全生产万里行”活动方案》，按照文件要求推进“安全生产月”相关工作，确保宝库乡宗教领域安全生产工作开展。开展宗教领域法治宣传教育活动，根据县委统战部工作要求，制定《宝库乡2022年宗教领域法治宣传教育实践活动方案》，开展宗教领域法治宣传教育，为宝库平安建设提供法律保障。

【精神文明建设】 加快全乡新时代文明实践站建立，组建志愿者队伍13支327人，发挥党员示范引领作用，围绕传统文化节日及重大活动，组织开展各类志愿活动60次，理论宣讲10次，各村重新修订“一约四会”，倡导“婚事缓办、丧事简办、厚养薄葬”的文明新风，疫情防控期间劝导婚事缓办2件，丧事简办5件，创建“五星级文明户”120户。年内成功申报“最美家庭”2户、“勤俭助廉家庭”1户、“民族团结模范家庭”1户、“绿色·幸福家庭”10户、“文明家庭”1户。申报省级文明家庭1户。开展评选“最美庭院”活动，并对评选的20户家庭进行表彰和鼓励。

【农业农村经济】 推进撂荒地整治工作，复垦撂荒地整治59.3公顷，推进耕地“非粮化”。全年农作物播种568.67公顷，其中播种粮食453.33公顷、油料作物115.33公顷、蔬菜24公顷、饲草893.33公顷；实施农药化肥减量增效33.33公顷，推广全膜覆盖栽培技术33.33公顷；扩大青稞种植规模，俄宝图、寺堂、孔家梁等3个村依托大通农畜种植专业合作社，流转土地200公顷用于种植青稞、青饲料。发放2022年耕地地力保护补贴102万元，实际种粮农民一次性补贴16.8万元，草原生态保护补奖资金172万元，对全乡33146.67公顷草畜平衡、草场给予政策补贴。发展畜牧业，全乡存栏量牛42199头、羊13491只、猪673头、鸡165羽、马1143匹，肉、蛋、奶产量分别为71.86吨、0.28吨、4557.5吨。

【新农村建设】 围绕村庄环境、基础设施、村容村貌、产业发展、长效机制等方面，开展高原美丽乡村建设及村庄人居环境整治、打造村庄特色风貌。投资313.13万元实施山城、张家滩村美丽乡村建设项目，投资401.50万元实施张家滩村乡村振兴试点村项目。为进一步改善灌区农业生产条件，提高主要农产品产量，增加农民收入，实施修复供水管道，确保人畜饮水安全。新建双坑交替式厕所681座。通过项目改善人民群众生活环境，实现宜居宜业宜游农村新面貌。

【农村生态环境】 开展河湖沟渠巡查和河道漂浮垃圾清理专项行动，清理河道102.7千米，出动清理人员913人次，机械115台，清理垃圾114立方米。完成退耕还林管护任务，完成幼林抚育174.87公顷，有害生物防治572.73公顷，祁汉沟、山城等村开展全民义务植树，种植苗木、花卉2200多株。配备护林（护草）员99人，建立林（草）长制1级网格1个、2级网格12个、3级网格48个，建立健全林（草）长巡护督办制度，确保乡林草长对责任区域巡查每月不少于1次，村（社区）林（草）长巡查每周不少于1次，三级网格及护林员每天巡查。

【安全应急管理】 开展防震减灾救灾专题培训，通过观看电教片，发放宣传资料等方式，重点对乡村两级干部的应急处置进行重点培训，提升乡村两级干部应急处置能力。联合县水利局河道治理中心在宝库乡中心学校、水草滩村委广场开展防溺水安全教育及山洪灾害防御宣传活动，发放各类宣传品400多份，悬挂横幅3条，展板2个。

【社会民生】 落实控辍保学、校园周边环境整治、学生营养餐等各项工作，全乡适龄儿童入学率100%，九年义务教育巩固率100%。围绕“两不愁三保障”，落实落细“2411”防返贫动态监测帮扶机制。连点结对帮扶单位西善街道（福润社区）聚焦宝库乡脱贫攻坚实际，投入资金41.17万元。全乡脱贫人口、监测户及慢病户通过村医入户及家庭医生团队入户签约完成随访工作。各村推动农村房屋安全隐患排查整治工作，8个村排查覆盖率100%，其中经营性自建房62户，非经营性自建房1283户。1户脱贫户住房因灾受损，危房改造工作完成。增量养殖奖补上报脱贫户（监测户）148户，牛186头、羊70只、猪64头，奖补资金22.62万元。全乡脱贫人口务工681人，落实享受省外务工补贴16人次1.6万元，跨县务工补贴13人次3900元，江苏务工补贴3人次9000元。围绕民生帮扶工作，脱贫户家庭子女全部在校就读，注重关爱特殊教育，为2名重度残疾儿童少年开展送教上门工作，保障残疾儿童少年接受义务教育的权利。开展“双帮”工作，双帮单位到村走访慰问21次、212户946人次，联点支部到村开展政策宣讲24场。开展各类捐赠活动，捐赠物资包括防疫物资、米面油、健身器材、防汛物资等折价7.2万元。围绕兜底保障，发放生活保障金157.76万元、临时救助资金49万元、孤困儿童补贴8.1万元、特困供养金12.15万元、高龄补贴48.94万元，为32名残疾人发放轮椅、助听器、坐厕椅、防褥疮垫等辅助器具35件次，发放困难残疾人生活补贴11.91万元、发放残疾人护理补贴11.48万元。加大城乡居民养老、医疗保险政策宣传力度，居民养老保险参保率98.05%、续保率98.05%。城乡居民医疗保险参保率97.04%，脱贫户养老、医疗保险参保率100%。

（撰稿人：祝　莹）

DATONG

# 附录

YEARBOOK

# 组织机构和负责人名录

（2022 年）

## 中共大通县委

### 县委常委会

市委常委、县委书记：刘　波
县委副书记：马明旭（回族）
王卫平
县委常委：李　云
肖克忠（回族，8 月离任）
侯广胜（8 月任职）
张红旗
赵明辉（3 月离任）
宋仁杰（3 月任职）
蔡秀珍（女）
王世昌（7 月离任）
李万智
胡　彬

### 县委办公室

主　任：马　龙（回族，9 月离任）
韩少君（撒拉族，9 月任职）
副主任：冯小龙（回族，9 月离任）
马晓霞（女，回族，11 月任职）

### 县委组织部

县委常委、部长：赵明辉（3 月离任）
宋仁杰（3 月任职）
副部长：杨　敏（女，藏族）
冶小东（回族）
李祁全（土族）
部务委员：孙超云（7 月任职）

### 县委宣传部

县委常委、部长：蔡秀珍（女）
副部长：韩少君（撒拉族，9 月离任）
相金玉（女，2 月任职）
马吉贤（藏族）
刘文睿（女，藏族，7 任职）

### 县委统战部

县委常委、部长：李万智
副部长：史海龙
冯炳录（回族，11 月离任）
马福培（回族，11 月任职）
汪占苍（土族，5 月任职）
高峰岳（土族，5 月离任）
副部长、工商联主席：祁建林（土族）

### 县委政法委

县委常委、书记：王世昌（4 月离任）
副书记：焦强年
张桂梅（女）

### 县委绿色发展办公室

主　任：哈福来（土族）
副主任：王　芳（女）

### 县委巡察工作领导小组办公室

主　任：王青霞（女，7 月离任）
张文辉（7 月任职）

副主任：郭春辉（女，5月离任）
　　　　高万盛（5月任职）

### 县直属机关工作委员会
书　记：冶小东（回族，9月离任）

### 县委党校
县委常委、组织部部长，县委党校校长、西宁市行政学院大通分院院长：赵明辉（3月离任）
　　　　宋仁杰（4月任职）
常务副校长：张虹英（女，2021年12月离任）
　　　　王晋琳（女，藏族，3月任职）
副校长：任志军（3月任职）
行政学院大通分院副院长：张富年

### 县档案馆
馆　长：胡玉霞（女）

### 县机构编制办公室
主　任：刘建宏
事业单位登记局局长：
　　　　阿贵仁（蒙古族，7月任职）

## 大通县人民代表大会

### 县人大常委会
党组书记：马文义
党组副书记：张启彪
党组成员：李承宽
　　　　兰存义（藏族）
　　　　兰生财
县人大常委会主任：马文义（回族）
县人大常委会副主任：张启彪
　　　　李承宽
　　　　兰存义（藏族）
　　　　王生元

### 县人大常委会办公室
主　任：兰生财（藏族）
副主任：马生寿（土族，6月任职）

### 县人大财经和社会建设委员会
主任委员：李承宽

### 县人大法制和监察司法委员会
主任委员：兰存义

### 县人大城乡建设和环境资源委员会
主任委员：张启彪

### 县人大常委会法制财经和农牧工作委员会
主　任：王海山（7月离任）
　　　　马占龙（土族，7月任职）

### 县人大常委会社会事业工作委员会
主　任：陈生福（6月离任）
　　　　邹远超（6月任职）

### 县人大常委会人事代表选举工作委员会
主　任：刘贤刚

## 大通县人民政府

### 县人民政府
党组书记：马明旭
　　　　肖克忠（离任）
党组副书记：侯广胜
党组成员：李　云
　　　　鲁云林
　　　　施　伟
　　　　刘　伟
　　　　谢　骥
　　　　陈生凯
　　　　哈福来

县　长：马明旭（回族）
副县长：李　云（挂职）
　　　　肖克忠（回族，8月离任）
　　　　侯广胜（8月任职）
　　　　鲁云林
　　　　星照华（9月离任）
　　　　施　伟
　　　　张广栋（7月离任，挂职）
　　　　刘　伟（挂职）
　　　　谢　骥（土族）
　　　　陈生凯（8月任职）
　　　　王　峥（9月任职，挂职）

## 县人民政府办公室

党组书记：李智呈（离任）
　　　　　哈福来
党组成员：张生博
　　　　　童守满（离任）
　　　　　李长荣（离任）
　　　　　严海成
　　　　　唐小龙
　　　　　马　忠
主　任：李智呈（7月离任）
　　　　哈福来（土族，7月任职）
副主任：张生博（藏族）
　　　　李长荣（9月离任）
　　　　童守满（9月离任）
　　　　严海成
　　　　唐小龙（11月任职）
　　　　马　忠（回族，9月任职）
　　　　伊平昌（蒙古族，挂职）
　　　　刘文军（土族，2月挂职）

## 县信访局

局　长：童守满（9月离任）
　　　　严海成（9月任职）

## 县机关事务服务中心

主　任：李景庆（女）

## 县政务服务监督管理局、县营商环境建设监督局

副主任：李洪林（女，藏族）

## 县地方志办公室

主　任：马荣寿（回族）

## 县发展和改革局

党组书记：陈海山（离任）
　　　　　马　军
党组成员：洪　斌（离任）
　　　　　陈仲艳
　　　　　李建辉
　　　　　李佳明
　　　　　蒋　波
　　　　　蔡强年
局　长：陈海山（土族，3月离任）
　　　　马　军（回族，3月任职）
副局长：洪　斌（回族，6月离任）
　　　　陈仲艳（女）
　　　　李建辉（6月任职）
　　　　李佳明（3月任职）
　　　　蒋　波（挂职）

## 县教育局

党组书记：张英寿（离任）
　　　　　李智呈
党组成员：魏艳军（离任）
　　　　　杜瑞芹（离任）
　　　　　李慧业
　　　　　史万明
　　　　　赵生琴
　　　　　刘长海
　　　　　陈生祥
　　　　　赵文福

冶　萍
郑青辉
张广业
局　长：张英寿（土族，7月离任）
李智呈（7月任职）
副局长：魏艳军（女，7月离任）
杜瑞芹（女，7月离任）
李慧业
史万明（7月任职）
赵生琴（女，7月任职）
刘长海（7月任职，挂职）
朔山中学党支部书记、校长：陈生祥
县政府督委办主任：赵文福（7月离任）
县考试服务中心主任：冶　萍（女，回族）
大通二中党支部书记、校长：
郑青辉（7月任职）
县教研室主任：张广业（7月任职）

## 县民族宗教事务局

局　长：史海龙

## 县公安局

副县长、党委书记：鲁云林
党委副书记：莫自顺
党委委员：柯俊生
童敬文
李　丽（女，离任）
刘生德
宋长青
局　长：鲁云林
政　委：莫自顺（土族）
副局长：柯俊生
童敬文
李　丽（女，回族，11月离任）
刘生德（11月任职）
派驻纪检组组长：蒋树宝
政工室主任：宋长青（藏族）

## 县民政局

党组书记：刘永昌（离任）
洪　斌
党组成员：王德良
吴　珍
牛严青
局　长：刘永昌（4月离任）
洪　斌（回族，4月任职）
副局长：王德良（土族）
吴　珍
牛严青（藏族）

## 县司法局

党组书记：马晓东
党组成员：陈文琼
包正礼
李积海（离任）
郭晓峰
张　苡（离任）
局　长：马晓东（回族）
副局长：陈文琼（蒙古族）
包正礼（6月任职）
李积海（土族，11月离任）
郭晓峰（满族，11月任职）
张　苡（女，6月离任）

## 县财政局

党组书记：车贤仁
党组成员：祁万星
孙金林（离任）
马文君
汪永全
局　长：车贤仁
副局长：祁万星（藏族）
孙金林（回族，7月离任）
马文君（回族，6月任职）
汪永全（土族，11月任职）

国库集中支付中心主任：
胡国英（女，8月离任）
采购服务中心主任：王慧林（回族）

### 县人力资源和社会保障局

党组书记：李祁全
党组成员：刘庆林
鲍　晶
严洪钧
马文娟（离任）
赵海霞
局　长：李祁全（土族）
副局长：刘庆林（藏族）
鲍　晶（女，土族）
严洪钧
就业服务局局长：
马文娟（女，回族，11月离任）
赵海霞（女，藏族，11月任职）

### 县自然资源局

党组书记：兰国栋（离任）
张玉仓
党组成员：陈有文
范增月
刘俊英
马春林（离任）
局　长：兰国栋（7月离任）
张玉仓（7月任职）
副局长：陈有文
范增月（女）
刘俊英（女）
王文方（9月任职）
国土资源执法大队大队长：
马春林（回族，7月离任）
刘存尧（8月任职）

### 县住房和城乡建设局

党组书记：童智禄
党组成员：刘　智
韩成录
丁绪红（离任）
焦春英
柴增福
局　长：童智禄
副局长：刘　智
韩成录（回族）
丁绪红（女，11月离任）
焦春英（女，土族，2月离任）
范春蛟（9月任职）

### 县交通局

党组书记：贺永才
党组成员：胡怀强
马　军（离任）
侯继贵
卓　玛
局　长：贺永才
副局长：胡怀强
马　军（回族，2月离任）
侯继贵
卓　玛（女，藏族，6月任职）

### 县水利局

党组书记：张玉仓
党组成员：蔡有仓
祁国华
王德林
孔繁珍
局　长：张玉仓（7月离任）
副局长：蔡有仓
祁国华（土族）
王德林（土族）
水利综合行政执法大队大队长：孔繁珍（藏族）

## 县农业农村局

党组书记：张生福（离任）
　　　　　宋生龙
党组成员：谢小兵
　　　　　杨源鸿（离任）
　　　　　王世鹏（离任）
　　　　　吉良明
　　　　　李涵林
　　　　　伊平昌
　　　　　刘元全
局　长：张生福（土族，7月离任）
　　　　宋生龙（藏族，7月任职）
副局长：谢小兵
　　　　杨源鸿（11月离任）
　　　　王世鹏（11月离任）
　　　　吉良明（土族，11月任职）
　　　　李涵林（11月任职）
　　　　伊平昌（蒙古族，11月任职，挂职）
农业综合行政执法大队大队长：刘元全（藏族）

## 县文体旅游局

党组书记：马秀清
党组成员：邹远超（离任）
　　　　　杜瑞芹
　　　　　徐晓英（离任）
　　　　　马　军
　　　　　李玲玉
　　　　　鲁国庆
局　长：马秀清（女，回族）
副局长：邹远超（6月离任）
　　　　杜瑞芹（女，7月任职）
　　　　徐晓英（女，土族，7月离任）
　　　　马　军（回族）
　　　　李玲玉（女，藏族，11月任职）
文化市场执法大队大队长：鲁国庆（土族）

## 县卫生健康局

党组书记：许发兰
党组成员：侯玉清
　　　　　平立柱
　　　　　刘生海
　　　　　钟宪敏
　　　　　赵成栋（离任）
　　　　　王延凯（离任）
局　长：许发兰（女）
副局长：侯玉清（女，8月任职）
　　　　平立柱
　　　　刘生海（土族，11任职，挂职）
　　　　钟宪敏（9月任职，挂职）
　　　　赵成栋（11月离任）
　　　　王延凯（6月离任）

## 县退役军人事务局

党组书记：李俊玲
党组成员：祁红娥
　　　　　丁红心
　　　　　阿怀旺
局　长：李俊玲（女，土族）
副局长：祁红娥（女）
　　　　丁红心
退役军人服务中心主任：阿怀旺（蒙古族）

## 县应急管理局

党委书记：杜　云
党委成员：谢月青
　　　　　海占才
　　　　　赵国敏（离任）
　　　　　方　明
局　长：杜　云（回族）
副局长：谢月青
　　　　海占才（回族）
　　　　赵国敏（土族，9月离任）
　　　　方　明（回族，9月任职）

## 县审计局

党组书记：陈　辉（离任）
　　　　　孙金林
党组成员：王思锋
　　　　　王亚琼（离任）
　　　　　王桂燕
局　长：陈　辉（女，5月离任）
　　　　孙金林（回族，7月任职）
副局长：王思锋
　　　　王亚琼（女，回族，4月离任）
　　　　王桂燕（女，藏族，4月任职）

## 县林业和草原局

党组书记：刘荣林（离任）
　　　　　吴晓钟
党组成员：马国祥
　　　　　张广兴
　　　　　高海录（离任）
　　　　　蔡桂林
局　长：刘荣林（土族，7月离任）
　　　　吴晓钟（7月任职）
副局长：马国祥
　　　　张广兴
　　　　高海录（7月离任）
　　　　蔡桂林（11月任职）

## 县市场监督管理局

党组书记：李有全（离任）
　　　　　刚占保
党组成员：哇增福
　　　　　刘建颖
　　　　　李晓龙
局　长：李有全（土族，8月离任）
　　　　刚占保（藏族，9月任职）
副局长：哇增福（藏族）
　　　　刘建颖（女）
　　　　李晓龙

## 县统计局

党组书记：唐永范（离任）
　　　　　张　苡
党组成员：童广文
　　　　　严作良
　　　　　王亚琼
局　长：唐永范（女，藏族，5月离任）
　　　　张　苡（女，5月任职）
副局长：童广文
　　　　严作良
　　　　王亚琼（女，回族）

## 县乡村振兴局

党组书记：李长福
党组成员：田广林（离任）
　　　　　袁永华
　　　　　李涵林（离任）
　　　　　朱　虹
　　　　　冶　鹏
　　　　　张小梅
局　长：李长福
副局长：田广林（9月离任）
　　　　袁永华
　　　　李涵林（12月离任）
　　　　朱　虹（7月任职）
　　　　冶　鹏（12月任职）
　　　　张小梅（12月任职）

## 县医疗保障局

党组书记：叶青芳
党组成员：刘占毅
　　　　　李长发
局　长：叶青芳（女，土族）
副局长：刘占毅（土族）
　　　　李长发

### 县广播电视局、县融媒体中心
党组书记、局长：韩少君（撒拉族，9 月离任）
融媒体中心主任：李国昌（土族，5 月任职）
融媒体中心副主任：郑明善
魏　强
杨架春（土族，5 月离任）
张峰山（5 月任职）

### 县生态环境局
党支部书记：史学义
局　长：史学义（土族）
副局长：洪洛育（回族，3 月任职）

### 县新农村建设服务中心
主　任：顾焕鹏（藏族）
副主任：鲍先成

### 县北川工业园区管委会
副主任：岳　翔
姜有魁

### 县消防救援大队
党委书记：赵春世
政治教导员：赵春世
副大队长：马　军
杨文超（4 月任职）
专业技术职务干部：李晓青
丁志强
阿进弢（4 月任职）

### 县气象局
局　长：俞国锋
副局长：张宗贵

## 政协大通县委员会

### 县政协常委会
党组书记：李世英
副书记：李万智
李　春
党组成员：张宝贵
刘大胜
胡永清
主　席：李世英
副主席：李　春（女）
白统龙
张宝贵（土族）
刘彦琪（满族）

### 县政协办公室
主　任：刘大胜（藏族）
副主任：包正礼（6 月离任）
马俊杰（回族，6 月离任）

### 提案委员会
主　任：胡永清

### 民族宗教和社会法制委员会
主　任：包文生（6 月离任）

### 教科文卫体和学习文史委员会
主　任：陈明才

## 县纪委监委

县委常委、书记：张红旗
副书记：李世贵
鲁国海
郭春辉
监察委员会主任：张红旗

副主任：李世贵（藏族）
　　　　鲁国海（土族）
　　　　郭春辉（女）

## 县人民法院

党组书记：蒋清燕
党组成员：李文慧
　　　　　瓦世英（离任）
　　　　　刘永昌
院　长：蒋清燕（女）
副院长：李文慧（女，藏族）
政治部主任：瓦世英（藏族，4 月离任）
　　　　　　刘永昌（4 月任职）

## 县人民检察院

党组书记：孟祥涛
党组成员：李耀华
　　　　　刘晓燕
　　　　　何成英（离任）
　　　　　安小军
　　　　　张吉俊
检察长：孟祥涛
副检察长：李耀华（回族）
　　　　　刘晓燕（女，11 月任职）
　　　　　何成英（土族，5 月离任）
政治部主任：安小军
办公室主任：张吉俊

## 民主党派

### 中国国民党革命委员会大通支部

主　委：赵玉福（土族）
副主委：宋立平
　　　　来英兰（女）
委　员：王　琳（女，藏族）
　　　　孙彩彩（女）

### 中国民主同盟大通总支委

主　委：刘长海
副主委：马理英（女）
　　　　文　全
　　　　王慧林（回族）
　　　　薛义成

### 中国民主建国会大通支部

主　委：张华春
副主委：杨架春
组织委员：葛义花

### 中国农工民主党大通支委会

主　委：杨　茜（女）
副主委：颜海刚
　　　　蔡建年
组织委员：祁加子（土族）
宣传委员：阿才仁（蒙古族）

### 九三学社大通支社

主　委：刘全来
副主委：王　辉
　　　　杨小玲（女，藏族）

## 群众团体

### 县工商业联合会

党组书记：祁建林
党组成员：杨占文
副县长、主席（会长）：施　伟
常务副主席（常务副会长）：祁建林（土族）
专职副主席（专职副会长）：杨占文

### 县总工会

县委常委、宣传部部长、主席：蔡秀珍（女）

第一副主席：王晋琳（女，藏族，2 月离任）
陈　辉（女，6 月任职）
副主席：鲍志宏（藏族）
副主席、群团服务站站长：
索毓轩（女，土族，挂职）
兼职副主席：张生博（藏族）
吴玉慧（女）

### 共青团大通县委员会

书　记：邓　珺（藏族，3 月任职）
副书记：马艳虹（女，回族，3 月任职）
王璐君（女，挂职）
刘　静（女，兼职）
杨得龙（兼职）

### 县妇女联合会

主　席：苏亚鹏（女，回族，7 月离任）
马兰花（女，回族，7 月任职）
副主席：马继花（女，回族，挂职，8 月离任）
焦春英（女，土族，2 月任职）

### 县残疾人联合会

县委常委、名誉主席：蔡秀珍（女，12 月任职）
副县长、主席：陈生凯（12 月任职）
副县长、县残工委主任：
秦永娟（女，5 月离任）
县残工委副主任、残联理事长：
马占龙（土族，7 月离任）
段志华（7 月任职）

### 县文学艺术界联合会

主　席：相金玉（女，3 月任职）
副主席：文　鹏（3 月任职）
刘海平（土族，3 月任职）

### 县科学技术协会

副主席：赵文福（兼职）
徐晓英（女，土族）
薛　霖
秘书长：李雪洁

### 县红十字会

副县长、会长：杨亚琴（女）
常务副会长：许发兰（女）

## 驻县单位

### 国家统计局大通调查队

党支部书记：赵　琳
组织委员：李　斌
队　长：赵　琳（女）
副队长：李　斌
纪检员：张　宇（女，回族）

### 县供销联社

党组书记：于志俊（离任）
张生福
党组成员：杨宝星
巨正金
主　任：于志俊（7 月离任）
张生福（7 月任职）
副主任：杨宝星
监事会主任：巨正金

### 县烟草专卖局

党支部书记：魏　霖（离任）
陈　丽
支部委员：成有家
赵　晶
局长（主任）：魏　霖（4 月离任）
陈　丽（4 月任职）
副局长：成有家
副主任：赵　晶

### 国网大通县供电公司

支部书记：石　俊
支部副书记：薛宏波
总经理：薛宏波
副总经理：石　俊
　　　　　李　超（4 月任职）
　　　　　王迎卫

### 中国电信大通分公司

支部书记：马　华
总经理：马　华
副总经理：何　敏
　　　　　祁　博

### 中国联通大通县分公司

支部书记：孙化存
总经理：孙化存
经理助理：康延清
业务总监：张海威

### 中国移动通信集团大通分公司

支部书记：林海鑫
总经理：林海鑫

### 县邮政分公司

支部书记：杨丽珍
总经理：杨丽珍
　　　　王佐煜（3 月离任）
副总经理：韩　君（女，3 月离任）
　　　　　袁　磊（7 月任职）

### 北川河源区国家级自然保护区管理

党支部书记：陈海山
局　长：陈海山（土族）
副局长：徐守成（7 月离任）
　　　　于志俊（8 月任职）
　　　　魏有才（土族）

### 国家税务总局大通县税务局

党委书记：陈瑞福
党委委员：张　军
　　　　　辛胜利
　　　　　沈海斌
　　　　　刘海运
　　　　　徐　喆
局　长：陈瑞福
副局长：辛胜利
　　　　沈海斌（2 月任职）
　　　　刘海运
　　　　徐　喆（女）
纪检组组长：张　军

### 中国人民银行大通县支行

党组书记：马明利
党组成员：林丽敏
　　　　　曹　燕
行　长：马明利（撒拉族）
副行长：林丽敏（女，1 月任职）
纪检组组长：曹　燕（女，6 月离任）

### 中国农业发展银行大通县支行

党支部书记：祁小萍
党支部委员：李　伟
　　　　　　赵剑东
行　长：祁小萍（女）
副行长：李　伟

### 中国工商银行股份有限公司西宁大通支行

党支部书记：韩冀青（离任）
　　　　　　姚富勤
支部委员：李　谦
　　　　　袁玉洁
行　长：韩冀青（3 月离任）
　　　　姚富勤（3 月任职）
副行长：吴可嘉（女，3 月离任）

李　谦（3 月任职）
袁玉洁（女，3 月任职）

### 中国农业银行股份有限公司大通县支行

党支部书记：赵　孟（离任）
　　马　骞
支部委员：向　伟
　　朱春春
　　杨寅虎
行　长：赵　孟（10 月离任）
　　马　骞（回族，11 月任职）
副行长：向　伟
　　朱春春
　　杨寅虎
　　文培显（1 月离任）

### 中国银行股份有限公司大通县支行

党支部书记：童占生（离任）
　　张　磊
支部委员：李　强
　　张文娟
行　长：童占生（土族，4 月离任）
　　张　磊（4 月任职）
副行长：李　强
　　张文娟

### 中国建设银行股份有限公司大通支行

党支部书记：赵　玲
支部委员：赵　洪
　　施　波
　　畅俊岭
行　长：赵　玲（女）
副行长：赵　洪
　　施　波（女）
派驻纪检组组长：畅俊岭

### 青海银行股份有限公司大通县支行

党支部书记：张　玲（离任）
　　白德良
支部委员：王敏莉
　　赵鸿凯
　　韩维义
行　长：张　玲（女，6 月离任）
　　白德良（6 月任职）
副行长：王敏莉（女，藏族，6 月离任）
　　韩维义（撒拉族，6 月任职）
业务经理：王敏莉（女，藏族，6 月任职）

### 青海大通农村商业银行股份有限公司

党支部书记：张鑫安
支部委员：高锡麟
　　王克权
　　韩寿华
　　王建伟
　　王亚清
　　佛国锋
董事长：张鑫安
行　长：高锡麟
监事长：王克权
副行长：韩寿华（撒拉族）
董事会秘书：王建伟

### 大通中银富登村镇银行有限责任公司

党支部书记：张浩东
支部委员：寇明堂　韩雨波
董事长：张浩东
行　长：寇明堂
副行长：韩雨波

### 中国人民财产保险股份有限公司西宁市大通支公司

党支部书记：崔宝安
支部副书记：党耀利
副经理：崔宝安

丁　凯（蒙古族）
经理助理：顾永秀（女）

### 中国人寿保险股份有限公司大通支公司

党支部书记：魏　玮
总经理：魏　玮
总经理协理：张国栋（土族，6 月离任）
综合部综合岗：陈冬兰（女）

### 中国平安财产保险股份有限公司大通支公司

经　理：勉　骏（回族）
副经理：张　宇（3 月任职）

### 中国广电青海网络股份有限公司大通县分公司

党支部书记：李　晨
总经理：李　晨
副总经理：姬发财

### 县新冠疫情防控处置工作指挥部

指挥长：刘　波（市委常委、县委书记）
马明旭（回族，县委副书记、县长）
副指挥长：王卫平（县委副书记）
马文义（回族，县人大常委会主任）
李世英（县政协主席）
李　云（县委常委、县政府副县长）
王世昌（县委常委、政法委书记，7 月离任）
施　伟（县委常委、政法委书记，7 月任职）
肖克忠（回族，县委常委、县政府副县长，9 月离任）
侯广胜（县委常委、县政府副县长，9 月任职）
张红旗（县委常委、纪委书记、监委主任）
蔡秀珍（女，县委常委、宣传部部长）
李万智（县委常委、统战部部长）
鲁云林（县政府党组成员、副县长、县公安局党委书记、局长）
秦永娟（女，县政府党组成员、副县长，2 月离任）
星照华（县政府党组成员、副县长，9 月离任）
杨亚琴（女，县政府党组成员、副县长，9 月任职）
张广栋（县政府副县长）
刘　伟（县政府副县长）
谢　骥（县政府副县长）

## 乡　镇

### 桥头镇

党委书记：文　昌（藏族，2 月离任）
马海臻（回族，2 月任职）
党委副书记、镇长：何学顺（9 月离任）
李长荣（土族，9 月任职）
人大主席：王永福
党委副书记：马文海（回族，7 月离任）
杨选良（土族，11 月任职）
纪委书记：孙超云（女，6 月离任）
胡生云（7 月任职）
人武部部长：陈玺章（7 月离任）
魏国源（11 月任职）
副镇长：白玉桥
董存姐（女，土族）
黎　原（女，回族）
张德贵（回族）
夏晓盼（女，1 月离任）
妇联主席：夏晓盼（女，1 月离任）
团委书记：杨选良（土族）

### 城关镇

党委书记：张存斌
党委副书记、镇长：蒋树贵

人大主席：王占云（9月离任）
童守满（9月任职）
党委副书记：丁生菊（女）
纪委书记：张占仓（土族，9月离任）
组织委员：李贵元（土族）
人武部部长：沈玉龙（回族）
副镇长：邓　珺（藏族，2月离任）
方　明（回族，9月离任）
李玲玉（女，藏族，11月离任）
祁敬丽（女，藏族，11月离任）
柴　敏（女，土族，11月任职）
马青花（女，回族，11月任职）
妇联主席：李玲玉（女，藏族，11月离任）
丁生菊（女，11月任职）
团委书记：李玲玉（女，藏族，11月离任）
柴　敏（女，土族，11月任职）

### 长宁镇

党委书记：陈生凯（9月离任）
何学顺（9月任职）
党委副书记、镇长：车虎贤
人大主席：李国林（土族，7月离任）
党委副书记：窦俊德
纪委书记：张生元
组织委员：冶茜茹（女，撒拉族，7月离任）
鲁　鑫（7月任职）
人武部部长：张青松
副镇长：赵　德
李英林（女，藏族，5月离任）
毛芝芳（女，5月任职）
任青俊竹（女，满族，7月离任）
李金虎（12月任职）
张晓瑾（女）
妇联主席：张晓瑾（女）
团委书记：张晓瑾（女）

### 黄家寨镇

党委书记：张国兴
党委副书记、镇长：包元太
人大主席：柴忠宝（土族）
党委副书记：赵生琴（女，土族，7月离任）
马文娟（女，回族，12月任职）
纪委书记：黄　赟
组织委员：张生兰（女，藏族）
人武部部长：祁映民（土族）
副镇长：黄全保（土族）
马晓虹（女，回族）
马成林（回族）
任青俊竹（女，满族，7月任职）
妇联主席：马晓虹（女，回族）
团委书记：张生兰（女，藏族）

### 景阳镇

党委书记：邹永才
党委副书记、镇长：勉有录（回族）
人大主席：李少华（回族，7月离任）
陈玺章（藏族，7月任职）
党委副书记：陈　斌
纪委书记：祁芝兰（女）
组织委员：吕　丽（女，土族）
人武部部长：张生全（回族）
副镇长：吉良明（土族，11月离任）
张鹤梅（女，土族）
周　军（回族）
马忠孝（回族）
妇联主席：吕　丽（女，土族）
团委书记：吕　丽（女，土族）

### 新庄镇

党委书记：马海臻（回族，2月离任）
党委副书记、镇长：段志华（6月离任）
马文海（回族，7月任职）
人大主席：雷有云（女，蒙古族，7月离任）

魏艳军（女，7 月任职）
党委副书记：马俊杰（回族，6 月任职）
纪委书记：吕海顺（蒙古族）
组织委员：李生珍（女，土族，11 月离任）
人武部部长：马福培（回族，11 月离任）
李积海（11 月任职）
副镇长：王　云（回族）
张亚平（女，土族）
刘益娟（女）
马鹏娟（女，回族）
妇联主席：雷有云（女，蒙古族，7 月离任）
团委书记：张亚平（女，土族）

### 多林镇

党委书记：宋生龙（藏族，9 月离任）
杨增祥（9 月任职）
党委副书记、镇长：杨增祥（9 月离任）
人大主席：乔延寿
党委副书记：冶小东（回族，9 月任职）
赵海霞（女，藏族，11 月离任）
李生珍（女，土族，11 月任职）
纪委书记：蔡玲洁（女，土族）
组织委员：鲁　鑫（11 月离任）
巴　妍（女，藏族，11 月任职）
人武部部长：麻延奎（藏族）
副镇长：李相年
王顺显（土族）
任　琳（女，藏族）
杨占霞（女，藏族）
妇联主席：杨占霞（女，藏族）
团委书记：任　琳（女，藏族）

### 东峡镇

党委书记：张成龙
镇　长：权国治
人大主席：姜占孝
党委副书记：冯小龙（8 月任职）
党委副书记：代朝录
纪委书记：赵海娜（女）
组织委员：赵海燕（女）
人武部部长：胡新忠（6 月离任）
马生林（7 月任职）
副镇长：白世玉（土族）
罗润华
张　娜（女）
刘润鸿（借调）
妇联主席：赵海燕（女）
团委书记：赵海燕（女）

### 塔尔镇

党委书记：郑　强（回族）
党委副书记：杨成杰（9 月离任）
党委副书记、镇长：张占仓（土族，9 月任职）
人大主席：谭革命（土族）
纪委书记：马　萍（女，回族）
组织委员：马婷婷（女，藏族）
人武部部长：王永胜（回族）
副镇长：林　木（回族）
冶青华（回族）
马明丽（女，回族）
妇联主席：马明丽（女，回族）
团委书记：马婷婷（女，藏族）

### 青山乡

党委书记：马明录（蒙古族）
党委副书记、乡长：王迎梅（女，土族）
人大主席：郑永军（土族）
党委副书记：薛生玲（女）
纪委书记：米吉换（女，11 月离任）
组织委员：张玉成（藏族）
人武部部长：陈海龙（2 月任职）
副乡长：索有琪
赵迎霞（女）
张　倩（女，土族）

陈风春（女，土族）
妇联主席：张　倩（女，土族，3 月离任）
赵迎霞（女，3 月任职）
团委书记：张　倩（女，土族，3 月离任）
赵迎霞（女，3 月任职）

### 极乐乡

党委书记：赵隆生
党委副书记、乡长：马美娜（女，撒拉族）
人大主席：蔡桂林
党委副书记：屈元生（土族）
纪委书记：马秀萍（女，回族）
组织委员：安伟强（藏族）
人武部部长：马福全（回族，5 月离任）
副乡长：马跟兄（女）
马　丽（女，回族）
妇联主席：马秀萍（女，回族，11 离任）
马跟兄（女，11 月任职）
团委书记：马跟兄（女，11 月离任）
马　丽（女，回族，11 月任职）

### 逊让乡

党委书记：朱永辉
党委副书记、乡长：李生慧（女，土族）
人大主席：赵元清（11 月离任）
丁绪红（女，11 月任职）
党委副书记：杨成才
纪委书记：赵统洪
组织委员：乔精渊
人武部部长：乔玉才（藏族）
副乡长：董春生
李显峰（藏族）
魏国源（11 月离任）
王　琳（女，藏族，11 月任职）
妇联主席：乔精渊（女）
团委书记：乔精渊（女）

### 青林乡

党委书记：史延海（土族）
党委副书记、乡长：宋生全（藏族）
人大主席：李文孝
党委副书记、政法委员：薛义虎（藏族）
纪委书记：宋元丽（女，藏族）
组织委员：黄成英（女，藏族）
人武部部长：杨富元
副乡长：王晓霞（女，土族）
刁世霞（女，土族）
妇联主席：刁世霞（女，土族）
团委书记：黄成英（女，藏族）

### 石山乡

党委书记：马天才（回族）
党委副书记、乡长：王文飞（土族）
人大主席：彭　勇
党委副书记：史万明（7 月离任）
纪委书记：马成芳（女，回族）
组织委员：李佳明（3 月离任）
陈万辉（5 月任职）
人武部部长：马生寿（回族）
副乡长：张占祥（土族）
李国昌（土族，7 月离任）
冶　鹏（回族，11 月离任）
梁　磊（12 月任职）
妇联主席：马成芳（女）
团委书记：冶　鹏（回族，11 月离任）

### 朔北藏族乡

党委书记：李红正（土族）
党委副书记、乡长：代国仓（藏族）
人大主席：侯玉清（女，6 月离任）
徐晓英（女，土族，7 月任职）
党委副书记：马洪良
纪委书记：赵海珍（女，藏族）
组织委员：唐小龙（10 月离任）

蒲慧玲（女，藏族，11 月任职）
人武部部长：刁亚彬
副乡长：张　伟
刘文睿（女，藏族，6 月离任）
李　伟（蒙古族）
张发祥
妇联主席：刘文睿（女，藏族，6 月离任）
徐晓英（女，土族，7 月任职）
团委书记：唐小龙（10 月离任）
蒲慧玲（女，藏族，11 月任职）

## 斜沟乡

党委书记：马　云（回族）
党委副书记、乡长：马福财（土族）
人大主席：马春青（女，回族，11 月离任）
赵成栋（12 月任职）
党委副书记：马德金（回族）
纪委书记：郭守彦（女）
组织委员：冶　瑛（女，回族）
人武部部长：陶发章
副乡长：王金花（女，回族）
赵国珍（女）
阿芙蓉（女，蒙古族）
妇联主席：冶　瑛（女，回族）
团委书记：冶　瑛（女，回族）

## 良教乡

党委书记：孙琦云
党委副书记、乡长：鲁振国（撒拉族）
人大主席：马明曦（回族）
党委副书记：周　俊
纪委书记：王淑娜（女，回族）
组织委员：姚春晴（女，土族，11 月离任）
祁玉贵（11 月任职）
人武部部长：哈周龙（土族）
副乡长：刘文军（土族）
沈鸿洁（女，回族，11 月离任）
米吉换（女，11 月任职）
沙春花（女，回族，5 月任职）
妇联主席：姚春晴（女，土族，11 月离任）
米吉换（女，11 月任职）
团委书记：姚春晴（女，土族，11 月离任）
祁玉贵（11 月任职）

## 向化藏族乡

党委书记：刚占保（藏族，9 月离任）
白明武（藏族，9 月任职）
党委副书记、乡长：白明武（藏族，9 月离任）
党委副书记：田广林（藏族，9 月任职）
人大主席：蒋树宝（7 月离任）
王延凯（7 月任职）
党委副书记：郭晓峰（满族，11 月离任）
李生风（女，11 月任职）
纪委书记：李生风（女，11 月离任）
马跟兄（女，11 月任职）
组织委员：张小梅（女，11 月离任）
祁敬丽（女，藏族，11 月任职）
人武部部长：张星宇（满族）
副乡长：于国平
杨　志
杜凌燕（女，土族）
妇联主席：杜凌燕（女，土族）
团委书记：张星宇（满族）

## 桦林乡

党委书记：梁　艳（女）
党委副书记、乡长：韩　超（回族）
人大主席：柴兆军
党委副书记：李顺春（藏族）
纪委书记：马成云（回族，10 月离任）
张学菊（11 月任职）
组织委员：沙秀梅（女，回族，2022 年 11 月离任）
马夷昀（女，回族，2022 年 11 月任职）
人武部部长：马生林（回族，6 月离任）

　　　胡新忠（7月任职）
副乡长：毛芝芳（女，6月离任）
　　　　张小庆（回族）
　　　　李　娜（女，土族）
　　　　王乃骏（9月任职）
妇联主席：沙秀梅（女，回族，11月离任）
　　　　　马夷昀（女，回族，11月任职）
团委书记：沙秀梅（女，回族，11月离任）
　　　　　马夷昀（女，回族，11月任职）

### 宝库乡

党委书记：王治邦
党委书记、乡长：刘忠芳（女）
人大主席：伊德忠（藏族）
党委副书记：吴树华（土族）
纪委书记：胡生云（7月离任）
组织委员：沈亮花（女，土族）
人武部部长：廖宗恺（蒙古族）
副乡长：柴　敏（女，11月离任）
　　　　朱志强（回族，11月任职）
　　　　马春燕（女，土族）
妇联主席：马春燕（女，土族）
团委书记：廖宗恺（蒙古族）

# 2022年大通县荣获国家（部委）级荣誉一览表

| 序号 | 获奖单位 | 荣誉 | 颁奖单位 | 获奖时间 |
|---|---|---|---|---|
| 1 | 大通县北川地区水利工程用水户管理协会 | 全国农民用水合作示范组织 | 农业农村部 | 2022年3月 |
| 2 | 县融媒体中心 | 全国县级融媒体中心综合影响力优秀案例奖 | — | 2022年5月 |
| 3 | 大通县农业综合执法大队 | 第四批农业综合行政执法示范窗口单位 | 农业农村部 | 2022年6月 |
| 4 | 大通县农机推广中心的逊让乡油菜绿色防控示范基地 | 首批100个全国农作物病虫害绿色防控示范基地 | 全国农技推广中心 | 2022年7月 |
| 5 | 北川河源区国家级自然保护区管理局 | 赤狐视频在央视《秘境之眼》播出，被评为优胜奖 | 国家林业和草原局 | 2022年8月 |
| 6 | 大通县宝库林场国家森林公园察汗河景区 | 生态教育基地 | 中国野生动植物保护协会 | 2022年8月 |
| 7 | 园林小学 | 全国优秀少先队中队集体 | 青海省少工委 | 2022年9月 |
| 8 | 大通县纪委监委 | 全国纪检监察系统先进集体 | 中共中央纪委，国家监察委员会 | 2022年9月 |
| 9 | 大通县朔北藏族乡 | 全国乡村旅游重点村镇 | 文化和旅游部 | 2022年10月 |
| 10 | 大通县农业技术推广中心 | 通薯1号申报品种审定通过 | 农业农村部 | 2022年10月 |
| 11 | 大通县宝库林场 | 十佳林场 | 中国林场协会 | 2022年10月 |
| 12 | 桥头镇 | 全国文明村镇 | 中央精神文明建设指导委员会 | 2022年11月 |
| 13 | 大通县妇联 | 2022年度妇女宣传舆论阵地建设优秀榜 | 中国妇女报社全国妇联网络信息传播中心 | 2022年12月 |
| 14 | 大通县融媒体中心 | 第九届全国服务农民、服务基层文化建设“先进集体” | 中共中央宣传部 | 2021年12月 |
| 15 | 园林小学 | 全国民族团结进步示范学校 | 中华人民共和国国家民族事务委员会 | 2021年12月 |
| 16 | 向化藏族乡 | 国家卫生乡 | 全国爱国卫生运动委员会 | 2022年 |

# 2022 年大通县荣获省级荣誉一览表

| 序号 | 获奖单位 | 荣誉 | 颁奖单位 | 获奖时间 |
|---|---|---|---|---|
| 1 | 大通县 | 省级信用县 | 青海省农村信用体系建设领导小组办公室 | 2022 年 1 月 |
| 2 | 大通县民政局 | 全省社会救助工作绩效考评优秀荣誉称号，荣获“9 连冠” | 青海省民政厅 | 2022 年 1 月 |
| 3 | 大通县桥头镇 | 人民政府爱心单位 | 青海省希望明德关爱青少年基金会 | 2022 年 1 月 |
| 4 | 大通县卫健局 | 卫生健康单项工作“成绩突出单位” | 青海省卫生健康委 | 2022 年 2 月 |
| 5 | 大通县统计局 | 先进集体 | 青海省第七次全国人口普查领导小组 | 2022 年 2 月 |
| 6 | 大通县新庄镇李家山村 | 城乡妇女岗位建功先进集体 | 青海省妇联 | 2022 年 3 月 |
| 7 | 桥头镇 | 青海省消防工作“先进单位” | 青海省消防安全委员会 | 2022 年 5 月 |
| 8 | 大通县 | 2021 年落实有关重大政策措施成效明显地区 | 青海省人民政府办公厅 | 2022 年 6 月 |
| 9 | 大通县 | 财政运行综合绩效考评优秀地区 | 青海省人民政府办公厅 | 2022 年 6 月 |
| 10 | 县融媒体中心 | 非遗《火老虎》被“逐梦新征程，一起向未来”短视频大赛授予优秀视频奖 | 中共青海省委宣传部和青海省广播电视局 | 2022 年 9 月 |
| 11 | 大通芊飞洋马铃薯种植专业合作社 | 巾帼现代农牧业示范基地 | 青海省妇联 | 2022 年 9 月 |
| | 大通县焦维月手工刺绣坊 | 妇女手工制品示范基地 | 青海省妇联 | |
| 12 | 大通县桥头第一小学，园林小学 | 全市青少年校园足球工作先进学校 | 青海省教育厅 | 2022 年 9 月 |
| 13 | 北川河源区国家级自然保护区 | 第一批自然教育基地 | 青海省国家公园体系建设领导小组办公室 | 2022 年 10 月 |
| 14 | 大通县人民检察院、桥头第一小学等单位 | 省级文明单位标兵、省级文明校园 | 青海省文明办 | 2022 年 10 月 |
| 15 | 大通县林业和草原局植物园 | “西宁城乡玫瑰引种栽培及无性繁育技术”省级科技成果奖 | 青海省科学技术厅 | 2022 年 11 月 |
| 16 | 大通县北川渠灌区 | 省级标准化规范化管理灌区 | 青海省水利厅 | 2022 年 12 月 |
| 17 | 县委办、县纪委监委、县委组织部等单位 | 青海省 2019—2021 年度“文明单位” | 青海省文明委 | 2022 年 |
| 18 | 石山乡、极乐乡和甘树湾等 25 个村 | 省级卫生县乡镇、村 | 青海省爱国卫生运动委员会 | 2022 年 |

# 大通回族土族自治县乡村产业振兴促进条例

（2022 年 3 月 3 日大通回族土族自治县第十八届人民代表大会第二次会议通过
2022 年 7 月 27 日青海省第十三届人民代表大会常务委员会第三十四次会议批准）

第一条　为了全面实施乡村振兴战略，加快农业农村现代化，促进乡村产业振兴，根据《中华人民共和国乡村振兴促进法》和有关法律、行政法规，结合本县实际，制定本条例。

第二条　本条例适用于本县行政区域内乡村产业振兴促进工作。

第三条　促进乡村产业振兴应当坚持因地制宜、突出特色，市场主导、政府支持，融合发展、联农带农，绿色引领、创新驱动的原则。

第四条　县人民政府应当将乡村产业振兴工作纳入国民经济和社会发展规划，与经济社会发展各项工作相结合，统一部署，统一实施。

县人民政府农业农村主管部门负责乡村产业振兴促进工作的统筹协调、指导和监督检查。县人民政府其他有关部门按照各自职责，做好乡村产业振兴促进工作。

乡镇人民政府应当结合本地实际，组织实施乡村产业振兴促进工作。

村民委员会、农村集体经济组织在乡镇人民政府的指导下，组织、动员村民参与乡村产业振兴促进工作。

第五条　县人民政府应当调整优化生产结构和区域布局，加强粮食生产功能区和重要农产品生产保护区建设，培育特色农产品优势区。

县人民政府应当引导和培育发展牦牛、油菜、青稞、马铃薯、蔬菜等特色种植业和养殖业。鼓励采取生态养殖和循环利用模式，发展乡村产业。

第六条　县人民政府应当建立健全依法保护耕地和永久基本农田长效机制，加强农田水利建设和高标准农田建设，提升耕地质量，稳定粮食播种面积和产量，保障粮食安全。

第七条　县人民政府及其有关部门应当推进农业种质资源的普查、收集、整理、鉴定和高效利用，完善对种质资源保护、品种选育、成果示范推广等工作的扶持措施，建设良种繁育基地，保障种业安全。

第八条　县人民政府及其有关部门应当保护高原洁净生产环境，修复提升空气、水体、土壤等农产品生产环境质量，改善农牧业生产环境。

县人民政府及其有关部门应当推进绿色有机产业全产业链发展，构建生态农业、绿色农业、数字农业等现代农业发展模式，推动绿色有机农畜产品输出地建设。

第九条　县人民政府及其有关部门应当健全农产品加工体系，采取投资补助、保险补贴、贷款贴息等方式鼓励和支持农业经营主体开展农产品产地初加工，发展农产品精深加工和副产物综合利用，提升农产品附加值。

第十条　县人民政府及其有关部门应当培育和发展多元化农业经营主体，鼓励和支持农业经营主体与农民建立多种形式的利益联结机制，增加农民收入。

第十一条　县人民政府及其有关部门应当结合本地资源优势，统筹布局农产品生产、加工、流通，加强农产品仓储、冷链物流设施建设，培育和发展农村电商，建立健全农民分享产业链增值收益机制。

第十二条　县人民政府及其有关部门应当因地制宜规划建设现代农业产业园、农业科技园、农村创业园、休闲农业和乡村旅游重点村镇，引导土地用途兼容复合利用，推动一、二、三产业融合发展。

第十三条　县人民政府及其有关部门应当制定投入品管理、农产品生产、产品分等分级、产地准出、包装标识等标准，建立标准化生产体系。

第十四条　县人民政府及其有关部门应当鼓励生产经营主体申请使用大通牦牛、大通马铃薯等区域公用品牌和老爷山蔬菜等产品品牌，建立品牌培育、创建激励机制，对品牌使用主体开展品牌培育、品牌保护等知识培训，进行定期评估、动态调整。

县人民政府及其有关部门应当依法加强对农产品品牌的培育、运营、管理和保护。

第十五条　县人民政府及其有关部门应当建立健全农产品质量安全服务和追溯体系，推进食用农产品产地准出和市场准入有效衔接，保障农产品质量安全。

第十六条　县人民政府及其有关部门应当支持行业协会、农业经营主体与高等院校、科研机构、农业技术推广机构开展合作，围绕优势特色产业开展农业技术研究和技术推广服务。

县人民政府及其有关部门应当引导、支持农业经营主体开展农机作业、农资供应、农产品加工、产品销售等农业生产社会化服务。

第十七条　县人民政府及其有关部门应当引导、支持乡村特色文化产业发展，保护和利用自然风貌、历史遗存、民俗文化等资源，发展生态康养、农耕体验、休闲度假等乡村旅游产业，推动旅游与文化、体育、农业、工业、商业、手工业等融合发展。

县人民政府及其有关部门应当大力宣传推介老爷山、鹞子沟等特色旅游资源，提高大通旅游知名度。推进大通河湟皮影、花儿会、农民画、刺绣、剪纸等非物质文化遗产的传承保护和开发利用。

第十八条　县人民政府及其有关部门应当鼓励企业兴乡，支持农民专业合作社兴办企业。鼓励建立专业合作社联合社、特色产业联盟，促进产业整合发展。

第十九条　县人民政府应当加强涉农资金统筹整合，保障乡村产业振兴的资金投入，加大投入力度。加强绩效评价及审计监督，提高财政资金使用效益。

第二十条　县人民政府及其有关部门应当依法开展农村土地综合整治，加强村庄规划建设管理，鼓励和支持村集体经济组织及其成员盘活农村土地资源，加大对乡村产业发展用地支持。

第二十一条　县人民政府应当建立完善以财政资金为引导，鼓励社会资本投资农村集体经济发展的多元化投入机制，发展乡村产业，促进产业发展和农民增收。

第二十二条　县人民政府及其有关部门应当完善农民技能培训服务方式，依托产业发展需求，尊重农民意愿，采取“请进来、走出去”的方式，开展订单式培训，提升培训质量和效益。

县人民政府及其有关部门应当制定鼓励各类人才返乡入乡创业的优惠措施，支持乡村能人、城镇居民、科技人员、高等院校毕业生、退役军人等返乡入乡创业。

县人民政府及其有关部门应当建立乡土人才评价体系和技能等级评价制度，完善各类人才在奖励补助、生活保障、专利申请、医疗保健、子女教育等方面的优惠措施，推动乡土人才的培养和使用。

第二十三条　县人民政府应当促进农村普惠金融发展，引导金融机构创新金融产品和服务模式，扩大金融服务覆盖面。

县域农村中小金融机构应当主要为本地农业农村农民服务，当年新增可贷资金主要用于当地农业农村发展。农业信贷担保机构应当主要为从事农业生产和与农业生产直接相关的经营主体服务。

县人民政府及其有关部门通过实施担保费用补助、业务奖补等措施，鼓励融资担保机构为乡村产业发展提供贷款担保服务。

**第二十四条** 鼓励保险机构增加特色农产品保险品种，扩大农业保险覆盖面，通过保费补贴、理赔服务、参保受益宣传等方式引导农户及农业经营主体参加保险，支持依法开展互助合作保险。

**第二十五条** 县人民政府应当建立健全促进乡村产业发展的考评体系和激励机制，对在乡村产业振兴促进工作中做出突出贡献或者显著成绩的单位和个人，依照有关规定给予表彰和奖励。

**第二十六条** 本条例自 2022 年 10 月 1 日起施行。

# 大通县2022年国民经济和社会发展统计公报[1]

大通县统计局

2022年是大通县发展进程中极不平凡的一年。面对严峻复杂的国内外环境、罕见洪涝灾害以及严重疫情的多重冲击，在县委、县政府正确领导下，全县上下按照“疫情要防住、经济要稳住、发展要安全”总要求，坚持稳中求进工作基调，着力提升经济发展质量，全县经济顶住压力平稳发展。

## 一、综合、人口

根据地区生产总值统一核算结果，全县地区生产总值[2]140.30亿元，按可比价计算同比增长1.5%。分产业看，第一产业增加值24.33亿元，同比增长4.7%；第二产业增加值75.16亿元，同比增长2.1%；第三产业增加值40.81亿元，同比下降1.6%。人均生产总值为34646元，同比增长1.2%。

年末全县常住人口40.53万人，其中城镇人口21.02万人，乡村人口19.51万人，常住人口城镇化率51.86%。年末全县户籍人口46.84万人，其中城镇户籍人口19.09万人，乡村户籍人口27.75万人，户籍人口城镇化率40.76%。年末登记31个民族，少数民族人口24.89万人，占户籍人口的53.15%。

### 2022年末户籍人口及构成表

| 指标名称 | 人口数（万人） | 比重（%） |
|---|---|---|
| 户籍人口 | 46.84 | 100 |
| #男 | 23.98 | 51.21 |
| 女 | 22.85 | 48.79 |
| #0—17岁 | 9.77 | 20.86 |
| 18—34岁 | 11.79 | 25.18 |
| 35—59岁 | 18.78 | 40.01 |
| 60岁及以上 | 6.49 | 13.86 |

### 2022年大通县居民消费价格比上年涨幅

| 指标名称 | 涨跌幅度（%） |
|---|---|
| 居民消费价格 | 2.3 |
| 食品烟酒 | 3.1 |
| #粮食 | 0.2 |
| 鲜菜 | 5.5 |

续表

| 指标名称 | 涨跌幅度（%） |
|---|---|
| 畜肉 | -2.6 |
| 水产品 | 4.4 |
| 蛋 | 14.2 |
| 鲜果 | 19.0 |
| 衣着 | 0.5 |
| 居住 | -0.3 |
| 生活用品及服务 | 1.0 |
| 交通和通信 | 4.7 |
| 教育文化和娱乐 | 5.7 |
| 医疗保健 | 0.3 |
| 其他用品和服务 | 2.0 |

全年全县居民消费价格总水平比上年上涨2.3%。商品零售价格比上年上涨3.2%。

## 二、农业

全年完成农林牧渔业总产值47.82亿元，按可比价格计算，同比增长4.94%。其中完成农业产值19.55亿元，同比增长2.95%；完成林业产值0.23亿元，同比下降48.32%；完成牧业产值27.54亿元，同比增长7.18%。

全年农作物播种面积69.40万亩，其中粮食播种面积34.21万亩，同比增长0.09%；粮食产量8.77万吨，同比增长2.1%；油料播种面积21.63万亩，同比增长1.45%；油菜产量4万吨，同比增长2.56%；蔬菜播种面积7.39万亩，同比增长1.01%；蔬菜产量23.86万吨，同比增长2.32%。

全县肉产量[3]2.6万吨，同比下降2.98%。其中猪肉产量0.76万吨，同比下降10.59%；牛肉产量1.47万吨，同比增长0.68%；羊肉产量0.34万吨，同比增长6.25%；禽肉产量0.03万吨，同比下降25%；禽蛋产量0.26万吨，同比增长30%；牛奶产量9.77万吨，同比增长28.89%。全年生猪出栏8.71万头，同比下降6.65%；牛出栏11.90万头，同比增长2.06%；羊出栏16.97万只，同比增长4.82%；家禽出栏16.24万只，同比下降10.18%。

## 三、工业、建筑业

全年规模以上工业增加值[4]同比下降2.8%。全年45家规模以上工业企业实现工业总产值324.61亿元，同比下降1.9%。分行业看，有色金属冶炼和压延加工业实现产值258.7亿元，同比下降0.6%，占规模以上工业总产值的80%；化学原料和化学制品制造业完成产值29.1亿元，同比增长0.6%，占规模以上工业总产值的9%。

分轻重工业看，轻工业完成产值1.3亿元，同比下降5.5%；重工业完成产值323.3亿元，同比下降1.9%，占规模以上工业总产值的99.6%。

分经济类型看，国有企业完成产值0.42亿元，同比增长14.9%；股份制企业完成产值323.85亿元，同比下降1.5%；其他经济类型完成产值0.34亿元，同比下降79.9%。分所有制看，国有控股企业完成产值206.47亿元，同比增长3%；非公有制企业完成产值118.14亿元，同比下降9.4%。私营企业完成产值 65.79 亿元，同比增长 3.9%；规模以上工业企业完成销售产值 324.15 亿元，同比下降 2.1%。产销率 99.86%，下降 0.19 个百分点。

年末全县 45 户规模以上工业企业实现营业收入 358.06 亿元，同比下降 2.9%。利润总额 13.42 亿元，同比下降 54.2%。亏损企业 29 户，亏损面 64.4%，亏损 8 亿元。

年末全县建筑业在库企业 14 个，全年建筑业总产值 7.28 亿元，同比增长 42.4%。全年房屋建筑施工面积 3.82 万平方米，同比下降 56.55%；竣工面积 1.04 万平方米，同比下降 84.77%。

**2022 年规模以上工业企业主要产品产量及增长速度**

| 指标名称 | 计量单位 | 产值 | 增长速度（%） |
|---|---|---|---|
| 铁合金 | 万吨 | 11.94 | -13.2 |
| 烧碱（折 100%） | 万吨 | 20.72 | 4.3 |
| PVC | 万吨 | 30.04 | 3.5 |
| 电解铝 | 万吨 | 73.12 | -15.7 |
| 水泥 | 万吨 | 92.91 | -19.5 |
| 商品混凝土 | 万立方米 | 92.55 | 47.3 |
| 铝合金及铝材 | 万吨 | 68.71 | 5.9 |
| 石墨及碳素制品 | 万吨 | 23.10 | -29.2 |
| 电力电缆 | 万千米 | 0.25 | -53.1 |
| 发电量 | 亿千瓦时 | 37.94 | 5.23 |

## 四、固定资产投资

全年固定资产投资同比下降 37.6%。其中第一产业固定资产投资同比下降 6.9%，第二产业固定资产投资同比下降 6.9%，第三产业固定资产投资同比下降 42.7%. 其中房地产投资同比下降 24.5%。民间投资同比下降 28.2%。

## 五、财政、金融

全年实现地方财政一般公共预算收入 8.32 亿元，同比下降 12.8%。其中，税收收入完成 7.36 亿元，同比下降 7.8%；非税收入完成 0.96 亿元，同比下降 38.5%；地方财政一般公共预算支出 53.68 亿元，同比增长 16.4%。

**2022 年地方一般公共预算主要支出情况**

单位：亿元

| 指标名称 | 支出额 | 增幅（%） |
|---|---|---|
| 一般公共服务支出 | 3.4 | 17 |
| 公共安全支出 | 1.49 | 19 |
| 教育支出 | 9.41 | -8 |
| 科学技术支出 | 0.12 | 28 |
| 社会保障和就业支出 | 10.94 | 11 |

续表

| 指标名称 | 支出额 | 增幅（%） |
|---|---|---|
| 卫生健康支出 | 4.65 | 7 |
| 节能环保支出 | 1.79 | 138 |
| 城乡社区支出 | 2.83 | 85 |

年末全县各金融机构人民币各项存款余额 195.16 亿元，同比增长 13.7%；其中住户存款 149.92 亿元，非金融企业存款 20.79 亿元。人民币各项贷款余额 155.25 亿元，同比增长 1.9%；其中住户贷款 77.88 亿元，企事业单位贷款余额 77.37 亿元。

## 六、商贸、旅游、交通

全年实现社会消费品零售总额 12.21 亿元，同比下降 14%。共接待游客 213.98 万人次，实现旅游综合收入 7.21 亿元，同比分别下降 36.5%和 32.5%。

年末全县现有公路通车里程 2680 公里，其中高速公路 65 公里。年末我县共有客运车辆 616 台（11930 客位），其中班线客运车辆 15 台（457 客位），县内公交 68 台（3685 客位），城乡公交 58 台（3157 客位），宁大公交 47 台（2491 客位），出租车 428 台（2140 客位）。共有运营线路 81 条，其中县内公交线路 23 条，城乡公交线路 52 条，宁大公交专线 1 条，高速客运专线 1 条，毗邻县客运班线 1 条，县内农村班线 3 条。共有汽车等级客运站 14 个，其中一级客运站 1 个、四级客运站 7 个、五级客运站 6 个，便捷站和招呼站 46 个。全县乡（镇）、村客车通车率均达 100%。

全县共有旅客运输企业 1 家，公交企业 2 家，出租车企业 4 家，道路运输货运户 2316 户，其中普货运输企业为 116 家。机动车维修企业 48 家，机动车驾培机构 9 家，汽车综合检测站 2 家。

全年货运量为 917.37 万吨，周转量为 89580.39 万吨公里；全年完成道路旅客客运量（只计班线客运）为 21.11 万人次，周转量为 907.8 万人公里。

## 七、居民收入消费和社会保障

全年我县全体居民人均可支配收入 26379 元，同比增长 5%。其中城镇常住居民人均可支配收入 37915 元，同比增长 2.4%；农村常住居民人均可支配收入 15938 元，同比增长 6.0%。工资性收入是城镇和农村居民可支配收入的主要构成来源，占比分别为 69.85%和 66.77%。

### 2022 年城乡居民收入及构成

单位：元

| 指标名称 | 城镇常住居民 | 增幅（%） | 农村常住居民 | 增幅（%） |
|---|---|---|---|---|
| 人均可支配收入 | 37915 | 2.4 | 15938 | 6.0 |
| #工资性收入 | 26484 | 0.4 | 10642 | 3.3 |
| 经营性收入 | 6357 | -0.1 | 3105 | 8.8 |
| 财产净收入 | 1411 | 6.9 | 334 | 22.8 |
| 转移净收入 | 3663 | 22.6 | 1857 | 16 |

全年全体居民人均消费支出 13080 元，同比下降 11.8%。八大类支出中食品和居住支出占比分别为 35.57%和 22.81%。

2022 年城乡居民消费支出分类

单位：元

| 指标名称 | 城镇常住居民 | 增幅（%） | 农村常住居民 | 增幅（%） |
|---|---|---|---|---|
| 人均消费支出 | 15245 | — | 11120 | — |
| #食品烟酒 | 5419 | 35.5 | 3959 | 35.6 |
| 衣着 | 1179 | 7.7 | 688 | 6.2 |
| 居住 | 3631 | 23.8 | 2398 | 21.6 |
| 生活用品及服务 | 741 | 4.9 | 481 | 4.3 |
| 交通和通信 | 1991 | 13.1 | 1601 | 14.4 |
| 教育文化娱乐 | 825 | 5.4 | 566 | 5.1 |
| 医疗保健 | 1168 | 7.6 | 1230 | 11.0 |
| 其他用品和服务 | 292 | 2.0 | 199 | 1.8 |

年末全县机关事业养老保险参保人数 8511 人，养老保险基金累计支出 3.22 亿元；企业职工养老保险参保单位 1182 家，参保人数 29521 人，退休人员 18553 人，养老保险基金累计支出 8.78 亿元；城乡居民基本养老保险参保人数 254614 人，发放待遇 1.12 亿元；被征地农民发放待遇 0.03 亿元；失业保险参保单位 944 户，人数 14302 人，基金总支出 0.15 亿元；工伤保险参保 1362 户，人数 36138 人，支付 0.25 亿元。

基本医疗保险参保人数 419582 人（其中职工医疗保险参保 23790 人，居民医疗保险参保 395792 人），职工参保单位 772 个。共支出（职工和居民）4.36 亿元。

全年累计城镇新增就业人数 2900 人，登记失业人员就业人数 1271 人，城镇登记失业率控制在 2.5%以内。

全年累计为城乡低保对象 8719 户 14747 人发放低保金等各项资金 1 亿元。累计为特困供养对象 1020 户 1087 人发放供养金等各项资金 0.18 亿元。累计为 3521 户 13351 人发放临时救助资金 0.23 亿元，实物救助 68.54 万元，其中“救急难”40 户 154 人，救助资金 141.21 万元。发放困难大学生补助资金 197.2 万元。审核认定低保边缘家庭 447 户 1341 人，城乡支出型贫困家庭 98 户 394 人。

## 八、教育、文化、卫生

年末全县共有幼儿园 124 所，小学 25 所，初中 27 所，高中 7 所，特殊教育学校 1 所，中职学校 2 所，另有 32 个教学点。现有各级各类在校生 78079 人，其中学前幼儿 11730 人，小学生 34826 人，初中生 16417 人，高中生 10356 人，中职学生 4615 人，特校学生 135 人。学前教育毛入园率 106.89%，九年义务教育巩固率 98.12%，高中阶段毛入学率 100.67%。

年末共有县级三级文化馆 1 个（县级文化馆总馆）（镇）文化站 20 个，乡镇文化馆分馆 5 个。县级二级图书馆 1 个（县级图书馆总馆），乡镇图书馆分馆 7 个（城关镇、青山乡、多林镇、塔尔镇、朔北乡、长宁镇、黄家寨镇分馆），村级服务点 2 个（东峡镇仙米村和塔尔镇泉沟村农家书屋），少儿分馆 2 个（桥头第二完全小学、门滩小学），企业分馆 1 个（农商银行分馆）。全县农家书屋 289 个，图书馆流动服务点 31 个，总藏书合计 91.25 万册。

年末全县共有广播电视转播台三座（老爷山电视转播台、向化电视转播台、宝库电视转播台），乡镇直放站17座，承担着中央1套、7套以及地方台节目的转播发射任务。广播和电视人口综合覆盖率分别为99.49%和99.68%。

年末各类医疗卫生机构460家，其中县级医院3家，卫生计生综合行政执法大队1家，疾病预防控制中心1家，妇幼保健计划生育服务中心1家，民营医院8家，厂矿企业医疗机构2家，乡镇卫生院27家，村卫生室289家，社区卫生服务中心4家，个体诊所及门诊部121家，敬老院医务室3家。全县各类卫生机构共有从业人员3370人，卫生专业技术人员2794人，其他从业人员576人。全县各类卫生机构核定床位1754张，实际开放病床1923张。每千人拥有卫生专业技术人员6.93名，每千人拥有病床4.77张。

注释：

[1] 本公报中的2022年数据均为初步统计数据。增速按同口径计算。个别数据因四舍五入，存在与分项合计不等的情况。

[2] 生产总值、各产业增加值绝对数按现价计算，增长速度按不变价格计算。

[3] 2022年肉类产量不包含非主要畜禽肉产量。

[4] 规模以上工业企业是指年主营业务收入为2000万以上的工业企业。

资料来源：

1. 本公报中户籍人口来自公安局。
2. 旅游、图书数据来自县文体旅游局。
3. 财政数据来自县财政局。
4. 金融数据来自县人民银行。
5. 城乡常住居民人均可支配收入消费和物价指数来自国家统计局大通调查队。
6. 交通数据来自县交通运输局。
7. 养老失业、工伤保险参保数据、登记失业数据来自县人力资源和社会保障局。
8. 医疗保险数据来自县医疗保障局。
9. 最低生活保障数据来自县民政局。
10. 教育数据来自县教育局。
11. 广播电视数据来自县广电局。
12. 卫生数据来自县卫健局。
13. 其余数据均来自统计局。

# 索 引

## 说 明

一、本索引采用内容分析索引法，按索引汉语拼音字母顺序排列。

二、索引词条后的数字表示内容所在的页码。

## 数字



## A



## B



## C

## K



## L



## M

## N



## O



## P



## Q

## R



## S

## T



## W

## X



## Y

## Z